Liv 9

Chemen VeriteA

Manyèl Edikasyon Kretyèn Pou Jèn ak Granmoun

CHEMEN VERITE A # 9

Pibliye pa Ministè Antrènman Disip Rejyon Mezoamerik

Kopi yo kapab fèt nan paj sa yo pou liv pèsonèl ak lizay nan legliz la. Ou ka jwenn vèsyon elektwonik liv sa a nan:
www.MedfdiRessources.MesoamericaRegion.org/

Prezantasyon kouvèti a: Slater Joel Chavez

Dyagramasyon : Slater Joel Chavez

Tradwi pa Dezama Jeudi

ISBN: 978-1-63580-098-2

Enprime nan peyi Etazini

L'ÉCOLE DU DIMANCE ET LA FORMATION DE DISIPLES

Tab matyè

Prezantasyon

Chak ane, genyen yon nouvo defi ki prezante devan nou chak fwa nou dwe prepare nou pou anseye. Nan domèn ansèyman kretyen an, nou prepare nou non sèlman pou nou pataje konesans Pawòl Bondye a; men tou pou pataje temwayaj, eksperyans, anekdòt, epi konsa fòme lavi nan santye kretyen an.

Nan sans sa a, li enpòtan pou nou mete edikasyon kretyèn nan apa kòm zouti esansyèl pou devlopman lavi kretyèn nan, pandan n'ap konsidere sa a kòm youn nan faktè ki plis enfliyan nan fòmasyon moun yo pou ede yo grandi kòm disip Kris yo.

Se konsa menm, li nesesè pou nou obsève ke n'ap viv nan yon mond ki ban nou defi pou nou efòse nou pi plis pou nou mete valè kretyen yo an pratik, epi nan fason sa a, montre Kris nan egzistans nou. Nou dwe sonje tou ke nou menm kretyen yo, nou dwe travay nan yon atmosfè ki sen; yon respè ki mityèl kote ke pratik valè kretyen an se pa yon aza; men se pito yon konviksyon, sa vle di, yon chanjman lavi ke nou adapte.

Pou sa, li enpòtan ke pa mwayen ansèyman nou kapab li ak etidye pwofondè Pawòl la nan limyè de sa ke n'ap viv chak jou, fè ke sa vin kontribye nan ede vi transfòme ki pou viv nan mitan yon sosyete ki pèdi tout bagay ki bon yo. Edisyon sa a ki se Chemen Verite a, menm jan ak tout lòt edisyon anvan yo, gen pou objektif toujou ede w' nan travay antrènman disip la.

San dout, li enpòtan pou chak jou nou angaje nou pou gide ak motive disip yo pou yo montre Kris la nan lavi y'ap viv chak jou. Nan fason sa a, n'ap bay èd nou nan fòmasyon yon sosyete ki plis onèt, plis pwodwiktif epi plis serye, kote nou menm kretyen yo reflete epi montre lavi ki diferan, epi sa ap ankouraje lòt yo chèche Bondye.

Nan lapriyè nou, se pou Bondye gide ak akonpanye nou nan bèl travay sa ki se fòme disip nan imaj ak resanblans Kris la. Kouraj! Bondye avèk ou!

''Epi yo rive lavil Jerizalèm premye jou nan senkyèm mwa a, avèk pwoteksyon Bondye. Esdras te pase tout tan li ap etidye lalwa Seyè a. Li t'ap swiv tou sa ki ladan l'. Li t'ap moutre pèp Izrayèl la tout lòd ak tout reglemAn Seyè a'' (Esdras 7:9b-10 VJ)

Patricia Picavea
Kowòdonatè literati

5

Rekòmandasyon yo

Preparasyon nan leson an:

1. Priye Seyè a pandan w'ap mande li sajès ak disènman pou konprann pasaj biblik etid yo epi kapab aplike yo nan lavi w' an premye. Priye pou elèv ou yo tou pou yo kapab pare pou resevwa ansèyman Pawòl Bondye a.

2. Prepare yon kote san distraksyon pou etidye leson an, kote ki genyen yon tab oubyen biwo. Li enpòtan pou w' genyen kèk zouti tankou: fèy, kreyon, fotwa, elatriye.

3. Dapre posiblite w' yo, apa de liv Chenmen Verite a, ou dwe genyen yon diksyonè lang espanyòl nan men w', yon diksyonè biblik ak kèk bon kòmantè biblik.

4. Li leson Chemen Verite a kantite fwa sa nesesè nan kòmansman semèn nan. Sa ap ede w' prepare materyèl yo ke w' kapab bezwen pou klas la, pou w' mete w' prè pou tout nouvèl ak lòt enfòmasyon ki ta kapab fè pati leson ke w'ap prepare a.

5. Chèche chak pasaj ki endike yo nan Bib la.

6. Li objektif leson an pou w' konnen ki kote w' dwe dirije elèv ou yo.

7. Ekri tit leson an nan yon fèy, kilès pwen sa yo ki pral devlope, apre sa ekri tit premye pwen an epi kòmanse devlope objektif la pandan w'ap fè yon rezime konfòm ak etid leson an. Ekri epi devwale sit biblik yo k'ap gen pou li pandan dewoulman klas la.

8. Make siyifikasyon vokabilè ke w' pa konnen yo epi chèche yo nan diksyonè yon fason pou w' ka pi byen konprann leson an epi esplike byen klè kesyon moun yo va poze w' yo.

9. Si w' fè rechèch sou Entènèt, ou dwe fè atansyon pou w' ka pran enfòmasyon nan paj ki konfyab ki pou sipòte enfòmasyon an. Sonje ke Entènèt la se yon espas ki ouvè kote ke tout moun kapab mete enfòmasyon ke yo vle. Malerezman ke se pa tout enfòmasyon ki la a ki onèt ak konfyab.

10. Prepare leson an byen dinamik epi atiran posib. Sa se yon moman byen espesyal kote ke pataj eksperyans yo ap ede w' epi anrichi pwosesis aprantisaj la. Lè w' fè l' konsa, moun yo pral plis entèrese ak klas la; y'ap raple yo pi plis de nan kisa yo te patisipe oubyen fè ansanm epi apresye, koute ak patisipe.

11. Konplete "Fèy aktivite a". Sa ap pèmèt ou fè klas la plis dinamik. Chwazi kantite tan ke y'ap gen pou yo reponn kesyon yo. Bat pou yo tout ranpli "Fèy aktivite a''.

Prezantasyon leson an:

1. Rive nan klas la bonè. Li enpòtan pou ke lè premye moun nan rive, ou te gentan la.

2. Chanje pozisyon chèz yo (demi-sèk, sèk, gwoup, elatriye).

Sa ap fè ke gwoup la santi li plis alèz pou li patisipe epi divòse ak koze menm bagay tout tan an.

3. Avan kòmansman leson an, di elèv ou yo byen vini. Sa pral pèmèt ou kreye yon anbyans etid ki agreyab. Ou dwe entèrese ak moun yo epi ou kapab priye pou moun sa yo ki gen nesesite.

4. Kòmanse klas la avèk yon lapriyè, pandan w'ap mande Seyè a pou li pèmèt yo konprann Pawòl li epi ba yo dispozisyon pou obeyi li.

5. Ekri nan tablo a: Tit leson an avèk vèsè pou aprann nan. Li vèsè memwa a plizyè fwa ansanm ak elèv ou yo. Yon fwa ke leson an kòmanse, ekri pwen prensipal yo ki nan leson an nan yon pwent nan tablo a. Sa pral pèmèt ou genyen je w' sou chak pwen ke w'ap genyen pou w' anseye yo.

6. Fè entwodiksyon an byen atiran jan w' kapab. Eseye fè varyasyon nan chak klas.

7. Mete lòd nan devlopman tèm nan. Ekri tit pwen # I epi kòmanse esplike li. Itilize tablo a kòm resous ansèyman pou w' note mo kle yo, repons pou kesyon ki nan Fèy aktivite a, elatriye.

   Lè w' fini ak pwen # I an, ekri tit pwen # II a epi konsa nèt ale.

8. Selon jan chak pwen esplike, ou kapab gide elèv ou yo reponn nan Fèy aktivite yo. Pèmèt ke yo bay repons epi eksprime dout yo.

9. Ou kapab fòme gwoup travay pou reponn yon sesyon nan ''Fèy aktivite''. Sa pral pèmèt ke yo tout patisipe, men ou dwe asire w' ke yo tout konnen ke w' anvi ak apresye èd yo chak. Yon lòt kote, pèmèt ke yon moun domine sesyon an. Nan yon fason ki byen emab, fè klas la koute opinyon lòt timoun yo.

10. Mete kèk minit apa pou w' kòmante kòman nou pral esplike verite biblik yo nan lavi nou chak jou.

11. Li konklizyon an epi ankouraje elèv ou yo pou yo etidye lakay yo nan semèn nan pandan y'ap swiv vèsè biblik yo ki nan leson an. Envite yo pou yo vin patisipe nan klas la dimanch pwochen. Ankouraje yo envite lòt moun nan klas Lekòl Dominikal la. Fini klas la avèk yon lapriyè.

Lòt konsèy yo:

1. Pou premye klas ane a, remèt yon achiv pou konsève fèy chak leson yo.

2. Objektif ak Prim : Ou kapab ofri yon prim ki senp pou elèv ou yo pandan chak trimès: Aprann tout tèks memwa yo epi di devan klas la; konplete tout Fèy aktivite yo epi toujou vin patisipe.

3. Sètifika: Si w' obsève elèv ki te fidèl oubyen ki pat absan pandan youn oubyen de klas nan trimès la, ou kapab remèt yon sètifika avèk non li. Sa kapab bay lide ke aprantisaj ou a ap avanse epi ou kapab ankouraje lòt yo pou yo asiste fidèlman.

Predikasyon sou Mòn nan jodi a

Sèl ak Limyè mond sa

Amparo Álvarez (Ekwatè)

Vèsè pou aprann: "Konsa tou, se pou limyè nou klere devan tout moun, pou lè yo wè tout byen n'ap fè yo, y'a fè lwanj Papa nou ki nan syèl la" (Matye 5 :16).

Objektif leson an: Konsyantize nou menm kretyen yo pou nou viv tankou moun ki te resevwa lavi Kris la, kòm sèl tè a pou nou bay gou epi evite kòripsyon mond lan. An menm tan an, manifeste limyè Kris la pandan n'ap fè bon zèv pou mond lan kapab kwè nan Li.

Entwodiksyon

Jezi te nan Galile epi li t'ap pale ak foul moun yo ki te enb epi inyore anpil bagay sou Bondye pandan li t'ap di yo konsa :" Nou se sèl ak limyè tè a". Li te di yo ke mond lan te kòwonpi epi pèdi. Èske sa pa reyèl jodi a? Moun yo ki nan mond sa yo pèvèti, y'ap viv nan peche epi dozado ak Bondye. Mal vin sèvi pou byen, epi byen an vin sèvi pou mal. Nan leson sa a, nou pral etidye pasaj ki nan Matye 5 :13-16.

I. Nou se sèl pou mond lan

Nan Matye 5 :13, nou li: "Nou se sèl tè a", epi tèks grèk la di konsa:"Nou menm epi se sèlman nou menm ki se sèl tè a".

Jezi t'ap di yo ke, menm si mond lan t'ap kòwonpi ak pèdi tèt li, yo menm kretyen yo te dwe fonksyone kòm sèl mond lan, pou konsève li. Poukisa?

Paske se nou menm kretyen yo sèlman ki genyen yon mesaj ak yon vi ki kapab sove mond sa. Sèlman nou menm kretyen yo kapab make yon diferans.

Nou tout kretyen yo se sèl tè a, paske nou te fèt yon lòt fwa epi nou genyen yon lavi ki tou nèf nan Kris la epi Sentespri a abite nan nou. Se poutèt sa, nou dwe viv pou benefis mond sa ki pap viv konfòm ak kòmandman Bondye yo epi chak jou l'ale pi lwen Li.

A. Diferans ki genyen nan sèl la

Nan deklarasyon brèf sa : *"Se sèl nou ye pou moun sou latè. Si sèl la pèdi gou l', ak kisa pou yo ba li gou ankò? Li pa vo anyen ankò. Se jete pou yo voye sa jete deyò, pou moun pile sa anba pye yo"* (v.13); Jezi t'ap avèti disip li yo pou yo te evite komèt de erè ki trè enpòtan:

Premyemen, li te di yo ke nou menm kretyen yo nou pat dwe abandone mond lan epi abite nan gwo palè yo; paske sèl la pap prezève vyann nan toutotan li pa ladan li. Epi tou se sèlman konsa li kapab jwe fonksyon antiseptik li. Nou dwe nan mond lan pou ke li kapab benefisye enfliyans nou epi pou ke nou kapab make yon diferans, pandan n'ap montre avèk fason n'ap aji chak jou kote nou kapab viv nan sentete nan mitan peche.

Epi, nan dezyèm pozisyon, li t'ap di yo tou ke kretyen yo te dwe evite mete tèt yo ansanm ak mond lan epi atache ak valè ideyolojik yo.

Pitit Bondye a dwe diferan epi ede prezève, menm jan nan tan lontan sèl la te konn ede pou vyann nan pat gate a. Pou ke mond sa kapab resevwa èd nou, nou menm nou dwe diferan.

Pawòl Jezi yo:"Se sèlman nou menm ki sèl tè a", genyen yon gwo elòj ki soti nan lèv gwo Sovè linivè a. Afimasyon sa bay chak kretyen yo yon gwo diyite ak otoestim. Se sa ki fè, si w'ap eseye pou w' menm jan ak mond lan nan fason li pale, abiye, nan valè li yo, nan modèl li yo; ebyen ou pap kapab make diferans sa. Okontrè, nan eseye adapte ak etap mond sa, w'ap pase tankou yon anyen, san w' pa klere nan mitan fènwa mond pèdi a.

B. Objektif sèl la

Jezi pat di disip li yo ke :"Nou se sik tè a", men pito :"Nou se sèl". Ann analize, ebyen ki objektif sèl la epi kòman nou menm kretyen yo dwe fonksyone tankou eleman sa.

1. Premyemen, sèl la fonksyone kòm yon konsèv nan peyi twopikal yo kote ki pa genyen frijidè, moun yo mete sèl nan vyann nan avèk objektif pou li pa gate. Nan menm fason an, lè kretyen yo fè kontak avèk moun k'ap viv nan peche yo, mond lan frennen sou pwogrè pèdisyon li a. Se poutèt sa, kretyen yo benefisye sosyete a. San prezans yo, mond lan ta dejenere ak plis vitès toujou.

2. Dezyèmman, sèl la nesesè pou bay manje yo gou. San prezans kretyen yo, ni pwoklamasyon ak

pratik levanjil la bò kote pa yo, mond sa a ta pi mal toujou. Nan mond sa a pa genyen yon bon ak vrè gou. Pa genyen yon vrè kè kontan nonplis. Se sèlman akonpayman kretyen yo ki ba l' sans ak objektif pou lavi sa.

Nou kapab wè sa lè nou egzamine sitiyasyon yo k'ap pase jounen jodi a. Se konsa ke, nou wè moun k'ap chèche solisyon pou pwoblèm yo nan dwòg, alkòl, delenkans, avòtman, elatriye.

Kòm kretyen, nou dwe founi objektif bay mond sa k'ap antre nan twou pi fon chak jou san Kris. Levanjil Jezikris la se pouvwa Bondye pou Sali tout moun ki kwè.

Twazyèmman, sèl la blan, senbòl sentete.

3. Kretyen yo dwe viv nan mond lan ak yon lavi ki sen, diferan. Jan sa mansyone anlè a, kretyen yo dwe montre diferans ant yo menm ak mond lan. Chak kretyen yo, nou se sitwayen syèl la ki abite nan mond sa k'ap pèdi, epi nou dwe sèvi kòm benediksyon ak sovè. An reyalite, an mezi ke nou toujou ap kenbe tèt ak tantasyon pou nou pa adapte nou ak mond lan epi vin tankou Seyè a Jezikris. Nan Jak 4 :4, nou li :"Ala moun pa gen konfyans nan Bondye! Eske nou pa konnen lè nou zanmi lemonn, se lènmi Bondye nou ye! Moun ki vle zanmi lemonn, li vin lènmi Bondye". Menm jan ak sèl tè a, nou dwe sen, pwòp epi diferan de mond lan. Nan Women 12 :2, Pòl di konsa :"Pa fè menm bagay ak sa moun ap fè sou latè", nou dwe sèl epi nou pa dwe pèdi sentete nou pou nou kapab adapte nou nan mond lan.

4. Katriyèmman, sèl la tou te itilize kòm yon angrè. Nou menm kretyen yo nou dwe fonksyon nan yon fason ke nou kapab sèvi pou kwasans sa ki bon nan sosyete a.

Toujou ap ankouraje sa ki bon pou limanite. Reprimande mal la epi sèvi kòm pwomotè sa ki byen.

5. Senkyèmman, sèl la bay swaf. Nan menm fason an tou, nou dwe fè moun yo santi swaf pou Jezikris ak levanjil li a. Si kòm kretyen yo n'ap viv chak jou sèlman pou glwa Bondye, mond lan ap obsève nou epi li pral anvi gen enfòmasyon osijè de Jezikris. Atravè bon temwayaj kretyen yo, Bondye ap pwodwi swaf (andedan moun ki pa konnen Li); y'ap pwoche kote nou epi mande nou:"Pou ki rezon ou diferan? Kòman fè ou ranpli ak lespwa, kè poze ak lajwa, malgre tout pwoblèm yo?"

Lè yo mande nou sa, se lè sa n'ap kapab pale yo de Jezikris. Nan Jan 7 :37, Jezi te deklare nan fèt la: "Si yon moun swaf, se pou li vini jwenn mwen epi bwè!"

Jezi te di ke si sèl la pèdi gou li, l'ap vin pa itil epi san valè. Wi, lè nou gade valè mond lan jodi a epi abandone valè Wayòm nan, n'ap sispann itil kòm sèl.

II. Nou se limyè mond sa

Nan Matye 5 :14-16, Jezi te di disip li yo tou: "Nou se limyè mond lan". Tèks la an grèk vle di:"Nou menm epi se nou menm sèlman ki se limyè mond lan". Nan pwovèb 4 :19, nou li : "Chemen moun mechan yo fè nwa kou lannwit. Yo pa ka wè sou kisa y'ap bite".

A. Bondye bay limyè

Nan Efezyen 5 :8, Pòl di konsa: "Nan tan lontan, nou te nan fènwa. Men koulye a, paske n'ap viv ansanm nan Seyè a, nou nan limyè. Se sa ki fè, fòk nou mennen tèt nou tankou moun k'ap viv nan limyè a".

Nou menm se fènwa nou te ye nan tan lontan, men kounye a nou se limyè nan Seyè a. Kòman nou dwe viv? Kòm pitit limyè. Jezi di ke li se limyè mond lan epi apre sa li di disip li yo ke kounye a yo se limyè mond lan.

Pou ki rezon nou menm kretyen yo nou nan mond lan? Pou benefisye li. Men, nou pa kapab bay mond sa benefis si nou pa klere. Pyè di nan I Pyè 2:9: "Men nou menm, nou se yon ras Bondye chwazi, yon bann prèt k'ap sèvi Wa a, yon nasyon k'ap viv apa pou Bondye, yon pèp li achte. Li fè tou sa pou n' te ka fè tout moun konnen bèl bagay Bondye te fè yo, Bondye ki rele nou soti nan fènwa a pou nou antre nan bèl limyè li a". Klere a pa yon opsyon.

B. Limyè a klere

Kòman nou fonksyone kòm limyè? Premyeman, lè nou devwale reyalite mal la. Jezi, kòm limyè mond lan, li te devwale kòripsyon ki t'ap fè raj nan tan pa li a (Matye 16:6, 11-12, 22 :15). Bib la di konsa:"Pawòl ou se lanp k'ap klere pye m', Epi li se yon limyè sou wout mwen" (Sòm 119 :105). Sa ke mond lan bay valè epi apresye a devwale kòm bagay ki mal pa mwayen limyè levanjil la.

Non sèlman limyè sa devwale reyalite mal la, men tou li ban nou konesans sou Bondye. Limyè a ouvè je avèg yo ki pa kapab wè akoz de peche. Moun sa a, ki te deklare pou limyè a te klere nan fènwa lè li te kreye syèl yo ak latè a, li bay lòd kounye a nan nouvo travay kreyatè li a, epi di :"se pou limyè a klere nan fon kè nou".

Kòman n'ap kite limyè nou an klere fas ak yon mond ki pa genyen lafwa? Pandan n'ap viv yon lavi ki san tach, biblik, nan make yon diferans nan mond lan. Sa vle di ke nou dwe viv yon lavi ki ranpli ak

Sentespri a. Kòman n'ap rive atenn li? Nou pap bay lajan anba pou nou jwenn benefis oubyen pa anvayi yon kontravansyon; pa pran anyen ki pa pou nou; pa di wi pou yon bagay si nou pa sèten; pa touche plis pase sa w' dwe touche; elatriye.

III. Ki rezon ki fè nou dwe viv kòm sèl ak limyè?

Premye rezon ki fè nou dwe sèl ak limyè se pou mond sa kapab wè bon zèv nou yo.

Kidonk, premye rezon an se pou ke mond sa wè yon bagay ki diferan. Moun sa yo ki pa genyen lafwa epi k'ap travay nan antouraj nou yo, kamarad lekòl nou yo, moun sa yo k'ap viv nan vwazinay nou yo, moun sa yo pral obsève nou epi y'ap rann yo kont de bon zèv nou yo.

Nan Efezyen 2 :10, Pòl di konsa :"Se Bondye ki fè nou. Nan Jezikri li kreye nou pou nou ka fè anpil bon zèv nan lavi nou, dapre sa li te pare davans pou nou te fè".

Dezyèm rezon ke Jezi te bay la se pou ke mond lan louwe Papa ki nan syèl la. Nan Matye 6 :1, 5, 16, nou li osijè de farizyen yo, yo menm ki te konn fè tout bagay pou lòt moun ka wè yo epi konsa resevwa glwa nan men lèzòm. Kounye a, objektif la se ke nou dwe make yon diferans pou ke kòm pitit li yo nou glorifye Papa nou ki nan syèl la.

Ann egzamine kòman nou kapab mete ansèyman sa yo an pratik nan lavi nou epi ann poze tèt nou kesyon sa a: Èske nou se sèl ak limyè, oubyen nou san gou ak fènwa?

Si nou se sèl ak limyè, n'ap diferan nan fason nou panse, aji, santi. Mond lan ap rann yo kont de sa byen fasil. Nou dwe viv nan mond lan, men nou pa dwe pou li. Nou pa dwe tante soti nan mond lan non plis; paske limyè a se pou wete fènwa ki egziste nan mond lan. Se konsa, lè limyè a rive, fènwa a disparèt. Yon lòt kote, sèl la se pou konsève ak bay gou. Kòm

sèl, nou pral ede nan konsèvasyon mond sa de peche epi leve Jezi byen wo nan yon sosyete andomaje.

Li enpòtan pou nou mete pifò nan pati pa nou an, vin pi bon nan jan nou kapab nan tout aspè nan lavi nou. Nou dwe kòdyal, agreyab, kòrèk, san repwòch pou atire atansyon moun sa yo k'ap viv san Kris la.

Kòm kretyen, nou toujou konnen ke se nou menm sèlman ki sèl tè a ak limyè mond lan. Lè nou reprezante Jezi, nou se esperans nan yon mond k'ap pèdi.

Kesyon Opsyonèl

1. Nou se sèl pou mond lan

- Kisa sa siyifi pou ou, vin sèl tè a?
- Ki egzanp lavi chak jou ki montre ke nou se sèl?
- Èske kretyen an kapab pèdi kalite li kòm sèl?

2. Nou se limyè mond sa? Poukisa?

- Kisa Jezi te vle di ak sa li te eksprime nan Matye 5 :14 -16?
- Ekri yon egzanp pratik sou kòman ou ka vin limyè.

3. Ki rezon ki fè nou dwe viv kòm sèl ak limyè?

- Èske w' kwè ke w'ap jwe wòl "limyè mond lan"? Poukisa?

Konklizyon

Ann egzamine lavi nou, epi si nou rann nou kont ke nou se limyè ak sèl; ann priye Seyè Jezikris pou li kapab padone ak sanntifye nou. Se sèlman konsa ke Jezi pral transfòme nou epi ede nou akonpli objektif li nan lavi nou.

Nòt :

Lalwa Bondye a

Jessica Rojas (Ajantin)

Vèsè pou aprann: "Paske m'ap di nou sa: Si nou pa obeyi Lalwa Bondye a pi byen pase farizyen yo ak direktè lalwa yo, si nou pa viv pi byen pase yo, nou p'ap kapab antre nan Peyi Wa ki nan syèl la" (Matye 5:20).

Objektif leson an: Se pou elèv la konprann siyifikasyon lalwa moyiz la nan ansèyman Jezi yo, ak aplikasyon li jodi a.

Entwodiksyon

Lalwa yo, règ avèk prensip ki se yon pati nan lavi tout moun chak jou. Depi nan lavi yon bebe, menm pa yon granmoun; depi Adan ak Èv, jiska ou menm avèk mwen.

Sepandan, gen kèk règ ki pa sanble tèlman enpòtan nan konparezon avèk lòt lwa yo ki se diferans ant lavi ak lanmò. Pran kèk minit nan klas la pou w' reflechi sou kèk lwa, règ ak prensip ki komen nan antouraj ou. Panse ak kèk nan yo ki dirije vè plizyè timoun, jèn ak granmoun. Apre sa, reflechi ansanm kisa ki sanble enpòtan ak sa ki pa enpòtan yo. Apre sa, li pasaj leson an: Matye 5:17-20.

I. Lalwa mozayik la

Matye 5:17-18 di konsa: "Pa mete nan tèt nou mwen vin aboli lalwa Moyiz la ak sa pwofèt yo te moutre nou. Mwen pa vin pou aboli yo, mwen vin moutre sa yo vle di tout bon. Sa m'ap di nou la a, se vre wi: tout tan syèl la ak tè a va la, pa yon ti detay, ni yon sèl ti bout lèt nan lalwa a p'ap disparèt, jouk tout bagay ki pou rive yo rive". Nan Matye, yo rakonte ke Jezi te fè referans ak Ansyen Testaman kote ki te genyen plizyè lwa ki te egziste pou gide pèp la.

A. Lwa seremonyèl

Nou jwenn lwa ki te relasyone li espesyalman avèk ofrann Izrayèl la: "-W'a pale ak moun pèp Izrayèl yo, w'a di yo: Lè yon moun vle fè Seyè a yon ofrann, si se yon bèt li vle ofri, l'a ofri yon bèf osinon yon kabrit ou ankò yon mouton l'a pran nan bèt li yo. Si se yon gwo bèt li vle ofri pou yo boule pou SEYÈ a, l'a mennen yon towo bèf ki pa gen ankenn enfimite. L'a vin avè l' jouk devan pòt Tant Randevou a pou SEYÈ a ka asepte l'" (Levitik 1:2-3).

Objektif prensipal li se te siyale vè Jezikris (ofrann ki bon nèt la); se poutèt sa, lwa sa yo pat nesesè ankò apre lanmò ak rezirèksyon Jezi. Sepandan. Nou dwe konsidere ke menm si nou pa mare anba jouk lalwa seremonyèl yo ankò, prensip ki dèyè yo tankou (adore ak renmen yon Bondye ki sen) toujou aplikab. Yo te akize Jezi plizyè fwa kòm moun ki ta vyole lwa seremonyèl la.

Detewonòm 12:2-3 di konsa: "Nan peyi nou pral pran pou nou an, se pou nou kraze tout kote moun yo te konn sèvi bondye yo sou gwo mòn wo yo, sou ti bit mòn yo, anba pyebwa vèt yo. Se pou nou demoli tout lòtèl yo, se pou nou gaye tout pil wòch zidòl yo. Se pou nou rache tout poto Achera yo. Se pou nou boule tout zidòl yo pou moun pa janm chonje yo te konn fè sèvis pou bondye sa yo la ankò".

Sa montre enpòtans ki genyen nan adore Bondye epi sèlman Bondye. Li posib, jounen jodi a li posib pou pa gen zidòl Achera; men gen lòt "fo dye" ki ta kapab pran plas Bondye nan lavi nou.

Sa yo kapab se imaj, pwogram televizyon, vis, fanmi, ajannda ki plen, elatriye. Oubyen nenpòt bagay ki pran premye plas nan lavi nou.

B. Lwa sivil

Lwa sa yo te konn aplike chak jou nan lavi pèp Izrayèl la (Detewonòm 24:10-11). Pliske lavi sosyete modèn nan avèk kilti a yo byen diferan de sa nan epòk sa; nou pa kapab swiv tout règ sa yo espesifikman. Sepandan, prensip ki dèyè kòmandman sa yo la pou toutan epi dwe gide kondwit nou. Jezi te montre prensip sa yo atravè lavi li.

Apre sa, ann wè kèk egzanp sou lwa sivil la avèk prensip yo ki jiskaprezan kapab gide nou jodi a nan:

- Detewonòm 22:8 ki di konsa: "Lè n'ap bati yon kay nèf, n'a mete balistrad pou moun pa sot tonbe sou teras twati a. Konsa yo p'ap ka rann nou reskonsab si yon moun ta rive tonbe epi li mouri lakay nou".

Prensip: Pran prekosyon ki nesesè pou evite aksidan. Nan fason sa, nou pwoteje fanmi ak pwochen nou.

- Nan Detewonòm 22:13-30, nou kapab li anpil règ sou peche seksyèl yo. Sa tou gide lavi jodi a tou, paske peche seksyèl yo detwi moun, fanmi, legliz ak sosyete a. Yo detwi klima respè a, konfyans ak krediblite ki esansyèl pou yon koup ki solid ak kwasans sèten timoun yo.

- Detewonòm 23 :7-8 di konsa : "Pa meprize moun Edon yo. Se moun menm ras avè nou yo ye. Pa meprize moun peyi Lejip yo non plis, paske yon lè se nan peyi yo nou te rete. Lè moun sa yo vin rete nan peyi nou an, sou twa jenerasyon, pitit yo va gen dwa vin nan reyinyon n'ap fè pou fè sèvis pou Bondye".

Prensip: Nan moman sa a, migrasyon de yon peyi a yon lòt komen anpil. Nou konnen kilti de peyi a peyi tou, e menm de yon pwovens a yon lòt andedan menm peyi a, yo kapab byen divès. Bondye montre konpasyon li pou etranje yo epi egzije pou nou menm tou nou manifeste konpasyon anvè yo. Devan Seyè a, nou tout nou se moun ki kreye avèk imaj e resanblans li, epi pa genyen okenn eskiz ki akseptab pou nou maltrete sa yo ki diferan de nou.

- Nou jwenn lwa sivil yo pi plis nan chapit 17 a 26 nan liv Detewonòm nan.

C. Lwa moral

Lwa sa a (menm jan ak Dis Kòmandman yo) se kòmandman dirèk Bondye yo ye, epi li mande obeyisans ki sevè. Pa egzanp : "Pa touye" (Egzòd 20 :13). Lwa moral la revele nati ak volonte Bondye, epi li toujou aplikab jounen jodi a. Jezi te obeyi lwa moral la konplètman. Nan konparezon avèk yo, ta sanble ke tout bagay yo chanje nan lavi nou: teknoloji, kilti, fason pale, mizik, moun ki pwòch nou yo ki fin pati ak plis bagay ankò; men lwa moral Bondye a pa chanje. Jouk jounen jodi a Dis Kòmandman yo kontinye valab. Se sèten ke se baz yon lavi k'ap mache chak jou avèk Bondye.

II. Antrènman disip la

Pou fè esplikasyon an pi klè, Jezi te bay de aspè pou sèten ke nou kapte sa Matye 5 :19 anseye nou an lè li siyale: "Se sa ki fè, moun ki va dezobeyi yonn nan pi piti nan kòmandman sa yo, epi ki va moutre lòt moun pou yo fè menm jan an tou, moun sa a va pase pou pi piti nan Peyi Wa ki nan syèl la. Konsa tou, moun ki obeyi kòmandman sa yo, k'ap moutre lòt moun jan pou yo fè l' tou, moun sa a va pase pou pi gran nan Peyi Wa ki nan syèl la". Premyeman, li abòde li nan fas ki kontrè, sa vle di sa ki pa dwe fèt la. Vyole "youn nan kòmandman ki pi piti yo", epi apre sa ale epi anseye lòt yo pou yo menm tou kapab vyole lwa Bondye a, li pa akseptab nan wayòm syèl yo. Konsekans lan pral grav.

La a nou dwe evolye pi pwofon sa ke Bib nou an di. Ann li : "…pi piti a va jwenn apèl nan wayòm syèl yo". Sa kapab bay lide ke jiskaprezan l'ap fè pati Wayòm sa. Men "solisyon an se nan tradwi fraz 'an

relasyon ak wayòm syèl yo'; sa vle di ke, an relasyon avèk Wayòm nan, li pap janm rete deyò", (Kòmantè Biblik Beacon, Tòm 6, 2008 p.76).

Kounye a, Jezi abòde menm konsèp la nan bò ki pozitif la, sa ki dwe fèt la. Li montre sa ki pase lè yon moun akonpli ansèyman li a: "Konsa tou, moun ki obeyi kòmandman sa yo, k'ap moutre lòt moun jan pou yo fè l' tou, moun sa a va pase pou pi gran nan Peyi Wa ki nan syèl la" (v.19b). Genyen anpil bagay nou kapab jwenn nan fraz kout sa.

Ann fikse je nou sou lòd kòmandman an:"li fè yo epi anseye yo". Konklizyon an la se ke premyeman nou dwe "fè"; epi sèlman apre fè a, kidonk li kapab "anseye". Si lavi nou pa temwaye fwi ki pratike kòmandman Bondye yo; nou pa diy ni pare pou nou anseye lòt yo.

Lòt ansèyman ki bon ke nou kapab kopye se konsèp antrènman disip la. Antrènman disip la se pratik sa ki toujou la pou resevwa, kenbe ak pataje.

- Resevwa : Mwen resevwa enstriksyon ak ansèyman nan lavi espirityèl mwen. Sa a kapab atravè predikasyon yo, klas biblik yo, lekti biblik, elatriye.
- Kenbe : Mwen kenbe sa ke yo te anseye m' nan. Mwen aplike verite biblik yo nan lavi mwen. Mwen fè chanjman nan lavi mwen. Fwi tout sa mwen te resevwa yo manifeste nan lavi mwen.
- Pataje: Kounye a mwen kapab pataje sa mwen te resevwa ak kenbe nan lavi espirityèl mwen yo. Mwen rakonte temwayaj mwen, mwen bay klas biblik yo, klas antrènman disip, mwen bay sèvis nan plizyè kapasite diferan nan kò Kris la.

Lè pratik 3 lèt sa yo (R K P) fonksyone, pa genyen fason pou gen chikata. Okontrè, ap genyen koulman ak kwasans nan lavi espirityèl nou.

Li pa ase pou nou resevwa ansèyman sèlman epi kenbe li. Se pou nou toujou pataje li ak lòt yo. Konsa nou evite "gwosomodo espirityèl la". Si twa konsèp sa yo akonpli (resevwa, kenbe ak pataje), n'ap akonpli avèk youn nan kòmandman ki plis enpòtan ke Jezi te kite yo: gran komisyon an (Matye 28 :19-20).

III. Lwa Kris la

Kounye a ann konsidere sa Matye 5 :20 di nou: "Paske m'ap di nou sa: Si nou pa obeyi Lalwa Bondye a pi byen pase farizyen yo ak direktè lalwa yo, si nou pa viv pi byen pase yo, nou p'ap kapab antre nan Peyi Wa ki nan syèl la", kòm vèsè kle ki nan Predikasyon sou mòn nan. Nan tan sa a, farizyen ak doktè lalwa yo, yo menm ke Jezi te konn itilize kòm figi pou fè konparezon yo, se otorite relijye ke yo te ye. Se yo menm ki te pi byen konnen sa ki ekri nan

Liv Sakre a, epi se sa ki fè ke yo te Antrenè pèp Izrayèl la. Lè Jezi te di ke jistis disip li yo te dwe "pi plis pase pa farizyen ak doktè lalwa yo", asireman moun yo te sezi. Li fasil pou nou imajine nou ke moun yo t'ap poze tèt yo kesyon sa: Kòman l'ap posib pou nou rive atenn nivo jistis sa?

Se poutan, nou dwe analize jistis ke Jezi mande a, li menm ki se jistis ki sou andedan, moral ak espirityèl. Jistis doktè lalwa yo te ekstèn, seremonyèl ak legalis. "Matin Lloyd-Jones di konsa ke, Pwoblèm farizyen yo te genyen se ke yo te plis entèrese ak detay olye de prensip, ak aksyon yo olye de motif yo epi yo te genyen enterè nan fè olye nan ye" (Kòmantè Biblik Beacon, Tòm 6, 2008, p.76).

Devan yo a, li ta kapab fasil anvi kalonnen doktè ak farizyen nan Nouvo Testaman yo wòch; men fòk nou fè atansyon anvan nou bese pou nou chèche plizyè wòch. Jodi a nou toujou kontinye kòm moun ki genyen menm defo ak antrenè lalwa yo. Se pou rezon sa a, li enpòtan pou nou toujou evalye motivasyon nou. Li fasil pou nou tonbe nan woutin, tradisyon ak règ anmezi ke tan ap pase menm lè motivasyon an te kapab kòrèk nan kòmansman. Apati de la a, mache avèk Kris la mande yon analiz ki sensè. Li pi fasil pou nou konsève yon jistis ekstèn, seremonyèl ak legalis pase jistis ke Jezi mande a. Kòm egzanp, egzijans Jezi a se pa sèlman konsève pawòl yo (ekstèn); men tou panse (entèn). Lòt egzanp ke Jezi ban nou nan Matye 5 :27-28: "Nou tande ki jan nan tan lontan yo te di: Piga ou janm fè adiltè. Mwen menm, men sa m'ap di nou: Si yon nonm gade yon fi avèk lanvi, li deja fè adiltè avè l' nan kè l'". Sa montre nou ke non sèlman nou dwe sisipann fè adiltè (ekstèn); men tou de kout je dezirab yo (entèn).

"Konsève lalwa Kris la se yon demand ki pi egzijan pase obsèvasyon lwa Moyiz la" (Kòmantè Biblik Beacon, Tòm 6, 2008, p.76).

Konklizyon

Apre nou fin konprann plis sou sistèm lalwa ki te kontwole lavi pèp Izrayèl la, nou kapab apresye plis ansèyman sou Jezi epi konprann rezon ki fè ke Li pat swiv tout lwa yo avèk severite, menm jan avèk lidè relijye yo nan epòk li a. Jezi se pi gwo egzanp sou kòman nou dwe fè Bondye plezi, li menm ki pa gen anyen pou wè ak akonpli yon lis règ ak prensip ki byen long. Se pa yon jantiyès ekstèn nonplis. Mache ak Kris la pwodwi yon transfòmasyon nan kè nou, epi se la kote anvi pou pataje bon nouvèl la avèk lòt yo pran nesans.

Kesyon Opsyonèl

I. Lalwa mozayik la

Panse avèk yon règ seremonyèl ke ou pratike. Evalye si règ sa fè w' pwoche pi prè Bondye, oubyen si li vin chanje kòm yon woutin oswa pratik legalis nan lavi w' (Matye 5 :17-18).

Anplis de Kòmandman Bondye yo, ki lòt egzanp lwa moral ke nou jwenn nan Pawòl Bondye a?

II. Antrènman disip

Esplike pou ki rezon li enpòtan pou nou swiv lòd ke Jezi prezante nou nan Matye 5 :19 : fè epi apre sa, anseye.

Panse kijan w'ap akonpli avèk konsèp 3 lèt sa yo "R K P" èske gen kèk kote nan lavi w' ke w' rann ou kont ke Bondye mande w' pi plis toujou?

- Resevwa (mwen ranpli m' ak Pawòl Bondye):

- Kenbe (aplike Pawò Bondye nan lavi mwen, mwen fè chanjman yo) :

- Pataje (Mwen pataje Pawòl Bondye a avèk lòt yo):

III. Lalwa Kris la (v.20)

Panse avèk youn oubyen de zòn nan lavi w' kote li pi fasil pou w' swiv yon "lwa" pou w' konsève aparans yo.

Konklizyon

Apre nou fin konprann plis sou sistèm lalwa ki te kontwole lavi pèp Izrayèl la, nou kapab apresye plis ansèyman sou Jezi epi konprann rezon ki fè ke Li pat swiv tout lwa yo avèk severite, menm jan avèk lidè relijye yo nan epòk li a. Jezi se pi gwo egzanp sou kòman nou dwe fè Bondye plezi, li menm ki pa gen anyen pou wè ak akonpli yon lis règ ak prensip ki byen long. Se pa yon jantiyès ekstèn nonplis. Mache ak Kris la pwodwi yon transfòmasyon nan kè nou, epi se la kote anvi pou pataje bon nouvèl la avèk lòt yo pran nesans.

Lalwa vrè lanmou an

Mabel de Rodríguez (Irigwey)

Leson 3

> **Vèsè pou aprann:** "Moun ki pa gen renmen nan kè yo, yo pa konn Bondye, paske Bondye se renmen menm"(1 Jan 4 : 8).
>
> **Objektif leson an:** Se pou elèv la konnen, pratike ak aksepte vrè sans lanmou pou pwochen an.

Entwodiksyon

Aprè ke li fin kite pozisyon li byen klè sou koze lalwa a, Jezi kòmanse yon seri de ansèyman ki gen relasyon ak sa li di an diferans avèk entèpretasyon ke ansyen antrenè yo te bay lalwa Bondye a (Matye 5 :21-26).

Pou izrayelit yo, lalwa te konsidere kòm yon bagay ki soti nan Bondye epi li te sen, se sa ki fè ke entèpretasyon li yo te dwe sou responsablite moun sa yo ki te konsakre pou fonksyon sa. Sa te anpeche moun te vin bay entèpretasyon pèsonèl yo osijè de Pawòl Sakre yo, ni farizyen ki te plis enfliyan nan epòk Jezi yo.

Lè youn nan yo te esplike yon pati nan lalwa a, li te fè referans ak sa youn nan ansyen doktè yo te fè osijè de sa; men pat janm gen yon moun ki te pèmèt li pou bay pwòp entèpretasyon li. Se poutèt sa, li te enpresyonan pou moun te tande Jezi k'ap di konsa: "Nou tande ki jan nan tan lontan yo te di zansèt nou yo: Piga ou janm touye moun. Moun ki touye moun, se pou yo jije yo. Men, mwen menm, men sa m'ap di nou: Nenpòt moun ki ankòlè sou frè l', se pou yo jije li. Moun ki joure frè l' enbesil, se pou yo jije l' devan Gran Konsèy la. Si yon moun di frè l' moun fou, li bon pou yo jete l' nan dife lanfè a. Konsa, si lè w'ap mete ofrann ou sou lotèl la bay Bondye, epi antan ou la devan lotèl la, ou chonje frè ou gen kichòy kont ou, men sa pou ou fè:

Kite ofrann lan la devan lotèl la, ale byen ak frè ou la anvan. Apre sa, wa tounen vin bay Bondye ofrann ou an. Si yon moun pote plent pou ou nan tribinal, prese mete ou dakò avè l' antan nou prale ansanm nan tribinal la, pou li pa lage ou nan men jij la, pou jij la pa lage ou nan men lapolis, pou yo pa mete ou nan prizon. Sa m'ap di ou la, se vre wi: ou p'ap soti nan prizon an toutotan ou pa peye dènye lajan yo mande ou la". Sa a te dwe lakòz gwo enpresyon pami moun ki t'ap koute yo, san dout li te montre gwo otorite ke Gran Antrenè a te genyen pou li te site entèpretasyon kòrèk tèks ki sakre a, yon bagay ki dapre farizyen ak doktè lalwa yo yon vrè frekansite;

okontrè, pou pèp la se te yon mèvèy pou yo te koute li k'ap pale avèk otorite.

I. Kòlè a, yon peche ki grav menm jan ak asasina

A. Lalwa nan Ansyen Testaman

Lè Jezi te di ke:" Nou te tande yo di nan Ansyen Testaman: Pa touye…" (Matye 5 :21a); li te fè referans ak Dis Kòmandman yo ke Moyiz te bay pèp la sou Mòn Sinayi a. Konfòm ak lwa li yo, si yo te akize yon moun kòm asasen yon lòt, yo te konn mennen li al devan yon jij ke menm pèp la te chwazi pou jije aksyon sa yo; epi si yo te jwenn li koupab, yo te ba li santans lanmò.

Nan lespri jwif yo, peche sa te grav pou peye ak lanmò.

Men Antrenè ki soti nan Bondye a te mennen entèpretasyon lalwa a nan lòt nivo, lè li t'ap di ke kòlè a se yon peche ki grav menm jan ak touye moun.

Jezi te ban nou plizyè egzanp kòman yo t'ap mal itilize lalwa; epi anplis de sa, li te ban nou pwòp entèpretasyon li sou entansyon Bondye yo.

Nan tan lontan yo te di nou : "Piga nou touye" (Egzòd 20 :13), konprann ke sa fè referans sèlman ak lanmò fizik, san li pa touche ansyen sou fason nou dwe sèvi ak pwochen nou. Sèlman li entèprete ke "nou pa dwe touye". Entèprèt lalwa yo te panse ke li te sifi lè sèlman yo te di:"nenpòt moun ki touye l'ap koupab devan lajistis". Nan peyi Izrayèl, anpil moun te konsidere pawòl sa literalman: "San gade fason nou konsidere lòt yo, toutotan nou pa touye pèsòn". Se pandan, pou Seyè nou an Jezi, kòmandman sa gen plis bagay toujou.

Jeneralman, lòm gen tandans bay peche yo klasifikasyon grav ak lejè. Pa egzanp, yo pale de peche ki se remò, manti, malpalan, pran valiz oubyen klip yo nan biwo a san mande pèmisyon, oubyen gaspiye tan ak resous antrepriz la (li menm ki se vòl finalman); yo menm ke yo pa konsidere kòm peche ki grav. Se pi plis, yo pa menm pran konsyans de sa; men alafen yo tèlman grav ke yo menm merite pinisyon ki pap janm fini an menm jan ak sa moun ki komèt asasina, vyolasyon, omoseksyalite, elatriye yo merite. Sonje sa Bib la di: "Paske, moun ki obsève tout lalwa a men ki dezobeyi yon sèl nan kòmandman yo, se tankou si l' te dezobeyi tout kòmandman yo" (Jak 2 :10).

B. Aplikasyon lalwa nan Nouvo Testaman

Nan Nouvo Testaman genyen de mo grèk ki gen menm itilizasyon pou fè referans ak kòlè. Premye a se zumós (θυμός), li menm ki fè referans ak yon kòlè ki parèt sanzatann, epi menm kote a li disparèt.

Lòt mo grèk la pou kòlè a parèt nan tèks sa ke Jezi itilize: orgídso (ὀργίζω), li menm ki yon fache ki manifeste nan tout pasyon lèzòm. Orgídso (ὀργίζω) li mwen sibit pase zumós (θυμός), men li pi dire. Sa a se kòlè ke moun nan konsève nan kè li a epi ki pa kite l' mouri, sa vle di, li menm ki konsève yon remò ak rayisans.

C. Pratik nouvo lwa sa a

Kòlè sa ki konsève nan kè a se li menm ke Jezi kondane kòm asasina a, epi li di ke moun sa ap koupab devan lajistis (Matye 5 :21b). Jijman sa ke Jezi fè referans lan gen pou wè ak tribinal lokal ke ansyen yo pami pèp la te fòme li menm ki te la pou jije dosye andedan jiridiksyon an. Kòlè ke Bib la pale de li a se de sa moun nan konsève nan kè li a. se poutèt sa, ann raple nou sa Pawòl la di: "Si nou ankòlè, veye kò nou pou kòlè a pa fè nou fè sa ki mal. Pa al dòmi ak kòlè nan kè nou" (Efezyen 4:26). "Paske, kòlè lèzòm pa ka fè volonte Bondye" (Jak 1 :20).

Nan toude tèks yo, mo grèk pou fè kòlè ak kòlè a se Orgídso (ὀργίζω). Apre sa, Jezi vin pale sou de ka kote kòlè a konsève nan kè a epi manifeste ak pawòl piman bouk.

Premye a se enbesil (Matye 5 :22); sa vle di jraká (ῥακά) an grèk, li menm ki itilize nan Bib la pou pale de moun sa yo ki nye egzistans Bondye atravè akasyon e pawòl yo. Moun sa gen pou plede koupab devan konsèy la. Konsèy la se te Sanedren an, gwo konsèy otorite pami jwif yo, li menm ki te fòme ak prèt yo ak moun ki te plis enfliyan epi kalifye pou trete dosye ki pi grav yo nan echèl nasyonal la.

Nan Bondye, lanmou pou pwochen an enprime la a.

Chak moun ki fè kòlè kont frè li dwe pase pa jijman. Moun ki di frè li "enbesil" dwe pase devan jij nan tribinal Bondye a; epi moun ki joure frè li 'moun fou' se yon moun ki diy pou ale nan lanfè. Foul moun yo te choke anpil avèk pawòl Jezi yo; yon montre nou byen serye kòman Bondye konsidere yo tretman ki san lanmou.

Gwo rèl la fè mal, ofanse nanm pwochen an; se sa ki fè, Jezi egzije nou lanmou nan tretman nou yo.

Avèk sa, Seyè nou an te vle di ke peche kòlè ki pa desann nan pa bon; men lè sa vin pi grav, li kòmanse ak eksprime sa avèk pawòl epi ki pi grav. Se sa ki fè, li merite jije non pa yon jij lokal; men pito pa pi gwo pouvwa jiridik nasyon an. Li di tou ke nenpòt moun ki ta di yon frè li 'fou' oswa 'egare'; sa vle di, moros (μωρός) an grèk, l'ap la pou lanfè dife a, oubyen kòm grèk orijinal la di a: "l'ap rete pou gwo flanm dife a (γέεννα)". Tèm flanm nan se transliterasyon grèk ebre a gai jinnóm, ki pi byen rekonèt nan Ansyen Testaman avèk Vale Hinom li menm ki te sitye li nan sid Jerizalèm (Jozye 15 :8). Se te nan Vale Hinom sa kote Salomon te bati lotèl wo yo pou Molòk (1 Wa 11 :7), epi Akaz ak Manase te fè "pase pitit yo nan dife" (2 Wa 16 :3; 2 Kwonik 28 :3; 33 :6; Jeremi 32 :35).

Pou mete fen ak abominasyon sa yo, Jozyas te kòwonpi sit sa yo avèk zo moun ak lòt kontaminasyon an, epi li te chanje li an poubèl kote pou yo te jete fatra nan vil la (2 Wa 23 :10, 13; 2 Kwonik 34 :4), pandan li t'ap konvèti plas sa kòm yon senbòl de tristès ak dezonè kote dife te kontinye la toutan ap boule fatra epi vè t'ap bwase nan mitan li. Se konsa Jezi Seyè nou an di ke moun ki atravè kòlè li, pale mal epi denigre non ak repitasyon lòt moun, li diy pou l' ale nan pinisyon ki pap janm fini an ki pote non flanm dife lanfè a.

II. Aple pou viv nan lapè total

Jezi mete fen ak ansèyman sa pandan l'ap fè lòm wè enpòtans ki genyen pou li viv nan lapè total nan moman kote l'ap pote ofrann li bay Bondye (Matye 5.23).

Si se vre ke atravè sakrifis Kris la nou kapab rekonsilye nou avèk Bondye epi fè lapè total avèk Li; li enpòtan tou pou nou an pè avèk pwochen nou yo.

Nan peyi Izrayèl, se pèp la ki te bay ofrann yo atravè prèt yo avèk entansyon pou retire peche yo, oubyen kòm remèsiman ak kominyon; se pandan, Jezi te di yo ke ofrann yo a pap itil anyen si yo pa fè lapè total ak pwochen yo. Jezi ranfòse enpòtans pou fè lapè a lè li bay egzanp yon nonm ki te tonbe nan yon pwoblèm serye sa ki te fè li tonbe anba men lajistis epi se te advèsè li a ki te remèt li bay jij la epi li te retire kò li, epi konsa li te tonbe nan prizon e li pat soti la a toutotan li pat fin peye kondannasyon li a (vv.25-26).

Se menm jan tou, l'ap tris pou yon moun fè fas ak jijtis Bondye a epi dekouvri ke nou toujou konsève remò ak rayisans kont pwochen nou yo; tout ofrann nou yo va anven nan jou sa.

III. Yon pratik kretyen sou vrè lapè a

Depi anvan, Jezi di konsa:"Konsa, si lè w'ap mete ofrann ou sou lotèl la bay Bondye, epi antan ou la devan lotèl la, ou chonje frè ou gen kichòy kont ou, men sa pou ou fè:

Kite ofrann lan la devan lotèl la, ale byen ak frè ou la anvan. Apre sa, wa tounen vin bay Bondye ofrann ou an" (Matye 5:23 24).

Konsiy lan se sa: Sonje ke frè m' nan genyen yon bagay kont mwen, san gade kimoun ki te kòmanse diskisyon an oubyen kimoun ki gen rezon; pwen an se ke te genyen yon diskisyon ki te pwovoke yon mekontantman ant de moun yo, epi kounye a youn pote ofrann li sou lotèl la, epi la a li sonje ke frè l' la gen yon bagay kont li; konsa, li pi bon pou li depoze li epi al rekonsilye li avèk lòt moun nan.

Pwen santral la se mande padon pou sa ki te pase a, endepandamman de ke lòt moun nan aksepte.

Jezi pale klè, yon fason pou pati pa nou an nan obeyi epi, avèk yo, nou kapab lib de kilpablite epi pare pou prezante ofrann yo bay Bondye.

Sa vle di ke n'ap toujou rekonsilye nou avèk tout moun, oubyen rive fè yon akò mityèl. Nan kèk okazyon, prensip kretyen nou yo ap kont sistèm mond sa, menm jan legliz fè eksperyans sa nan tout istwa a. Pou sa, Pòl te ekri:"Fè tou sa nou kapab pou nou viv byen ak tout moun mezi nou wè nou ka fè li" (Women 12 :18).

Pòl te egzòte kretyen yo pou yo te fè lapè ak tout moun jan sa te depann de yo; sa vle di, depi sa posib. Sa vle di tou ke nou pap toujou kapab fè lapè avèk tout moun; déjà gen kèk okazyon, prensip kretyen yo pral lakòz mekontman nan mond lan epi sa ap pwovoke opozisyon, kritik epi nan kèk okazyon, pèsekisyon, men nan sa ki depann de nou menm, nou dwe pare pou padone epi sèvi kòm mesaje lapè.

Seyè nou an ban nou yon gwo leson lè li esplike vrè lespri lalwa a, lè li plase kòlè a, mepri ak rayisans lan nan menm gravite ak asasina, yo menm ki gen pou sibi pinisyon lanfè dife.

Si nou sonje tou ke frè nou an genyen yon bagay kont nou, menm si nou ap pote yon ofrann al bay sou lotèl la, li nesesè, an premye, rekonsilye nou avèk li anvan n'al nan tanp lan pou adore Bondye. Nou kapab di:"Sak pase a gentan nan sak"; men Bondye mande pou nou rekonsilye avèk frè nou. Apre sa, n'ap kapab vini devan Bondye pou mande li padon. Ann aprann sa, paske nan yon lòt fason, Jezi di ke pwochen nou an ap vin tranfòme an lènmi. Epi jij li va livre nou bay la, se va pi gwo jij la: Bondye menm.

Konklizyon

Tan lanmou pafè a ap pwoche; se poutèt sa, nou dwe fè lanmou sa manifeste. Moun ki kwè ke syèl la tou pre, se pou li aprann trete pwochen l' byen sou tè sa.

Kesyon Opsyonèl

I. Kòlè a, yon peche ki grav menm jan ak asasina

- Èske nou kapab touye fizikman sèlman? Sou ki lòt fòm jodi a kòmandman "piga nou touye a" pa akonpli (Matye 5 :21)?
- Kòman w' ta defini de pawòl ke Matye 5 :22 dekri kòm pawòl piman bouk la?

II. Aple pou viv nan lapè total

- Ki aspè enpòtan ke nou dwe siveye lè n'ap bay ofrann nou? (Matye 5 :23-24)
- Kòmante kèk eksperyans padon yon moun ki te ofanse w'.

III. Yon pratik kretyen sou vrè lapè a

- Èske l'ap posib pou yon moun fè lapè ak tout moun? Poukisa?

Konklizyon

Tan lanmou pafè a ap pwoche; se poutèt sa, nou dwe fè lanmou sa manifeste. Moun ki kwè ke syèl la tou pre, se pou li aprann trete pwochen l' byen sou tè sa.

Nòt :

_____

_____

_____

_____

Peche ki pi lwen pase aksyon an

Elí Porras (Pewou)

Vèsè pou aprann: "Mwen menm, men sa m'ap di nou: Si yon nonm gade yon fi avèk lanvi, li deja fè adiltè avè l' nan kè l" (Matye 5:28).

Objektif leson an: Se pou elèv la konprann ke peche a ale pi lwen pase aksyon fizik la, rasin li se nan fon kè a. Epi se pou tèt sa, kretyen an dwe pran mezi kont li.

Entwodiksyon

Maten Litè te di yon gwo panse:"Mwen pa kapab evite zwazo yo vole sou tèt mwen, men mwen kapab anpeche yo fè nich ladan li".

Endike elèv ou yo pou yo fè kòmantè sou panse sa.

Lè w'ap prepare leson an, ou kapab chèche epi koupe imaj moun ki te afiche yon move konpòtman. Pa egzanp, imaj jèn gason ki nan lari ap gade jèn fi ak kout je anvi k'ap pase bò kote yo, oubyen visevèsa.

Osijè de sa, mande elèv ou yo pou yo kontinye fè kòmantè epi reflechi sou sa avèk relasyon de sa ke Jezi te di nan Predikasyon sou mòn nan (Matye 5 :27-30).

I. Adiltè kòm yon dosye ki byen serye

Kisa adiltè siyifi? Adiltè a se relasyon seksyèl yon moun avèk yon lòt ki pa mari oubyen madanm li.

A. Yon kòmandman fin vye granmoun

Jezi di konsa:"Nou te konn tande yo di …". Jwif yo te konnen lalwa yo byen oubyen Tora. Adiltè a entèdi nan lalwa Bondye a. Se konsa, nou jwenn rejis nan egzòd 20 :14 ki di:"Piga w' fè adiltè" epi nan vèsè 17, nan entèdiksyon pote lanvi a, li pale de pote lanvi sou madanm pwochen nou: "Piga nou pote lanvi sou sa ki pa pou nou: ni sou kay frè parèy nou, ni sou madanm li, ni sou moun k'ap sèvi lakay li, ni sou bèf li, ni sou bourik li, ni sou ankenn lòt bagay ki pou frè parèy nou"

Nan moman sa yo, li vin tounen yon abitid nan mond lan kote ke yon gason, oubyen yon fanm, poze zak enfidelite; epi sa se pi gwo separasyon ak divòs ki nan mond lan. Bondye bay yon kòmandman ansyen avèk objektif pou pwoteje koup yo, fanmi an avèk sante espirityèl lòm.

B. Entèdiksyon poligami an

Entansyon Bondye se te pou ke Izrayèl ta yon pèp diferan de tout lòt pèp vwazen ak payen ki te genyen yon karakteristik poligami. Adiltè a te entèdi nan kòd moral jwif la epi anseye klèman andedan kòmandman Bondye yo. Entèdiksyon sa rive atenn nouvo Izrayèl Bondye a, legliz la. Pòl di konsa:"Men sa Bondye vle pou nou: Se pou nou viv apa pou Bondye, pou nou pa lage kò nou nan imoralite. Se pou chak gason konn chwazi madanm li yon jan ki respektab, ki dakò ak volonte Bondye. Pa kite move lanvi pouse nou tankou moun lòt nasyon yo ki pa konnen Bondye" (I Tesalonisyen 4:3-5).

C. Adiltè a te resevwa pinisyon

Antrenè nan epòk sa yo te ekspoze ansèyman moral sa devan pèp la epi pini pratik adiltè a atravè lapidasyon (kraze anba kout wòch). Sa se te ka fanm adiltè ke yo te jije a:"yo te di li:"Mèt, yo kenbe fanm sa a nan men ap fè adiltè. Moyiz te bay lòd nan lalwa a pou yo touye yo lè konsa ak kout wòch. Men, ou menm, kisa ou di nan sa?" (Jan 8 :4-5).

Yo te eseye pyeje Mèt la, pliske Moyiz te bay lòd pou kraze yon moun ki komèt yon peche konsa anba kout wòch. Jwif yo, nan sèn sa a, yo te fè referans ak sa ki te etabli nan Levitik 20 :10 kote ke sa te siyale:"Depi yon nonm fè adiltè ak madanm yon frè parèy li, se pou yo touye yo, ni li ni madanm lan".

Nou konnen apre sa dekouvèt fanm adiltè a, lè Jezi te fè fas ak konsyans moun sa yo ki t'ap tante touye l' la; epi apre sa li te kontinye ak kòmandman li a avèk fraz :"'…ou mèt ale, epi pa fè peche ankò" (Jan 8 :11b). Malgre Kris te padone, li kontinye rete byen klè: Pa fè ni adiltè ni okenn lòt peche.

Konsa, byen serye se te kòmandman an; men jwif yo te limite adilè a ak aksyon konkrè a menm. Se pou rezon sa a, Jezi fè yon entèpretasyon ki ale pi lwen pase aksyon fizik la.

II. Nouvo defi adiltè a

Kimoun ki pi plis pase Jezikris pou entèprete ak elaji kòmandman Bondye yo? Li te di avèk otorite: "Men, mwen menm mwen di…" (Matye 5 :28a). Ta sanble, konsèp adiltè a te byen limite, li te sèlman aplike pou aksyon an menm. Men nan Predikasyon sou mòn nan, Seyè a siprann tout moun ki t'ap koute li yo avèk yon konsèp ki pi wo.

A. Nouvo defi moral

Ann obsève sa: "Mwen menm, men sa m'ap di nou: Si yon nonm gade yon fi avèk lanvi, li deja fè adiltè avè l' nan kè l'" (Matye 5 :28). Ann note ke Jezi ale pi lwen pase aksyon fizik la; Li pale de pote lanvi, epi sa genyen plis bagay ladan li.

Premyeman, Jezi etann defi kòmandman sa; pliske ekspresyon "…nenpòt moun ki gade…" non sèlman li endike yon fòm peche pou moun ki marye yo; men tou moun ki pa marye yo, epi finalman, sa anglobe ni fanm ni gason yo.

Dezyèmman, Jezi abòde tèm lanvi a ki dwe defini kòm "dezi oubyen apeti dezespere pou posede byen ak richès materyèl yo". Pandan l'ap aplike sa ki anlè a pou adiltè a, nou konprann ke lanvi ke Mèt la fè referans lan se dezi voras ke yon moun posede ak entansyon imoral yo.

Jezikris, nan Predikasyon sou mòn nan, ale pi lwen ke definisyon komen adiltè a. Konsa, Li di ke adiltè a kapab mantal tou.

B. Zafè lespri

Mèt la pa di pou moun pa gade yon fi. Sa l'ap repwoche a se atitid gade "pou pote lanvi a". Sa vle di ke lespri moun nan gentan fè yon nich move panse ki imoral.

Avèk nouvo entèpretasyon sa, moralis jwif nan epòk li yo ak moralis nan tan kounye yo pap kapab jistifye yo pou di: "Mwen pap janm fè adiltè, oubyen mwen pat janm enfidèl anvè patnè mwen". Genyen kèk ki ta kapab jije konsèp sa nan rezònman imen yo kòm egzajere; men se konsa Mèt la te klè pou trete tèm adiltè a.

Se pou rezon sa ke apot Pòl te konseye Filipyen yo: "Pou fini, frè m' yo, mete lide nou sou bagay ki bon, ki merite lwanj: bagay ki vre, ki kòrèk, ki dwat, ki bèl, ki p'ap fè nou wont" (Filipyen 4 :8).

Nan tan sa yo, nou wè nan mwayen kominikasyon yo fraz mal entansyone ki gen karaktè sansyèl ki san dout tanmen nan lespri moun ki renmen plezi lachè yo. Move refleksyon mantal yo mennen zak malonèt ki plen ak move lanvi. Sa tou se zafè kè lòm.

C. Zafè kè lòm

Lè n'ap pale de kè, nou pa fè referans ak ògàn kò lòm nan; déjà ke jwif yo te mete kè a kòm sant lespri a menm ak volonte lòm. Lè Jezi pale de adiltè mantal la, li t'ap fè referans ak nati espirityèl ki te afekte pa peche a. Kòm rezon, Jezi te di ankò: "Se nan kè yon moun, se anndan li tout move lide soti: lide fè ou fè tout move bagay, li fè ou vòlè, li fè ou touye moun" (Mak 7 :21).

Jak rele sa: "vis" oubyen enklinasyon vè plezi seksyèl san mezi nan fòm dezòdone. Ann gade vèsè sa : "Men, lè yon moun anba tantasyon, se pwòp move dezi moun lan k'ap rale l', k'ap pouse li. Konsa, move dezi a travay nan kè li, li fè l' fè peche. Lè peche a fin fèt, li bay lanmò" (Jak 1:14-15).

Lè kè lòm nan pa geri, li pwodwi kèk nich panse ak move lanvi ki vin chanje an aksyon ki pa fè Seyè a plezi.

Kisa nou dwe fè fas ak sitiyasyon sa? Jezi mete kèk mezi radikal nan diskou li a.

III. Mezi fas ak adiltè a

Pasaj Matye 5 :19-30 bezwen entèpretasyon avèk atansyon, déjà moun kapab tonbe nan erè si li pran li sou yon pwen devi literal. Poutèt sa, li enpòtan pou nou itilize èmenetik (syans entèpretasyon tèks biblik yo). Disiplin sa anseye nou ke Bib la genyen nan plizyè okazyon "modismo", figi ak fraz ki pou Nouvo Testaman ki dwe konsidere avèk anpil atansyon.

Pandan n'ap egzamine nouvo konsepsyon an, pou sa ki gen pou wè ak adiltè a avèk move panse yo, nou kapab afime rekòmandasyon sa yo ke Kris te bay:

A. Otoevalyasyon espirityèl

Fraz: "…si je dwat ou…oubyen men dwat ou yo se okazyon pou fè w' tonbe…" sa mande pou w' fè yon egzamen de pwòp konsyans ou. Pandan n'ap etidye pwofondè sans orijinal la, nou konprann ke fraz "okazyon pou tonbe a" gen pou wè avèk "pyèj" ki atrape lòm menm pou fè li poze aksyon peche a menm.

Je a bay ankourajman oubyen rega vè sa ki peche a, epi men an gen pou wè ak aksyon yo ki kòmanse depi nan pi piti a jiskaske li rive konsonmen zak ki vyole lalwa Bondye a.

Disip Kris yo dwe evalye si je oswa men yo panche pou komèt yon peche.

Genyen pyèj ki se faktè ki egziste aktyèlman pou fè moun tonbe espirityèlman.

Kretyen yo dwe evalye kisa ki pyèj posib li yo, oubyen pastan li yo. Gen rapò ki bay ke gen "kretyen" ki toujou se esklav pouvwa pònografi. Indistri pònografik la envesti plizyè milyon dola pou nouri lespri visye moun sa yo ki fin tounen esklav nan fantezi seksyèl yo epi, nan anpil nan ka yo, yo vin gate.

B. Pran mezi ki radikal

Pou konprann ekspresyon: "Koupe li epi jete l'", nou dwe itilize èmenetik ankò.

Sa di nou ke yon figi retorik ki te vrèman komen nan epòk Jezi a se te "ipèbòl".

Ipèbòl se yon figi ki eksprime egzajerasyon; men li pa literal, konsa, chèche kreye konsyans sou sa ki radikal ki dwe mezi nou yo. Pa egzanp: Lè nou rive lakay, epi nou trè fatige akoz de travay jounen an; nou gen tandans di ekspresyon tankou sa yo: "Nou mouri ak fatig". Kesyon an, konsènan sa, se sa: èske an reyalite nou mouri vre?

Se klè ke non; paske sa se yon mòd, oubyen yon fraz komen ki egzajere nan kèk peyi ki pale espanyòl pou fè referans ak gwo fatig fizik.

Gen yon bagay ki sanble ak sa ki te pase nan epòk Seyè nou an Jezikris. Li pa t'ap di konsa: "Rete twèt oubyen koupe men nou", kòm kèk fanatik te konprann li nan istwa a. Sa Mèt la t'ap di a te gen pou wè avèk sa: "Separe avèk pyèj la" oubyen "mete deyò" rasin tout mal k'ap ankouraje w' komèt peche. Se poutèt sa, li nesesè pou nou separe nou de kout je oubyen sikonstans yo ki kapab pouse nou komèt yon zak dezagreyab; sa se pran mezi radikal.

Yon jèn, nan yon sitiyasyon, li te oblije separe li avèk yon divèsyon ki te mennen li vè pònografi; epi li te fè pandan l'ap mete disiplin nan tan lib li nan bagay ki te kenbe li toujou okipe.

Kretyen yo dwe pran desizyon ki fèm lè yo santi yo anvi peche. Sa mande sakrifis nan kalite lavi a, an sipò ak nenpòt kalite pyèj espirityèl nan lavi yo epi mete otokontwòl nan aksyon yo. Yon kè sanntifye se solisyon an, epi nan kèk ka li dwe mande yon espesyalis sekou.

C. Konsidere konsekans ki pap janm fini yo

Ann gade vèsè sa avèk atansyon: "…se pa ke tout kòw jete nan lanfè (v.29b)". Entansyon Jezi a klè: se pou kretyen an separe oubyen fè sakrifis pou byen nanm li, yon fwa ke li pa fè l', epi menm pi plis, yon fwa ke li pa genyen yon kè ki pwòp de-

van Bondye, sa kapab rale konsekans sou tèt li.

Otè lèt Ebre yo di konsa: "Maryaj se yon bagay tout moun dwe respekte anpil. Moun ki marye yo dwe rete fidèl yonn ak lòt. Bondye gen pou jije moun k'ap mennen movèz vi yo ansanm ak moun k'ap fè adiltè yo" (Ebre 13:4).

Li klè ebyen, yon sèl fason pou yon moun rive fè yon rankont Sali ak Bondye se avèk yon kè pwòp epi san tach; déjà ke san sanntifikasyon pa gen moun k'ap wè Seyè a.

Nan yon lòt fason, konsekans oubyen desten adiltè yo se pral pèdisyon pou toutan (I Korentyen 6 :9).

Konklizyon

Adiltè a se yon pwoblèm ki serye ki pa limite sèlman nan zak seksyèl. Dapre ansèyman Kris la, moun kapab fè kòmanse fè adiltè depi nan lespri pou rive nan kè a. Fas ak sitiyasyon sa, kretyen an dwe pran mezi ki radikal epi pèmèt ke Lespri Bondye a fè yon operasyon nan kè ki plen peche a.

Kesyon Opsyonèl:

I. Adiltè kòm yon dosye ki byen serye

- Ki itilite kòmandman sa: "Piga nou fè adiltè", èske se byen serye? (Egzòd 20 :14)
- Kòman yo te konn pini zak adiltè a nan tan lontan?

II. Nouvo defi adiltè a

- Dapre opinyon w', ki nouvo defi ke Jezi te bay konsènan adiltè a?
- Kòman w' relye vis la avèk tèm adiltè a? (Jak 1 :14-15)

III. Mezi fas ak adiltè a

- Kisa w' kwè ki entèpretasyon kòrèk fraz osijè de je a : "…retire li epi jete li byen lwen w', oubyen men an : "…koupe li epi voye l' jete byen lwen w'".
- Tanpri, ekri yon egzanp de yon mezi radikal ke yon kretyen kapab pran pou li pa tonbe nan peche adiltè a.

Konklizyon

Adiltè a se yon pwoblèm ki serye ki pa limite sèlman nan zak seksyèl. Dapre ansèyman Kris la, moun kapab fè kòmanse fè adiltè depi nan lespri pou rive nan kè a. Fas ak sitiyasyon sa, kretyen an dwe pran mezi ki radikal epi pèmèt ke Lespri Bondye a fè yon operasyon nan kè ki plen peche a.

Valè senserite a

Joel Castro (Espay)

Vèsè pou aprann: "Men, lè w'ap pale se wi ak non pou ou genyen ase. Tou sa ou mete an plis, se nan Satan sa soti" Matye 5:37.

Objektif leson an: Se pou elèv la konprann vrè valè wi avèk non an.

Entwodiksyon

Èske w' te tande kèk fwa: "Mwen sèmante sou manman m' ke fwa sa m'ap chanje". Oubyen lòt ekspresyon sa yo: "Mwen sèmante sou lòt moun mwen renmen yo, mwen pat ale"; "Mwen pwomèt ou, sou kwa Kris la, ke mwen pap tounen fè l' ankò", elatriye.? Dapre Akademi Wayal Espanyòl la (AWE), yon sèman vin ye tout yon "Afimasyon oubyen negasyon de yon bagay, nan mete Bondye pou temwen, oubyen nan li menm oswa kreyati li yo"; men, selon siyifikasyon sa, li nesesè pou nou poze tèt nou kesyon sa yo : èske nou vrèman bezwen sèman yo pou nou chèche krediblite?

Èske se yon byen nou fè lè nou sèmante?

Apre sa, ann wè kisa Pawòl Bondye di osijè de sèman yo avèk vanite li. Ann koute konsèy Seyè Jezi pou nou pa kontinye tonbe nan sèman san valè yo. Déjà ke predikatè nan syèk XVIII la, Jan Wesley, te di konsa: "Mwen pè tripotay menm jan ak sèman epi madichon".

Nan pati ki anba a, nou pral rezime pasaj biblik nou an ki nan Matye 5 :33-37 pou wè ansèyman Seyè nou an Jezikris.

I. "…Nou tande ki jan nan tan lontan yo te di …" (Matye 5:33)

Anpil teyològ konyenside pou di ke Predikasyon sou mòn Jezi a vin pi gwo diskou Jezi; epi se Matye li menm ki ale pi lwen pase ekriven Lik (Lik 6 :20-49). Konsa, Matye te vle pou destinatè jwif li yo (lektè orijinal levanjil sa), konprann vrè lespri lalwa a.

Jezi te kòmanse disètasyon li a sou lalwa depi nan Matye 5 :17 rive jous nan vèsè 20, kote ke genyen twa afimasyon konsènan lalwa. Premyeman, lalwa deklare ke Li se akonplisman lalwa (v.17). Dezyèm-man, lalwa genyen yon objektif epi ki dwe akonpli (vv.18-19). Epi twazyèmman, lalwa dwe akonpli konfòm avèk sa ki fè Bondye plezi men se pa jan farizyen ak doktè lalwa yo te konprann (v.20).

Konsènan dènye pwen sa, anpil moun te rete twouble; paske pèp la te kwè ke sa doktè lalwa ak farizyen yo te anseye yo te bon nèt. An rezon de sa, Jezi te deklare yo fason ki pratik sou kòman pou konprann ak pratike lalwa atravè senk tèm: kòlè (vv.21-26), adiltè (vv.27-30), divòs (vv.31-32), sèman yo (vv.33-37); ak lanmou anvè lènmi yo (vv.38-48).

Pou zafè sèman yo, kisa ki vrè ansèyman ak entèpretasyon ke nou dwe ba li? Avèk fraz: "…Nou tande ki jan nan tan lontan yo te di …", Seyè ak Sovè nou an Jezi te ale pi dèyè, jous nan premye pati Bib la, Pantatèk la, li menm ki se kantite liv nan Bib la ke Moyiz te ekri yo. Apati de la, li fè yo sonje sa ki te di nan twa pasaj nan Ansyen Testaman ki enpòtan anpil:

"Piga nou pran non m' pou fè sèman pou twonpe moun. Si nou fè sa, se derespekte n'ap derespekte non Bondye nou an. Se mwen menm ki Seyè a!" (Levitik 19 :12).

"Lè yon moun fè yon ve l'ap bay Seyè a kichòy ou ankò lè yon moun pwomèt li p'ap fè yon bagay, li pa fèt pou l' pa kenbe pawòl. Se pou l' fè tou sa li te pwomèt l'ap fè a" (Nonb 30:2).

"Lè yonn nan nou pwomèt Seyè a n'ap fè kichòy pou li, pa kite twòp tan pase anvan nou kenbe pwomès la, paske Seyè a, Bondye nou an, p'ap man-ke mande nou kont. Lè sa a, n'a gen yon peche sou konsyans nou" (Detewonòm 23:21).

Dapre kòmandman orijinal yo, sèman yo te ge-nyen lespri verite ak fidelite nan pwomès la.

Epi san gade sou kisa vòt la ye, entansyon an dwe akonpli. Bondye pa vle pou nou kontamine non li, paske nou melanje sèman yo avèk nanm nou pa ob-ligasyon. Se poutèt sa, nou pa dwe pran reta pou nou akonpli li. Vèsè sa yo kont totalman nenpòt pwomès ki pa akonpli menm si gen lizay non Bon-dye oubyen non nan sèman.

II. "Men mwen menm men sa m'ap di nou…"

Malerezman, lidè relijye yo nan epòk sa yo te kontamine kòmandman sa pandan yo t'ap pratike li nan fason pa yo epi nan mankman senserite ak onètete (Matye 5 :34-36). Epi se pat sèlman depi nan tan Jezi yo t'ap aji san onètete, men pito se te depi anvan sa.

Pwofèt Jeremi (Jeremi 5 :1-2) devwale nou reyalite espirityèl tris sa de lidè sa yo : "Mache toupatou nan lavil Jerizalèm. Louvri je nou! Gade sa k'ap fèt! Chache sou tout plas piblik yo! Eske nou jwenn yon nonm, yon sèl k'ap fè sa ki dwat, ki p'ap chache twonpe Bondye? Si nou jwenn yonn, m'ap padonnen tout lavil la. Yo te mèt pran non m' pou fè sèman, se pou twonpe moun".

Avèk rezon ki jis, Jezi vle avèti nou pou nou pa tonbe nan menm pyèj relijyon lidè pèp Jida yo; paske nan aji san onètete a, non sèlman nou pote move temwayaj, men tou ipokrizi nou an mennen nou nan lanmò ki pap janm fini an. Se poutèt sa, Jezi di nou konsa : "Men, mwen menm men sa m'ap di nou", sa vle di, pou ke nou pa swiv move ansèyman farizyen yo, pou sa ki gen pou wè avèk sèman yo epi fè diferans pami yo, nou dwe aji lòt fason.

Fraz ki vini apre a se : "…Pa fè sèman ditou…", li genyen de konotasyon enpòtan : yon negatif ak lòt pozitif. Jezi, avèk fraz sa, li pa kondane sèman serye epi nesesè a. Pou konesans nou, anpil tan apre egzòtasyon Jezi a, Nouvo Testaman anrejistre kèk sèman serye. Pa egzanp : "Ebre 6 :13, li pale nou de pwomès ke Bondye te fè Abraram pandan li t'ap sèmante sou pwòp tèt li; nan 2 Korentyen 1 :23; Galat 1 :20; Filipyen 1 :8, apot Pòl te gen tandans mete Bondye kòm temwen nan anpil nan afimasyon li yo. Finalman, nan Revelasyon 10 :5-7, nou wè zanj Seyè a k'ap fè yon sèman. Egzanp sa yo fè nou wè ke sèman serye yo valab. Yon lòt kote, li valab tou si nou genyen pou nou temwaye anba sèman devan kèk tribinal sivil.

Kòm disip Kris, avèk temwayaj nou, sa ta sifi pou yo kwè nou; men si lajistis sou tè a, pou nenpòt ka ta mande li, n'ap oblije obeyi. Nòmalman, nan anpi peyi nan amerik latin nan, nan yon jijman sivil, yo fè sèman pandan y'ap konsidere non Bondye; men, pa egzanp, nan peyi Espay yo pa itilize mo sèmante a devan tribinal nonplis non Bondye; men sèlman nou kapab "afime kategorikman" oubyen "pwomèt".

Nan konotasyon negativ li a, lè Jezi eksprime fraz : "…Piga nou fè sèman ditou…", li te egzòte pèp la pou yo pat pran non Bondye an ven, paske lepri inisyal sèman an te pèdi sans li. Bondye te kont pou sèman te fèt avèk ipokrizi. Li klè ke yon kè ki pa krent Bondye pratike senserite ak onètete.

Yon gason oubyen fanm konsa sèlman chèche pwòp benefis li avèk egoyis san zafè pwochen pa gade li. Jounen jodi a, n'ap viv nan yon mond ki sèmante pou li chanje.

Si non, mande yon fanm ki te konn resevwa move tretman toutan. Li pwobab pou li di ke : "Men wi li te sèmante devan mwen ke li pa t'ap retounen fè li ankò, ke li pap fè li ankò pou timoun nou yo"; sepandan, sa kapab rive ke fanm sa pa la ankò pou li rakonte nou li, paske lavi te gentan fini pa mwayen yon vyolan ki te sèmante ke li t'ap chanje. Akoz de manti ak ipokrizi, pawòl anpil moun vin pa gen sans ankò epi yo pèdi tout respè yo. Kòm kretyen, nou dwe fè atansyon ak sa ke nou pwomèt, menm si pa genyen yon sèman nan mitan; nou dwe akonpli pou nou kapab se moun ki konfyab. Senserite a pral pale anpil pou pèsonalite w', epi si w' gen abitid tonbe, konpòtman w' pral farizayik epi kòm rezilta w'ap tonbe anba yon movo kondannasyon.

Jezi te konnen kè ipokrit farizyen yo trè byen. Yo te klase sèman yo nan de klas : sa yo ki te konn site non Bondye dirèkteman, ak tout lòt sa yo ki te konn relasyone yo avèk bagay ki sakre yo.

Premye yo te gen pi gwo angajman, sa vle di, li te dwe akonpli san mank; paske yo te site non Bondye. Men avèk dezyèm yo, yo te genyen kèk libète pou yo te akonpli li, paske yo pat pwononse non Bondye dirèkteman. Jezi te vrèman sevè fas ak deklarasyon sa ke farizyen yo te fè nan sèman yo a; poutèt sa li di konsa : "…Pa fè sèman sou tè a, paske tè a se ti ban kote Bondye poze pye li. Pa fè sèman sou lavil Jerizalèm, paske se lavil gwo Wa a. Pa fè sèman non plis sou tèt pa ou, paske ou pa ka fè yon sèl grenn cheve nan tèt ou tounen blan osinon nwa" (vv.34-36).

Farizyen an te kwè ke sèmante sou "tanp lan", "lotèl la", "syèl la", "twòn Bondye a", "tè a" epi sou "Jerizalèm" se te bagay ki lejè; sepandan, Jezi fè yo konnen ke se menm bagay la; epi menm si yo sèmante sou pwòp tèt yo, paske menm tèt yo a fè pati de sa ke bagay Bondye ban nou.

Konsa, gen kèk moun ki genyen abitid sèmante, petèt yo pa pran non Bondye; men wi yo jire sou manman oubyen pa lòt moun oubyen bagay ke yo plis renmen nan lavi yo. Yo sèmante tou sou kèk bagay sakre tankou "kwa Kris la", "legliz", "san Kris la", elatriye., pou ke yo kapab kwè yo. Bondye pa bezwen konpòtman farizayik sa pou pitit li yo; li mal pou nou kache senserite nou nan kèk bagay, oubyen pou nou eseye konvenk lòt yo pandan n'ap itilize non li an ven. Atansyon, Jezikris pa vle ban nou yon kondannasyon jan li te fè sa kont relijye nan epòk li yo, jan yo rapòte nou sa nan Matye 23 :16-19 : "Malè pou nou, avèg k'ap kondi moun! Nou di konsa : Yon moun te mèt sèmante sou tanp lan, li pa bezwen kenbe pawòl li pou sa. Men, si l' sèmante sou lò ki nan tanp la, se pou l' kenbe pawòl li. Bann egare, bann moun je pete! Kisa ki pi konsekan: lò a osinon tanp lan kote yo fè lò a sèvi pou Bondye? Nou di ankò: O wi, si yon moun sèmante sou lòtèl la, se pa anyen sa. Li pa bezwen kenbe pawòl li. Men, si l' sèmante sou ofrann ki sou lòtèl la, se pou l' kenbe pawòl li. Bann je pete! Kisa ki pi konsekan: ofrann lan osinon lòtèl la kote yo mete ofrann lan apa pou Bondye?". Pou Bondye, pa genyen nivo avèk ran nan koze sèman, pa gen sèman ki gen plis angajman pase lòt yo; konpòtman sa sèlman ap chèche jistifye vanite ak ipokrizi. Yon lòt kote, Jezi vle montre nou yon chemen diferan fas ak sèman an ven yo. Li mansyone sa nan vèsè 37 la.

III. "Men se pou pale w'…"

A. "Wi, wi; non, non"

Pou Jezi pa kite nou tonbe nan pyèj relijyon an, li ban nou yon solisyon ki byen senp pandan l'ap di nou sa :"Men, lè w'ap pale se wi ak non pou ou genyen ase. Tou sa ou mete an plis, se nan Satan sa soti" (Matye 5:37). Se pou rezon sa a, sa ki anseye pami kretyen yo se ke yon disip Kris pa bezwen sèmante ni sou Bondye ni sou lòt bagay lè li fè kèk pwomès oubyen ve pou yo kapab kwè li.

Kòm pitit gason ak pitit fi Bondye, temwayaj agimante li avèk aksyon epi konpòtman nou yo, epi tou sa atravè rezilta temwayaj nou ke n'ap rive jwenn respè ak konfyans. Nou aple pou nou se gason avèk fi ki kenbe pawòl nou san nou pa bezwen itilize sèman. Nan kòmansman syèk III, Kleman de Aleksandri te di ke "kretyen yo ta dwe viv yon fason ke-sa vle di nan sentete-epi demontre karaktè sa ke pèsòn pa dwe pèmèt li pou egzije yo yon sèman" (lèt ajoute).

B. "…paske sa ki plis nan sa, l'ap pote konsekans"

Sa vle di, sèmante a pa fè nou byen nan anyen, men pito li kapab atire kondannasyon sou nou. Si nou vle itilize non Bondye pou ke yo kapab kwè nou, nou dwe konnen ke sa se pa volonte Papa nou ki nan syèl la; men, li soti nan malen an. Vèsyon Nouvo tradiksyon vivan an di konsa:"Sèlman di:"Wi, m'ap fè li" oubyen "non, mwen pap fè li". Nenpòt ki lòt bagay la soti nan malen an" (Matye 5 :37). Nan menm liy sa, apot Jak egzòte nou: "Anvan tout lòt bagay, frè m' yo, men sa ki pi enpòtan: piga nou fè sèman sou syèl la, ni sou latè a, ni sou ankenn lòt bagay. Lè nou di wi, se wi, non, se non. Konsa, nou p'ap tonbe anba jijman Bondye" (Jak 5:12).

Dapre istoryen Josefo, asenyan yo te kwè ke moun ki te konn sèmante pou fè moun kwè yo te

kondane pwòp tèt yo; paske tout pwomès ke yo fè epi ki pa akonpli pote kondannasyon. Pou fini, mwen pataje avèk nou konsèy predikatè sa ki nan Eklezyas 5 :1-7.

Konklizyon

Tout sèman se an ven si pawòl nou an valab; epi si pawòl nou an valab, li pa bezwen yon sèman pou ranfòse li. Ann fè atansyon nan vin responsab avèk pwomès nou yo pou nou pran konfyans moun epi konsa pa tonbe nan pwòp kondannasyon nou. Sèman an akonpli objektif li pou fè nou ipokrit; ann renonse vye abitid sa epi ann pratike senserite ki se yon valè ki nètman kretyen. Yon moun ki sensè pa bezwen apiye li sou sèman yo.

Kesyon Opsyonèl:

I. "…Nou tande ki jan nan tan lontan yo te di …"

* Dapre Matye 5 :17-19, ki ansèyman ki gen pou wè ak lalwa ladan li?
* Make twa pasaj nan Ansyen Testaman yo ke Jezi te fè referans nan premye pati sa.
* Kisa ki lespri sèman yo dapre vèsè anteryè nan Ansyen Testaman yo?

II. "Men mwen menm men sa m'ap di nou…" (Matye 5 :34-36)

* Esplike de konotasyon fraz:"Piga nou fè sèman ditou…"
  ◊ Negativman:
  ◊ Pozitivman :
* Pou ki rezon farizyen yo te konn sèmante sou syèl, sou tè oubyen sou Jerizalèm?

III. "Men se pou pale w'…" (Matye 5 :37)

A. "Wi, wi; non, non"

* Dapre afimasyon Seyè nou an Jezikris, ki kote pawòl oubyen pwomès nou yo dwe baze?
* Li Matye 5 :37; Jak 5 :12; eklezyas 5 :1-7; epi esplike pou ki rezon nou pa dwe sèmante lè n'ap fè pwomès.

Konklizyon

Tout sèman se an ven si pawòl nou an valab; epi si pawòl nou an valab, li pa bezwen yon sèman pou ranfòse li. Ann fè atansyon nan vin responsab avèk pwomès nou yo pou nou pran konfyans moun epi konsa pa tonbe nan pwòp kondannasyon nou. Sèman an akonpli objektif li pou fè nou ipokrit; ann renonse vye abitid sa epi ann pratike senserite ki se yon valè ki nètman kretyen. Yon moun ki sensè pa bezwen apiye li sou sèman yo.

Nou menm moun ki bon yo, nou pi plis

Wilmar Rojas (Argentina)

Vèsè pou aprann : "Non, nou fèt pou nou bon nèt, menm jan Bondye Papa nou ki nan syèl la bon nèt" (Matye 5 :48).

Objektif leson an : Ankouraje elèv la devlope karaktè Papa a atravè padon ak lanmou pratik la.

Entwodiksyon

Èske Predikasyon sou mòn nan kontinye valab toujou? Èske li aplikab nan tan jodi a, èske li pratikab nan tan n'ap viv la?

Nan Predikasyon sou mòn nan, Jezi bay enstriksyon sou kòman nou menm disip yo nou dwe konpòte nou; sa vle di ke li dekri kalite lavi ke nou dwe viv nou menm pitit Bondye yo.

Jezi kòmanse ansèyman yo pandan li t'ap pale de moun sa yo ki gen kè kontan; apre sa, esplike fonksyon ak objektif disip li yo sou tè a; epi finalman, li antre nan kesyon lalwa a epi avèti ak pawòl sa yo : "Pa mete nan tèt nou mwen vin aboli lalwa Moyiz la ak sa pwofèt yo te moutre nou. Mwen pa vin pou aboli yo, mwen vin moutre sa yo vle di tout bon" (Matye 5:17).

Jezi te vini pou ba li yon sans ki kòrèk.

Nan mitan diskou sa a, te genyen yon tèm lavi oubyen lanmò ki te vin soti : lanmou pou lènmi yo. Kidonk, nou dwe poze kesyon sa yo : èske w' ta padone moun ki ofanse w' la? Moun sa ki te tante mete lavi w' oubyen lavi pwòch ou yo an danje a? Oubyen moun sa ki te detwi lavi youn nan pwòch ou yo?

Sa a se yon dyagram kote nou dwe chwazi ant chemen vanjans oubyen chemen padon…Kisa w' ta chwazi ou menm?

Apre sa, nou pataje de egzanp ki kapab ede eklèsi tèm nan.

Nou menm moun ki bon yo, nou pi plis

Yiye Ávila te padone ansasen ki te touye pitit fi li a. Li menm, yon predikatè byen popilè, li t'ap vwayaje nan avyon lè yo te enfòme li ke pitit fi l' la te fenk mouri. Li te fèmen je l' epi leve yon lapriyè devan Bondye; sepandan, li te sispèk ke te genyen plis enfòmasyon…Epi an reyalite se ke "mari tifi a ki te touye l' la britalman"…Yiye te sispann respire. Li te leve

men li, tonbe sou jenou li epi li te priye…

Lè li te desann avyon an, te genyen anpil jounalis ki t'ap bay agiman : "Se penn lanmò k'ap tann ansasen pitit li a, kisa w' panse?"

Predikatè sa te reponn : "Mwen mande Bondye pou yo pa retire lavi li. Bondye ap padone li, menm jan mwen padone li a".

Malgre doulè, Yiye pat konsève rankin nan kè li. Pita li te di konsa : "Lòm dwe viv avèk mal, ki se yon bagay inevitab; men mechan yo pa anpil, paske nou menm moun ki bon yo nou pi plis".

Lòt egzanp

Don Rigo se te yon ajan polisye. Li te koni anpil pami konpayèl li yo akoz li te sevè kont delenkan yo. Sepandan, trayizon an te frape pòt li. Yon jou li te jwenn madanm li avèk yon lòt gason sou kabann lakay li. Lestomak li te ranmase, kòlè a te fè san l' bouyi, li mete men li nan senti li kote l' te gen revòlvè li a. Madanm li t'ap atann sa ki pi mal la, epi nonm ki te bò kote l' la te tou pè.

Don Rigo te tonbe kriye, li pa konnen si se de kolera oubyen doulè oubyen toude. Li te kite revòlvè a kote li te ye a epi li vire do li. Kesyon ki nesesè : "Poukisa li pat touye li?"

Polisye sa te reponn : "Mwen pa yon move moun…

Mwen pat kapab jistifye aksyon madanm mwen an nonplis padone li; men mwen te rann mwen kont ke si mwen te yon bon gason, mwen te dwe padone…Se pa ti gwo mal mwen t'ap fè timoun mwen yo si m' te touye manman yo! Jodi a mwen santi mwen fyè dèske mwen pat touye li, malgre nan je zanmi m' yo mwen te dwe fè li; men mwen pat fè li malgre ke li te pi bon zanmi mwen. Aktyèlman, mwen fè pati moun ki bon yo; paske nou menm moun ki bon yo nou pi plis".

I. Lalwa di : "Je pou je, epi dan pou dan" (Egzòd 21:24).

Levitik 24 :20; ak Detewonòm 19 :21 abòde menm tèm sa. Epi fas ak kesyon sa a, li nesesè pou nou poze tèt nou kesyon sa: èske Jezi ap fè pwomosyon pou yon rezistans pasifik? Èske l'ap demontre ke se yon bon bagay pou w' kite yo vòlò byen w'? Oubyen li di pou yo pwofite w' epi fè w' pran wont devan de je w'?...

Repons pou chak kesyon sa yo baze pi plis nan objektif diskou li a: Jezi ap mande pou nou bay relasyon pèsonèl yo plis valè pase posesyon yo (Matye 5:38-48).

Nou tout, nan kèk fason, lè nou panse oubyen santi ke dwa nou yo vyole, nou fache oubyen afekte lòt la pi plis pase sa ke li te fè nou an. Konsa, sa gen tandans afime ke se "pou lòt moun nan aprann pa ranse avèk mwen". Sepandan, lalwa "je pou je" ki te bay nan Ansyen Testaman an pat ankouraje vanjans lan; li te limite vanjans lan pandan li t'ap mande yon domaj egzat pou yon revolisyon san ke li pa fè plis mal ke lòt moun nan te merite a.

Pa egzanp, Egzòd 21 pale de ke si yon moun te blese pwochen li, moun ki fè sa te dwe mouri menm jan tou...

Epi pa touye tout fanmi an, jan sa te pase nan anpil lòt ka, kote ke de fanmi te jwenn lanmò yo e menm likide.

Nan peyi Nikaragwa, nou genyen yon pwovèb ki di: "Geri tèt ou davans". Sa vle di, prevwa sa ki gen pou vini. Ebyen mwen prepare mwen pou lè sitiyasyon an prezante, konsa sa pap banm sipriz. Mwen kwè ke Jezi ankouraje odite li yo pou yo kontwole aksyon y'ap komèt yo.

- "Moun ki mande w,' se pou w' ba li..." (Matye 5 :42a), anvan ke li vòlò sa w' genyen, se pou w' janti anvè moun ki mande w' èd ou.

- "Prete moun ki mande w' prete" (Matye 5 :42b), prete li, ou dwe bay sèvis, pa fè chich. Pa pwofite nesesite pwochen w' lan pou w' pran byen li atravè enterè kredi. Si w' gen pouvwa pou w' fè byen, fè li!

Se pou nou janti ak konpasif!

II. Jiskaprezan pi lwen pase lalwa

Abraram Lincoln te di konsa: "èske nou pa detwi lènmi nou yo lè nou fè yo vin zanmi nou?"

Matye 5 :43b di konsa: "Se pou nou renmen frè parèy nou, men se pou nou rayi lènmi nou yo"; sepandan, nan lalwa (estati ak kòmandman li yo) pat janm kontanple dezyèm pati tèks sa. Poutan, nan yon ti tan aprè, sa te ajoute pa doktè lalwa jwif yo. Yo te konsidere kòm "pwochen yo" frè yo, moun ki fèt nan menm peyi avèk yo.

Aparaman, sa te pase tou avèk plizyè lòt pati nan lalwa a; pou sa, Jezi te pale kont yo, paske yo mete manto yo pou mete plis adivinans (ti bwat oubyen anbalaj avèk plizyè pasaj biblik) nan atifis yo. Jezi pat tèlman kondane kesyon ajoute pi plis sou Pawòl la; men pito se paske yo pat akonpli li. Men wi, yo te egzije pou lòt moun te akonpli li san mank (Matye 23 :1-5).

Sa ki natirèl nan lòm se renmen moun sa yo ki renmen nou, men nou repouse moun sa yo ki lènmi nou epi nou jije yo. Fas avèk sa, Bondye di konsa: "Seyè a kontan ak moun k'ap fè sa ki byen. Men, l'ap kondannen moun ki toujou sou plan" (Pwovèb 12:2). Se poutèt sa, se Bondye ki la pou l' jije; se travay li; Li konnen chak kè, Nou menm nou dwe "Men mwen menm, men sa m'ap di nou: renmen tout lènmi nou yo, lapriyè pou moun k'ap pèsekite nou" (Matye 5 :44).

Bondye jis. Si Li te padone w', Li menm tou l'ap atann padon pou mechan an. Nou menm nou te merite lanmò; sepandan, Bondye te ban nou lavi, epi se menm lavi sa ke Bondye vle pataje avèk sa ki bezwen l' yo. Pòl di konsa: "Okontrè, dapre sa ki ekri ankò: Si lènmi ou grangou, ba l' manje. Si li swaf dlo, ba l' bwè. Lè ou fè sa, se yon chalè dife ou mete nan kò l' pou fè l' chanje" (Women 12:20 TLA).

Ann kòmanse panse ak konbyen gè agresif ki ta pran fen kounye a menm si sèlman nou te obeyisan fas ak menm sèlman, youn nan kòmandman ke lalwa bay yo!: "Piga nou tire revanj sou pesonn. Piga nou kenbe moun menm ras ak nou nan kè, men se pou nou renmen yo tankou nou renmen pwòp tèt pa nou. Se mwen menm ki Seyè a!" (Levitik 19:18).

III. Vrè objektif lalwa avèk Jezi

Nan yon okazyon, mwen t'ap pale ak yon moun osijè de plan Sali a, li te deklare : "Mwen konnen ke Bondye vle sove mwen epi genyen pi bon lavi nan Li; men mwen pa kapab swiv li. Paske si mwen swiv li, mwen obeyi sa li di mwen.

Epi Bondye di ke mwen dwe padone lènmi mwen...epi mwen menm mwen pa kapab padone Li. Li se yon malveyan, mantè, kat make epi vòlè".

Renmen lènmi an se yon bagay ki diferan nan lavi kretyen an. Bondye pa konn nan patipri epi li montre li avèk yon senp ti lapli ki tonbe soti nan syèl la sou tout kalite moun. Se menm jan tou ke nou dwe aji: bay moun ki ofanse nou yo padon. Sa ap fè nou parèt kòm vrè pitit Bondye yo. Èske li fasil? De okenn fason, men li posib lè Sentespri a abite nan nou.

Èske w' konn rankontre ak kèk nou ki jwenn gerizon apre yo fin padone? Èske w' rann ou kont ke lè w' fache mis ak atikilasyon yo konsantre? Dapre medsin nan, sa montre ke lè nou fache, kò nou reyaji negativman pandan l'ap pwodwi sibtans malefik ki afekte òganis nou.

Padon an genyen rekonpans ki pap janm fini; epi tou li genyen l' la tou epi kounye a. Gen anpil moun ki resevwa kè poze ak lasante pandan yo padone; men sitou, moun ki padone a libere anba rankin epi montre lanmou Papa a nan lavi li.

Men jiskaprezan gen plis rekonpans:

- Li etabli yon diferans ki klè nan lavi kwayan an.
- Bondye glorifye li. Si yon fanmi kontan paske de nan manm li yo rekonsilye, èske w' kapab imajine w' de vizaj Bondye lè de moun rekonsilye?
- Epi sitou, karaktè nou kòmanse sanble plis ak pa Papa a…Bon nèt! Bon nèt nan linyon, bon nèt nan menm sans, bon nèt pandan eprèv, pèfeksyone atravè sa.

Nan Bib la, gen de peryòd: peryòd gras ak peryòd lalwa. Peryòd lalwa te inogire atravè Moyiz sou mòn Sinayi; epi peryòd gras la te inogire atravè Jezikris sou mòn Kalvè a.

Sepandan, nou dwe konnen ke peryòd lalwa a pa disparèt (lalwa moral, se pa lalwa seremonyèl Izrayèl), menm konsa li kontinye valab. Men sa li di: "Piga ou touye, piga w' vòlò, piga w' bay manti sou moun", menm jounen jodi a li pini pa lalwa.

An relasyon de sa ki anlè a, koze a se pa akonpli oubyen pa akonpli lalwa. Diferans lan se ke kounye a, lè Jezi vin viv nan nou, nou gen kapasite depi andedan pou akonpli lalwa, atravè nouvo kontra a, tanpe avèk sakrifis ak vèsman san Seyè Jezikris sou Kalvè a. Se limenm ki pwodwi nan mwen vle avèk fè a. Li fidèl, li mnem ki sove mwen, epi li ede m'akonpli lalwa si m'ap viv atravè pouvwa Lespri li.

Li enposib pou nou fè li poukont nou, nou bezwen pou nou an kontak dirèk avèk Bondye epi ranpli avèk Sentespri a pou ke ansanm nou kapab akonpli misyon nou an. Nan fason sa, nou pral anbasadè, ajan lagras ak lanmou Bondye. Epi nou pa fè sa pa devwa, men pito nou fè li se akoz de lanmou ke Seyè a te bay tout bagay pou nou.

Emanyèl siyifi "Bondye avèk nou"…Se mèveye pou nou konnen ke Jezi vini abite nan nou! Epi kisa Li mande nou? Se pou nou renmen pwochen nou, epi pou nou padone moun ki fè nou kichòy.

Nou ankouraje w' pou w' ekri nan yon papye, non fanmi sa oubyen moun sa ki te ofanse w' la. Epi pa lage li, fèmen je w' epi repete l' pou li plizyè fwa. Epi konsa w'ap wete chay sa sou ou. Rezilta pral siprann li.

Pa dekouraje si w' resevwa yon malonèt. Pwen an se ke ou geri nanm ou atravè padon, pandan w'ap fè sa, se yon gwo chay w'ap wete sou ou.

Konklizyon

Finalman, m'ap poze w' kesyon sa: èske w' pa vle padone lènmi ou yo?… Ebyen, pa konsève li! Epi sonje tou: "Nou mouri nan Kris la". Mò yo pa genyen dwa; epi si nou pa genyen dwa, nou pa kapab vin vyolan.

Kesyon Opsyonèl

I. Lalwa di : "Je pou je, epi dan pou dan"

- Ki ansèyman vèsè sa yo kite : Egzòd 21 :24; Levitik 24 :20; ak Detewonòm 19 :21?
- Kisa ki te fen kòmandman sa yo ki sot site anlè a?
- Kòman vèsè yo diferan pa rapò avèk ansèyman Seyè nou an Jezikris ki endike nan Matye 5 :38-48 ?

II. Jiskaprezan pi lwen pase lalwa

- Kòman nou kapab fè pratik, de jou an jou, pasaj Matye 5 :44 ki di : "…Men mwen menm, men sa m'ap di nou: renmen tout lènmi nou yo, lapriyè pou moun k'ap pèsekite nou?"

III. Vrè objektif lalwa avèk Jezi

- Pandan w' sensè avèk pwòp tèt ou, epi evalye sitiyasyon difisil ke w'ap viv la, èske w' kwè ke reyèlman li posib pou w' padone? Poukisa?
- Ki benefis ou jwenn nan padone a?

Konklizyon

Finalman, m'ap poze w' kesyon sa: èske w' pa vle padone lènmi ou yo?… Ebyen, pa konsève li! Epi sonje tou: "Nou mouri nan Kris la". Mò yo pa genyen dwa; epi si nou pa genyen dwa, nou pa kapab vin vyolan.

Ann ede nan fason Bondye

Leson 7

Myriam Pozzi (Ajantin)

> **Vèsè pou aprann:** "Se pou chak moun bay jan yo te deside nan kè yo, san yo pa règrèt anyen, san moun pa bezwen fòse yo, paske Bondye renmen moun ki bay ak kè kontan" 2 Korentyen 9:7.
>
> **Objektif leson an:** Se pou elèv la konprann kisa ki atitid ak fason ke Bondye vle pou nou ede moun ki nan nesesite yo.

Entwodiksyon

Kòmandman sa a: "...fè l' yon jan pou menm pi bon zanmi ou pa konn sa" (Matye 6 :3b), li vin tounen yon pwovèb lari ke anpil moun pa menm konnen ki kote li soti. Mande youn oubyen de nan elèv ou yo pou yo pataje byen brèf kòman yo entèprete mo kòmandman an.

Mwayen kominikasyon yo gen tandans bay plas avèk atis, atlèt, animatè TV, popilè yo ki dedye lavi yo pou fè zèv charite. PA egzanp: Michael Jackson te dedye yon gran pati nan efò ak resous ekonomik li yo nan èd limanitè; poutèt sa, Liv Guiness rekò yo te kalifye li kòm atis ki te bay plis lajan pou zèv charite nan istwa a.

Shakira se Anbasadè Bon Volonte pou UNICEF epi li genyen pwòp fondasyon li ki rele "Pye Atè yo", kote ke li te bay dis mil pè sapat pou timoun ki pòv nan Barranquilla, vil natal li, nan peyi Kolonbi.

Angelina Jolie se Anbasadè Bon Volonte ACNUR, epi defansè dwa lòm refijye pou lagè oubyen povrete nan Darfur, Sierra Leona, Tanzania ak Pakistan, ant plizyè lòt ankò, kote ki li bay anpil lajan.

Oprah Winfrey te bay 50 milyon dola pou charite.

Kesyon: èske avèk yo presèp ki di: "...fè l' yon jan pou menm pi bon zanmi ou pa konn sa"?

I. Fason ki pa kòrèk la : Pa lòm nan

Dapre egzanp yo ki nan entwodiksyon an, èske nou kapab di ke genyen yon move fason nan ede moun? Si objektif la se ede, èske sa gade oubyen pa gade kòman nou fè li?

Pawòl Bondye a klè epi li avèti nou sou bagay sa yo:

A. Bay charite tankou ipokrit yo

Diksyonè Akademi Wayal Espanyòl la defini ipokrezi a tankou: "Kache kalite oubyen santiman ki kontrè ak verite ke moun nan genyen oubyen eksperimante a". Ipokrizi a se yon peche an kachèt. Jezi te denonse ipokrizi doktè lalwa ak farizyen yo ki t'ap plede fè bagay yo pou moun te kapab wè yo.

Ann gade egzanp ki nan pasaj sa yo:

Mak 12 :38-40 di konsa : "Nan sa li t'ap moutre moun yo, li di yo konsa: -Pran prekosyon nou avèk dirèktè lalwa sa yo. Yo renmen pwomennen avèk wòb long yo, yo renmen moun di yo bonjou jouk atè lè yo sou plas piblik. Lè y' al nan sinagòg, yo chita kote pou tout moun wè yo. Nan resepsyon yo chache pi bon plas la. Se piye y'ap piye malerèz yo, an menm tan y'ap plede fè lapriyè byen long pou parèt pi bon. Kondannasyon yo pral pi rèd".

Lik 11 :43 di konsa : "Malè pou nou, farizyen! Nan sinagòg yo, nou renmen chita kote pou tout moun wè nou, nou renmen pou moun bese jouk atè pou di nou bonjou sou plas piblik".

Lik 20 :46 di konsa : "Pran prekosyon nou avèk dirèktè lalwa yo. Yo renmen pwomennen avèk rad long yo; yo renmen moun bese tèt yo jouk atè pou di yo bonjou sou plas piblik; lè y' al nan sinagòg, yo toujou ap chache pou yo chita kote pou tout moun ka wè yo; nan resepsyon yo chache pi bon plas la".

Dapre opinyon w', ki konpòtman farizyen, doktè lalwa ak prensipal nan sinagòg yo te genyen ki fè ke Jezi te akize yo kòm ipokrit la?

Ann konsidere ke la a genyen de bagay ki kòsène pitit Bondye yo: charite a avèk atitid ke li afiche lè l'ap bay la. Epoutan, bay charite a se yon bagay ke nou tout disip Kris yo nou dwe fè anpil san eksepsyon. Men sa ki enteresan se pa kantite a, men se kalite moun k'ap bay la; sa ki enpòtan se charite ak kalite ke nou afiche nan bay la.

Bay charite a se yon bon aksyon ki pran nesans nan konpasyon ak mizèrikòd pou pòv ki te parèt byen souvan nan lalwa Moyiz yo. Ladan li, nou wv kòman Bondye te genyen yon konsiderasyon espesyal pou yo, epi li pase pèp li a lòd pou li te pran swen etranje, òfelen ak vèv yo, ki te san sekou ak maltrete yo nan sosyete a.

Levitik 25 :35, yo pale de kòman yo te dwe pran swen pòv. Nan Detewonòm 26 :12, yo fè referans ak tretman ke levit la, etranje, òfelen; ak vèv la te dwe resevwa.

Se vre ke bay charite pap mennen nou nan syèl; men tou nou pa kapab ale nan syèl la san yo menm. Poutan, tèm charite a se yon pati nan relijyon san tach ke Jak pale nou de li a nan chapit 1 :27.

Nan Nouvo Testaman, Kris te otorize pratik charite yo; men li te anseye ke yo pat dwe reyalize li avèk yon objektif egoyis oubyen avèk mank de senserite. Seyè nou an te plante jenewozite anvè pòv yo, e menm yon pwen sakrifis wayal la, kòm prèv karaktè ak entegrite kretyen.

B. Bay charite pou chèche glwa nan men lèzòm

Mantalite monden doktè lalwa ak farizyen yo (yo menm ke Jezi te kontrekare) lè li te pote yo ke yon atitid ipokrit lè yo te bay ofrann yo a pou yo chèche glwa nan men lèzòm, pou yo resevwa louwanj epi san rann yo kont de glwa Bondye a.

Yo di ke charite a, lapriyè ak jèn se twa devwa ke kretyen yo dwe itilize pou rann lonè ak sèvis pou Bondye. Nan lapriyè a, nanm nan ladan li; nan jèn nan, kò a; epi bay charite a, resous nou yo.

Konsa, kòm pitit Bondye, nou pa dwe sèlman kouri lwen lemal; men tou nou dwe fè byen an, epi fè li byen; sa vle di, san ipokrizi epi chèche glwa ak louwanj lèzòm. Twa bagay ki site yo : lapriyè, jèn ak charite a, yo mache ansanm si nou vle viv ak onore Bondye ak lèzòm.

C. Bay charite pa motivasyon enkòrèk yo

Yo pale de yon koutim ki te egziste an oryan, nan tan lontan, nan fè referans ak dlo a ki te epi ki se yon bagay ki ra pou twouve nan zòn sa yo. Anpil fwa yo te dwe achte dlo:

"…Lè yon moun te vle fè yon bon zèv, epi atire benediksyon sou fanmi li, li te pale moun k'ap bay dlo a epi avèk yon vwa ki byen fò:"Bay moun ki swaf yo yon ti gout dlo!" Moun ki responsab dlo a te konn plen resipyan li epi te ale nan mache a. Li rele byen fò "O, moun ki swaf yo, vini bwè gratis!" Epi nonm jenere a te kanpe bò kote l' la, li te di konsa :"Beni mwen, paske se mwen menm ki ofri w' gout dlo sa". (http://lassagradasescriturasestudio.blogspot.com.

ar/2015/01/jesus-y-las-limosnas.html). Sa a se yon egzanp de motivasyon enkòrèk ki klè. Motivasyon enkòrèk yo se ògèy, vanite, odèsi epi genyen enterè oubyen atansyon pèp la pou jwenn glwa. Se konsa ke lidè relijye nan epòk Jezi yo te ye, yo te konn fè zèv ak pratik charite yo nan lari ak nan sinagòg pou ke yo te kapab jwenn obsèvasyon epi konsidere kòm bon moun

Nou pa dwe bay avèk tristès nonplis. Sa a se kontrè ak lajwa. Genyen kèk ki bay ak dan sere, ak vrè panse avèk doulè. Yon fwa, gen yon pastè ki te di konsa :"Si w'santi ke w'ap bay twòp epi sa fè w' mal; mande Bondye pou li diminye sou benefis ou yo".

II. Fason ki kòrèk la : Pa Bondye a

Pasaj Matye 6 :1-4 la klè, epi li anseye nou bay nan yon fason ki diferan de jan l'ap fèt nan mond lan. Nou dwe fè li pandan n'ap obeyi Bondye, pa amou pou lèzòm ak konpasyon anvè pòv yo. Sonje pwomès ki pou moun ki sensè epi ki enb nan aksyon ke yo bay charite yo.

A. Yo obsève

Se pou chrite w' la fèt an sekrè, epi konsa, Papa w' ki wè an sekrè a, li va rekonpanse w'. sa ka rive ke ni nou menm nou pa rann nou kont de bon aksyon nou yo; men nou pa dwe bliye ni doute ke pou Bondye bon avèk move aksyon nou yo pap pase san kontwòl. Se menm jan an tou ke Bondye koute enjistis yo ke yo fè nou lè nou menm nou pa tande yo (Sòm 38 :14-15). Li wè byenfè nou yo lè nou pa wè oubyen pa rive atenn konsekans aksyon nou yo.

Nan pati leson sa a, nou konsidere ke li t'ap enteresan si kèk elèv ki te wè fim "Chenn mizèrikòd yo", ta kapab fè kòmantè sou rayalizasyon sanzatann ke yon bon aksyon kapab genyen.

Sa ki sot mansyone anlè yo dwe yon motif lapèrèz pou ipokrit yo, men pou kretyen ki sensè yo se konsolasyon ak esperans. Men sa a se pa tout bagay la; Bondye pa sèlman wè; men tou li bay rekonpans.

B. Rekonpans lan

Jezi pa sèlman obsève ak pran plezi fason ki kòrèk pou bay ofrann ak charite yo; men tou, L'ap rekonpanse w' devan je tout moun. Nan Ebre 11 :6, li di konsa :"Nou konnen pesonn pa ka fè Bondye plezi si li pa gen konfyans nan Bondye. Moun ki vle pwoche bò kot Bondye, se pou yo kwè gen yon Bondye, yon Bondye k'ap rekonpanse tout moun k'ap chache li".

Li entèresan ke nan lòt vèsyon yo, tankou pa egzanp RVC, di konsa :"li konn rekonpanse"; nan PDT, li di konsa : "ki bay prim"; epi nan NBLH, li di konsa :"ki rekonpanse". Li entèresan pou nou wè ke menm si pawòl yo chanje, konsèp la pa chanje. Bondye nou an rekonpanse, rekonèt, bay prim.

Ebyen, rekonpans lan soti nan Bondye. Fason ki kòrèk la pral gen pou wè tou avèk nou menm ki va remèt nou nan men Li.

Kounye a, Li va rekonpanse w' kòm Papa w', se pa tankou yon mèt oubyen patwon ki bay sèvitè li sa ke li te travay pou li, sa ki jis epi anyen ankò; men pito se tankou papa ki bay anpil epi san kontrent anvè pitit li ki sèvi li.

Rekonpans ke Bondye bay la pa sèlman anpil; men tou li ouvè yon fason pou tout pitit li yo kapab jwenn li san patipri. Se pa sèlman pou kounye a; li pral nan tan k'ap vini an, nan gran jou a tou.

Se menm li menm nan k'ap ban nou rekonpans lan jan li te pwmèt Abraram li an nan kòmansman (Jenèz 15 :1).

C. Genyen plizyè kalite rekonpans

Yon rekonpans se yon kado ke yo bay yon moun pou rayalizasyon yon misyon.

Dapre Pwovèb 11 :24-25, pafwa nou jwenn anpil rekonpans ak bagay materyèl : "Moun ki bay san gad dèyè, sa pa anpeche yo vin pi rich. Men, moun ki penng, se pòv y'ap vin pi pòv. Lè ou bay ak kè kontan, ou p'ap janm manke anyen. Lè ou manje ak moun, ou pa janm rete grangou".

Yon lòt fwa ankò, nou jwenn rekonpans avèk sekirite nan moman advèsite oubyen nesesite : "Mechan an prete, li pa nan renmèt. Men, moun ki mache dwat yo gen kè sansib, yo fè kado. Moun Seyè a beni va pran peyi a pou yo. Men, moun ki anba madichon Bondye gen pou disparèt yo sou tè a. Seyè a pran men lèzòm, li mete yo nan bon chemen. Li kontan wè yo mache dwat. Si yo tonbe, yo p'ap rete atè a. Paske Seyè a ap ba yo men. Depi mwen timoun jouk mwen vin granmoun, mwen pa janm wè Bondye lage yon moun ki mache dwat, ni mwen pa janm wè pitit pitit li yo ap mande charite" (Sòm 37:21-25).

Sòm 41 :1-2 di ke rekonpans se sekou nan tristès; epi Sòm 112 :9 siyale ke "Li bay moun ki nan nesesite san gad dèyè. L'ap toujou fè sa ki dwat devan Bondye. L'ap gen pouvwa, y'ap respekte l'".

Nan Lik 14 :14, li di ke nou pral rekonpanse nan rezirèksyon jis yo avèk richès ki pap janm fini yo.

Nou pral resevwa rekonpans ki diferan; men se menm jan, nou tout pral resevwa rekonpans.

III. Se yon dwa ke nou pa kapab evite

A. Toujou bay

Jezi te avèti nou ke nou t'ap toujou genyen pòv yo avèk nou. Marcila te ekri : "Richès ke w' pataje yo (charite ke w' bay yo) yo fòme sèl richès ke w' ap konsvve yo".

Charite a se yon mo ki prèske pa itilize ankò. Nan tan lontan, mandyan yo, nan lari oubyen nan pòt legliz yo, te konn lonje men yo epi di konsa : "Charite pòv la, tanpri". "Charite" soti nan mo grèk ki vle di "konpasyon, pitye oubyen mizèrikòd".

Nou ta kapab di jodi a ke charite a se manje, lajan oubyen objè ke nou bay pòv yo kòm aksyon charite.

Se Bondye ki te premye nan montre jès charite a avèk lòm. Nan èd materyèl moun ki nan sesesite yo, nou dwe se moun k'ap imite Bondye, li menm ki te premye fè jès sa avèk lòm.

B. Jan nou dispoze li nan kè nou an

Lè Pòl te di moun Korent yo konsa : "Se pou chak moun bay jan yo te deside nan kè yo, san yo pa règrèt anyen, san moun pa bezwen fòse yo, paske Bondye renmen moun ki bay ak kè kontan", li pa t'ap fòse yo bay ni ankouraje oubyen mete presyon sou yo pou yo fè li.

Li te kwè ke nan kè kretyen yo te gen dezi pou yo te bay.

"Dispoze" vle di panse, planifye, depi davans. Konsa, sa santre lide a sou de bagay : premyeman, nan nesesite lòm; epi dezyèmman, nan kòman nou ka satisfè li. Sa vle di ki pa fèt pou fini avèk bezwen sa.

C. Bondye renmen moun ki bay avèk jwa

Lajwa a se atitid ki kòrèk pou moun ki bay la; epi se klè ke li pap kapab kache lajwa li. Moun ki resevwa a, gen pou li kontan tou. Menm si nou bay nan lajan nou, resous nou yo, tan nou ak santiman nou yo, ann fè sa ak kè kontan, bay avèk lajwa ke Bondye te mete nan kè nou an. Charles Spurgeon te di konsa : "Yon sèl bagay ke mwen konnen, yon moun ki bay ak kè kontan toujou anvi bay dis fwa plis pase sa ke li bay".

Kòman nou kapab kache men goch la de sa men dwat la fè si yo tou de a nan menm kò a? Se yon ipèbòl ki gen ladan li, fè sekrè a pi plis ke jan sa kapab posib; sa vle di, kenbe zèv nou yo an sekrè san nesesite pou pibliye yo. Se vre, men goch la se yon pati nan nou menm; men piga nou okipe nou de byen ke nou fè, paske n'ap riske tonbe nan lògèy.

Kesyon Opsyonèl

I. Fason ki pa kòrèk la : Pa lòm nan
- Kimoun sa yo jodi a ki imilye ak maltrete?
- Enplante repons ou an pandan w'ap panse ak karakteristik ke gwoup yo rasanble anlè a, pou w' kapab konsidere yo.

II. Fason ki kòrèk la : Pa Bondye a
- Kisa pasaj sa yo anseye nou osijè de moun ki nan nesesite yo?
- Pwovèb 11 :24-25; Sòm 37 :21-25; Sòm 41 :1-2
- Kisa w' kwè ki dwe pi gwo motivasyon ki pou fè nou bay?

III. Se yon dwa ke nou pa kapab evite
- Èske ou konsidere ke nou ta dwe resevwa yon rekonpans pou sa ke nou bay la?
- Ki benefis nou kapab resevwa si nou bay sa yo ki nan bezwen nan fason ke Bondye mande nou an; sa se, san espere anyen an retou?

Konklizyon

Nou bay, paske nou dwe fè li, paske li soti nan nou, nan yon kè ki vle fè Bondye plezi epi nye gonfle lestomak nou akoz de yo. Nou kache aksyon nou yo non sèlman devan lèzòm; men tou nou fè li de pwòp egoyis nou. Men dwat la kapab itilize pou ede pòv yo, epi men goch la tou. Ann mete men nou yo pou sèvi moun ki nan nesesite yo.

Lapriyè ke Bondye aksepte a

Litzy Vidaurre (Espay)

Vèsè pou aprann: "Seyè a ap veye moun ki mache dwat devan l'yo. L'ap koute yo lè y'ap rele nan pye l'" Sòm 34:15.

Objektif leson an: Se pou elèv la konprann ke Bondye enterese ak atitid e entansyon nou lè n'ap priye.

Entwodiksyon

Yo te anseye anpil nan nou lapriyè lè nou te piti. Mande timoun yo pou yo sonje kèk lapriyè yo te montre nou lè nou te piti, epi nou montre pitit nou yo li kounye a.

Pa egzanp, lapriyè pou manje; oubyen sa anvan n'al dòmi :"Mwen moute kabann mwen ak kè poze. Kou m' kouche, dòmi pran m'. Seyè, se ou menm sèl ki p'ap janm kite anyen rive m'" (Sòm 4:8).

Sa a se yon Sòm ke nou itilize anpil kòm yon lapriyè pou n'al dòmi.

Anpil nan lapriyè sa yo se fraz mekanik ke nou aprann epi repete prèske chak jou. Mande elèv yo pou yo pataje avèk klas la kèk nan lapriyè sa yo ke yo menm yo konn fè.

Nan leson sa, nou pral wè kòman ke Jezi te enstwi disip li yo sou lapriyè ki akseptab devan Bondye.

Premyeman, nou pral wè kisa farizyen ak moun lòt nasyon yo te konn fè nan lapriyè yo, epi kisa ke Bondye te deteste nan yo dapre Matye 6 :5-8.

I. Lapriyè ki pa akseptab devan Bondye

Premye bagay ke nou dwe souliye sou pasaj sa a se ke Jezi vle pou tout disip li yo priye: "Lè n'ap lapriyè, pa fè tankou ipokrit yo ki renmen kanpe nan mitan sinagòg ak nan pwent kalfou pou yo lapriyè. Yo fè sa pou moun kapab wè yo. Sa m'ap di nou la a, se vre wi: Konsa, yo tou jwenn rekonpans yo" Matye 6 :5. Vèsè sa fè nou konprann ke lapriyè a se yon pratik ki komen pami jwif yo; se poutèt sa, la a li pa t'ap mande yo pou yo priye, men pito li t'ap ba yo etap espesifik sou kòman ke yo dwe priye.

Nan pwen sa a, Jezi anseye yo sou kòman yo pa dwe priye ak ki moun yo pa dwe imite.

A. Pa priye menm jan avèk farizyen yo

1. Pwoblèm ipokrizi a

Premye avètisman ke Jezi te kite pou disip li yo se :"pa priye tankou ipokrit yo". Jezi pat devwale byen klè kimoun sa yo ki te ipokrit konsa, men nou ka konprann ke li t'ap pale de farizyen yo nan epòk li a. Mo ipokrit la (Gr. Hipocrites; detèmine yon aktè teyat. Se te abitid nan mitan aktè grèk yo ak women yo pale nan gwo mask ak dispozitif mekanik pou ogmante wotè vwa a; se konsa ke tèm sa te vin itilize pou detèmine yon koken, yon ipokrit. Diksyonè Ekspozitif nan NT, W.E.Vine.), an grèk la, te relye li ak mond teyat la; li te fè referans avèk aktè yo ki te konn kite vrè idantite yo pou entèprete yon wòl nan teyat la. Nan sans sa a, nou pa kapab di ke aktè yo twonpe pandan y'ap pretann moun sa yo ke yo pa ye. Se pandan, pwoblèm avèk relije ipokrit la an reyalite sa vle twonpe liberalman. Sa se ke Jezi kondane ak tout fòs li : fè sanblan moun ki sen sou po pou resevwa aplodisman "foul la". Resevwa glwa ak rekonesans nan men lèzòm se te tout rekonpans ke yo te vle resevwa, epi se sa ki te plis enpòtan pou yo menm.

2. Pwoblèm lògèy la

An reyalite, li pat tèlman enpòtan koze priye nan yon plas espesifik la, oubyen si yo te konn priye kanpe oubyen ajenou an nan sinagòg yo oubyen nan lari. Jezi pa kondane ni postè ki lye lapriyè a.

Li pa kondane priye nan foul la nonplis, déjà nou wè ke nan plizyè okazyon li te konn al priye nan sinagòg la. Nou kapab idantifye pwoblèm nan lè Jezi di ke yo "renmen kanpe pou yo priye nan sinagòg yo ak pwent kalfou yo pou moun kapab wè yo". Kòmantè Biblik Mundo Hispano a di ke "ipokrit yo te renmen kote ki plis notab yo ak kote ki te gen plis moun k'ap admire aparans yo…Yo te fè lari a avèk sinagòg yo tounen sèn teyat pou yo" (p.104, Tòm 14 Matye a). Remak la fèt nan entansyon sou lè lapriyè a. Li klè ke farizyen yo pat renmen priye pou pale ak Bondye, men pito "pou fè moun wè".Yo te vle demontre yon fo aparans devan lèzòm, pandan yo t'ap prefere admirasyon nan men lèzòm epi kite pati pou fè Bondye plezi a epi resevwa rekonesans li.

B. Pa priye tankou payen yo

1. Yo te konn itilize anpil repetisyon anven.

Nan dezyèm pati nan Matye 6 :7, Jezi siyale pratik inesesè payen yo. Sa fè Jezi pa kondane repetisyon yon lapriyè; déjà ke nan Jetsemani nou wè ke Jezi te repete menm lapriyè a twa fwa: "Li kite yo, li ale, li lapriyè yon twazyèm fwa. Li t'ap repete menm pawòl yo" (Matye 26:44).

Nan Lik 18 :1-8, Jezi te felisite pèsistans vèv la, pandan li t'ap kite atitid li a kòm yon egzanp lapriyè : "Jezi rakonte yo parabòl sa a pou l' te moutre yo nesesite pou yo toujou lapriyè san yo pa janm dekouraje: Vwala, se te yon jij ki te rete nan yon lavil; li pa t' pè Bondye ni li pa t' respekte pesonn. Nan menm lavil sa a, te gen yon vèv ki te konn vin bò kot jij la. Vèv la te toujou ap di li: Rann mwen jistis kont moun ki nan kont avèk m' lan non. Pandan lontan jij la te refize fè sa pou li. Men, yon lè li di nan kè l': Se vre, mwen pa pè Bondye, ni mwen pa rete ak moun. Men, fanm sa a ap plede nwi mwen. M'ap rann li jistis, konsa la sispann anbete mwen. Jezi di: Nou tande sa move jij la di!

Bon! Eske Bondye pa ta regle zafè pitit li yo, moun li menm li chwazi yo, lè y'ap rele nan pye l' lajounen kou lannwit? Eske l'ap pran anpil tan pou l' ede yo? M'ap di nou sa: L'ap regle zafè yo vit vit. Men, lè Moun Bondye voye nan lachè a va vini, èske la jwenn moun ki gen konfyans nan Bondye ankò sou latè?".

Nou kapab wè tou kijan Pòl te repete menm priyè a twa fwa nan 2 Korentyen 12 :8 :"An twa fwa mwen lapriyè Seyè a pou maladi sa a, mwen mande l' pou l' wete li sou mwen"; sa potko menm gen repons jan li t'ap tann nan.

Sepandan, atansyon an fèt sou pawòl anven an. Yon fason ke li pa akseptab devan Bondye kesyon itilize pawòl san sans lan ni siyifikasyon an lè n'ap priye ("pawòl anpil" jan Bib la di a).

Payen yo te gen abitid fè menm kalite lapriyè a devan zidòl yo te konn adore yo, rele byen fò epi kriye pandan yo t'ap repete non dye yo a youn epi plizyè fwa (Kòmantè Kontèks Kiltirèl Bib la, Nouvo Testaman; p.55). Pou yo sa te gen anpil sans pou yo te fè li; paske yo t'ap priye dye ki "te genyen zòrèy", men yo pat tande. Nan yon lòt mo, priyè yo a se te sèlman bri san okenn sans.

2. Yo pat konn priye avèk atitid ki kòrèk la

Jezi te "panse tou ke akoz de pawòl anpil yo, yo ta va tande yo", epi li te kontinye ap avèti pou nou pat tankou yo; paske Papa nou konnen sa nou gen bezwen menm anvan nou mande li (paraf. Matye 6 :7-8). Sa pa vle di ke nou pa kapab espesifik nan lapriyè nou yo; men pito ke Bondye kòm yon Papa ki gen lanmou, li kontan pou li satisfè bezwen pitit li yo. Se poutèt sa, "lizay pawòl anpil la pat nesesè" pou konvenk Bondye reponn lapriyè yo.

Payen yo te kwè ke plis fwa ke yo te repete menm fraz san sans ni siyifikasyon yo, se pi rapid yo ta resevwa repons pou demann yo a. Yo te konn pwoche bò kote dye yo avèk yon atitid ki kontrè ak sa ke Jezi anseye nou an, ki se chèche etabli yon relasyon ki pèsonèl avèk Papa nou an.

II. Lapriyè ki akseptab devan Bondye a

Jezi pa sèlman anseye yo sou kòman yo pa dwe priye; men tou li ale pi lwen pou montre yo kòman yo dwe priye, li te menm ba yo yon modèl lapriyè nan Matye 6 :9-13. Seyè a ankouraje disip li yo yon pratik lapriyè prive epi nan entimite ak Papa a ki nan syèl la.

Sant lapriyè ògeye devan lèzòm nan se pou resevwa elòj piblik la; men se pa pou atenn entimite ni favè Bondye. Li posib pou twonpe lèzòm avèk kalite lapriyè sa; men se pa Bondye.

Kontrèman ak lapriyè ke farizyen ak payen yo te konn fè yo, Jezi kite yon modèl lapriyè pou nou ki byen senp epi ki genyen yon entimite ki pwofon avèk Papa a.

A. "Antre nan chanm ou"

Jan nou sot déjà wè li, Jezi pa kondane lapriyè nan foul yo; men pito se zafè dirije motif lan vè lèzòm ki pa bon an, olye pou fè li vè Bondye epi etabli yon kontak avèk Li.

Kòmantè Biblik Moody di nan Levanjil selon Matye :"Lapriyè an sekrè a bay plis pwisans pou priye nan plen piblik" (p.11).

Jezi te konnen sa, se poutèt sa li enstwi yo lè l'ap di :"Men ou menm, lè w'ap priye, antre nan chanm ou epi fèmen pòt la, priye…" (Matye 6 :6a). Ki fè ke pi bon fason pou yon moun priye nan piblik se genyen yon entimite ak Bondye an sekrè an premye. Lapriyè an sekrè oubyen prive, pwodwi nan nou menm entimite ki nesesè k'ap ban nou kapasite pou nou priye an piblik epi ede pwochen nou yo etabli menm relasyon an avèk Bondye.

Kay jwif yo pat genyen chanm prive, epi chanm nan pat yon lòt kote; men pito se yon kote ki itilize kòm amwa oubyen almasèn. Se te sèl kote ki te genyen pòt epi san fenèt kote ke li te kapab vrèman an sekrè, san entèripsyon ni distraksyon pa sa ki deyò yo. Kote ke sèlman Bondye te wè yo. (Kòmantè Kontèks Kiltirèl Bib la, p.54).

B. "Priye Papa w"

Se Bondye ki dwe sèl prensipal motif nan lapriyè a. Lapriyè a dwe fè referans ak Bondye epi avèk entansyon pou fè li plezi, men se pa pou lèzòm. Menm si se nan lapriyè piblik tankou prive, nou dwe dirije nou sèlman vè Papa nou ki nan syèl la avèk motif ki sensè epi chèche apwobasyon li.

Kretyen yo dwe sèten ke Bondye dwe sant lapriyè yo, epi se sèlman vè Li menm nou dwe dirije nou. Lè nou jwenn entimite sa avèk Papa nou an sekrè, n'ap kapab priye nan piblik vrèman tou. Nou pa dwe pwoche nou devan Bondye tankou nenpòt dye; Jezi fèmen sèk la, epi li envite nou pou nou antre nan yon entimite avèk Papa nou. Avèk Bondye, n'ap kapab prezante jan nou ye a, san mask ni tante fè sanblan sa ke nou pa ye.

Se menm jan an, nan lapriyè a, nou pa dwe chèche okenn lòt bagay si non apwobasyon ak akseptasyon Papa a. Lè fini tou, lapriyè nou an pral reflete kalite entimite ke nou genyen avèk Bondye, epi sa gen pou manifeste sou deyò. Reyèlman, pa genyen anyen ke nou fè avèk Bondye an sekrè pou li pa manifeste sou deyò atravè aksyon nou yo, konpòtman avèk pawòl yo. Jezi rele sa rekonpans nan dezyèm pati ki nan Matye 6:6; men sa se yon rekonpans gras epi se pa pou merit :"…priye Papa w' ki nan plas sekrè a; epi Papa w' ki wè nan sekrè a li va rekonpanse w' nan piblik".

Èske se konsantman Bondye w'ap chèche nan lapriyè w'? Oubyen, èske w'ap konfòme w' ak bravo lèzòm?

Kesyon Opsyonèl

I. Lapriyè ki pa akseptab devan Bondye

* Kisa ki te de pwoblèm nan lapriyè farizyen yo sou tan Jezi a?
* Esplike chak pwoblèm ke w' sot site yo byen brèf.
* Ak kisa li te fè referans lè li te pale de payen yo ki t'ap itilize "repetisyon anven yo"?
* Kisa ki te konpòtman reyèl payen yo nan lapriyè?

II. Lapriyè ki akseptab devan Bondye a

* Ki enstriman Jezi kite pou nou pou n' kapab fè yon lapriyè ki akseptab devan Bondye?
* Kisa mwen dwe fè pou ke lapriyè m' kapab akseptab devan Bondye?

Konklizyon

Jezi di konsa :"…lè w'ap priye" epi non "se si w'ap priye".

Se sa ki fè, Li vle pou chak pitit li yo priye. Sepandan, nou dwe sonje ke Jezi kondane lapriyè pou fè moun wè ak tande a.

Se pou nou konsidere tou ke li pa tèlman enpòtan plas ak pozisyon lè n'ap priye a; repetisyon lapriyè nou yo repwochab nonplis. Sa ki entèrese Jezi vrèman se pou entansyon ak konpòtman nou yo sen ak sensè. Papa nou pare pou li konprann nou si nou pwoche ap chèche entimite nan prezans li.

Nòt :

Modèl lapriyè ak jèn nan

Leson 9

Eudo Prado (Venezyela)

Vèsè pou aprann: "Men ou menm, lè w'ap fè jèn, penyen tèt ou byen penyen, lave figi ou byen lave. Konsa, moun p'ap wè si w'ap fè jèn. Papa ou ki la pou kont li avè ou, se li ase ki konn sa. Konsa, Papa ou menm ki wè sa ou fè an sekrè a, se li ki va ba ou rekonpans ou" Matye 6:17-18.

Objektif leson an: Se pou elèv la aplike modèl lapriyè Jezi a avèk jèn pèsonèl la tout tan nan kominyon avèk Bondye.

Entwodiksyon

Lapriyè se youn nan okipasyon ki plis enpòtan pou kretyen an. Li pa sèlman yon devwa relijye; men tou, se yon gwo nesesite pèsonèl.

Nan yon okazyon konsa, disip yo te mande Jezi pou li te montre yo priye. Se la ke, lapriyè ke nou konnen sou non Papa nou an te pran nesans.

Pandan n'ap etidye modèl lapriyè ki nan Matye 6:9-13 la nou kapab aprann kòman pou nou pale ak Bondye chak jou konfòm ak volonte li.

Ansanm avèk ansèyman li a sou lapriyè, Jezi te enstwi osijè de jèn sekrè oubyen pèsonèl la nan Matye 6:16-18. Bondye entèrese pou ke nou adore nan yon fason ki sensè, se pa ap chèche konsantman lèzòm; men se pito pou fè Li plezi.

I. Modèl lapriyè Jezi a

Lapriyè Papa nou an twouve li nan Matye 6:9-15 (li mansyone nan Lik 11:2-4 tou).

Li nan youn nan pòsyon ki plis bèl ak plis koni nan Predikasyon sou mòn nan.

Pandan pasaj istwa kretyèn nan, lapriyè Papa nou an fè gwo enpak nan anpil aspè nan lavi legliz la. Ulrich di konsa: "Lizay papa nou an tout tan fè ke apèn genyen yon tèks kretyen ki egziste avèk tèlman gwo enfliyans nan espirityalite, kil diven, enstriksyon ak dògmatik" (Ulrich Limyè (1993). Levanjil selon Matye I. salamanca: Edisyon Swiv mwen, 472).

Men enfliyans sa pa tradwi vre nan yon dinamik pou priye chak jou konfòm ak modèl la; men pito li genyen plis aspè lavi legliz la ladan li, kòm egzanp, seremoni ak teyoloji li.

Modèl lapriyè Seyè a se plis yon gid oubyen echantiyon pou ede nou konfòme lapriyè nou yo vè volonte Bondye.

A. Yon modèl pou priye chak jou

Papanou an relye lapriyè a avèk lavi chak jou a. Nan epòk Jezi a, lapriyè a se te youn nan twa pratik relijye chak jou ki te plis enpòtan, ansanm avèk charite ak jèn. Men aplikasyon li te devye konplètman de sa ki biblik la. Doktè lalwa ak farizyen yo, pa egzanp, te renmen fè lapriyè ki byen long sou plas piblik pou fè sanblan devan moun (Matye 6:5, 23:14).

Pou Jezi, lapriyè a pat yon senp egzèsis relijye; li te siyifi kominyon chak jou avèk Papa a.

Se te yon moman lè Jezi te ale lwen poukont li pou l' te priye, epi youn nan disip li yo te di li:"… Mèt, montre nou priye…" (Lik 11:1). Disip yo te santi yo kontan pou yo te aprann priye byen; paske Jezi te santre depandans li sou Papa a nan lapriyè chak jou epi an sekrè (Matye 14:23); Mak 1:35; Lik 6:12, 9:28, 22:41).

Apre sa, li te enstwi yo sou fason ki kòrèk ke yo dwe pale ak Papa a: "Men kòman nou dwe priye…" (Matye 6:9). Nan ansèyman li, nou kapab wè ke lapriyè kretyen an fè diferans ak plizyè kalite fòm relijye nan jan moun ap rele Bondye. Li te ba yo yon modèl lapriyè ki vrèman sanble ak tèm predikasyon li a. Sa a kapab obsève nan plizyè demann ke li te fè. Papanou an touche tèm tankou Wayòm Bondye a, omnisyans li, pwovidans li, jistis li, mizèrikòd li, otorite li, elatriye. Nou pa bezwen ap kraze kò nou pou n'ap fleri lapriyè nou yo ak yon bann gwo vokabilè; men pito, kraze kò nou pou ke yo kapab konfòm ak teyoloji e pratik kretyen yo.

Anplis de sa, lapriyè pèsonèl chak jou a gen menm enpòtans ak lapriyè pilik oubyen kongregasyonèl.

Abitid pou n'ap priye poukont nou nan kongregasyon yo pa volonte Bondye pou lavi nou. Li vle pou nou genyen yon vi lapriyè ki fò epi disipline.

34

Rezon prensipal la se paske lapriyè a fè Bondye plezi epi li pèmèt nou rete soude avèk volonte li. Anplis de sa, li gen pou wè avèk nesesite prensipal yo ke nou menm lèzòm n'ap fè fas chak jou, e menm pi gwo a ladan yo: kominyon avèk Bondye.

B. "Envokasyon" Papanou an

Kounye a, ann siyale estriksti lapriyè Papanou an. Premyeman, nou jwenn sa ke kèk moun rele "envokasyon an" : "Papanou ki nan syèl la, se pou yo respekte non ou…" (v.9). Pou pitit li yo, Bondye pa yon jij ni yon moun ki la pou pini lòt moun; men pito se yon Papa ki plen ak lanmou ak mizèrikòd. La a, Jezi te pale de konfyans familyal la. Nou te rekonsilye avèk Papa a atravè sakrifis Kris la, epi tou nou te resevwa adopsyon kòm Pitit Li. Garanti prensipal adopsyon nou se gwo kado Lespri Sen an (Women 5 :11, 8 :15-16; 2 Korentyen 1 :22).

Ekspresyon "ki nan syèl la" fè nou sonje transandans Bondye. Transandans Bondye a vle di ke li sou tout bagay ki kreye yo. Gen kèk lapriyè ki peche nan dirije yo bò kote Bondye ak eksè familyal a enfòmalite, Piwo a epi twa fwa Sen an. Bib la pale souvan de majeste ak letènite Bondye ke tout moun ki limite dwe mete ajenou devan li.

Dezyèm pati lapriyè Jezi a : "…se pou yo toujou respekte non ou…" li demontre sentete ak respè ke nou dwe trete non Bondye lè n'ap priye. Mande pou respekte non Bondye se mande pou Bondye glorifye nan pouvwa ak pèfeksyon san parèy li a. Modèl lapriyè Jezi a kondwi nou vè yon sètitid ak admirasyon sou karakteristik Bondye yo.

Sa lakòz ke n'ap poze tèt nou kesyon si n'ap envoke Bondye nan fason ke Jezi te anseye disip li yo.

C. Demann Papanou yo

Genyen kat demann de baz ki parèt nan bèl envokasyon an (Matye 6 :10-15). Nou remake ke yo nan fòm pliryèl. Yo fè nou wè ke nou pa kapab priye nan yon fason ki egoyis; men, priye pou bezwen lòt yo tou. Demann sa yo ta kapab defini byen senp nan fason sa a :

1. Volonte Bondye a eksprime nan dezyèm fraz la : "vin tabli gouvènman ou, pou yo fè volonte ou sou latè, tankou yo fè l' nan syèl la" (v.10). Se Volonte Bondye ki pou fèt, men se pa volonte moun k'ap priye a.

Genyen kèk nan lapriyè nou yo ki sanble kòmanse avèk yon enterè nan favè Bondye ki san mezi, menm anvan moun nan; oubyen akonplisman volonte li. Jezi te anseye ke tout lapriyè dwe kòmanse avèk imilite, epi karakterize pa rekonesans absoli de otorite Bondye.

2. Soutyen chak jou (v.11). Bondye se founisè tout sa ki bon yo, epi li bay pou nesesite materyèl nou yo. Li toujou ban nou pen ki nesesè a. Se poutèt sa, nou pa dwe enkyete nou pou bezwen nou yo; men pito, mete yo nan men Bondye (Matye 6 :25-34). Pòl di konsa : "Pa bay kò nou traka pou anyen. Men, nan tout sikonstans mande Bondye tou sa nou bezwen nan lapriyè. Toujou chonje di l' mèsi tou lè n'ap lapriyè" (Filipyen 4 :6).

3. Padon Bondye (v.12). Padon Bondye a kondisyone pou ke nou menm tou nou padone pwochen nou yo ki fè nou mal. Mo grèk ki tradwi la a kòm dèt la se "opheilema", ki fè referans souvan fwa pou pale de dèt moral oubyen espirityèl yo (vv.14-15). Pa fwa, li fè referans ak dèt ke nou pa genyen kapasite pou nou peye. Konsa, li fè nou sonje de peche ansyen nou yo ke nou pat kapab peye yo. Bondye padone nou pa lagras (1 Jan 1 :5-10.)

4. Sentete pèsonèl (v.13). Dènye demann nan lapriyè Jezi a se sekou pou fè fas ak tantasyon avèk peche. Nan Lik 22 :46, apre lapriyè agoni li a nan Jetsemani, Jezi te jwenn disip li yo nan dòmi akoz de tristès, epi Li te di yo konsa : "…Nou leve non, epi priye pou nou pa tonbe nan tantasyon".

Fòs nou depann si nou atache ak gras Bondye a ase; paske tankou lòm, nou pa kapab fè fas ak peche a. Se poutèt sa, priye pou sentete Bondye a dwe yon demann prensipal nan lapriyè chak jou pou kretyen an.

Pandan modèl lapriyè a ap fèmen, nou jwenn yon bèl doksoloji : "…Paske, se pou ou tout otorite, tout pouvwa ak tout lwanj, depi tout tan ak pou tout tan. Amèn" (Matye 6:13)

Sa se yon konfesyon final (epi li ta kapab konsidere kòm biblik) de konfyans nan pèfeksyon ak otorite Bondye kote lwa nou baze. Modèl lapriyè Seyè a kòmanse epi fini pandan l'ap bay Bondye gwla pou pèfeksyon ak gwo otorite li ki pap janm fini.

II. Pouvwa jèn an sekrè a

Dezyèm pati leson nou an baze sou menm pasaj la ki nan Matye 6 :16-18, epi li genyen ladan li ansèyman Jezi sou jèn an sekrè a.

Jèn nan se yon moman espesyal nan kominyon avèk Bondye ki eksprime san manje, epi nòmalman ki relye avèk lapriyè. Jene se chèche pen espirityèl Pawòl la ap prezans Bondye.

Jèn Ansyen Testaman an te akonpanye ak plizyè fòm feblès (Neyemi 1 :4, 9 :1-2). Li te plis konsantre nan ekspresyon doulè fizik ki reflete repantans. Nan Nouvo Testaman, epi patikilyèman nan pratik Jezi ak legliz primitiv la, jèn nan relye ak lapriyè a kòm yon fòm adorasyon ak rechèch volonte Bondye (Travay 13 :1-3).

A. Jèn nan se pou Bondye

Nan tan Jezi a, lè relijye yo te konn fè jèn yo te konn fè figi yo "fennen" (literalman, "an defayans") pou yo te kapab konsidere kòm bon moun (Matye 6 :16). Sa siyifi ke yo te chanje aparans yo avèk entansyon. Aparans yo te pretann nan se sèlman yon mask pou dekouvri ekspresyon entèn yo (Matye 23 :25).

Menm si farizyen yo sevèman te konn fè jèn de fwa pa semèn, motif yo a pat kòrèk (Lik 18 :12a). Konsa, jèn ki pou fè wè yo pa genyen okenn valè devan Bondye. Se pi mal si li pwoklame "nan lari".

Nan pasaj Matye 6 :16-18, Jezi anseye nou konsève motif nou yo pou Bondye. Li te endike disip li yo ke yo pat bezwen fè moun konnen si y'ap jene; pen pito, okontrè, byen konsève li, epi genyen li kòm yon sekrè ant yo menm avèk Bondye (v.17-18a).

Se klè ke li difisil pou kache lefèt ke n'ap jene, epi se plis, lè y'ap tann pou n'al patisipe nan kèk soupe. Sepandan, lè sa posib, nou dwe obsève enstriksyon Jezi a byen pou jene an sekrè a. Finalman, jèn nan chèche glwa ak louwanj pou Bondye.

B. Rekonpans Bondye pou jèn nan

Lè n'ap fè jèn, jeneralman, nou chèche yon repons Bondye. Pafwa, li gen pou wè ak bagay materyèl yo, epi lòt yo, pou benediksyon espirityèl yo. Bondye konnen pawòl nou yo depi anvan yo vini nan bouch nou, epi se li menm sèlman ki konnen sa nou bezwen reyèlman. Kidonk, L'ap toujou reponn nou nan lè egzat la epi jan sa dwe ye a.

Jèn nan se pa yon zèv ki gen merit ki pou fòse Bondye reponn nou osijè de kèk bagay. Jèn nan se yon aksyon adorasyon ki sensè.

Ansèyman Jezi a nan Matye 5 :16 la endike ke jèn ipokrit yo (li pwobab se pou doktè lalwa ak farizyen yo), ki te déjà jwenn rekonpans yo. Mo grèk ki tradwi

Nòt :

kòm rekonpans lan endike yon pèyman oubyen salè. "Rekonpans lan", oubyen pèyman jèn ipokrit la, ta kapab refere li ak prim ki soti nan admirasyon lòm, oubyen tou nan refi Bondye : "…epi Papa w' ki wè nan sekrè a va rekonpanse w' nan piblik" (v.18b). Jèn sensè a, enb epi sekrè a genyen yon gwo valè pou Bondye. Jezi te pwomèt manifestasyon piblik pa Bondye an favè nou kòm rekonpans adorasyon entim nou an.

Kesyon Opsyonèl

I. The Lord's prayer

- Poukisa nou pa kapab tann pou n'al nan tanp lan oubyen yon aktivite kretyen pou nou priye?

- Kisa w' konsidere ki plis enpòtan: lapriyè nan tanp lan oubyen lapriyè sekrè a? Poukisa?

- Dapre modèl lapriyè Jezi a, kòman nou ta dwe kòmanse lapriyè nou yo?

- Ki fòm ki pi bon pou nou mete fen ak yon lapriyè?

II. Pouvwa jèn an sekrè a

- Kòman jèn nan Ansyen Testaman te ye, epi kòman li te ye nan Nouvo Testaman?

- Ki objektif jèn an sekrè a?

- Ki rekonpans jèn ipokrit la?

- Kisa sa vle di ke Bondye ap rekonpanse jèn sekrè a an piblik?

Konklizyon

Bib la di ke Bondye onore moun ki onore li (1 Samyèl 2 :30). Lè nou rankontre avèk Li nan entimite a, sa ki konte a se entegrite kè nou. Bondye onore adorasyon sekrè nou yo nan plen piblik. Ni lapriyè kòm jèn yo pèdi fòs yo; si yo pa yon egzèsis imilite ak depandans nan gras Bondye a. Èske nou gen tandans pwoche bò kote Bondye an sekrè? Èske nou déjà eksperimante rekonpans Bondye pou lapriyè sekrè nou?

Trezò : Èske se nan syèl la oubyen sou tè a?

Macario Balcázar (Pewou)

Vèsè pou aprann: "Paske, kote richès ou ye, se la kè ou ye tou" Matye 6 :21.

Objektif leson an: Se pou elèv la koute, konprann epi deside swiv konsèy Seyè Jezi a.

Entwodiksyon

Ki gason oubyen fanm ki pi rich nan mond lan? Li pwobab pou w' konnen repons lan; men konfòm ak panse ki soti nan Bondye a, gason oubyen fi ki pi rich nan mond lan se sa ki mete konfyans li sanpousan nan Bondye.

Leson sa vle mennen w' nan nivo sa; ann koute, tande epi analize sa Jezi di nan Matye 6 :19-21, 24.

I. Ki kote nou dwe fè richès nou yo (Matye 6 :19-20)

Prewokipasyon lèzòm baze sou yon sèl bagay ki se fè lajan ak byen materyèl; sa se trezò li. Mond lan plase baz li sou lajan ak sanble trezò tèrès. Moun ki gen pouvwa yo (sa vle di, moun ki gen lajan yo ak chèf resous latè yo) se yo menm k'ap gouvène mond lan chanèlman. Peyi yo bati avèk lajan; yo achte avyon, kannòt, chaloup avèk lajan. Touris yo deplase ak lajan epi moun, an jeneral, deplase sou baz lajan. Moun chich yo sanble lajan kòm trezò.

Se konsa sa te ye atravè peryòd yo, paske andedan chak moun genyen yon nesesite ki dwe akonpli, epi li prèske toujou chèche akonpli li avèk byen materyèl, senbolize pa lajan.

Sitiyasyon sa fè ke sou latè genyen rich avèk pòv; pwisan ak malere; gra ak mèg; moun ki gen kay ak san azil; gwo peyi yo ki se mèt ak ti peyi ki anbago yo, ki anba esklavaj, patwon ak esklav yo; ti manje mizerab ke yo fenk resevwa pou yo pase jounen an, pandan ke gen anpil lòt ki, nan inèd tan, yon konsonmen aliman ki vo kantite salè yon ouvriye touche nan yon mwa; epi, lis la byen long. Nan kèk ti mo, yon sitiyasyon de diferans, dezonè ak enjistis ki pi gwo pase sistèm solè kote ke n'ap viv la.

Malgre tout bagay, pa gen moun ki vrèman alèz avèk abondans lajan; se poutèt sa, Seyè a Jezi, konèsè

reyalite sa te deklare: "Pa anpile richès nou isit sou latè" …" (v.19a).

A. "Pa anpile richès nou isit sou latè"

Kòmandman Seyè a se pou byen lòm (Matye 6 :19). Jezi te fè deklarasyon sa, se paske li te konnen kè lòm, kote panse ki pi pwofon li yo rete a, kote l'ap deside fason pou li viv chak jou ak avni li.

Poukisa Jezi di piga nou anpile richès isit sou latè? Jezi vle pou lèzòm viv nan wotè ak kalite sa ke Bondye vle pou nou fè. Li konnen ke oumenm avèk mwen vle genyen richès; nou vle asire avni nou; nou pa vle soufri grangou ak touni; se mwens, pou pa konnen sa nou dwe fè lè n'ap soufri yon aksidan oubyen malad. Li konnen ke nou vle anpile richès yo avèk objektif pou nou atende nesesite sa yo; men li konnen tou ke tout bagay sa yo pasaje, paske sou latè pa gen anyen ki asire, epi se poutèt sa li deklare kisa ki volonte li. Sa pa vle di ke oumenm avèk mwen pa dwe fè pwovizyon; men pito pwovizyon sa yo dwe fèt sou baz pou nou soumèt nou anba volonte Bondye.

1. Sou latè, vè ak lawouy kòwonpi. Nou tout konnen vè a; li manje epi detwi manje yo, bwa, rad, elatriye. Vè a sanble san defans, li travay an silans; men li trè destriktif. Menm jan avèk vè a, gen lòt eleman tankou lawouy, sa vle di, asid natirèl oubyen endistriyèl, limon ak plizyè lòt eleman natirèl ke nou pa rann nou kont k'ap detwi richès nou yo epi fè yo gate (pousyè ki sèlman sèvi pou jete). Anpil richès ki anpile yo detwi an silans pa eleman natirèl sa yo oubyen atifisyèlman, epi lòm pran nan fawouch epi san konsolasyon.

2. Sou latè, vòlè yo detwi ak vòlò. Èske genyen kèk peyi kote vòlè yo pa fè mal? Nou konnen ke non. Menm nan peyi kote yo jije yo a mò, genyen vòlè an soudin k'ap obsève nou pou

siprann nou epi pran richès nou yo oubyen dewobe nou ak gwo fòs epi pati ak tout sa ke nou t'ap pretann konsève yo. Nan kèk peyi nan Amerik Latin nan kote mwen ye, youn nan bagay ke vòlè yo plis vòlò se selilè. Yo vòlò plizyè milye selilè chak jou; men vòl nan ajans bankè yo, nan antrepriz oubyen nenpòt sitwayen menm fè pati nan dosye pa jou yo. Nan epòk Jezi a, pat genyen selilè; men te genyen anpil vòlè ki te konn vòlò tout sa ke yo te kapab. Youn nan bagay ki plis dekouraje moun yo seke, apre anpil ane ap sanble lajan oubyen richès, sa rive ke nan kèk segond, tout sa ki te sanble yo pase anba men vòlè ki pase men pran richès yo san pitye epi pafwa yo menm konn touye yo. Panse ke…, ou menm avèk mwen nou kapab youn pami yo! Se pou Bondye pa pèmèt li, men sa a se yon posiblite.

Se poutèt sa, pliske Mèt nou an konnen gwo ensekirite ki genyen sou latè, li anseye nou pou nou pa ap plede anpile trezò isit la.

B. Anpile richès nou nan syèl la

Ensekirite tèrès la kontrè ak sekirite syèl la : "Okontrè, anpile richès nou nan syèl la. Paske la pa gen vè ni lawouj ki pou manje yo, ni vòlè ki pou pran yo pote ale" (Matye 6 :20).

1. Nan syèl la, pa gen kòripsyon. Kote Bondye ye a epi kote nou pral viv la, si nou resevwa li kòm Sovè nou, li pafè epi Sen totalman. Eleman kontaminan, oubyen destriktif ke nou konnen sou latè yo pa egziste nan syèl la. Se jis ke letènite a egal ke anyen pa kontamine, anyen pa detwi oubyen gate. Letènite kote nou prale ak Jezi a bon nèt epi san pwoblèm.

2. Nan syèl la, pa genyen ensekirite. Lè nou antre nan letènite a, n'ap gen yon sekirite ki pafè, san lapèrèz. Kòman pou ta genyen lapèrèz yon kote Mèt ak Seyè linivè a se li menm ki Gadyen an? Jamè! Okontrè, vòlè yo, kat make yo, kòriptè yo ap nan lanfè pou toutan. Si nou konnen epi kwè verite sa, ebyen nou dwe viv konfòm avèk li. Pa fè li siyifi rebelyon, maliz ak tèt di. Prezans Kris la nan kè a avèk gid fidèl Sentespri a pral fè ladiferans debaz nan lavi nou chak nou.

3. Nou kapab anpile richès nan syèl la. Depi pandan nou sou latè kounye a, nou kapab kòmanse sanble richès nan syèl la. Se vre! Kòman? Li enpòtan pou tante kèk repons :

- Nan remèt tout kè ak volonte nou bay Kris la.

- Nan pratike administrasyon kretyèn nan ki se ladim, premis ak ofrann yo.

- Nan preche Pawòl la bay sa ki pa konnen l' yo.

- Nan ede sa ki plis nan bezwen yo, elatriye.

II. Richès la kapte kè a

Sa se yon verite ke nou pa toujou rann nou kont de li. Jezi deklare ak tout fòs li:"Paske kote richès nou ye, se la kè nou ye tou" (Matye 6 :21).

A. Kè a se sant desizyon lèzòm

Kè a se sant panse ak desizyon nou yo. Tout sa ke nou panse, di ak fè soti nan kè nou. Bondye nou an konnen sa byen, epi Li konnen ke se konsa lòm ye, ak objektif pou chape letènite a, chèche anpile richès. Richès materyèl la tèlman atiran, paske li gen pou wè ak nesesite de baz ak segondè nou yo; se poutèt sa, li atrape nou, epi sou enfliyans tantasyon chanèl yo, li rann nou esklav. Se sa ke malen an vle. Satan vle pou latè trennen nou avèk yon gwo "richès" byen lou k'ap pouri epi detwi, e menm kapab sibi zak vòl pa "zanmi moun ki pa itil yo" (vòlè, delenkan).

B. Kè a kontwole pwogram jounalye nou yo

Si richès materyèl kapte kè nou, lavi nou ap baze sou bagay sou latè. Nou pap gen kapasite pou nou gade sou bagay ki anwo; sa vle di, vè sa ki kapab kondwi nou rive nan letènite kè kontan an. N'ap rete kòm esklav byen materyèl k'ap peri yo. Konsa, si sa yo se bagay ki okipe sant kè nou, sa kapab rive ke lè nou mouri, nou kite yon gran kantite lajan oubyen anpil byen sou non nou. Sepandan, pa gen okenn ladan yo k'ap kapab libere nou de lanmò ki pap janm fini an, sa vle di, lanfè a. Pi fò nan plis pase 7, 600 bilyon moun ki egziste ap viv atrape pa lajan oubyen richès materyèl. Se pou rezon sa a, yo pa chèche Bondye epi tou se pou sa ke genyen tout lagè sa yo (se ka ISIS ki te pran pi petwòl ak refeni Atmosfè a), konfli sosyal yo, enjistis, doulè ak derespektan ki grav k'ap twouble kè nou.

Wi, lòm kapab vin libere anba esklavaj sa a avèk sèlman kwè nan Jezi epi kite pou Li vin Seyè lavi yo.

III. Chwazi moun pou w' sèvi a

Sitiyasyon ke Jezi drese a kle (Matye 6 :24).

Se menm jan ak sa lè Moyiz te nan kan Mowab la, li te kontrekare Izrayèl yon ti kras tan avan li te mouri:"Gade. Jòdi a mwen mete devan nou lavi ak benediksyon yon bò, lanmò ak madichon yon bò. Se nou ki pou chwazi. Sa m'ap mande nou jòdi a, se pou nou renmen Seyè a, Bondye nou an, se pou nou viv jan li vle l' la, se pou nou fè tou sa li mande nou fè nan kòmandman li yo, nan lòd li yo ak nan reglemann li yo. Konsa, n'a gen lavi, n'a gen anpil pitit. Seyè a, Bondye nou an, va beni nou nan peyi nou pral pran pou rele nou pa nou an" (Detewonòm 30:15-16).

Jezi prezante de mèt: Bondye ak richès; pa gen plis.

A. Richès yo, mèt opresè

Ki moun ki pa wè batay lèzòm pou yo gen lajan? Mond lan wè li. Nan syèk ki pase a, de gè mondyal te fèt kòm yon sèn pou ke plis pase san milyon moun te mouri akoz de anbisyon pou pran pouvwa sou richès. Nan syèk kounye a, gwo peyi ak gran transnasyonal yo deplase "pyon yo, cheval, cha, tou ak larenn" pou kontwole lòt nasyon yo epi ba yo "jaque mate", yon fason pou yo rete ak richès mond lan. Se pa pou granmèsi gen santiman nan moun sa yo ki pote non "apot, sipèpastè, pwofèt ak pwofèt ki mete yon manto ti sen sou yo; men an menm tan avèk anpil riz yo twonpe moun k'ap koute yo pou pote lajan ba yo, epi yo viv tankou "sèvitè Bondye" nan mansyon dirijan, avèk machin dènye modèl oswa byen chè, pandan y'ap demontre avèk yo ke yo se esklav dye "richès".

Malerezman, tout bagay sa yo pral fini; epi si yo pa chanje lè yo pantan nan letènite a, yo pral wè yo tèlman mizerab pou "chèf" egzil terib, lawont ak soufrans nan dife lanfè ki pap janm fini yo.

B. Bondye, yon Mèt k'ap mennen nou nan vrè felisite a

Bondye, yon Mèt k'ap mennen nou nan vrè felisite a

Reyalite sa a ap nan lavi nou si nou menm lèzòm nou soumèt nou devan sèl Mèt ki kapab fè pwovizyon pou tout bezwen nou yo. Depi lè m' te tou piti, mwen te aprann : "Depi mwen timoun jouk mwen vin granmoun, mwen pa janm wè Bondye lage yon moun ki mache dwat, ni mwen pa janm wè pitit pitit li yo ap mande charite" (Sòm 35:25).

Vèsè sa te fè pati lavi mwen chak jou; kounye a, mwen déjà fin vye granmoun, epi mwen kapab temwaye ke se verite. Olye mou m mete richès nan premye plas nan lavi mwen (Matye 6 :33), mwen te mete Bondye epi mwen sèten ke anmezi ke m'ap viv, Pawòl li ap akonpli nan mwen. Kisa w' panse epi kòman w' viv ou menm?

Bondye pat rete an silans; li te pale atravè pwofèt li yo, epi avèk gran klète atravè sèl Pitit li a, li menm ki di nou pou nou renmen Bondye epi meprize richès yo.

Yon lòt fwa ankò, richès yo nesesè, men yon dezyèm plas ak depandans nou nan Bondye.

Si w' te resevwa kapasite pou w' fè richès, sonje sa : Bondye se Chèf tout bagay epi ou kapab itil li anpil nan Wayòm li an si w' deside mete li nan premye plas la (Matye 6 :33), epi administre tout lòt bagay yo anba volonte li. Fè li, ou pap regrèt!

Kesyon Opsyonèl

I. Ki kote nou dwe fè richès nou yo?

- Dapre opinyon w', poukisa yo anpile richès sou latè ? (Matye 6 :19-20)
- Kòman w'ap anpile richès yo oumenm? Ki kalite richès sa yo? Ki kote w'ap anpile yo?

II. Richès la atrape kè a

- Èske w' konnen kèk moun ki atrape pa richès tèrès? Si repons ou a se wi, dekri kòman yo konpòte yo (Matye 6 :21).
- Ekri yon temwayaj brèf sou kòman w' santi w' lib de avaris nan Kris la.

III. Chwazi moun ou vle swiv la

- Kimoun sa yo ki mèt nan moman kounye a, epi kòman yo egzèse atrabisyon sa? (Matye 6 :24).
- Site twa rezon pou soumèt devan Bondye kòm Mèt lavi ou.

Konklizyon

Diferans ant felisite ak malesite; ensekirite ak sekirite se nan obeyi sa Jezi mande, Wa a ak Chèf tout bagay la. Ann pran desizyon pou obeyi li, ann kwè nan li epi ann eksperimante diferans lan.

Nòt :

Solisyon pou Aspirasyon ak dezespwa

Leson 11

Macedonio Daza (Bolivia)

Vèsè pou aprann: "Pito nou chache bay bagay peyi Wa ki nan syèl la premye plas nan lavi nou, chache viv jan Bondye vle l' la anvan. Lè sa a, Bondye va ban nou tout lòt bagay sa yo tou" Matye 6:33.

Objektif leson an: Se pou elèv la konprann ke, nan lòd priyorite yo, Bondye dwe toujou nan premye plas la.

Entwodiksyon

Dezespwa ak depresyon an se maladi mantal ki detwi anpil lavi nan egzistans lòm, menm jounen jodi a. Nan yon nouvèl lokal, li te di konsa: "Yon moun te touye tèt li pou motif pasyon epi paske li gen dèt ke li pat kapab peye".

Konbyen moun k'ap viv anba yon gwo dezespwa pandan ke yo pa menm konnen sa pou yo fè ak lavi yo! Gen anpil lòt ki kouri al konsilte sikològ ki fè ke gen kèk ki vin transfòme an famakodepandan.

Yon lòt kote, anpil moun ap viv nan enkyetid san yo pa jwenn solisyon pou pwoblèm yo. Nan leson sa a, nou pral etidye ansèyman Jezi yo epi n'ap etidye kòman pou nou rezoud pwoblèm dezespwa a dapre Matye 6 :25-34.

I. Pa enkyete nou, pa kraze kò nou pou bezwen chak jou yo

Pou nou konprann tèm ki prezante a, ann wè definisyon ki byen kout:

Dezespwa. "Enkyetid aleksè epi pèsiste pou posiblite de yon evènman advès; eta enkyetid dirab sa vin difisil anpil pou moun nan" (Garlati, Flavio. Manyèl Dyagnostik DSM-IV TR p.80)

Kounye a nou genyen definisyon dezespwa, n'ap pi byen konprann ansèyman Jezi a sou tèm nan.

A. Pa enkyete nou pou lavi nou, manje ak bwè

Manje ak bwè a se yon nesesite ki vital pou egzistans lòm epi pou kenbe kò a nan bon fòm li. Sepandan, nesesite sa yo pa dwe twouble kretyen yo, pitit Bondye yo.

Kilè enkyetid yo konn bon? Dezespwa, enkyetid, oubyen foli, yo nesesè epi bon lè yo andedan paramèt nòmal epi natirèl nan chak moun; lè se

yon previzyon ki pridan. Bib la anseye sou koze: "Se foumi: yo tou fèb, men yo pase tout sezon chalè ap fè pwovizyon mete la. Se chat mawon: yo pa pi fò pase sa. Men, yo fè kay yo nan twou wòch" (Pwovèb 30-25-26).

Jezi anseye nou tou ke nou dwe fè pwovizyon lè n'ap pran yon desizyon ki saj: "Si yonn nan nou vle fè yon gwo batisman, premye bagay pou l' fè: se pou l' chita pou l' kalkile konbe sa pral koute l' pou l' wè si li gen kont lajan pou l' fin fè travay la?" (Lik 14 :28).

Kilè enkyetid yo fè anpil mal? Lè priyorite yo pa fin kòrèk. Lè li chanje valè yo, epi lè yo ranpli ak enpasyans. Lè Jezi entwodwi tèks pa enkyete nou an nan vèsè 25 nan chapit 6 la, li konmanse konsa: "Se poutèt sa, men sa m'ap di nou...". Sa vle di, "...Nou pa kapab sèvi Bondye ak richès yo" (Matye 13 :22).

B. Pa enkyete nou pou kò nou, ki rad n'ap mete

Gen anpil moun ki prewokipe yo pou figi kò yo epi genyen kèk aparans pou swiv. Pou fanm nan kilti oksidantal yo, gen mouvman certamen Mis Linivè, avèk yon figi ki byen mens, ki te pote anpil ti demwazèl nan dènye bout endiferans.

Pou mesye yo, yo fè mouvman kèk figi gwo bibit, epi pou sa, yo soumèt yo ak kèk egzèsis kòporèl ki byen fò epi yo fè envestisman ekonomik; epi gen kèk nan mesye yo ki menm itilize resous chimik.

Nan diferan kilti, yo fè mouvman kote yo itilize kèk mak abiman ki byen chè.

Lamòd epòk yo egzije epi kontwole, atravè plizyè mwayen kominikasyon pou itilize kèk abiman ki genyen mak espesifik.

Nan kontèks ki dekri a, nan paragraf anlè yo, vwa Kris la byen klè epi dirab : "Se poutèt sa, mwen di nou: Pa bat kò nou pou sa nou bezwen pou manje ak bwè pou viv, ni pou rad nou bezwen pou mete sou kò nou. Eske lavi a pa pi konsekan pase manje? Eske kò a pa gen plis valè pase rad?" (Matye 6 :25).

Swen kò a enpòtan, se pa mal; men sa pa dwe priyorite nan swiv lamòd epòk oubyen sa lòt yo ap mande. Apot Pòl te di nan pita: "Si nan yon sans sa bon pou nou chache fè espò pou kenbe kò nou anfòm, sa pi bon toujou, epi nan tout sans, pou nou fè jefò nan sèvis Bondye a, paske sa ap garanti nou lavi pou koulye a ak pou tout tan" (I Timote 4 :8).

Pòl ap afime ke egzèsis fizik la se yon bagay ki bon, menm si se pandan l'ap fè yon konparezon ak aparans, pou transandans li pou lavi sa ak sa k'ap vini an, li vin genyen mwens valè.

Konsèy Jezi a pou nou pa enkyete nou pou kò a pa kont bote ni estetik la; paske Bondye te kreye lòm tou bon nèt epi byen bèl. Peche a se lè moun nan chanje priyorite li yo. Anpil moun genyen kò ak lamòd yo pou dye yo sa ki rann yo envesti anpil lajan nan bagay sa yo, san gade sou nesesite de baz yo.

Jezi vle avèti nou sou maladi mantal ak fizik yo lè nou egzajere nan pran swen kò nou.

Nou dwe fè ladiferans ant nesesite ak granpanpan. Nesesite a se genyen rad pou kouvri kò a, men sosyete a ankouraje pou nou genyen tèl kalite mak rad ki koute chè. Nesesite se fè egzèsis epi manje sen, men pa egzajere oubyen fè sa vin yon priyorite.

II. Egzanp zwazo ak flè yo pou nou pa enkyete nou

A. Jezi envite nou obsève lavi zwazo yo

Nan Matye 6 :26, nou li: "Gade zwazo k'ap vole nan syèl la: yo pa plante, yo pa fè rekòt, yo pa sere anyen nan galata. Men, Papa nou ki nan syèl la ba yo manje. Eske nou pa vo pi plis pase zwazo yo?", se pou nou obeyisan fas ak Pawòl Seyè nou an Jezikris osijè de "Gade…", nou kapab pran sa yo nan men zwazo yo : Animal sa yo leve bonè epi yo chante byen bonè nan maten pandan l'ap jou; yo deplase al chèche manje; nan estasyon advès yo, yo deplase al nan lòt zòn; yo konstwi nich yo avèk anpil swen e pasyans; epi tou yo pote aliman bay ti pitit yo (yo mete li nan ti bèk yo). Se mèveye!

San dout, apre nou fin wè aktivite zwazo yo, nou kapab konprann ke Jezi te ankouraje moun ki t'ap koute l' yo pou yo vin dilijan ak responsab. Se ta yon iresponsablite entèprete ke Jezi ap ankouraje parès epi pa fè anyen.

Kouwòn kreyasyon an (limanite), asireman, genyen plis valè pase zwazo yo. Se sa ki fè, poukisa pou nou enkyete nou lè priyorite yo kòrèk? Bondye

ap bay pwovizyon lè pitit li yo viv avèk responsablite, konsakre ak Kreyatè yo a. Ann konsidere ke yon lavi sentete fè ke pèp li a viv diferan, nan dezakò ak mond lan.

Seyè a di konsa: "Kilès nan nou, afòs li fè tèt li travay, kapab mete kèk lanne an plis sou lavi l'?" (v.27).

Plizyè vèsyon diferan nan tradiksyon yo fè referans ak kèk ant "estati" epi plizyè lòt ant "lavi". Avèk yon bon konpreyansyon, enkyetid yo, olye pou pwolonje lavi, okontrè yo kapab koupe yo.

B. Gade flè ki nan savann yo

Lè Jezi fè referans ak rad pou abiye kò a, li di konsa : "Poukisa pou n'ap bat kò nou pou rad pou nou mete sou nou? Gade ki jan flè raje yo pouse nan savann. Yo pa travay, yo pa fè rad. Malgre sa, m'ap di nou sa, wa Salomon ki wa Salomon, ak tout richès li yo, pa t' gen bèl rad tankou yonn nan flè sa yo" (vv.28-29).

"Gade" se envitasyon Jezi pou reflechi.

Bote natirèl la ekstraòdinè, menm si kèk kapab dispoze anpil lajan. Imitasyon atifisyèl yo pa egal ak kreyasyon Bondye a. Yo di ke wa nan epòk sa yo te konn abiye ak rad blan; poutèt sa, referans lan se flè yo ki nan savann nan.

Konparezon ke Jezi fè avèk abiman wa Salomon avèk flè yo fè nou panse ak yon gwo chòp rad, anplis ke li byen chè, yo tout sanble avèk flè yo. Si li pran swen flè yo ki pa la pou lontan, nou pa bezwen mande si li p'ap fè sa pou limanite ki la pou toutan? Jezi di moun k'ap enkyete yo pou rad yo : "…Ala manke nou manke konfyans nan Bondye".

III. Priyorite kòrèk nan lavi kretyen an genyen rekonpans

A. Bondye, priyorite kòrèk

Pawòl la di konsa: "Pito nou chache bay bagay peyi Wa ki nan syèl la premye plas nan lavi nou, chache viv jan Bondye vle l' la anvan. Lè sa a, Bondye va ban nou tout lòt bagay sa yo tou" (v.33). Sa a se ansèyman Jezi a; fòm transandantal pou depase enkyetid y'ap konsonmen yo. Yon fason ke se yon kesyon de priyorite nan lavi, Mo "chèche" se lòd pou kounye a; sa vle di, yon rechèch ki kontinyèl.

Kretyen yo dwe rekonèt Bondye kòm Wa yo.

Li genyen kontwòl tout pèp, epi yo tout se eritye Wayòm nan. Sa gen pou wè avèk yon depandans ak konsekrasyon kontinyèl; sa vle di, konfyans konplèt; sa a se sinonim ak Sali a. Se poutèt sa, li dwe viv andedan valè Wayòm nan, paske Bondye renmen jistis epi rayi enjistis. Kretyen yo ap okipe nan elajisman Wayòm nan atravè evanjelizasyon. Se sa ki fè, ap gen enterè global pou temwayaj misyonè legliz la; pwoklame bon nouvèl Sali a pi lwen pase fwontyè li yo.

An relasyon avèk jistis la, Jan Wesley te ekri sou Predikasyon sou mòn nan: "Jistis se fwi gouvènman Seyè a nan kè a. Epi kisa jistis la ye san lanmou? Se lanmou Bondye ak tout limanite ki rankontre nan lafwa nan Jezikris. Se yon lanmou ki pwodwi imilite nan lespri, sajès, bonte, reziyasyon, pasyans ak mank de vi vè mond lan. Bay tout dispozisyon kè a ki valab anvè Seyè a e an favè lèzòm. Avèk sa, pwodwi tout aksyon ki sen yo. Pwodwi tout sa ki genyen lanmou oubyen bon non. Pwodwi tout zèv lafwa ak travay lanmou ki akseptab pou Bondye epi pwofitab pou lèzòm" (Predikasyon sou mòn nan. Predikasyon XXIV Ed. Penyèl Ajantin, Bs. As. 2015, p.261). Bezwen fizik yo, pou plis lejitim yo ta ye, pou yon kretyen, yo pa janm dwe ranplase prezans li nan Wayòm nan.

B. Nesesite yo jwenn satisfaksyon kòm degi

1. Pwomès satisfaksyon nesesite yo se pou pitit Bondye yo. "Pa chaje tèt nou ak yon bann kesyon: Kisa n' pral manje? Kisa n' pral bwè? Kisa n' pral mete sou nou?" (Matye 6 :31).

Lè priyorite yo kòrèk, moun nan pa enkyete li pou bagay pasaje yo ankò; paske y'ap vini kòm degi. Lè kretyen yo viv valè Wayòm nan, yo soumèt yo devan Bondye libman; kòm rezilta, yo genyen yon kalite lavi ki diferan : yo gen lòd epi dilijan; klere tankou limyè nan mitan fènwa yo, epi kòm sèl k'ap konsève sosyete a. Pou yon lavi ki kòrèk epi òdone, nesesite yo ap satisfè kòm degi.

2. Kretyen yo devlope don yo; yo pwofite opòtinite yo; yo etann enfliyans yo atravè remisyon yo avèk konfyans yo ki depoze nan Bondye. Yo genyen chans pou temwaye sa yo konnen osijè de Kris la; paske valè espirityèl yo se Wayòm ak jistis.

Kretyen yo pa konnen Bondye epi motivasyon li yo santre nan bagay materyèl yo; se poutèt sa, nou dwe gide yo.

C. Viv chak jou alafwa

Li nesesè pou nou aprann viv jou apre jou. Enkyetid pou demen yo pa dwe pretèks pou neglije responsablite aktyèl yo. Lè Jezi t'ap anseye sou lapriyè

Papanou an, li te di konsa : "Manje nou bezwen an, ban nou li jodi a" (Matye 6 :11). Wi, li posib pou nou viv yon jou alafwa. Li klè ke enkyetid yo nesesè; men lè yo egzajere epi vin konvèti an dezespwa, yo se pwazon epi kapab koupe lavi sou latè. Apot Pòl bay yon preskripsyon pou soti nan enkyetid la: "Pa bay kò nou traka pou anyen. Men, nan tout sikonstans mande Bondye tou sa nou bezwen nan lapriyè. Toujou chonje di l' mèsi tou lè n'ap lapriyè" (Filipyen 4:6).

Kesyon Opsyonèl

I. Pa enkyete nou, pa kraze kò nou pou bezwen chak jou yo

- Kisa enkyete a ye?

- Kilè prewokipasyon ak motivasyon yo bon?

- Kilè prewokipasyon ak motivasyon yo pa bon?

- Esplike ki diferans ki genyen ant nesesite ak granpanpan.

II. Egzanp zwazo ak flè yo pou nou pa enkyete nou

- Jezi envite nou obsève lavi zwazo yo. Kisa nou kapab aprann de yo?

- Lè w'ap konsidere flè ki nan savann yo, kisa ki apresyasyon ou?

III. Priyorite kòrèk nan lavi kretyen an genyen rekonpans

- Bondye se premye a. Sa a se priyorite ki kòrèk la. Kòman w' kapab konnen si priyorite w' yo kòrèk?

- Ki pwomès Bondye pou moun sa yo ki chèche premyèman Wayòm ak jistis li?

- Pousa li enpòtan pou nou viv yon jou alafwa?

Konklizyon

Jezi anseye nou pou nou pa enkyete nou; obsève epi reflechi sou lòt kreyasyon ki pasajè yo.

Ann repoze pandan n'ap toujou remèt Bondye enkyetid nou yo.

Nòt :

Relasyon ki transande yo

Raúl Soto (CHILI)

To Memorize: "Tou sa nou vle lòt moun fè pou nou, nou menm tou fè l' pou yo. Se sa lalwa Moyiz la ak liv pwofèt yo mande nou fè" (Matye 7:12).

Objektif leson an: Se pou elèv la konprann ke lavi kretyèn ki bay viktwa a baze li nan devlope relasyon ki kòrèk ni avèk Bondye menm jan ak pwochen nou.

Entwodiksyon

Nou fas ak youn nan pi gwo predikasyon Jezi yo. Ladan li, Seyè a fè remak espesifik sou relasyon ke yon pitit Bondye dwe viv ni ak Papa li ki nan syèl la tankou avèk frè li yo, pandan li baze sou relasyon sa a nan de konsèp enpòtan: lafwa ak lapriyè (Matye 7:1-12).

Jezi bay prensip ki klè ak byen defini sou kòman nou dwe kondwi nou nan relasyon entèpèsonèl nou yo. Pasaj ke nou li a montre nou de relasyon ke nou viv yo, pou Bondye epi pami pwochen yo.

Jezi te anseye ke relasyon ki bon nèt la baze sou bay lanmou; se pa pou granmèsi ke fwi Lespri a se lanmou. Li rezime lalwa an lanmou pou Bondye ak lanmou pou pwochen an, se poutèt sa ke Predikasyon sou mòn nan sitye nou ant de relasyon sa yo.

Mande elèv ou yo pou yo pran yon ti tan ap reflechi sou de relasyon sa yo nan lavi yo. Pou sa, yo dwe plase kèk nimewo de 1 a 5; pandan 1 ap mal; epi 5 ekselan. Dapre repons ke yo bay yo, poze kesyon : Kisa nou kapab fè pou ke nou rive atenn yon relasyon ki ekselan?

I. Jan nou bay la se konsa nou resevwa

Jezi te di konsa : "Tou sa nou vle lòt moun fè pou nou, nou menm tou fè l' pou yo. Se sa lalwa Moyiz la ak liv pwofèt yo mande nou fè" (v.12).

Pou Jezi, relasyon ki bay viktwa yo detèmine pa sa ke nou bay oubyen fè yo.

Nan mond lan genyen yon filozofi limanis ki kontrè ak Pawòl Bondye a epi genyen anpil kretyen malerezman ki adapte li kòm yon filozofi pou lavi yo. Sa mete yo nan kè poze ak lapè nan panse ke y'ap fè li byen.

Anpil moun di konsa : "Mwen pa vòlò; mwen pa touye moun; elatriye." Ebyen, mwen genyen yon relasyon ki kòrèk avèk Bondye. Gen anpil lòt ki di tou : "Mwen pa chèche moun kont; mwen viv pwòp vi mwen, se poutèt sa mwen genyen yon bon relasyon avèk frè parèy mwen".

Sa ke Jezi anseye nou an reyèlman se ke relasyon ki kòrèk yo plen ak mouvman, aktivite; yo dinamik epi yo pa estatik. Non sèlman se sispann fè sa ki sanble mal; men tou se kòmanse fè sa ki bon. Se poutèt sa, Jak 4:17 di konsa : "Se poutèt sa, moun ki pa fè byen li konnen li gen pou l' fè a, li fè peche".

Pawòl la klè. Se sa ki fè ke yon bon relasyon ni ak Bondye tankou avèk frè parèy nou depann de sa nou fè, oubyen de sa ke nou bay.

A. Kòman nou pral jije?

Bib la di konsa: "paske Bondye va jije nou menm jan nou jije lòt yo" (Matye 7:2a).

Youn nan bagay ke nou plis fè pa jou se jije. Nou fè li avèk tout kalite sitiyasyon; sa a se youn nan pwoblèm ki plis anrasinen nan kèk lòm, epi an menm tan se youn nan andikap ki anpeche nou devlope yon ralasyon ki kòrèk avèk Bondye ak frè parèy nou. Pasaj ki site a pa di ke nou pa dwe jije; men pito se nan fason ke nou eksprime jijman sa.

Tèm "jije" kapab siyifi deside, bay opinyon, kwè, konsidere, afime apre konparezon, elatriye.

Sa ke pasaj nan Matye a anseye nou se ke nou pa dwe jije motif entèn lòt yo, nan sans pou nou kondane yo. Nou pa konnen ni konprann poukisa lòt la se pitit Bondye, sa vle di, yon frè nou, li aji nan fason sa a. Sèlman, nou wè aksyon ekstèn nan. Bondye pa entèdi moun jije akizasyon ki bon oubyen mal yo.

Men nan ka ke, si w' twò sevè nan jijman ou yo sou lòt moun, y'ap konsidere w' kòm yon moun ki sevè; se sa ki fè w'ap gen pou w' jije sevèman pa lòt yo. Si nou bay severite nan jijman nou yo, se sa nou pral rekòlte.

B. Kòman nou mezire?

Matye 7 :2b di konsa : "…paske Bondye va jije nou menm jan nou jije lòt yo". Youn nan bagay ke nou menm lèzòm nou plis pèdi nan relasyon nou yo, se kapasite pou mete nou nan plas lòt yo.

Anpil moun detwi relasyon yo nan mete règ ki twò sevè kont lòt yo epi twò fleksib pou yo menm.

Nan peyi nou genyen yon pwovèb lari ke nou rele "lalwa antenwa". Yon antenwa genyen de pwent : Youn byen laj epi lòt la byen jis. Pati ki jis la se fason nou egzije lòt yo, nou pa pèmèt anyen ke nou kwè ki pa kòrèk pase ; sepandan ke pati laj la se fason ke nou mezire lavi pa nou, avèk anpil espas pou pèmèt nou echwe epi fè bagay ki menm pa kòrèk pou nou menm.

Jezi anseye nou ke nou dwe sensè epi ekilibre. Egzajerasyon yo detwi relasyon yo.

C. Kòman nou gade?

Pawòl la siyale : "Poukisa pou w'ap gade ti pay ki nan je frè ou, epi ou pa wè gwo bout bwa ki nan je pa ou la?" (Matye 7 :3). Anpil nan nou ap viv yon modèl lavi ki byen wo, epi sa se pa yon bagay ki mal li ye ; men sa ki negatif la se lè ke nou aplike yo sèlman lè nou gade frè parèy nou.

Nan kèk moman nan relasyon nou, nou santi nou avèk libète pou nou egzije lòt fè sa ke nou menm nou pa kapab akonpli.

Nou mete paramèt lavi kretyèn nan byen wo, epi lè nou wè ke li pa akonpli avèk lòt yo ; nou se premye nan jije sevèman epi n pou kritike nan yon fason ki destriktif.

Genyen anpil kretyen ki panse ke, dèske yo resevwa padon pou peche yo, yo gen otorite pou yo mache nan lavi ap siyale erè ke lòt moun fè ; epi yo sevè anpil nan fason ke y'ap pale epi kritike frè parèy yo, e menm lidè yo. Moun sa yo toujou chita san fè anyen ; yo sèlman ap kritike tout bagay.

Piga nou bliye ke nou la pou nou renmen ; men se pa pou kritike oubyen jije. Sa pa vle di ke nou pa kapab di sa ki pa bon an ; men pito ke lè relasyon nou yo baze sou kritike, nou twonpe nou.

II. Nou pa kapab bay sa ke nou pa genyen

A. Kòman w' ka di…

"Ou menm ki gen yon gwo bout bwa nan je ou la, kouman ou ka di frè ou : Kite m' wete ti pay ki nan je ou la?" (Matye 7 :4). Jeneralman, moun ki nan pozisyon pou jije lòt yo kwè ke li genyen tout bagay rezoud epi li se solisyon lavi lòt yo. Li kwè ke pawòl li yo se solisyon erè ke lòt yo komèt.

Anpil moun ap mache nan lavi pou bay solisyon, epi konsidere lòt yo tankou malad epi yo menm yo se moun gaya ki kapab geri malad yo. Men sa a se pi gwo pyèj ke dyab la tann nan kè lèzòm.

Genyen yon prensip de baz ni pou relasyon ak Bondye ni pou pwochen nou ; se paske nou pa kapab bay sa ke nou pa posede. Refleksyon yo : Kòman nou kapab ede yon malad jwenn gerizon si nou menm nou se moun ki malad?

Anpil moun ap egzije lòt yo sa ke yo menm yo pa kapab bay. Yo mande Bondye fidelite nan, pou, epi avèk lavi yo ; men yo pa fidèl. Yo mande pwochen yo onètete nan relasyon yo ; men yo menm yo pa onèt.

B. Wete anvan…

Seyè Jezi te di ankò : "Wete gwo bout bwa a ki nan je pa ou la anvan. Apre sa, wa wè klè pou ou ka wete ti pay ki nan je frè ou la" (Matye 7:5).

Sa a plase relasyon an sou responsablite nou ; sa vle di, pou ke yon relasyon fonksyone nan yon fason ki kòrèk, nou menm nou dwe chanje.

Anpil fwa nou panse ke se lòt moun nan ki pou aranje li pou ke nou menm nou kapab garanti relasyon an ; epoutan, si nou vle genyen yon relasyon ki kòrèk, nou se premye responsab pou chanje anvan pou soutni relasyon an pozitivman.

Pou nou kapab genyen yon ralasyon ki kòrèk avèk Bondye, nou dwe chanje anvan tout bagay ; epi pou nou kapab genyen yon relasyon avèk frè parèy nou, nou dwe chanje anvan tout bagay. Yon mannyè ke kote nou gade, nou wè ke nou pa kapab bay yon relasyon ki kòrèk si nou pa viv yon lavi ki kòrèk. Nou pa kapab bay sa ke nou pa genyen.

C. Pa bay sa ki sen…

Se menm jan an, Jezi di konsa : "Piga nou bay chen bagay yo mete apa pou Bondye. Piga nou jete bèl grenn pèl nou yo devan kochon. Si nou fè sa, kochon yo va mache sou yo, epi y'a vire sou nou vin dechire nou" (Matye 7:6). Si se vre Seyè a anseye nou ke nou pa dwe nan patipri ; nan pasaj sa a, nou jwenn yon konsèy ki itil osijè de gade byen kilès moun n'ap resevwa pou kòmanse yon relasyon. Genyen anpil moun, akoz de karaktè egoyis ak lògèy yo, yo pap konnen pou yo bay sa nou genyen yo valè epi y'ap fini pa pilonnen anba pye yo bagay ki bon ke Bondye ban nou yo.

Pasaj ki site a montre nou tou reyalite moun ki jije nan fason ki enjis ak sevè a. Se yon desten solitid kote pèsòn pap vle antame relasyon avèk moun sa.

Nou dwe kòmanse yon tan kote nou ka chèche lasante enteryè pou nou kapab kòmanse relasyon ki kòrèk epi ki dirab. Salmis la te di konsa : "Moutre m' sa pou m' fè pou m' viv yon jan ki konfòm ak verite ou la, paske se ou menm ki delivrans mwen. Se sou ou mwen konte tout jounen" (Sòm 25:5). Nou dwe aprann pou nou kapab bay; ann sonje ke nou pa kapab bay sa ke nou pa genyen.

III. Chèche pou bay

A. Mande epi yo va ba ou

Anpil moun konsidere vèsè sa yo enpòtan pou yo kapab mande nenpòt sa ki monte nan lespri yo; men si nou li kontèks la, n'ap wè ke Jezi ap anseye nou youn nan pi gwo pwoblèm pitit Bondye yo : fason pou nou familyarize nou avèk lòt yo. Chak jou nou fè fas ak tout kalite moun ki gen nivo sosyal ak moral diferan. Genyen ladan yo ki bezwen amitye ak èd nou yo; nou menm tou nou bezwen yo epi nou ta dwe rete tou prè yo; epi gen plizyè lòt ki vle domaje nou.

Menm si vèsè sa yo kapab aplike yo vè plizyè lòt sitiyasyon, la a twa aksyon pou "mande" "chèche" ak "rele" fè referans ak pwoblèm sa.

Se sèlman nan Bondye ki genyen gwo sous sajès san fen an pou ke nou kapab aprann kòman pou nou familyarize nou avèk lòt yo kòrèkteman. Sa k'ap ede nou wè ke pou nou kapab byen sèvi ak lòt yo nou bezwen genyen yon relasyon ki etwat ak Bondye nan lavi nou. Konsa, sa ke nou dwe chèche anvan pou nou kapab etabli yon relasyon ki kòrèk avèk Bondye e frè parèy nou yo se yon transfòmasyon entèn k'ap soti sèlman nan yon eksperyans kote se Sentespri a ki bay transfòmasyon an.

B. Papa a vle ban nou sa ki pi bon an pou ke nou bay sa ki pi bon

Youn nan prensip nan Bib la se ke Bondye ban nou pou ke nou kapab bay. Nou te déjà wè ke relasyon yo baze sou fason ke nou bay; kounye a, kesyon an se, kisa nou genyen pou nou bay. Si nou vle bay sa ki pi bon an nan relasyon nou yo, nou dwe fè eksè pou pi bon an epi sa sèlman soti nan yon relasyon byen dinamik ki soti nan Bondye.

Bib la montre nou ke si nou menm, kòm papa sou tè sa, nou vle bay pitit nou yo sa ki pi bon; kòman pou Bondye, Papa nou ki nan syèl la pa ta ban nou sa ki pi bon an.

Pwen an se ke si nou menm kòm pitit, n'ap chèche sa ki pi bon an, oubyen tousenpleman n'ap konfòme nou ak sa ke nou genyen, epi bati relasyon nou yo sou yo.

Se la nou komèt gwo erè yo; paske anpil fwa sa nou pote yo chaje ak egoyis, lachè, peche, kote ke nenpòt relasyon nou genyen ki bati sou yo ap kontamine.

Kle pasaj sa a se ke Papa a ap bay moun sa yo ki mande li kapasite pou nou antame relasyon ki kòrèk yo. Tout relasyon genyen yon sèl pwen komen: se sa

ki fè, nou pa kapab tann se lòt la ki pou kòmanse inisyativ pou vin pi bon nan relasyon sa.

Se nou menm ki dwe pran inisyativ sa.

Bondye vle ban nou kapasite pou nou devlope relasyon ki bon nèt sa yo; men se nou menm ki pou chèche zouti ki nesesè yo nan prezans li pou nou bati relasyon sa yo avèk ekselans.

Li entèresan pou nou remake ke Jezi fèmen espas sa pandan l'ap di konsa ke relasyon ki kòrèk yo va bay kòm rezilta akonplisman lalwa ak Pawòl ke pwofèt yo te deklare a.

Paske anmezi ke n'ap "mande", "chèche", epi "rele", pliske nou chèche Bondye nan lapriyè, n'ap kapab viv nan limyè sa ki regle "règ dò".

Bondye dirije nou pou ke nou kapab viv nan fason kote ke relasyon nou yo pouse nou viv yon lavi ki konfòm ak sa ki etabli nan Bib la.

Kesyon Opsyonèl:

I. Jan nou bay la se konsa nou resevwa

- Kisa ki filozofi lòm, epi ki règ Jezi te plante fas ak prensip ki nan Matye 7 :12?
- Kisa w' kwè ki kapab anpeche nou gen kapasite pou nou devlope relasyon ki kòrèk yo?

II. Nou pa kapab bay sa ke nou pa genyen

- Kisa Jezi mande nou, nan Matye 7 :5, anvan ke nou tante kritike lòt yo?
- Èske w' kwè ke sa ke Jezi di nan Matye 11 :29 la nesesè pou yon relasyon kòrèk? Poukisa?

III. Chèche pou bay

- Dapre Jezi, ki kote nou dwe ale pou nou jwenn karakteristik ke nou gen bezwen pou nou genyen yon ralasyon ki etwat avèk Bondye e pwochen nou? (Matye 7 :7-11).
- Konbyen nan nou ki ta pare pou bay pou li kapab antame relasyon ki kòrèk yo?

Konklizyon

Nou fas ak prensip pou konstriksyon lavi ki akonpli objektif Bondye yo. Mwen kwè ke kòm kretyen, sa ki plis enpòtan se kapab akonpli sa ke Bondye mande.

Kòman nou sot déjà wè li nan vèsè yo, kapab genyen relasyon ki kòrèk yo pèmèt nou akonpli avèk lalwa Bondye a avèk Pawòl ke pwofèt li yo te bay la. Lavi yon kretyen depann de kòman nou antre nan relasyon ak bondye epi pwochen nou. Ann reflechi sou sa: èske nou genyen sa ki nesesè pou nou devlope relasyon sa yo avèk siksè? Èske n'ap chèche nan Bondye sa nou bezwen pou relasyon sa yo? Konbyen nan nou ki pare pou bay pou resevwa sa ke nou bezwen pou nou bay la?

Twa Gwo Avètisman yo

Jessica Nogales (Espay)

Vèsè pou aprann: "Se pa tout moun k'ap plede di m': Mèt, Mèt, ki pral antre nan peyi Wa ki nan syèl la, men se sèlman moun ki fè volonte Papa m' ki nan syèl la" (Matye 7 :21).

Objektif leson an: Se pou elèv la konnen avètisman Jezi yo pou ke li kapab konnen fo doktrin yo, epi pou li pa detounen de verite Kris la.

Entwodiksyon

Predikasyon sou mòn nan vin konsidere kòm pi gwo diskou Jezi kòm Antrenè, nou jwenn anpil tèm ki ede nou nan lavi espirityèl nou. Nou jwenn twa gwo avètisman ke Gwo Antrenè nou an fè nou.

I. Gwo prevansyon

Lè nou li Matye 7 :15-23, nou rann nou kont ke Seyè Jezi ban nou plizyè avètisman; pami yo, sa pou nou fè atansyon ak fo pwofèt yo :"Pran prekosyon nou ak fo pwofèt yo. Yo pran pòz ti mouton yo lè y'ap vin sou nou, men nan fon kè yo, se bèt devoran yo ye" (Matye 7 :15a); men, kilès yon fo pwofèt ye? Pou nou konprann li pi byen, annal chèche nan limyè Pawòl la kisa li siyifi.

A. Yon pwofèt biblik

Nan Bib la, nou kapab jwenn plizyè moun ki te obeyi vwa Bondye pou te pote mesaj li a bay pèp li a. Nan fason sa a, yo te kite tout bagay epi remèt tout lavi yo pou gide pitit Bondye yo. Se poutèt sa, nou kapab di ke yon pwofèt biblik se yon…

1. Sèvitè Bondye

Vin yon pwofèt ale pi lwen pase akonpli yon senp misyon, oubyen di sa ki pral pase nan lavni jan kèk moun panse. Nan Amòs 3 :7, yo te rele pwofèt Bondye yo "sèvitè". Dapre Akademi Wayal Espanyòl, yon sèvitè se yon "esklav yon mèt. Yon moun ki konplètman anba volonte yon moun oubyen yon bagay, oubyen la pou sèvis li".

Konsa, yon sèvitè Bondye vin yon moun ki soumèt volonte li anba Bondye epi, finalman, li obeyisan nan tout bagay, pandan li pap chèche pwòp benefis li; men nenpòt sa ke li ye a se pou glwa Bondye.

Ann wè kèk egzanp nan Bib la :

- **Moyiz** (Egzòd 3-4) te resevwa apèl Bondye pou libere pèp Izrayèl anba esklavaj kote li

t'ap viv la; li te gen lapèrèz li, men li te mete konfyans li nan Bondye.

- **Eli** (I Wa 17-19) te jwenn sekou Bondye pou l' te demontre ke Li se sèl ak vrè Bondye a. Nan plas Eli, nenpòt nan nou menm ta kapab pè lè nou ta wè nou poukont nou devan tout moun sa yo ki kont nou; men, Eli te fè sa ke Bondye te mande li a.

- **Jeremi** (Jeremi 1 :5), depi avan ke li fèt, Bondye te gentan mete li apa pou vin sèvitè li, epi menm nan mitan advèsite yo, nonm sa a te kontinye obeyi Bondye.

- **Jan Batis** (Matye 11 :7-11) te dènye pwofèt biblik la. Misyon li se te anonse Moun sa a ki ta gen pou vini soti nan syèl la; prepare chemen Seyè a, menm si ke sa te koute l' lavi.

Pran nòt pou w' wè ke denominatè komen tout sèvitè sa yo se te obeyi vwa Bondye san gade jan sa kapab difisil oubyen di pou yo te akonpli li. Yo tout te rann tèt yo kòm sèvitè devwe ki lage lapèrèz ak krent yo sèlman pou akonpli travay Seyè a.

2. Karakteristik vrè pwofèt la

Pawòl la di konsa :"Okontrè, moun k'ap bay mesaj ki soti nan Bondye, se ak moun y'ap pale pou fè yo grandi nan konfyans yo nan Bondye, pou ankouraje yo, pou konsole yo" (1 Korentyen 14 :3).

Bib la devwale nou byen klè tou karakteristik pwofèt Bondye yo.

- Edifye; sa vle di, konstwi epi kontribye nan kwasans Wayòm Bondye a. Aksyon li yo an favè, men se pa kont plan Bondye yo.

- Egzòte. Akademi Wayal Espanyòl la esplike nou ke egzòte siyifi "Ankouraje yon moun atravè pawòl pou ke li fè oubyen pa fè yon bagay". Konsa, yon vrè pwofèt toujou ap ankouraje epi konseye moun yo chèche volonte ak sente Bondye.

- Konsole. Kòm lèzòm, nou kapab pase pa kèk pwoblèm emosyonèl. Pwofèt la kòm sèvitè Bondye, li la pou li ban nou pawòl ankourajman sa yo pou fè avanse oubyen soulaje doulè a. Se tankou lè gadò a ap pran swen mouton li yo: si genyen kèk pami yo ki blese, li geri epi pran swen li jiskaske li vin miyò.

Jan ke nou obsève a, yon vrè pwofèt se moun sa ki remèt li totalman an favè Wayòm Bondye a; epi travay pou li.

B. Yon fo pwofèt

Jezi anseye ak avèti nou tou kont moun sa yo ki fè tèt yo pase kòm vrè pwofèt epi yo pa sa vre. Kalite moun sa yo sanble ak moun ki remèt lavi yo pou sèvis Bondye a vre, men vrè enterè yo a egoyis.

1. Yo abiye tankou mouton (Matye 7 :15a)

Jezi di ke fo pwofèt yo se tankou chen mawon ki abiye an mouton. Nan Matye 23 :28a li di konsa : "Konsa tou, sou deyò nan je moun, nou sanble moun k'ap mache dwat devan Bondye,…" Se sèlman sou po yo sanble enb, sensè, gen aparans sèvitè Bondye; men an reyalite, genyen anpil diferans ant ye ak sanble. Sinonim sanble se gen aparans epi, dapre Akademi Wayal Espanyòl la, li siyifi: "Manifeste oubyen fè konnen sa ki pa sa oubyen pa genyen".

Sa vle di ke yo vle sanble sa ke yo pa ye.

2. "Yo se chen mawon devoran" (v.15b)

Avèk ki objektif moun sa yo fòse fè tèt yo pase pou mouton oubyen vrè pwofèt Bondye? Filipyen 2 :21 ban nou repons lan: "Paske yo tout ap chèche pwòp enterè pa yo, men se pa benefis Jezikris". Yon fo pwofèt sèlman vle tire avantaj de twoupo Bondye a pou li kapab rive satisfè pwòp dezi li yo. Jodi a nou kapab wè sa kote ke genyen anpil pwofèt ki leve ap preche sèlman sa ke moun yo vle tande; tankou pa egzanp, teyoloji pwosperite, lè nou konnen ke nan fason sa a sèl moun k'ap pwospere a se predikatè a. Men nou te déjà wè sa nan Ansyen Testaman, nan Miche 3 :11, kote nou li konsa: "Moun ap achte chèf yo ak lajan. Prèt yo menm ap esplike lalwa a pou lajan. Ata pwofèt yo ap fè prediksyon pou lajan tou. Yo tout yo pretann di Seyè a avèk yo. Y'ap di: O wi, anyen p'ap rive nou! Seyè a bò kote nou!" èske sa pa sanble familyal pou ou? Bon, Jezi te déjà avèti nou ke genyen anpil fo pwofèt ki ta gen pou leve epi yo ta twonpe anpil moun (Matye 24 :11).

3. Fwi yo pral devwale ki lès yo ye (v16)

Li klè ke to ou ta moun sa yo pral avili menm si yo pa ta vle sa. Jezi, Mèt nou an te di nou sa sou fòm metafò. Konsa, nou pa kapab di yon pye zoranj pou li ban nou pòm; menm si nou koke yon katèl sou li ki di : "Pye pòm", epi nou kole flè pòm yo ladan li, to ou ta, lè pye bwa sa kòmanse bay fwi li yo, n'ap konnen vrèman ki kalite pye bwa ke li ye.

Se menm bagay la ki pral pase avèk fo pwofèt yo; pwòp atitid ak konpòtman yo ki pral dezapwouve yo. Lik 6 :45 di byen klè ke nonm mechan an, se nan move trezò ki nan kè li a li pran mechanste; epi yon lòt fwa ankò, Matye 23 :28 di nou ke nan 2 3moun sa yo genyen: "…ipokrizi ak mechanste".

II. Gran deklarasyon

Bib la di konsa: "Se pa tout moun k'ap di : Mèt, Mèt, k'ap antre nan peyi kote Bondye Wa a…" (Matye 7 :21).

Se akoz de moun sa yo k'ap twonpe epi fè sanblan sa ke yo pa ye, ki fè ke Jezi te fè deklarasyon nan vèse 21a : "Se pa tout moun k'ap di : Mèt, Mèt k'ap antre nan peyi kote Bondye Wa a…".

A. Kisa mo "Mèt" siyifi?

Mo Mèt la, nan lang grèk la se "Kyrios", epi nan lang ebre a se "Adonay"; tou de sa yo vle di "Bondye linivè a". Yon lòt kote, nan Mayen Laj yo te konn itilize mo "Mèt" pou bay yon moun tit lonè, jeneralman ki te genyen anpil posesyon, (tè, animal, elatriye.); epi ansanm avèk tit sa, yo te ba li dwa ke lòt moun yo pat genyen.

Lè nou pale de mo "Mèt", n'ap pale de yon moun ki se chèf oubyen mèt yon bagay; nan ka sa a, Jezikris, Chèf se tout bagay an jeneral.

B. Kisa sa gen ladan li di "Mèt, Mèt"?

1. Pou tout sa ki te déjà di avan yo, di Jezi Mèt se plis pase yon jès de respè oubyen siyal de remèsiman dèske li sove lavi nou anba kondannasyon ki pap janm fini an; men tou, an reyalite, sa ke n'ap di l' la se ke Li se Mèt ak Seyè nou. Sa vle di ke se pou li nou ye epi Li genyen dwa sou nou. Sa a se yon deklarasyon ki trè enpòtan.

2. Di "Mèt" genyen ladan li, fè volonte Bondye (v.21b). Se pwofese Jezi, anbrase ansèyman li yo, gaye yo epi pratike yo nan lavi nou chak jou nan yon fason nou rive menm fè lòt moun anvi vin tounen sèvitè Bondye tou.

Malerezman li pa toujou konsa. Nan Ezayi 29 :13, nou wè kòman Bondye te plenyen kont pèp li a; dèske yo t'ap adore li sèlman avèk lèv yo, men kè yo te lwen Li. Ann fè atansyon pou sa pa rive nou. Nou dwe otantik epi sensè avèk Sovè e Seyè nou an.

3. Di Jezi "Mèt" se deklare obeyisans nou anvè li nan tout bagay. Ke Li se premye nan lavi nou epi li genyen otorite sou nou. Lik 6 :46 di konsa: "Poukisa n'ap plede rele mwen: Mèt, Mèt, epi nou pa fè sa m' di nou fè?" Nou pa kapab di ke Jezi se Mèt nou si nou pap obeyi li nan tout ak sou tout bagay ke li mande nou. Nou pa kapab chwazi sa pou nou fè.

Jozye 24 :15 di konsa: "…depi koulye a chwazi sa nou vle sèvi a…" Kimoun ou pral sèvi? Dezi w' yo; sa zanmi w' yo di ou; sa mond lan di w' oubyen sa ke Bondye di w'?

III. Gran desepsyon

"…Mwen pat janm konnen w'…" (Matye 7 :23). Ala terib dènye jou a va terib si Sovè nou an ta di nou yon jou : "Wet kò w' sou mwen, mwen pat janm konnen w"! Mwen pa vle pou sa rive m', e mwen sèten ke ni ou menm nonplis ou vle. Sepandan, Mèt nou an déjà avèti nou ke jou sa gen pou rive epi, se poutèt sa, nou dwe fè atansyon nan fason ke n'ap sèvi Bondye.

A. Pap gen eskiz

Dapre Matye 7 :22, genyen yon jou k'ap vini kote ke Bondye va mande nou reglèman: "Lè jou sa a va rive, anpil moun va di m': Mèt, Mèt, se sou non ou nou t'ap bay mesaj ki soti nan Bondye a. Se sou non ou nou te chase move lespri yo. Se sou non ou nou te fè anpil mirak".

Pèsòn pap chape anba jijman Bondye; rich ak pòv yo; gwo ak piti yo; jis ak mechan yo; nou tout ap gen pou nou bay reglèman devan Li. Pawòl la di sa tou nan 2 Korentyen 5 :10 : "Paske, nou tout nou gen pou n' konparèt devan Kris la pou li ka jije nou. Lè sa a, chak moun va resevwa sa ki pou li dapre byen osinon dapre mal li te fè antan l' te nan kò sa a".

Epi kisa nou pral di Bondye lè nou fas a fas avèk Li? Genyen anpil moun ki pral vle bay eskiz osijè de kado ke yo te resevwa yo, oubyen osijè de bagay ke yo te fè nan non Bondye : "Lè jou sa a va rive, anpil moun va di m': Mèt, Mèt, se sou non ou nou t'ap bay mesaj ki soti nan Bondye a. Se sou non ou nou te chase move lespri yo. Se sou non ou nou te fè anpil mirak" (Matye 7:22). Sepandan, Pawòl Bondye anseye nou ke Sali a se pa atravè zèv : "Se paske li renmen nou kifè li delivre nou, nou menm ki mete konfyans nou nan li. Sa pa soti nan nou menm menm, se yon kado Bondye ban nou. Non, nou pa fè anyen pou sa. Konsa, pesonn pa ka vante tèt yo" (Efezyen 2:7-8).

B. Yon mesaj byen klè

Nou wè yon egzanp konsa nan Revelasyon 2 :2-5, nan mesaj ke Bondye te voye bay legliz Efèz la.

Nan vèsè 2, Bondye di li konsa : "Mwen konnen tou sa w'ap fè, jan ou travay di, jan ou gen pasians. Mwen konnen tou ou pa ka sipòte mechan yo: ou sonde tout moun sa yo k'ap pran pòz apòt yo. Ou dekouvri se mantò yo ye".

Youn nan atribi Bondye yo se Omnisyans; sa vle di, Li konnen tout bagay epi pa genyen anyen ki kache devan Li. Bondye konnen efò nou, dispozisyon ak pasians nou; men tout sa yo pa ase.

Nan vèsè 4, Bondye di l' konsa: "Men, men repwòch mwen gen pou m' fè ou: Koulye a ou pa renmen m' jan ou te renmen m' anvan an". Devan lèzòm nou kapab fè sanblan; men se pa devan Bondye. Sa pap sèvi nou anyen lè nou fè gwo koze nan non Bondye, e menm fè bagay ki sinatirèl, si kè nou lwen Li epi nou pa ba li premye plas nan lavi nou. Finalman, Bondye di legliz la konsa: "…repanti…" (v.5) pandan li t'ap montre yo ke yo te jwenn yon nouvo opòtinite.

Kesyon Opsyonèl:

I. Gran prevansyon

- Kòman pwofèt Bondye yo te rele selon Amòs 3 :7?
- Ki karakteristik yon vrè pwofèt posede? (1 Korentyen 14 :3).

II. Gran deklarasyon

- Ki kote mo "Mèt" la soti ak siyifikasyon li?
- Kisa sa genyen ladan li mo "Mèt" nan lavi nou jodi a?
- Kisa lalwa te mande konfòm ak pwochen an? Detewonòm 14 :29; 15 :1-11; 19 :14; 22 :1-4

III. Gran desepsyon

- Kisa Efezyen 2 :8-9 anseye nou sou zèv ak Sali a?
- Kisa Bondye te genyen kont legliz Efèz, epi kòman sa aplike nan lavi nou?

Konklizyon

Yon gran sipriz se pral vini Kris la, menm pou moun sa yo ki andedan legliz. Fo pwofèt la egziste epi, atansyon, li kapab ou menm! Si w' di ke w' se kretyen ki anonse oubyen pwofetize vini Kris la, asire w' ke w'ap fè volonte Bondye epi bay bon fwi. Ann pran apèl pou obeyisans anvè Kris la avèk tout kè nou.

Konnen ti pwofèt yo

Rankont avèk ti pwofèt yo

Konpasyon Papa a

Mizèrikòd Bondye a aksesib

Jijman ak benediksyon Bondye

Pa kite pou demen

Pwisans jèn ak lapriyè a

Yon rankont avèk Miche

Bondye lanmou ak jistis la

Kriye pou jistis ak lapriyè esperans

Sofoni, vwa pwofetik nan yon mond an degraba

Men nan travay la

Yon pwofesi pou jodi a

Nan ki bò ou ye?

Rankont avèk ti pwofèt yo

Marco Rocha (Ajantin)

To Memorize: "Y'a reponn li: Non monchè. Seyè a te moutre ou sa ki byen. Tou sa li mande ou, se pou ou fè sa ki dwat, se pou ou gen kè sansib nan tout sa w'ap fè, se pou ou mache san lògèy devan li'' Miche 6:8.

Objektif leson an: Se pou elèv la dekouvri prensip fondamantal mesaj Ti Pwofèt yo.

Entwodiksyon

Youn nan sitiyasyon ki plis enèvan se tante etabli yon dyalòg avèk yon moun ki pa pale lang nou an. Mande pou youn oubyen de nan elèv ou yo ki te pase pa yon eksperyans konsa pou yo kòmante kèk detay sikonstans ki brèf osijè kèk epizòd ki sanble epi eksprime kòman yo te santi yo lè sa.

Si pèsonn nan klas ou a pat pase pa eksperyans sa, ou kapab mande yo pou yo imajine sitiyasyon ak reyaksyon yo.

Kòmanse klas la pandan w'ap esplike ke, pou evite pou rankont nou avèk Ti Pwofèt yo kapab enèvan, li nesesè pou nou dekouvri karakteristik prensipal yo avèk prensip fondamantal mesaj ke yo te pwoklame yo.

I. Yon gid pou rankont lan

Menm jan ke misyonè yo dwe prepare yo nan konesans langaj ak karakteristik jeneral yon kilti pou yo kapab efikas nan ministè yo, li enpòtan ke, pou ke rankont nou avèk Ti Pwofèt yo pa konvèti an yon eksperyans enèvan, nou dwe siyale aspè yo avèk kontèks kote ke yo te travay. Poze kesyon: Poukisa w' kwè ke pi fo kretyen yo pa tèlman bay lekti Ti Profèt yo valè?

A. Piti epi enpòtan

Ti Pwofèt yo pa pote non "piti" paske yo mwens enpòtan andedan kanon biblik la, men pito ke klasifikasyon sa fè referans ak kantite sa ki ekri ladan yo a mwens ke sa ki nan sa yo rele Pwofèt Majè yo. Ti Pwofèt yo se douz : Oze, Joyèl, Amòs, Abdyas, Miche, Nawoum, Abakik, Sofoni, Aje, Zakari ak Malachi. Nan pasaj sa yo nou rankontre ak mesaj ki, fas ak defi kontanporen yo, li te vin pi pètinan toujou.

Se pou rezon sa ke anpil nan pasaj yo pa tèlman fasil pou fè lekti, se pa pou fwistre nou, nou dwe pare pou nou familyarize nou ak tras pèsonèl ak kontèks li jodi a. Ti Pwofèt yo konsève gwo trezò ke nou kapab dekouvri pou benefis kwasans espirityèl nou.

B. Konnen lòt fòm klasifikasyon

Klasifikasyon Ti Pwofèt yo, jan nou jwenn li nan Bib nou yo, li pote non kanonik tradisyonèl. Sepandan, nan gid sa pou rankont nou an, klasifikasyon kwonolijik la kapab ede nou anpil, kote ke n'ap jwenn nan kèk ka kote Ti Pwofèt yo te konn viv ansanm avèk Pwofèt Majè yo. Pwofèt nan syèk VIII av. K. yo te Amòs, Oze, Ezayi ak Miche, epi li pwobab pou ke Joyèl, Jonas ak Abdyas te veki menm etap sa. Nan syèk VII av. K.

Sofoni, Nawoum ak Abakik te pwofetize, yo menm ki te konpatriyòt avèk Jeremi. Epi nan syèk VI av. K. Aje avèk Zakari te ankouraje pèp la rebati tanp lan. Finalman nan syèk V av.K. Malachi te pwofetize sou Sovè ki te pwomèt la ak moun ki ta vini anvan li a ki se Jan Batis, anviwon 400 ane avan. Klasifikasyon an dapre lòd kwonolojik la kapab byen itil pou yon pi bon konpreyansyon de moman istorik la kote ke Ti Pwofèt yo te devlope ministè yo.

II. Vizite mesaj a

A. Yon rankont avèk plizyè jan literè diferan

Pasaj biblik yo te pran nesans nan kontèks yon kilti ki vrèman diferan de pa nou an, epi Ti Pwofèt yo pa fè eksepsyon. Se pou rezon sa ke li nesesè pou nou fè yon rankont avèk divès kalite jan literè ke pwofèt sa yo itilize nan lekriti yo a. Pa egzanp, n'ap jwenn jan ki gen sajès sou fòm kesyon, tankou ka Amòs 3 :3-6; oubyen jan ki soti nan kil, kòm Amòs 4 :4-5; oubyen nan koze lajistis, tankou sa dekri nan

Miche 6:1-8. Genyen jan ki soti nan lavi chak jou tou tankou nan Abakik 2:7-8. Epi finalman sa ke nou konnen pou jan rakonte yo sevèman pwofetik, ki genyen ladan yo kòm eleman esansyèl denonsman peche ak avètisman sou pinisyon, epi ki ta kapab dirije ni sou yon moun kòm yon pèp.

Jan sa a eksprime li pa mwayen kèk aksyon oubyen enstriksyon ke pwofèt la te bay pou ke lòt moun te fè, pandan y'ap montre kasyon sa yo kòm verite ki te dwe pibliye, menm jan sa ye nan Amòs 1:5.

B. Yon rankont avèk ministè pwofetik la

Nou jwenn avèk rezilta yon travay ministeryèl nan pasaj pwofetik yo. Yon sèvis pou Bondye, kominote nan tan pa yo a epi menm jounen jodi a. Pwofèt yo dekri ak entèprete istwa a epi pwoklame plan Bondye a. Pandan dewoulman ministè yo, yo te pote plizyè non:

1. *Ro'eh* (divinò), ki itilize onz fwa nan Ansyen Testaman, ki dekri pwofèt la kòm yon nonm ki gen pèsepsyon espirityèl eksepsyonèl;

2. *Chozeh*, itilize vennde fwa nan Ansyen Testaman, epi tou avèk siyifikasyon "divinò" men se avèk yon konotasyon sou moun k'ap mennen yon lavi relijye ki agreyab;

3. *Nahbi*, ke nou jwenn twasan fwa nan Ansyen Testaman, ki mete aksan sou fòs ak enpòtans ekspresyon mesaj men se pa nan vizyon an; sa vle di, ki fè plis referans ak fonksyon pwofèt la, ki se pwoklame ak anonse.

Ni pawòl "pwofèt" an espanyòl jan sa eksprime nan grèk la "propheetes" yo fè referans ak yon moun ki pale nan non yon lòt. Si byen lide pwofèt la anonse evènman pou lavni ki pwòch oubyen pase, li parèt tout kote nan Ansyen Testaman an, fonksyon pwofèt la te predominan pou li te tankou yon antrenè ak predikatè, kòm temwen Bondye ki anwo nan syèl la epi, asireman tou kòm divinò lavni.

Pwofèt yo tou te pote lòt non tankou: Atalay, nonm Bondye, sèvitè Seyè a, mesaje Bondye, entèprèt epi nonm k'ap mache selon Lespri. Non oubyen tit ki te itilize dapre sikonstans yo avèk lye kote yo te devlope ministè yo. Yo te rekonèt yo pou karaktè sevè ak endepandan yo, ki pat negosye ak lèzòm, ni avèk peche oubyen sikonstans yo.

Pwofèt yo te kwè nan apèl sen yo a epi se Bondye menm ki te rele yo. Yo te bay kominyon yo avèk Bondye anpil valè epi yo te pare pou aji lè yo te bezwen yo, menm si ke sa te mennen yo nan doulè ak opozisyon. Pwofèt yo, nan travay ministeryèl yo, yo te genyen bon konsyans ke Bondye te gen otorite sou lavi yo, li menm ki te parèt byen klè nan moman difisil yo. Yo te konsakre pou Bondye epi kenbe yon karaktè ki san repwòch. Yo te genyen dispozisyon pou kritike mechanste ak enjistis sosyal yo ki nan mond lan fas ak otorite politik, relijye oubyen militè yo.

Pwofèt yo te konsève yon dominasyon konsyan sou pwòp tèt yo, ni nan resevwa ni nan pwononse mesaj la. Yo pat enstriman enkonsyan nan sèvis Bondye a, men pito yo te reyalize ministè yo san renonse pèsonalite yo epi san mete pèsepsyon yo sou nesesite yo ap pa pèp yo a. Sa vle di, pwofèt yo pat enstriman ki pasif, yo te enprime pèsonalite yo nan mesaj Bondye a, epi la a, ak diferans ant yo menm. Mesaj la te soti nan Bondye, men, langaj ak estil yo te sòti nan lòm. Miche pa egzanp, ki te soti nan yon kontèks andeyò, menm si li te resevwa menm mesaj avèk Ezayi, li pat eksprime li avèk yon langaj retorik ak noblès, men pito avèk youn ki brèf epi popilè.

Lòt aspè ke nou dwe siyale lè nou pale de ministè pwofetik nan Ansyen Testaman, se diferans li avèk travay ministeryèl la. Nan ministè a, menm si moral te okipe yon plas enpòtan, li te mete aksan pi plis sou kesyon rityèl ak seremoni nan sèvis yo. Sepandan, pwofèt la mete aksan premyeman sou lavi, kondwit ak moral.

Pou pwofèt la, kondwit la pi enpòtan pase seremoni yo. Se poutèt sa, li te konsidere kòm yon antrenè moral nan epòk pa l' la, yon refòmatè kondwit epi yon moun ki te toujou nan yon batay kont peche, vis ak echèk lòd moral yo, anplis de kanpe kont moun sa yo ki t'ap ankouraje pechè yo.

Se poutèt sa ke ministè pwofetik sa genyen yon reyalizasyon tou pou tan n'ap viv la, paske li mande pou nou pratike sentete epi bay priyorite ak entegrite ke sou nenpòt lòt bagay. Epi nan menm sans sa a, Ti Pwofèt yo transande tan pa yo a pou ban nou yon mesaj ki pa sèlman yon entèpretasyon pou tan pa l' la men pito li ankouraje nou angaje nou avèk moman sa epi gade lavni an avèk esperans.

C. Yon rankont avèk sèvitè Bondye yo

Pou nou konprann mesaj Ti Pwofèt yo pi byen, nou dwe fè yon apwòch sou pèsonalite pwofèt la avèk objektif ministè l' la. Apre sa, nou pral site aspè jeneral yo chak.

- **Oze:** Non li vle di "Delivrans". Li te pwofetize nan ane 750 ak 736 a.K anviwon, epi plas ministè li se te Wayòm Nò peyi Izrayèl la. Tèm prensipal liv la se triyonf lanmou. Mesaj Bondye a pou pèp li a atravè Oze se osijè de lanmou ki sove.

- **Joyèl:** Non li siyifi "Seyè a se Bondye". Tan ke li te pwofetize a pa sèten, menm si se te nan syèk VII oubyen IV av. K., epi plas ministè li se pwobableman Wayòm Sid peyi Jida. Mesaj Bondye pou pèp li a atravè pwofèt Joyèl ta kapab rezime kòman Bondye pini peche a.

- **Amòs:** Non li siyifi "chay" oubyen "chajè". Pwobableman li se premye nan pwofèt ki te ekri mesaj li yo, epi travay nan lane 670 av. K. nan Nò peyi Izrayèl, prensipalman nan Betèl. Mesaj ke Amòs te preche a te baze li sou Jistis Bondye sou pèp li a avèk nasyon ki nan vwazinay yo.

- **Abdyas:** Non li siyifi "adoratè Seyè a". Li te pwofetize pwobableman ant syèk VIII oubyen VI av. K. nan peyi Jida. Epi mesaj li a divize ant destriksyon peyi Edòm ak restorasyon Izrayèl.

- **Jonas:** Non li siyifi "pijon" epi dapre 2 Wa 14 :25 li te viv nan Galile. Li te pwofetize nan Niniv pandan gouvènans Jewoboram II, li menm ki te wa peyi Izrayèl ant 787 ak 747 av. K. Mesaj la te baze sou : gen delivrans pou nasyon yo.

- **Miche:** Non li siyifi "Kimoun ki tankou Seyè a?" epi li te viv nan lavil Mozarèt-Gat oubyen Morasti, tankou yon distans de 30 km nan pati sidwès lavil Jerizalèm. Li te akonpli ministè li nan menm epòk avèk pwofèt Ezayi, ant lane 740 pou rive 700 av. K, nan wayòm Jida. Miche te prezante mesaj li pou montre ke Seyè a se defansè moun ki pòv yo.

- **Nawoum:** Non li siyifi "konsolatè", epi li posib pou ke li te viv nan lavil Ekòs, nan yon distans de 30 km sou sidwès lavil Jerizalèm. Li te pwofetize ant ane 633 ak 612 av. K., epi an rezime li te santre mesaj li sou Seyè a ki fè jistis li blayi sou mechanste.

- **Abakik:** Non li siyifi "akolad". Li te pwofetize nan wayòm Jida nan ane 603 av.K. Mesaj li a divize ant pinisyon Jida ak Jerizalèm, avèk lapriyè pwofèt la.

- **Sofoni:** Non li siyifi "moun Bondye pwoteje a oubyen moun Bondye kache a". Li pwobab pou ke li te pwofetize nan lavil Jerizalèm tou prè ane 625 av.K nan Jida, epi mesaj li a te dekri pinisyon sou Jida ak nasyon etranje yo, ak delivrans yon ti gwoup moun.

- **Aje**: Non li siyifi "festen". Li te pwofetize nan ane 520 anviwon av.K nan Jerizalèm, epi tèm mesaj li a se te egzòtasyon pou angajman avèk konstriksyon tanp lan.

- **Zakari:** Non li siyifi "moun ke Bondye sonje a". Li te pwofetize nan ane 520 ak 518 av.K nan Jerizalèm. Tèm santral mesaj li se te triyonf final sentete a.

- **Miche:** Non li siyifi "mesaje mwen". Li te pwofetize tou prè 450 av.K nan Jerizalèm, epi tèm santral mesaj li a se te denons peche, pinisyon Bondye ak pwomès benediksyon an.

Nan rankont nou avèk Ti Pwofèt yo, nou te dekouvri plizyè sèvitè Bondye ke menm si yo te travay nan yon kontèks espesyal, mesaj yo a kapab resonnen jodi a nan kè nou avèk menm fòs la.

Kesyon Opsyonèl:

I. Yon gid pou rankont lan

- Kilès Ti Pwofèt yo ye epi pou ki rezon se konsa yo rele? Sou ki lòt fòm li ta kapab klasifye?

- Kisa w' ta di yon moun ki prefere pa li sou pwofèt sa yo avèk eskiz pou di ke yo twò difisil? Epi kimoun ki di ke mesaj yo a pa aplikab pou nou nan epòk pa nou an?

II. Vizite mesaj li a

- Kòman li ede pou nou konnen jan literè yo pou entèpretasyon kòrèk mesaj Ti Pwofèt yo?

- Avèk kilès nan Ti Pwofèt yo ou plis idantifye w' epi pou ki rezon?

- Nan ki fason pratik w'ap akonpli, oubyen panse akonpli avèk misyon pou preche levanjil la?

- Nan kontèks kote ke n'ap viv la, èske w' pare pou w' fè ladiferans pandan w'ap viv nan entregrite ak jistis? Èske w' pare pou w' pwoklame mesaj levanjil la avèk kouraj menm si sa ap fòse w' viv sitiyasyon ki difisil?

Konklizyon

Bondye se menm nan yè, jodi a ak pou toutan, epi mesaj jistis ak redanmsyon ke pwofèt yo te pwoklame, yo pral ede nou pare nou tou pou nou rankontre avèk Li.

Konpasyon Papa a

Hernán Massacesi (Ajantin)

Vèsè pou aprann: "Seyè a di ankò: -M'ap rale pèp la tounen vin jwenn mwen ankò. M'ap renmen yo ak tout kè m'. Mwen p'ap ankòlè sou yo ankò" Oze 14:4.

Objektif leson an: Se pou elèv la konfese li epi ekate li byen vit de nenpòt sitiyasyon peche oubyen kondisyon peche lè li vin konprann bèl konpasyon Papa nou ki nan syèl la.

Entwodiksyon

Èske pafwa ou konn santi w' desi? Èske gen de fwa ou fè tout efò w' kapab epi apre sa ou resevwa desepsyon, refi, endiferans? Èske w' te fè eksperyans pafwa ak doulè trayizon? Ou te mete tout konfyans ou, ou te lage tout kò w' konplètman, ou te ouvè tout kè w'…men èske moun ou te tèlman renmen an te kòmanse tikras pa tikras elwaye li de ou menm jiskaske li rive trayi w' epi chanje w' avèk lòt lanmou?

Tan n'ap viv la ranpli epi debòde avèk kalite sitiyasyon doulè sa yo. Epi kòm lòm, li pa kapab konbat yo, li pa menm kapab imajine l' de li, tante viv avèk yo nan eseye wè yo kòm yon bagay ki nòmal, kòm peyizaj ki enstale definitivman nan yon reyalite ki an dekadans epi ranpli ak lawont.

Sepandan, pa genyen anyen ke yon moun kapab fè pou li kache doulè a, manje dan, ak pèn enteryè ke trayizon ak enfidelite a pwovoke.

Se konsa kè Bondye te ye lè li te rele pwofèt Oze (Oze 1:2) pou ke li viv epi santi nan pwòp chè li doulè ke Seyè a menm te soufri akoz de enfidelite pèp li a, pèp Izrayèl la, dis branch fanmi yo ki te konfòme yo nan wayòm Nò a.

I. Kontraryete Izrayèl la

- "Men, plis mwen te konsidere l' tankou pitit mwen, se plis li t'ap vire do ban mwen" (Oze 11:2a).

- "Se mwen menm ki te moutre moun Izrayèl yo jan pou yo mache. Mwen te konn pran yo nan bra mwen. Men, yo pa t' vle rekònèt se mwen menm ki te pran swen yo" (Oze 11:3).

- "Men yo refize tounen vin jwenn mwen. Se poutèt sa yo p'ap tounen nan peyi Lejip la ankò, se moun Lasiri ki va gouvènen yo" (Oze 11:5).

- "Yo vire do ban mwen, yo fin pran pli a nèt. Y'a rele anba chay ki sou zepòl yo a, men pesonn p'ap vin wete l' sou yo" (Oze 11:7).

Menm si sa sanble yon kontradiksyon, tikras pa tikras, benediksyon Bondye yo t'ap elwaye pèp Izrayèl la. Yo te kòmanse inyore lalwa Bondye:"Pèp mwen an ap fini, paske li pa konnen mwen. Prèt yo voye tou sa mwen te moutre yo jete. Se konsa, mwen menm tou, mwen p'ap rekonèt yo pou prèt mwen ankò. Yo voye tou sa mwen menm, Bondye yo a, mwen te moutre yo a jete. Mwen menm tou, m'ap voye pitit yo jete" (Oze 4:6). Sa te fè yo tonbe anba sansiblite kilt payen yo pandan yo t'ap pèdi bon jijman an."Seyè a di: -Nan sèvi lòt bondye, fanm, diven ak bweson fè pèp la pèdi tèt li" (Oze 4:11).

Pwosperite a fè yo awogan :"Sa pèp Izrayèl la ap fè nan awogans li, se sa k'ap lakòz yo kondannen l'. Avèk peche moun Izrayèl ak moun Efrayim yo ap plede fè yo, y'ap bite, y'ap tonbe. Menm moun peyi Jida yo ap bite ansanm ak yo tou. Y'a pran mouton ak bèf pou fè ofrann pou Seyè a. Y'a chache l', men yo p'ap jwenn li, paske li wete kò l' sou yo" (Oze 5:5-6).

Benediksyon yo fè yo pa estab ak sipèfisyèl:"Seyè a di: -Nou menm moun Efrayim, kisa pou m' fè ak nou? Nou menm moun Jida, kisa pou m' fè ak nou? Nou renmen m', se vre. Men se pou yon ti tan. Ou ta di yon ti nwaj ki pase anvan solèy leve. Wi, tankou lawouze ki disparèt anvan solèy fin leve. Se poutèt sa mwen voye pwofèt mwen yo pou manyè pini nou. Mwen mete pawòl nan bouch yo ki ta kont pou touye nou. Mwen fè nou konnen sa mwen vle nou fè, mwen mete l' aklè devan nou. Mwen ta pito wè nou renmen m' tout bon pase pou n'ap fè tout ofrann bèt sa yo ban mwen. Mwen ta pito wè nou chache konnen m' vre, mwen menm Bondye nou an, pase pou n'ap boule tout bèt sa yo pou mwen" (Oze 6:4-6).

Abondans lan divize kè:"Pèp Izrayèl la te tankou yon bèl pye rezen ki te konn donnen anpil. Plis pye rezen an t'ap donnen, se plis yo t'ap bati lotèl pou zidòl. Plis tè a t'ap bay, se plis yo t'ap fè pi bèl estati pou zidòl yo. Yo pa t' sensè! Koulye a, yo pral peye pou sa yo fè: Bondye pral kraze ni lotèl yo, ni estati yo" (Oze 10:1-2).

Yo te tonbe anba koripsyon moral, espirityèl, politik ak nasyonal ki te pi ba a:"Yo lage kò yo nèt nan fè sa ki mal, tankou yo te fè l' lavi Gibeya. Bondye va chonje jan yo mechan, l'a pini yo pou tout peche yo fè" (Oze 9:9).

"Oze…te kòmanse preche nan yon epòk ki te genyen gwo pwosperite, epi li te sispann fè li lè ke nasyon yo t'ap goumen ak pouvwa anachi yo. Pandan premye ane yo, Jewoboram II te gran chèf nan Samari…Nan tèt yon diktati militè awogan…Nan epòk pa l' la nasyon an te alèz nan pwosperite militè li, men, an menm tan, li te tonbe anba yon kòripsyon moral terib byen vit. Liv 2 Wa a fè nou konnen ke apre lanmò Jerobowam, te genyen destabilite entèn, politik rival yo te sakrifye enterè nasyon an pou yo, prensip yo te vin kòwonpi, yo te vin tounen wa ilegal, epi pouvwa nasyonal la te vin pèdi fòs seryezman. Wa ap disparèt tankou kim sou dlo. (Oze 10:7 VM)…"Konplo" se te kle istwa peryòd la (Konp. 2 Wa 15)…Nan dezesperasyon li, se sa ki fè, yo te bese tèt yo, premyeman vè yon direksyon epi apre sa vè lòt pandan l'ap chèche sekou etranje, pandan li t'ap peye kontribisyon altènativ bay peyi Lasiri ak Lejip, jiskaske yo te fin pèdi endepandans ak otonomi nasyonal…Li te tonbe an defayans tou swit apre li te fin pèdi endepandans li…Bagay yo te vin pi mal chak jou, jiskaske pwofèt la rele di: "Seyè a gen yon pwose l'ap mennen ak moun k'ap viv nan peyi a. Nou menm, pitit Izrayèl yo, koute sa Seyè a ap di: -Nan peyi a, bonjou moun pa laverite. Yo pa gen bon kè ankò. Pa gen moun ki konn Bondye ankò nan peyi a. Se fè sèman pou gremesi, se bay manti. Se touye moun, se vòlò, se fè adiltè. Y'ap kraze gason, se krim sou krim" (4:1-2) –Robinson, George "Douz Ti Profèt yo", 1982, CBP, pp.12-13).

Tout dekadans nasyonal sa akoz de fònikasyon, enfidelite ak konplo nan peyi Izrayèl te boulvèse kè Bondye. Epi pou trase istwa tèt fè mal sa a reyèlman li rele Oze pou ke istwa pèsonèl li a nan (Oze 1:2) sèvi kòm miwa lanmou Bondye fas ak pèp enfidèl li a.

II. Kote lanmou Bondye a rive

Chapit 11 pwofesi a montre nou ke malgre peche nou yo, Bondye renmen nou. Nou kapab wè kòman Bondye montre nou konpasyon li pandan tout lavi nou.

A. Li rale nou avèk kòd lanmou (v.4a)

Bondye rale nou avèk kòd ki pa kapab kase tankou lanmou, yo nesesè pou rale nou paske nou pa kapab soti nan labou peche a ak pwòp fòs nou. Yo nesesè menm si nan kòmansman nou kenbe tèt ak li epi nou pa vle li sove nou, kòd yo ki rive nenpòt kote ak sitiyasyon kote nou ye. Nan tan lontan, Izrayèl te nan esklavaj nan peyi Lejip epi jous la a kòd lanmou ak padon Bondye yo te rive pou sove yo.

B. Li retire fado peche pase nou an (v.4b)

Izrayèl te pase 420 ane nan esklavaj anba

dominasyon moun peyi Lejip yo, epi nou menm tou, nou te esklav depi byen lontan oubyen nan kèk okazyon, akoz de peche nou yo, move aksyon nou yo, ògèy nou yo, rebelyon nou yo, egoyis ak mizè nou yo.

Se sèlman Kris la ki kapab pote fado lou ke n ap pote sou do nou yo.

Nou pa kapab fè li ak pwòp fòs nou (Ezayi 9:4 ak 10:27).

Se sèlman Bondye atravè sakrifis Jezi a kapab delivre nou anba vye aksyon enpadonab nou yo.

Li pa bannou vrèman sa ke nou merite non plis paske li diferan de lòm, Li itilize kòlè Li sèlman pou l korije (v.9).

Lè nepe a fini akonpli objektif li a, Bondye ap ranni tankou yon lyon avèk anpil otorite ak pouvwa.

Pandan l ap rele nou tounen vin jwenn Li pou nou kapab gide pa lanmou, pwoteksyon ak sajès ki pap janm fini Li a (v.10).

Bondye rele nou pou nou vin dou nan prezans Li.

- San pèdi plis tan, ann kite kòd lanmou sa yo rale nou:
- Kite li pran chay peche nou yo ki lou anpil.
- Resevwa manje ke Li ban nou pou yon lavi ki abondan.
- Kite nepe li a mete fen ak travay pwòpte ak pirifikasyon li a nan nou.
- Ann kite nou geri.

C. Li ban nou manje ki bay lavi (v.4c)

Lè li te wete Izrayèl nan peyi Lejip avèk gwo fòs ponyèt li, Li te ba yo manje lamàn ki te soti nan syèl la san rete pandan 40 lane nan dezè a. Epi nan eta feblès ak mizerab nou "Seyè a rabese li" (NTV) devan nou pou ban nou manje nan Jezi gratis, PEN KI BAY LAVI nou an. Moun ke Li bay manje pap janm grangou ankò (Jan 6:35).

Avèk manje l' la, konsèy, ankourajman, ansèyman, konsolasyon, avètisman ak rale zòrèy yo, ban nou fòs epi ranpli nou ak yon lavi ki abondan epi etènèl. Wa tout wa yo k'ap rabese li, desann li nan eta mizerab ke nou te twouve nou pou mete manje beni nan bouch nou.

D. Li sèvi avèk nou avèk epe disiplin nan (v.6)

Kontraryete ak rebelyon nou yo egzije lanmou Bondye a manifeste an disiplin: An mezi ke li te plis rele yo se plis yo te ale pi lwen (v.2); yo pat vle konvèti (v.5); menm si yo te konn rele li Bondye ki anwo nan syèl la "okenn" pat vle glorifye li (v.7); "ene ap devore vil yo akoz de move konsèy yo" (v.6) –Li te akonpli lè Lasiri te mete lapat sou yo nan lane (722 av. K) anviwon).

54

Lè li nesesè, Bondye ap montre nou lanmou li atravè epe li:

- Pou li detwi gwo miray ki separe nou avèk Li yo.
- Pou reveye nou nan somèy ke nou ye a.
- Pou koupe ak elimine tout sa ki mal epi pa pwòp nan nou.

"Eske nou gen tan bliye pawòl Bondye te di pou ankouraje nou tankou pitit li? Pitit mwen, lè Bondye ap pini ou, pa pran sa an jwèt. Lè l'ap fè ou repwòch, pa dekouraje. Paske Bondye pini moun li renmen. Se moun li rekonèt pou pitit li li bat" (Ebre 12:5-6).

Nan kòmansman, disiplin nan sanble bay doulè, men li "pwofitab pou ke nou patisipe nan sentete li a. Li "ban nou fwi jistis la ki se lapè" (Ebre 12:10-11).

E. Li sove nou avèk konpasyon ki ekstraòdinè (vv.8-10)

Kòman pou m' fè abandone ou? Èske m'ap remèt ou bay? Kè mwen twouble andedan mwen, tout konpasyon mwen atake (v.8). Malgre erè ak fòt yo, Bondye pap janm abandone nou ni detwi nou konplètman, ni ban nou sa ke nou vrèman merite a paske "an diferans de lèzòm" li sèlman itilize kòlè li pou korije (v.9). Lè epe li akonpli objektif li (Bondye ap fè bri tankou yon lyon" avèk tout otorite ak pouvwa, pandan l'ap rele nou vin swiv ministè lanmou, pwoteksyon ak sajès etènèl li a. (v.10).

Bondye rele nou pou nou vin dou nan prezans Li san kite plis tan pase:

- Ann kite kòd lanmou li yo rale nou.
- Ann kite li wete fado peche nou an.
- Ann kite li rabese li pou alimante nou avèk lavi etènèl la.
- Ann kite epe li a fin fè travay netwayaj ak pirifikasyon an.

Ann retounen pou nou kapab geri…Tounen vin jwenn Bondye nou non, nou menm pitit Izrayèl yo! Se peche nou yo ki te fè nou tonbe. Tounen vin jwenn Seyè a! Men sa pou nou di li: Padonnen tout peche nou yo. Asepte sa n'ap mande ou la a. Nou p'ap ofri ou towo bèf ankò, n'ap fè lwanj ou pito. Moun Lasiri yo p'ap janm ka sove nou. Nou p'ap mete konfyans nou ankò nan chwal pou fè lagè. Nou p'ap janm gade zidòl nou fè ak men nou pou nou di yo se yo ki bondye nou. Nou rekonèt, Seyè, se ou menm ki gen pitye pou timoun ki san papa. Seyè a di ankò: -M'ap rale pèp la tounen vin jwenn mwen ankò. M'ap renmen yo ak tout kè m'. Mwen p'ap ankòlè sou yo ankò. M'ap tankou lawouze pou moun Izrayèl yo. Yo pral fleri tankou flè

nan jaden. Yo pral pouse rasin tankou pyebwa nan peyi Liban. Yo pral boujonnen sou tout kò yo. Y'ap bèl tankou pye oliv. Y'ap santi bon tankou pye sèd peyi Liban. Yo gen pou yo tounen vin rete anba zèl mwen pou m' pwoteje yo. Jaden ble yo pral donnen ankò. Yo pral fleri tankou pye rezen. Non yo ap nan tout bouch tankou bon mak diven yo fè nan peyi Liban. Nou menm moun Izrayèl, konnen mwen pa gen anyen pou mwen wè ak zidòl. Mwen menm m'a reponn yo lè y'ap lapriyè. M'ap okipe yo tankou pye bwapen ki rete toujou vèt, m'ap ba yo lonbraj. Se mwen menm k'ap ba yo tout kalite benediksyon. Se pou moun ki gen konprann chache konprann sa ki ekri la a. Se pou moun ki gen lespri chache konprann li. Paske chemen Bondye se chemen ki dwat. Moun k'ap viv dapre volonte Bondye ap mache ladan l' san anyen p'ap rive yo. Men, moun ki vire do yo bay Bondye ap bite sou wout la (Oze 14:1-9).

"Se pou moun ki gen konprann chache konprann sa ki ekri la a. Se pou moun ki gen lespri chache konprann li. Paske chemen Bondye se chemen ki dwat. Moun k'ap viv dapre volonte Bondye ap mache ladan l' san anyen p'ap rive yo. Men, moun ki vire do yo bay Bondye ap bite sou wout la" (Oze 14:9).

Kesyon Opsyonèl:

I. Kontraryete Izrayèl la
- Kisa ki te kontradiksyon Izrayèl yo?
- Èske w' te wè kontradiksyon an nan lavi w' pafwa?
- Izrayèl te nan esklavaj nan peyi Lejip epi jous la a kòd lanmou ak padon Bondye yo te rive pou sove yo. Èske w' sonje kote Seyè a te pran w' ak kòman lavi w' te ye lè sa a?

II. Kote lanmou Bondye a rive
- Ou ta kapab bay egzanp pratik sou lavi w' jodi a, pandan w'ap fè referans ak afimasyon sa yo:
- Li rale nou avèk kòd lanmou li yo (Oze 11:4a).
- Li retire fado peche pase nou an (Oze 11:4b).
- Li ban nou manje ki bay lavi (11:4c)
- Li sèvi avèk nou avèk epe disiplin nan (11:6).
- Li sove nou avèk konpasyon ki ekstraòdinè (vv.8-10).
- Li rele nou pou nou vin rapid epi dou nan prezans Bondye (Oze 11:11).

Konklizyon

Moun ki konprann lanmou enkonparab Bondye a ap retounen vin jwenn Li byen vit: Tankou "zwazo" (Oze 11:11), 11:kreyati nan sa ki plis rapid yo pou chape epi vole pi wo pase difikilte, lapèrèz ak pwoblèm yo. L'ap retounen vin jwenn Seyè a "dou tankou pijon" pou viv nan plas ak eta kote nou rete a, lakay Papa a, kay lanmou, nan paradi prezans li a.

Mizèrikòd Bondye a aksesib

Leson 16

Mary Prado (Venezyela)

Vèsè pou aprann: "Se pa rad sou nou pou nou chire, se kè nou menm pou nou chire pou fè wè jan nou nan lapenn. Tounen vin jwenn Seyè a, Bondye nou an. Li gen bon kè anpil, li gen pitye pou moun. Li pa fache fasil, li p'ap janm sispann renmen nou. Li toujou pare pou padonnen nou" (Joyèl 2:13).

Objektif leson an: Se pou elèv la konprann ke mizèrikòd Bondye a aksesib pou nenpòt kè ki repanti.

Entwodiksyon

Nou tout kretyen yo nou toujou gen tandans twouble nan relasyon nou avèk Bondye akoz de dezobeyisans. Men, menm jan kòm Bondye fè jistis la, li gran nan mizèrikòd li tou epi ofri nou padon ak restorasyon li.

Liv Joèl la montre nou siyifikasyon repantans lan ak lanmou etènèl ke Bondye genyen pou pechè ki repanti a.

I. Anons gwo jijman an

Nouvèl yon dezas natirèl konn lakoz tout kalite dezespwa nan sosyete a. Jeneralman, evènman sa yo konn san kontwòl pou lèzòm epi aparisyon li konn koz anpil moun mouri.

Bib la, katastwòf natirèl yo konn konsidere kòm siyal jijman Bondye. Menm si abityèlman pwofèt yo te konn déjà anonse kalite kalamite sa yo davans, nan ka liv Joèl la, genyen kèk kòmantaris ki te panse ke jijman Bondye a te déjà la, epi entansyon anons lan se te, mennen pèp la vè repantans ak rechèch padon Bondye.

Anons jijman Bondye a kòmanse depi nan chapit 1:1 pou rive nan chapit 2:11, epi li genyen de tèm prensipal: Devastasyon tè Jida akoz de plè krikèt yo avèk anons "jou Seyè a". Joèl etabli yon koneksyon senbolik sou devastasyon pa mwayen krikèt yo ak "jou Seyè a" evènman ki dekri jijman final Bondye sou pechè enpètinan yo.

A. Devastasyon latè pa mwayen krikèt yo

Premye pati chapit I, soti nan vèsè 1 pou rive nan vèsè 14, yo dekri yon panorama katastwofik avèk yon ti kras antesedan nan istwa nasyon ebre a. Li posib pou imaj plè krikèt yo te kapab fè referans ak yon lame anvayisè.

"Sa jenn ti krikèt yo kite, gwo krikèt devore sa. Sa gwo krikèt yo kite, ti chini devore sa. Sa ti chini yo kite, gwo chini devore sa" (v.4). Non sa yo detèmine diferan eta devlopman krikèt la.

"Joèl tou bay yon deskripsyon detaye sou kat eta devlopman yo:'Vè', nan langaj teknik chini, premye faz devlopman an;'krikèt' ki kòresponn ak ensèk, avèk plizyè zèl ki byen devlope yo;'woulè' avèk zèl ki plis grandi avèk krikèt la ki se yon ensèk granmoun… Cheni an manje arebò fèy la ki se pati ki pi mou an, apre sa krikèt la manje fèy la konplètman; lè li konvèti li an woulè, li manje branch ki mou yo; epi nan etap vyeyès cheni an li manje menm chouk la, sa vle di, tout sa ki te rete nan plant lan" (Kòmantè Matthew Henry, nan www.biblegateway.com).

Imaj la dekri yon pwosesis destriksyon konplèt ki byen klè.

Joèl te pwofite kriz pèp la pou atire atansyon yo epi fè yo wè ke Bondye te kapab itilize sikonstans dezas nasyonal sa pou montre yo mizèrikòd li epi chanje kalamite a an benediksyon.

Malediksyon krikèt la te tèlman terib ke menm pwofèt la te rele pou tout moun te vin kriye pou sa, men espesyalman moun sa yo ki te afekte dirèkteman: Gwògè yo (v.5), prèt yo (v.9), kiltivatè ak moun k'ap okipe jaden rezen yo (v.11).

Minis Bondye yo te dwe devlope yon wòl enpòtan nan mitan konjonkti terib sa: kondwi pèp la vè yon rechèch Bondye ki byen pwofon nan lapriyè ak repantans. Wonn sant gwo rèl nasyonal sa te dwe kay Bondye a, tanp lan.

"Nou menm prèt yo, mete rad sak sou nou! Pete rele! Nou menm k'ap sèvi devan lotèl la, mare ren nou. Ale nan tanp lan, pase nwit lan ak rad sak sou nou. Nou menm k'ap fè sèvis pou Bondye m' lan, nou nan lapenn. Pa gen grenn jaden, pa gen diven pou fè ofrann nan kay Bondye nou an" (v.13).

San dout, gwo responsablite pou sèvi gid fidèl nan legliz la nan chemen sentete a repoze sou do sèvitè Bondye yo. Nou dwe egzanp nan lapriyè ak rankont entim avèk moun sa ki se sous viktwa ak fòs nou. Priyè demann nou yo dwe rete ap limen sou lotèl Bondye a kòm yon pati fondamantal nan ministè nou kòm kretyen (Travay 6:4).

Lè tout bagay sanble pèdi epi nou santi nou dezole

56

akoz de sikonstans difisil yo, se pa ti enpòtan rechèch ak imilyasyon devan Bondye! Kriz yo se moman enpòtan ki kapab defini echèk oubyen laviktwa toudepann de kòman nou santre relasyon nou avèk Bondye. Moman sa yo pa dwe koze feblès espirityèl, men okontrè, opòtinite ekstraòdinè pou disène volonte Bondye epi eksperimante volonte li. Sa yo se moman ki favorab pou revize kondisyon espirityèl nou epi drese sa ki dwe drese nan lavi nou.

B. Terib "jou Seyè a"

Lòt tèm nan nan Joèl se "jou Seyè a". Kèk kòmantaris opine ke sa se tèm santral liv la. Li mansyone tou nan Pwofèt Majè yo epi prèske nan tout Ti Pwofèt yo. Fraz, "jou Seyè a" pa genyen referans ak yon peryòd de tan kwonolojik men pito ak yon peryòd jijman Bondye ki san parèy.

Pati sa ki kòmanse depi nan Joèl 1 :15 pou rive nan chapit 2 :11, rasanble yon bon kantite resanblans ki dekri deplasman terib ensèk yo sou latè.

"Pou Joèl, envazyon an vin konvèti an yon gwo metafò sou jijman Bondye ke gran jou sa ap tann.

Menm jan ak krikèt yo, jijman Bondye a pap kapab evite" (Asbury Bible Commentary, en www.biblegateway.com).

Menm jan ke pa genyen anyen ki te kapab anpeche gran devastasyon an sou okenn fòm, evènman terib nan jou final Bondye yo pap kapab enpeche non plis pa lèzòm (2 :11). Jou Seyè a, oubyen Jou Jewova a, se pral yon jou pinisyon pou tout nasyon (Ezekyèl 30 :3). Rezilta li se pral efase tout pechè yo sou latè (Ezayi 13 :9).

Anplis de ke li rele jou Seyè a nan Nouvo Testaman, li pote non jou Bondye a tou, oubyen jou Jezikris la. Li fè referans dirèkteman avèk dezyèm vini Seyè nou an Jezikris la, nan sans ke li defini gwo jijman ki genyen pou tonbe sou limanite. Sepandan, nan tou de Testaman yo, yo anseye ke jijman an se pou pechè yo, kidonk ti gwoup moun pa Bondye yo va sove (Abdyas 17; 1 Tesalonisyen 5 :1-11).

Kòman nou menm kretyen yo nou kapab prepare nou pou jou sa a? Pawòl Bondye a anseye nou kòman pou nou mennen yon vi ki sen devan Bondye; sa vle di, rete nan obeyisans pratik volonte li (2 Pyè 3 :14).

II. Apèl pou repantans

Nan chapit 2 nan liv Joèl la, nou jwenn yon detay ki rele repantans. Erezman, Bondye pa abandone nou nan kite nou peri akoz de move desizyon nou yo. Li ankouraje nou drese chemen nou pou pwòp byen nou.

A. Repantans ki sensè a

Genyen anpil moun ki konfonn siyifikasyon repantans. Mo repantans lan soti nan mo grèk ki se "metanoia" ki vle di "panse aprè, chanjman de mantalite" (Vine, Diksyonè Ekspozitif Mo Ansyen ak Nouvo Testaman, vol. 1, p.145). Nou dwe chanje entansyon yo pou nou kapab chanje fason de viv nou. Repanti se santi doulè pou mal ke nou te fè, men anplis de sa, nou dwe detèmine pou nou chanje.

Nan Ansyen Testaman moun yo te gen abitid montre repantans atravè siyal kòporèl doulè ak tristès, tankou jèn, kriye, mete rad sak, kouvri tèt avèk sann dife, elatriye.

Nan kèk okazyon, pou moun yo te fè doulè yo parèt pi klè, yo te konn chire rad sou yo an piblik epi rete an silans san goute manje pandan kèk tan.

Nan Joèl 2 :12-17 genyen yon eleman ki entwodwi ki genyen yon gwo enpòtans pou siyifikasyon repantans: Konvèsyon kè a (vv. 12-13).

Repantans lan, nan yon sans natirèl epi san okenn konpreyansyon sou volonte Bondye, kapab mennen nou nan remò ak tout kalite santiman negatif, oubyen pran move desizyon ki pap bay solisyon ak mal ki te fèt la. Gen kèk moun ki menm rive touye tèt yo akoz de de aparans "repantans" yo a. Pa egzanp, Levanjil la rakonte ka Jida Iskaryòt la (Matye 27 :3-5).

Jida te di konsa: "Sa m' fè a mal. Se yon inonsan mwen lage nan men nou", epi anplis de sa, li te remèt trant pyès lajan li te touche lè li te vann Seyè a, men apre sa, li te ale epi li te pann tèt li. Repantans li san konesans volonte Bondye te mennen li nan lanmò.

Dapre Labib, vrè repantans lan pwodwi nan kè a yon gwo dezi pou moun nan fè volonte Bondye. Pòl esplike moun Korent yo: "Paske, lè yon moun sipòte lapenn li jan Bondye vle l' la, sa chanje kè li pou l' ka rive sove. Pa gen anyen la a pou n' règrèt. Men, lapenn nou sipòte jan tout moun fè l' la, se touye l'ap touye nou" (2 Korentyen 7:10).

B. Padon sèten an

Lè pechè a repanti, li kapab sèten ke l'ap jwenn mizèrikòd Bondye. Repantans lan, si li sensè, l'ap bay kòm rezilta demonstrasyon mizèrikòd ak gran lanmou Bondye a. Bib la asire nou ke n'ap resevwa padon pou nenpòt peche ki te komèt la ak restorasyon total kominyon avèk Bondye a.

Joèl 2 :18-27 pale sou bagay enpòtan tankou: Rezilta repantans sensè a se padon. Nou kapab obsève lide sa nan vèsè 18, ki ta tankou vèsè kle pasaj sa a: "Lè sa a, Seyè a fè wè jan li renmen peyi a. Li fè pèp li a gras".

Bondye tèlman renmen pèp li a, sa lakoz ke li pap pran tan pou ofri li padon. Men, padon ki soti nan Bondye a se pa yon bagay an kachèt, men se pito yon bagay ki klè. Vèsè sa yo ki nan pasaj la (vv.19-27) montre ke padon Bondye a tradwi eliminasyon kondisyon negatif yo ki vini akoz de peche a, men anplis de sa, nan vèsman benediksyon san limit yo.

C. Pwomès Lespri a

Nou kapab di ke pi gwo benediksyon padon ak kominyon avèk Bondye a se prezans Sentespri a nan lavi nou. Apre sa, nou genyen pasaj ki pale de vèsman Lespri Bondye a (Joèl 2 :28-32).

Seyè a anonse atravè pwofèt Joèl ke nan dènye jou yo li pral vide Lespri li an abondans. Itilize mo "mwen pral vide" ki vle di yon fiti enfizyon prezans li ki an abondans. Kilè? "Aprè sa". Aprè kisa? De afimasyon avan an, ki se apèl Seyè a pou yon atitid konsekrasyon, rechèch sensè. Sa vle di, lè nou nan kominyon avèk Li.

Menm jan ak tout pwomès Seyè a, vèsman Lespri a genyen kondisyon li yo. Seyè a pwomèt vide Lespri ak benediksyon li sèlman aprè nou fin dispoze epi repanti ak tout kè anvè Li. Aprè nou fin kite tout sistèm ak ekspresyon relijye vid k'ap twouble konsekrasyon total la.

Ekspresyon "sou tout chè a" gen relasyon ak sansiblite espirityèl; sou kè chanèl epi se pa kè wòch (Ezekyèl 11 :19), men anplis de sa, li endike "inivèsalite" vèsman Sentespri a, sou tout moun ki kwè.

"Efè benediksyon sa: Yo pral pwofetize; yo pral resevwa nouvo dekouvèt sou bagay ki kache nan Bondye yo, men se pa sèlman pou pwòp lizay yo, men tou se pou benefis legliz la. Yo pral entèprete Bib la, epi yo pral pale de bagay ki an sekrè, lwen epi pwochen, ke pou pi gwo penetrasyon kè a avèk pouvwa natirèl yo pa ta kapab genyen okenn vizyon ni previzyon" Kòmantè Matthew Henry, en www.biblegateway.com).

Apot Pyè te fè referans ak akonplisman pwomès vèsman Sentespri a nan jou Lapannkòt la nan Travay 2 :14-21, 38-39.

III. Benediksyon repantans lan

Chapit 3 liv Joèl la se yon mesaj esperans pou pèp ki aflije a. Prezantasyon destriksyon ke Jida te soufri a te ranpli yo ak konfizyon avèk dekourajman, men Bondye toujou genyen yon pawòl esperans pou kè pitit li yo ki twouble.

A. Redanmsyon ak restitisyon

Premye pati a nan chapit sa, vèsè 1-15, montre nou pwomès redanmsyon ak restitisyon. "Seyè a di ankò: -Lè sa a, jou sa yo, m'a fè peyi Jida a ak lavil Jerizalèm kanpe ankò" (v.1).

Lefèt ke yon lame lènmi te pote yo ale nan esklavaj te siyifi doulè ak soufrans. Nan plizyè okazyon, pèp Bondye a nan Ansyen Testaman te soufri sikonstans sa yo. Kaptivite Izrayèl la reprezante esklavaj peche kote Kris la te vin retire nou an (Lik 4 :18).

Seyè a nan mizèrikòd li pral jij tout moun sa yo ki chèche ak sèvi li ak tout kè yo. Se li menm k'ap anchaje li pou remèt tout sa ke yo te vòlò pou yo epi li pral vanje tout doulè lènmi yo te fè yo sibi. Nou kapab repoze avèk konfyans nan jistis li epi kite vanjans lan nan men Seyè a (Detewonòm 32 :35; Women 12 :19; Ebre 10 :30).

B. Pwoteksyon Bondye ak pwosperite etènèl

'Seyè a rete sou mòn Siyon, l'ap gwonde. Li rete lavil Jerizalèm, l'ap pale byen fò. Syèl la ak latè a ap tranble. Men, se Seyè a k'ap pwoteje pèp li a. Se li k'ap pran defans moun Izrayèl yo" (Joèl 3:16).

Imaj Bondye tankou lyon k'ap rele an favè pèp li a te gen yon enpòtans san parèy pou Jida. Tribi Jida te genyen lyon an kòm senbòl, sa ki reprezante diyite, fòs ak laviktwa. Jezikris pote non "Lyon tribi Jida" (Revelasyon 5 :5). Li se sipòtè nou epi se li menm k'ap batay an favè nou.

Prezans Bondye an favè nou fè fòs ak sekirite nou devan advèsite. Pòl di konsa: "Si Bondye pou nou, kilès ki ka kont nou?" (Women 8 :31b).

"Jou sa a, mòn yo pral kouvri ak jaden rezen. Bèf pral sou tout ti mòn yo. Va gen kont dlo nan larivyè peyi Jida yo. Yon sous dlo pral koule soti nan kay Seyè a. Li pral wouze bafon zakasya yo" (Joèl 3:18).

Menm si ke nan moman sa, abitan peyi Jida yo te detwi konplètman, repantans ak rechèch Bondye te fè yo jwenn benediksyon.

Pwosperite ki te pwomèt la te ni espirityèl ni materyèl. "Vale Sitim" nan te yon tèritwa ki te popilè akoz de sechrès ak esterilite li. Li enpòtan pou ke sous ki t'ap wouze li a soti "lakay Seyè a", yon posib referans ak revèy la tankou rezilta kominyon avèk Bondye.

Se menm jan ke jounen jodi a, tout moun ki chèche Bondye avèk yon kè ki sensè epi konsakre a li, li menm tou l'ap resevwa benediksyon dirab, li pap janm abandone l' epi l'ap toujou sekou ak Sovè li.

Kesyon Opsyonèl:

I. Anons gwo jijman an

- Ki wòl minis nan tan aktyèl yo te dwe jwe nan sikonstans yo ke pèp Bondye t'ap viv la, dapre Joèl 1 :13?
- Ki wòl minis yo nan tan aktyèl yo, lè nou konprann ke "nou se yon pèp ke Bondye chwazi, yon sasèdòs wayal"? (1 Pyè 2 :9).
- Kisa fraz "jou Seyè a" endike?

II. Apèl pou repantans

- Kisa repantans vle di nan Bib la?
- Ki rezilta repantans sensè a? Site kèk egzanp.

III. Benediksyon repantans lan

- Ki benediksyon ke Jida ta resevwa akoz de repantans?
- Poukisa nou menm pitit Bondye yo nou pa dwe vanje tèt nou?
- Ki imaj Joèl itilize pou li pale de pwoteksyon Bondye?

Konklizyon

Repantans lan se yon ekspresyon remò ak volonte ki sensè pou òdone aksyon nou yo konfòm ak volonte Bondye. Menm si nou fè peche, si nou chanje atitid, nou kapab espere mizèrikòd ak padon li.

Jijman ak benediksyon Bondye

Francisco Borralles (Meksik)

Vèsè pou aprann: "Seyè a pale ak pèp Izrayèl la, li di l' konsa: Tounen vin jwenn mwen, n'a gen lavi" Amòs 5 :4.

Objektif leson an: Konprann ke menm jan ak Bondye nan otorite li genyen tout fakilte ak otorite pou mennen pwòp lavi pa nou avèk nasyon yo an jijman; se menm jan tou nan lanmou enfini li, li chèche restore epi mennen nou nan chemen li ankò.

Entwodiksyon

Non Amòs la siyifi « chay oubyen pòtè ». Se te youn nan gran pwofèt Izrayèl yo. Li te soti nan Tekowa, yon fòterès ak grannizon nan peyi Jida, 16 km nan sid Jerizalèm. Li te konn gadò mouton (Amòs 1 :1) epi li te konn ranmase fwi nan lyann silvès ki te konn grandi nan ravin ki nan dezè yo (Amòs 7 :14).

Li pat manm asosyasyon pwofèt pwofesyonèl yo (7:14) men, men lè li te wè avègman de moun sa yo devan vye kondisyon entèn Izrayèl yo, li te santi apèl Bondye epi li te ale nan nò, kote ministè li te kòmanse. Nan epòk sa, Ouzyas te wa Jida epi Jewoboram II pou Izrayèl.

"Amòs te preche nan vil Samari yo avèk Betèl epi apre kèk tan, prèt Amasyas te detere li, pantan pou severite mesaj li a kont wa a avèk nasyon an" (Diksyonè Ilistre nan Bib la, wityèm edisyon; editoryal Caribe; Wilton M. Nelson, editè).

I. Jijman Bondye kont nasyon yo

Lajistis se yon kalite ki soti nan Bondye, se atravè li menm li eksprime ak konsève sa ki gen pou wè ak pwòp karaktè li epi ki nesesèman prezante nan jijman sevè ak eliminasyon peche a.

Si nou konprann jijman Bondye a kòm aksyon pou jije, pliske se li menm ki sèl jij ki genyen kapasite pou fè li, epi pwononse yon santans ke aksyon sa genyen kòm rezilta, nou wè jijman sa pwofetize nan pawòl Amòs yo, li menm ki pale nan non Jewova, Bondye vivan an (Amòs 1 :1-2).

Amòs anonse pawòl ak jijman Bondye sou nasyon ki antoure Izrayèl ak Jida yo. Asireman, Bondye genyen otorite pou pwononse jijman sou tout nasyon e menm sou tout latè (Sòm 9 :8, 96 :10). Avètisman jijman ki mansyone yo se kont: Lasiri, reprezante pa Damas, kapital li a; filisten yo, reprezante pa Gaza, Ti, Edòm, Amon, Moab, Jida ak Izrayèl.

Koz jijman ki pwononse yo se: piye, mennen nan esklavaj, yo te pèsekite frè l' la epi yo te vyole tout efè natirèl yo, yo te komèt krim yo pa anbisyon (1

:13), yo te boule zo wa a, yo te meprize lalwa Bondye a avèk kòmandman li yo, yo te vann jis la epi pèp la benefis pèsonèl yo, yo te pwofite inosans malere yo, yo te kòde chemen moun ki enb yo epi yo te sal non Bondye avèk pratik sekyèl imoral yo.

A. Peche nasyon ki nan vwazinay yo

Yo te piye: Li kapab konprann kòm trennen, pilonnen, nan ka sa a yo te detwi Galaad avèk zam an fè, yo te maltrete pouvwa militè li a.

Yo te mennen nan esklavaj: Yo te pran tout pèp la pou itilize yo kòm esklav.

Yo te pèsekite frè l' la epi vyole tout afeksyon natirèl yo; li fè referans ak yon angajman rasyal (Ezaou-Jakòb, Edòm-Izrayèl (pitit pitit Jakòb yo) san respekte lefèt ke yo te genyen menm san, anplis de montre rankin ak jalouzi anvè yo (Amòs 1 :11).

Krim pa anbisyon: Amon te toujou ap bat pou l' te elaji teritwa li yo, pou yo menm aksyon li yo te ale pi lwen ke zak ki nesesè pandan yon lagè. Nou kapab di ke apa de anbisyon an, yo te komèt krim lagè.

Boule zo wa a (2 :1) : Li pwobab pou peche Moab la se pa paske li te boule zo Edòm, paske pa genyen yon lòt kote nan Bib la ki montre kote sa se peche, men pito se boule Edon kòm ofran pou Bondye "Kemod", ke li te konn sèvi a.

B. Peche Jida ak Izrayèl yo

Li enpòtan pou nou siyale ke, jijman kont nasyon yo pwononse akoz de peche tankou: detwi lòt pèp, pratike esklavaj, vòlò, twonpe nan lagè, anbisyon, elatriye. Pandan ke pou lòt pèp ki genyen konesans sou lalwa Bondye yo, jijman ap baze espesyalman sou separasyon yo avèk lalwa sa.

Ann analize deklarasyon sa yo:

Yo te meprize lalwa Bondye a (2 :4) : Bondye te etabli ke si yo te obeyi ak vwa li, obsève epi mete kòmandman li yo an pratik, li menm tou li ta va leve tèt yo devan tout lòt nasyon yo, anplis de sa, yo ta gen pou resevwa anpil benediksyon (Detewonòm 28 :1-2).

Okontrè, si yo te neglije lalwa Bondye a, lè yo pa

krentif pou non Seyè a, ebyen plis malediksyon ak maladi ta ogmante kont yo ak pitit pitit yo (Detewonòm 28 :59).

Yo te vann jis ak pòv yo (2 :6) : yo te pwofite inosans malere yo, yo te kòde chemen moun ki enb yo: yo te bliye konpasyon ak lanmou anvè pwochen an, sa ki dwe yon karakteristik tout pitit Bondye (Levitik 25 :39-42).

Imoralite seksyèl (2:7) : nan lalwa Bondye yo entèdi tout kalite pratik seksyèl imoral byen klè epi pou yon papa ak pitit li te genyen yon sèl madanm pou yo de a, se yon sitiyasyon ki totalman entèdi (Levitik 20:11, 1 Korentyen 5:1).

C. Twa peche plen mezi a, kat fè l' ranvèse

Fraz "pou twa peche… epi pou katriyèm nan" se yon ekspresyon literè.

Nan lòt mo, se yon fason pou te di ke koup mechanste yo a te tèlman ranpli epi pa genyen anyen ki te kapab frennen pinisyon Bondye k'ap avanse kont latè.

Se yon apèl pou fè atansyon ak tan enpòtan ke n'ap viv la, déjà ke peche ki site ak analize nan paragraf avan yo sanble yon siyal de sa k'ap pase nan pwòp nasyon, pèp ak moun ki pa genyen yon relasyon avèk Bondye yo, ki pa pwofese lafwa kretyèn nan, chak jou pi plis yo kontinye ap plonje nan koze monden yo, nan pratike plizyè fòm peche san panse ak volonte Bondye ki gen tout pouvwa a.

Pou sa ki gen pou wè ak legliz la, pèp Bondye a, jijman ki pwononse kont Jida ak Izrayèl la dwe pote nan lespri ak kè nou ke Bondye te etabli prensip lanmou ak mizèrikòd anvè nou epi de nou menm anvè lòt yo.

Nou dwe sonje ke "lalwa Seyè a bon sou tout pwen" (Sòm 19 :7-10).

II. Mesaj pou pèp Bondye a

A. Premye diskou Amòs

Atravè pwofèt la, Bondye pale dirèkteman kont pitit Izrayèl yo, ak tout sa ke li te fè monte soti nan peyi Lejip yo, pandan li t'ap di yo ke se sèlman yo menm li konnen kòm fanmi epi avèti yo ke l'ap pini yo pou tout mechanste yo (cc.1-2).

Amòs 3 :1-12 dekri yon leson ki baze sou lalwa koz ak efè. Pèp Izrayèl la te jwi privilèj yo, se sa ki fè ke responsablite li pi gwo devan Bondye, se menm bagay la ke nou kapab di pou legliz Kris la nan tan ke n'ap viv la. Nou te resevwa liberasyon pou peche ak yon lavi tounèf nan Kris la, sa fè nou responsab pou nou bay Bondye lonè ak louwanj ak lavi nou ke sèlman Li menm li merite (Women 2 :12-13).

Tout sa ke Seyè a fè pou pèp li avèk legliz li a pral devwale pa mwayen pwofèt li yo. Si Seyè a pale avèk nou, nou dwe mete pawòl li an pratik nan kè nou, reflechi sou sa konfòm ak pwòp lavi nou epi anonse lòt yo pawòl Bondye a (Amòs 3 :7-8).

Nou dwe toujou konnen ke menm jan ke Bondye gen pou l' deklare jijman ki jis sou pèp li a, Li pral delivre jis moun ki nan nesesite yo menm jan tou (v.12).

B. Dezyèm diskou Amòs

Nan Amòs 4 :1-13 pwofèt la prezante yon konparezon dezagreyab epi ki pa an favè pèp la, espesyalman pou medam ki rich yo, déjà li mansyone yo tankou vach pa ekselans ki te fè rejyon Bazan te popilè anpil. Denons lan kont yo se ke yo t'ap peze malere yo epi maltrete moun ki meprize yo, pandan yo te pran plezi yo pou jwi dezi chanèl yo ansanm avèk mari yo. Seyè a asire destriksyon fanm sa yo ak pitit pitit yo pandan l'ap itilize bagay ki vrè ak sèten.

Nan Amòs 4 :4-13 nou jwenn kote ke pèp Bondye a t'ap fè peche (vyolasyon, rebelyon), malgre sa, yo te konn angaje yo de devwa relijye yo, nan pote ladim ak reyalize sakrifis ki etabli yo. Yo te okipe yo de louwanj avèk nanm yo ki te tou kontamine ak peche (pen ak ledven) epi yo te pare pou bay ofrann volontè yo, men tout sa yo pat fè yo mete yo an règ ak Seyè a; sa vle di, genyen yon vrè relasyon lanmou ak obeyisans anvè Li.

Sa te pote grangou kòm konsekans ki nan langaj pwofèt la fè referans ak grangou fizik, pou tan pa nou an li kapab konsidere kòm grangou espirityèl, mankman pen lavi a, mankman de kominyon avèk Seyè nou an Sovè Jezikris. Menm sans lan nou dwe bay mankman de lapli, nou pa kapab genyen ni yon ti kras lide sou sa ki ta pase lakay nou, nan fanmi ak pwòp lavi nou si Bondye te frennen lapli benediksyon ke Li voye pou nou chak jou a (Sòm 68 :19). Se poutèt sa, 6 8:prepare nou pou nou prezante nou devan Seyè a.

C. Twazyèm diskou Amòs

Ann konsidere pou etid nou an apèl Bondye a pou repantans, atravè twazyèm diskou Amòs 5 :1-27. Apre ak nan mitan vwa avètisman yo, nou kapab tande vwa damou Papa a k'ap di konsa "Chèche mwen, epi n'ap viv" (v.4). Apèl la se pou apwoche vè Bondye, avan ke jijman li a, kòm konsekans pou pèp la k'ap kontinye pwòp chemen li yo, parèt tankou dife ke pèsòn pap kapab etèn (v.6). Bondye se Kreyatè liniviè a, se li menm ki mete lòd nan sezon yo, li menm ki domine sou tout lanati epi san dout li domine sou tout moun, li envite nou chèche byen, men se pa mal, paske Seyè Bondye nou va la avèk nou (Amòs 5 :4, 6, 8-9, 14).

Men moun ki refize avètisman Bondye yo, epi meprize moun ki bay konsèy la, yo gen pou yo soufri nan yo menm konsekans rebelyon ak peche yo a, jou Seyè a pou yo se va yon jou fènwa epi se pap yon jou limyè (Amòs 5 :10, 12, 16-27). Nou kapab entèprete deklarasyon anlè yo tankou moun ki konfòme yo pou yo viv sèlman pa mwayen rityèl ak angajman relijye, san genyen yon vrè relasyon avèk Bondye pa mwayen Jezi ki se Kris la, pou menm pil peche yo epi pou konpreyansyon peche yo a. Menm si moun sa yo chèche Bondye nan tan detrès, yo pap kapab resevwa repons li.

D. Kri Amòs pou pèp li a

Nan Amòs 6 :1-14 pwofèt la pete rèl nan soufrans pou pèp la ki pral resevwa konsekans paske li pat vle koute vwa Bondye pou kontinye pratike peche ke yo te prefere yo. Repozan, konfyan, notab ak prensipal yo reprezante tout moun sa yo ki te mete konfyans yo nan pwòp tèt pa yo, nan pozisyon sosyal oubyen relasyon sosyal yo plis pase Bondye (v.1). Se yo menm ki gen pou tonbe nan esklavaj la epi yo pap aksepte doulè a (v-7).

Pèp Bondye a te dwe pare pou analize lavi yo epi detèmine pou wè ke si yon kalamite oubyen soufrans ke yo te sibi se te yon avètisman Bondye akoz ke yo te mete konfyans yo nan pwòp fòs yo. Bondye genyen otorite ak pouvwa pou li itilize pwòp sikonstans lavi a tankou reprimand ak kòreksyon (vv. 11-14).

III. Vizyon Amòs yo

Pwofèt Amòs "se te premye pwofèt ekriven ki te fè vizyon apokaliptik; sa vle di, revelasyon vizyèl ki genyen plizyè eleman senbolik, sou posiblite entèvansyon Bondye nan istwa a…Kalite revelasyon sa ki soti nan Bondye te pase depi plizyè santèn lane avan [nan bouch Pwofèt Majè yo] nan pèsepsyon pawòl Bondye ke pwofèt abi-tan Tekowa te fè a" (http://conozca.org/?p-1648).

Vizyon Amòs yo twouve yo nan dènye pati liv ki pote non li a, nan chapit 7 a 9, epi yo se senk an total, nou pral analize twa ladan yo:

Premye vizyon an: Krikèt yo (7 :1). Li dekri menas yon malediksyon krikèt avan dezyèm rekòt la kòmanse. Amòs te wè malediksyon an kòm yon bagay ki en-sipòtab pou Izrayèl, konsa, li te priye Bondye epi Seyè a te revoke malediksyon an.

Dezyèm vizyon an: Dife a (7 :4-6). Bondye ta pral de-twi Izrayèl avèk dife, men akoz de lapriyè Amòs, li pat fè sa. Apati de istwa sa yo, nou kapab wè ke: Bondye pare pou koute lapriyè pwofèt, lidè legliz, pèp la an jeneral; Li va reponn lapriyè sa avèk lanmou e mizèrikòd.

Twazyèm vizyon an: Mezi a (7 :7-9). Yon mezi itilize pou mezire vètikalite yon mi oubyen kolòn nan yon konstriksyon. Nan ka sa a Seyè a di ke mete mezi a nan mitan pèp li a, sa siyifi ke li ta pral detèmine fidelite pèp li a anvè Li, sa vle di ke pèp la pat devye nan che-men Bondye a, de yon chemen oubyen yon lòt. Fraz final vèsè 7 la eksprime: "mwen pap tolere l' ankò". Sa endike ke tan pou analiz sa te rive.

Nan fason ke leson an fini, nou wè benediksyon Bon-dye pou pèp li a nan Amòs 9 :11-15.

Apre jijman Bondye a, apre li te fin voye mesaj li a atravè

pwofèt li a Amòs, kounye a Seyè a kontinye ap pale atravè pwofèt li pou anonse restorasyon avni pèp li a. "Mwen pral mete tanp lan kanpe ankò", sa vle di ke kominyon pèp la avèk Bondye ta genyen pou retabli ankò.

"Yo p'ap kò fin ranmase rekòt, y'ap gen tan ap pare tè pou plante ankò", sa se pral yon mirak ki siyifi ke rekòt la ta gen pou li leve imedyatman apre tè a fin prepare pou semans lan.

"M'ap mennen pèp mwen an tounen nan peyi l' ankò", si pou pèp Izrayèl pawòl sa vle di libere yo anba esklavaj literalman; pou nou menm jodi a l'ap anonse nou libète sou peche. Yo pap janm soti nan tè yo a ankò; pa genyen anyen k'ap kapab separe nou avèk lanmou Bondye nan Jezi ki se Kris la.

Kesyon Opsyonèl:

I. Jijman Bondye kont nasyon yo

- Nan menm fason ke Bondye te itilize Amòs la, li menm ki pat yon pwofèt popilè, Li kapab itilize yon sèvitè li menm si li pa mete tout tan li apa pou sèvi kòm minis. Ki reyaksyon nou ta genyen fas ak yon sitiyasyon konsa?

- Èske gen kèk peche nan antouraj nou ki te fè Bondye mennen nasyon vwazinay Izrayèl yo an jijman? (Amòs 2 :4, 6, 7). Pliske se konsa, ki peche? Epi kisa n'ap fè pou sa?

II. Mesaj pou pèp Bondye a

- Nou menm (legliz la), kòm pèp espirityèl Bondye, nou jwi privilèj benediksyon li yo.

- Mansyone kèk responsablite ke yon moun ki vin pitit Bondye genyen.

- Nan Amòs 5 :4 nou jwenn vwa damou Bondye a k'ap di "Chèche mwen epi n'ap viv". Kikonsekans nye envitasyon sa ap genyen? Kisa nou dwe fè si nou vle fè ka ak apèl damou Papa a?

III. Vizyon Amòs yo

- Nan Amòs 7 :1 Amòs priye devan Seyè a an favè Izrayèl pou li te kapab chape anba malediksyon krikèt yo.

- Kimoun epi nan ki fason yo priye an favè pèp Bondye a nan tan n'ap viv la? Mansyone kèk aspè ki kapab motif lapriyè sa.

Konklizyon

Nou dwe toujou konnen ke Bondye nou kapab fè tout bagay epi pa genyen anyen ki chape anba kontwòl li; se sa ki fè, si nou asire nou de lanmou Bondye pou nou, nou dwe konsyan ke Li kapab pran desizyon pou li fè jijman kont nou (nou se pèp li epi nou se mouton ki nan pak li), avèk entansyon pou li ekate nou de pwòp chemen nou epi fè nou retounen vin jwenn Li konplètman.

Pa kite pou demen

Hernán Massacesi (Ajantin)

Vèsè pou aprann: "…Nou menm moun peyi Edon, sa nou te fè a, se sa yo pral fè nou tou. Yo pral fè nou sibi tou sa nou te fè lòt yo sibi" Abdyas 1:15b.

Objektif leson an: Se pou elèv la analize eta aktyèl kè li byen pwofon lè li konprann ke aksyon ak desizyon kounye yo pral afekte, pou byen oubyen mal, pou pwòp avni yo ak avni pitit pitit yo.

Entwodiksyon

Èske mwen konn wè mwen menm ki tante pou mwen pa fini ak yon travay ki enpòtan? Èske mwen kalkile jous ki kote yon erè kapab rive epi avèk ki konsekans? Èske sa se yon bagay ki gen pou wè ak lavi mwen? Èske mwen konsyan ke si li rive mwen nan kèk aspè, mwen sèten ke m'ap transpòte li nan lòt dimansyon nan lavi mwen? Ki eksperyans ke mwen te fè, byen long, pou ke mwen pat fini yon bagay ki enpòtan epi ijan a tan epi nèt? Èske mwen te aprann kèk leson? Nou pa dwe bliye ke deviyasyon yon santimèt depi nan pwen kòmansman an, avèk distans la, vin konvèti nan yon erè ki pi gwo e menm enchanjab.

Nan ki dimansyon mwen konsyan ke desizyon m' yo jodi a gen pou afekte pitit ak fiti jenerasyon m' yo? Kisa m'ap pwojekte avèk aksyon m' yo, pawòl, kòmantè, reyaksyon, egzanp, kondwit, silans?

I. Kilès Edon te ye?

"Jewografi avèk istwa a yo jwe wòl enpòtan nan pwofesi Abdyas la, avèk gwo kontraryete ant Izrayèl avèk Edon, vwazen li ki nan direksyon sidès. Move santiman sa yo te genyen rasin yo byen fon. Ezawou, pi gran pitit Izarak la epi pipit pipit Abraram nan te santi li twonpe pa Jakòb, ti frè li, lè li te pèdi gwo privilèj ke li te genyen kòm pi gran pitit (Jenèz 25 :27-34; 27 :1-19, wè v.14), menm si dapre otè Ebre yo, Se menm Ezaou ki te fè mal, "Pa kite pesonn tonbe nan move vis, ni pèdi respè yo dwe genyen pou bagay ki fèt pou respekte, tankou Ezaou ki te vann dwa li kòm premye pitit pou yon plat manje" (Ebre 12 :16).

Pandan lavi yo tou de frè sa yo te resevwa lòt non; Ezaou tou te vin pote non "Edon" (Jenèz 36 :1,9) epi Jakòb kòm "Izrayèl" (Jenèz 32 :22-32). Non sa yo te adopte kote de mesye sa yo te gen zansèt yo. Kòmansman rankin sa ant de frè sa yo te kontinye tou ant nasyon yo". (Kòmantè Biblik Syèk XXI, Tras istorik Jenèz 25 a 36 p.3045).

"Yo fouye toupatou nan peyi Ezaou a. Yo pran tout trezò nou te kache yo" (Abdyas 1:6).

Langaj literal men tou alegorik.

Abdyas fikse mikwoskòp Bondye a sou Ezaou, epi nou wè ke Edon se Ezaou ki ogmante. Nasyon ki genyen 250 mil ti Ezaou.

Abdyas gonfle Ezaou tankou yon kawotchou pou li te kapab jwenn ti twou ki te ladan l' lan. Sa ki te yon ti blese tou piti nan kòmansman anba po a kounye li vin tounen yon gwo kansè vyolan. Sa ki te tou piti nan Ezaou nan kòmansman, kounye a li vin elaji 100 mil fwa nan Edon.

Nan kisa nou kapab detwi dosye, atitid, eta dezonèt pa trete kòrèkteman a tan epi a fon? Nan pou pi piti de move aspè ke Ezaou pat travay a fon nan lavi li, epi sa te mennen konsekans ki serye nan jenerasyon pitit li yo. Pwofesi Abdyas la revele nou kisa de aspè sa yo te ye ak konsekans ki koresponn yo.

II. Mepri kont Bondye

A. Ezaou meprize Bondye

Lògèy Ezaou a te genyen koz li nan mepri li kont Bondye. Jenèz 25 :29-34:"…Konsa, Ezaou te meprize dwa premye pitit li te genyen an". Li te refize sa ki te reprezante benediksyon Bondye a, favè Bondye a. Sa vle di pou Ezaou, Bondye pat enpòtan. Li menm avèk fòs li (gwo sachè) li te vo pou pwòp tèt pa li, li te konte sou pwòp kapasite li epi li te gen tout konfyans li ladan yo. Ezaou reprezante moun sa yo ki kwè nan pwòp tèt pa yo. Pou moun sa yo ki "meprize" sa ke Bondye ba yo pou yo kapab vin otonòm epi li pa menm yon sèl detay nan lavi yo. "Kisa dwa kòm premye pitit la ap sèvi m'?", se sa ki te soti nan kè li. Konsa, li te meprize benediksyon papa l' la. Kontrèman ak Jakòb ki te rive vin Izrayèl:"Prens Bondye". Se pou rezon sa ke Ezaou reprezante lachè epi Jakòb reprezante lespri.

B. Ezaou pat fè yon rankont avèk Bondye

Pa genyen yon rejis ki montre ke Ezaou te fè yon rankont pwofon ak definitif avèk Bondye

Ezaou te kontinye kous lavi li pandan li t'ap konte sou pwòp fòs li, kritè ak devouman li yo. Okontrè, li te pran distans ak Bondye pandan li t'ap afiche lavi li nan asosyasyon avèk lòt pèp ak kilti ki pat genyen Seyè a kòm Bondye yo (Jenèz 36 :1-2). Endiferans ak distans li te reflete gwo bagay nan fanmi li.

C. Dimansyon ke mepri kont Bondye yo atenn

Lògèy Ezaou a te fonde sou yon sekirite ki pasajè (vv. 3-7). Li te abite nan li, prèske fèmen, mòn Seyi (Jenèz 36 :8) epi li te fè "alyans militè".

"Tout moun ki te mete tèt ansanm avè nou yo woule nou byen woule. Yo mete nou deyò nan pwòp peyi nou an. Moun ki te pi bon zanmi nou yo twonpe nou byen twonpe. Moun ki te konn manje sou tab ansanm ak nou pare pèlen pou nou. Nou menm, nou pa menm wè sa!" (Abdyas 1 :7).

Lògèy Ezaou a te fonde sou pwòp sajès ak pridans li. "Seyè a di konsa: -Jou m'ap pini moun Edon yo, m'ap disparèt tout moun ki gen bon konprann nan peyi a, tout moun lespri ki rete sou mòn Ezaou a" (v.8).

Yon bagay ki byen kontrè ak ansèyman Bondye yo:"Mete tout konfyans ou nan Seyè a. Pa gade sou sa ou konnen. Toujou chonje Seyè a nan tou sa w'ap fè. Li menm, l'a moutre ou chemen pou ou pran. Pa mete nan tèt ou ou gen plis konprann pase sa. Gen krentif pou Seyè a, refize fè sa ki mal. Lè ou fè sa, se va tankou yon bon medikaman: W'a toujou gaya, ou p'ap janm soufri doulè" (Pwovèb 3:5-8).

Lògèy li a te fonde sou pwòp valè ak fòs li (v.9) : "Sòlda lavil Teman yo pral tranble nan kanson yo. Yo pral masakre tout gason peyi Edon ki konn goumen"."Gen moun ki mete konfyans yo nan machin pou fè lagè. Gen lòt moun, se nan chwal yo yo mete konfyans yo. Men nou menm, se nan pouvwa Seyè a, Bondye nou an, nou mete konfyans nou" (Sòm 20:7)."Madichon pou moun k'ap desann peyi Lejip al chache sekou! Yo mete konfyans yo nan chwal, nan kantite cha lagè, nan fòs sòlda kavalye. Yo pa dòmi reve Bondye pèp Izrayèl la ki yon Bondye apa. Yo pa chache pwoteksyon bò Seyè a" (Ezayi 31:1).

Move lògèy sa a te dwe kontwole pa Bondye. Li ta pral detwi plas ki plis asire a:"Nou te mèt bati kay nou byen wo tankou nich malfini, nou te mèt mete nich nou byen wo tankou si li te nan mitan zetwal yo, m'ap voye nou jete anba, m'ap fè nou desann. Se Seyè a menm ki di sa" (Abdyas 1:4). Yon lòt kote,

pwòch yo va trayi yo. "Tout moun ki te mete tèt ansanm avè nou yo woule nou byen woule. Yo mete nou deyò nan pwòp peyi nou an. Moun ki te pi bon zanmi nou yo twonpe nou byen twonpe. Moun ki te konn manje sou tab ansanm ak nou pare pèlen pou nou. Nou menm, nou pa menm wè sa!" (v.7). San dout, saj li yo gen pou peri."Seyè a di konsa: -Jou m'ap pini moun Edon yo, èske mwen pap disparèt tout moun ki gen bon konprann nan peyi a, tout moun lespri ki rete sou mòn Ezaou a?" (v.8). Finalman, sòlda li yo va tonbe epi pèdi batay la. "Sòlda lavil Teman yo pral tranble nan kanson yo. Yo pral masakre tout gason peyi Edon ki konn goumen" (v.9).

III. Doulè kè a

Ezaou te padone frè l' la ak pawòl (Jenèz 33 :8-9) men nan kè li te genyen rès tras doulè ki te reflete sou pitit ak pitit pitit li yo pandan plizyè jenerasyon (vv.10ss). Doulè a te reflete an move tretman ak vyolans san limit.

Lis "ou pat dwe yo…" (vv.12-14) revele sa ki te nan kè Edon:"Nou pa t' dwe kontan wè kouzen nou yo nan malè. Nou pa t' dwe kontan wè y'ap fini ak moun fanmi Jida yo. Nou pa t' dwe pase yo nan rizib, lè yo te nan tray" (v.12).

Dimansyon rayisans lan te ogmante: Wè san fè entèvansyon…nan jou malè a…epi fini ak asasina (vv.13-14).

A. Rasin doulè a

Yon rasin doulè ki pa swanye a fon, a tan, ap toujou pote gran soufrans ak afliksyon."Pa kite pesonn vire do bay favè Bondye a. Pa kite pesonn tounen tankou yon plant anmè k'ap pouse rasin k'ap anpwazonnen lòt yo" (Ebre 12 :15). Doulè nan kè a fè nou pa kapab atenn gras Bondye, ki fè nou twouble nan tout bagay ke n'ap fè epi akoz de sa ke anpil moun kapab kontamine ak soufri.

Rankin, lògèy ak tradisyon te lakoz, avèk letan, konsekans pou yon konfli ki pat fini nèt. Ezaou pat mete fen konplètman ak konfli li te genyen avèk Bondye a. Yon lòt kote, li pat non plis swanye a fon konfli ak Jakòb la epi sa te rete kache nan kè li.

Asireman Ezaou pat vle pou move separasyon sa te pase nan mitan fanmi li, men akoz de konpòtman li, li pat kapab evite sa, pliske li pat rive apresye epi remèt li bay Bondye toutantye epi pliske li pat swanye konplètman epi rankin ak doulè li yo avèk frè l' la a fon.

Aplike menm prensip la pou chak peche. Peche a se yon pyèj, koken, trayisyon, rize ak mòtal nan nenpòt nan aspè ak manifestasyon yo, kòlè (ka Kayen);

dezi seksyèl san fren (Salomon ak David); vanite ak sediksyon (Samson); elatriye.

Lènmi an panse epi fè tout tan li ap fè konplo. Aspirasyon pou destriksyon li yo siyale moun yo epi reflete jenerasyon k'ap vini yo. Se poutèt sa ke nou pa dwe bliye ke sa ke n'ap viv jodi a se rezilta sa ke nou te fè oubyen sispann fè nan tan pase a. "Jou a pa lwen rive, kote mwen menm, Seyè a, mwen pral jije tout nasyon yo. Nou menm moun peyi Edon, sa nou te fè a, se sa yo pral fè nou tou. Yo pral fè nou sibi tou sa nou te fè lòt yo sibi" (Abdyas 1:15).

Sa vle di nou ke desizyon ke nou pran jodi a, yo kapab pote konsekans terib sou eritaj nou nan lavni.

B.   Fen rasin doulè a

Ann touche peche byen. Ann veye pou jenerasyon nou an. Ann dezaktive konplètman tout menas bonm nan lavi nou ak fanmi nou yo: "Piga yo jwenn nan mitan nou moun ki kenbe lòt nan kè yo, moun ki gen san wo, moun ki renmen fè kòlè. Piga yo tande woywoy ak joure nan mitan nou. Nou pa fèt pou gen okenn lòt kalite mechanste k'ap fèt nan mitan nou. Okontrè, se pou nou aji byen yonn ak lòt, se pou nou gen bon kè yonn pou lòt, pou nou yonn padonnen lòt, menm jan Bondye te padonnen nou nan Kris la" (Efezyen 4:31-32). Nou pa dwe bay lènmi an plas epi nou koupe sa jodi a nan non Kris la.

Ann foure men byen nye maleng ki nan kè nou yo paske sa ki pa byen swanye epi fini gen pou pote konsekans ki grav nan lavni. Se poutèt sa nou dwe swanye li byen vit yon fwa ke nou dekouvri li, nan yon fason ki total epi konplè. Si gen kèk rès rasin doulè ki rete, rankin oubyen rayisans, tandans lan ap toujou tounen repwodvi li, elaji jouska afekte tout epi fini pa elwanye nou de Bondye.

Ann evite yon prezan ki difisil jodi a ak yon avni ki pi mal ki ranpli ak rankin, lògèy ak trayizon. "Pa kite pesonn vire do bay favè Bondye a. Pa kite pesonn tounen tankou yon plant anmè k'ap pouse rasin k'ap anpwazonnen lòt yo" (Ebre 12:15).

Ann mete mikwoskòp Bondye a nan lavi nou. "Moun k'ap kache peche p'ap janm wè zafè yo mache. Men, Bondye va gen pitye pou moun ki rekonèt peche yo, pou moun ki chanje lavi yo" (Pwovèb 28:13). Ann konfese tout bagay devan Bondye li menm ki genyen mizèrikòd pou tout moun. "Nou menm pèp Izrayèl, mete tout espwa nou nan Seyè a, paske li renmen nou anpil. Li toujou pare pou delivre. Se li menm ki va delivre pèp Izrayèl la anba tout mechanste yo fè yo" (Sòm 130:7-8).

Ann depoze tout bagay ki te fè nou mal nan pye Kris la oubyen ki kontinye fè nou soufri, tout sa ki pote rankin ak doulè, epi ann kòmanse viv yon lavi an viktwa nan Kris la. "Men, koulye a nou delivre anba peche a, nou se esklav Bondye, se sak fè n'ap viv apa pou Bondye; epi bout pou bout n'a resevwa lavi ki p'ap janm fini an" (Women 6:22).

Kesyon Opsyonèl:

I.   Kilès Edon te ye?

- Ki kote Edon te pran nesans? (Ebre 12:16)
- Nan kisa nou kapab detwi dosye, atitid, move eta ki pa swanye a tan epi a fon?

II.   Mepri kont Bondye

- Nan ki fason ke Ezaou te meprize Bondye? (Jenèz 25:29-34).
- Kòman nou kapab meprize Bondye jodi a?

III. Doulè nan kè a

- Kisa rasin doulè a ye?
- Kòman oubyen kilè nou kapab pran yon rasin doulè?
- Ki konsekans li pote?
- Ki pi bon aksyon ki ka ede nou pa afekte pa rasin doulè ki nan antouraj nou yo?

Konklizyon

Nou dwe pran yon desizyon entansyonèl. Nou dwe panse ke desizyon nou pran jodi yo pral fè enpak non sèlman sou pwòp avni nou men tou y'ap gen pou atenn pitit ak fiti jenerasyon nou yo. Ann konsakre nou nan etabli yon atmosfè padon ak lanmou depi nan fwaye a ak nan legliz la.

Pwisans jèn ak lapriyè a

Leson 19

Hernán Massacesi (Ajantin)

Vèsè pou aprann: "Moun lavil yo te kwè nan mesaj Bondye a" Jonas 3:5a.

Objektif leson an: Se pou elèv la fè pratik jèn ak lapriyè a lè li konprann enpòtans ke tou de genyen pou transfòme depi yon lavi jouska yon nasyon.

Entwodiksyon

Lè nou aji jan sa dwe ye, nou jwenn rezilta ke nou vle a.

Pa egzanp :

- Lè nou travay kòrèkteman, nou resevwa salè ki te fikse a e menm rive pran pwomosyon.
- Lè nou etidye avèk konsyans, nou grandi kòm moun, nou depase feblès nou yo, nou monte nan lòt nivo devlopman kòrèkteman epi nou fè benefis.
- Lè nou fè yon rejim avèk disiplin, nou bese fizikman, nou amelyore figi nou epi amelyore lasante nou.
- Lè nou menm mesye yo nou trete medam yo byen, nou rive touche kè yo epi nou rive genyen yo avèk lanmou nou.

Se menm bagay la ki pase nan mond espirityèl tou. Sa ki difisil la vin aksesib lè nou byen aji. Anpil fwa nou pa atenn objektif ak benefis Bondye yo paske nou pa byen aji.

Kimoun ki manje yon manje li renmen yon sèl fwa pa semèn? Epi kimoun ki fè jèn yon fwa pa semèn pou pi piti? Ann make diferans lan : Nou plis baze sou bagay ki pasaje ak sipèfisyèl ke sa ki reyèlman gen pouvwa pou transfòme reyalite ki plis difisil yo.

Bib la avèk Jezi di nou ke genyen sitiyasyon ki pap rive si nou pa trete yo avèk jèn e lapriyè: "Men, kalite lespri sa yo, se fòs lapriyè ak jèn ki pou fè yo soti" (Matye 17 :21).

Yon ka ki te enpòtan se te jèn Niniv la, kapital peyi Lasiri a, atravè li menm yo te sove anba destriksyon ak eliminasyon plis pase 120 mil moun ak anpil animal (Jonas 4 :11).

Apati de gwo istwa nou kapab aprann aksyon yon jèn nan ki eklate yon desten epi pote delivrans total.

I. Kwè nan Bondye

Li enpòtan ke sèlman wit mo te ase pou pèp rebèl sa te kwè:"Jonas antre nan lavil la. Li fè yon jounen ap mache. Epi li pran pale ak moun yo. Li di yo konsa: -Nan karant jou lavil Niniv pral disparèt" (Jonas 3:4).

Mesaj la an ebre posede yon mistè, se pa menm jan ak espayòl kasteyann. Nan lang ebre a "detwi" kapab konsidere tou kòm transfòme. Yon mistè entansyonèl pou kouvri esperans nan moun yo ki t'ap viv lwen Bondye.

Finalman, pwofesi Jonas la te akonpli paske vil la te transfòme. Moun lavil Niniv yo te kwè nan Bondye epi yo te pwoklame jèn:"Moun lavil yo te kwè nan mesaj Bondye a. Yo bay lòd pou tout moun, malere kou grannèg, rete san manje, pou yo mete rad sak sou yo pou moutre jan yo nan lapenn pou tout mal yo te fè" (Jonas 3:5).

Nan ka pa Jonas la, li pat menm nesesè pou li te ensiste avèk mesaj li a. Sèlman yon jou ap mache te ase pou pèp la te kwè epi kòmanse yon pwosesis repantans. Ala entèlijan yo entèlijan! Nan tan sa yo anpil moun pat konn aji avèk rapidite fas ak apèl delivrans Bondye. Nou dwe reponn ak apèl la jan sa ye nan liv 2 Kwonik 7 :14 "Lè sa a si pèp ki pote non m' lan lapriyè nan pye m', si yo soumèt devan mwen, si yo pran chache m' ankò, si yo vire do bay vye peche yo t'ap fè yo, m'ap tande yo nan syèl kote m' ye a, m'ap padonnen peche yo, m'ap fè peyi a kanpe ankò".

Se menm jan tou sèlman avèk kèk mo sa te ase pou Jezi te ban nou esperans Sali a :"Yo reponn li:

65

Mete konfyans ou nan Seyè Jezi, epi wa va delivre, ou menm ansanm ak tout fanmi ou'' (Travay 16 :31).

II. Sispann tout aliman

Deplase manje a (oubyen kèk aktivite enpòtan) siyifi fikse je sou sa ki plis ijan, nan sa ki plis nesesè a: ''Li voye fè yon piblikasyon nan tout lavil la. Li di konsa: -Men lòd wa a ansanm ak lòt chèf li yo bay: Pesonn pa pou manje anyen. Ni moun, ni bèf, ni mouton, tout pou rete san manje san bwè. Tout moun va gen rad sak sou yo. Tout bèt va nan lapenn. Tout moun va lapriyè Bondye ak tout kè yo. Y'a kite tout move zak ak tout mechanste yo te konn fè nan lavi yo'' (Jonas 3:7-8).

Li enpòtan pou nou note ak souliye responsablite ke wa Niniv la te pran ki fè li te menm pwononse jèn depi nan pi gran pou rive nan pi piti ki nan mitan yo, pandan li te mete aksan sou animal yo, bèf ak mouton yo tou.

Objektif moman jèn sa se te pou yo pran konsyans avèk objektif pou yo te chaje yo de tout peche yo avèk limyè Bondye a.

Sa ki enpòtan nan inisyativ sa se ke li te kòmanse avèk prensipal la, wa nasyon an, li menm ki te egzanp ak enfliyans pou rès pèp li t'ap dirije a. Aksyon sa montre ke nou dwe yon egzanp epi enfliyanse moun ki antoure nou yo. Jèn nan dwe yon bagay ki fè nou pran konsyans de eta nou, men tou gade eta lòt yo.

Men, kisa jèn nan ye menm? Jèn nan se yon peryòd de tan ki mete apa pou priye ak medite, san pwovizyon alimantè ki pou satisfè nesesite nòmal yo. Konbyen tan nou dwe pase ap jene? Sa ki nesesè, se kantite ke Bondye gide nou fè a. Bib la revele nou jèn de twa, sèt, ventenyen jiska karant jou.

Moman jèn nan se yon bagay ki deside nan entimite, nan prezans Bondye.

Jene se yon egzèsis espirityèl, yon restriksyon volontè pou nou pa manje anyen avèk objektif pou chèche Bondye. Jene se refize manje volontèman. Se yon aksyon ki kontrè ak premye aksyon peche limanite, aksyon manje fwi pyebwa konsyans byen ak mal la. Okontrè, sa gen ladan li desizyon pou nou pa manje sa ke yo pèmèt nou manje. Jèn nan se yon pratik ki elaji anpil nan Bib la. Lè li akonpanye ak lapriyè, se yon siyal fòs ak dezi fas ak yon nesesite dezespere oubyen ijan, nesesè oubyen enpòtan.

Jèn nan lavi nou nan tan n'ap viv la tou se kòmanse yon rechèch espirityèl, repo pou nanm nou ki fatige, dekouraje oubyen aflije. Li genyen ladan li, repantans, meditasyon, lapriyè, kominyon avèk Bondye. Epi, menm si dezi chanèl nou yo ap goumen kont nanm nou, epi anvi ak nesesite mond sa yo, ann chèche bloke sans

nou yo epi soumèt kò nou anba volonte Bondye volontèman.

Apot Pòl di konsa: ''Mwen aji di ak kò m', mwen kenbe l' kout, pou mwen menm yo pa voye m' jete apre mwen fin moutre lòt yo sa pou yo fè'' (1 Korentyen 9 :27).

Jene se montre ke lapriyè a vin plis efikas. Lè nou jene, nou dwe bliye sa ki rele manje a. Sonje ke Ezaou te vann dwa premye pitit li a pou yon plat manje. Jenerasyon Noye a tou te viv nan gwo plezi monden yo, yo te manje ak bwè, pandan ke jijman t'ap avanse sou yo. Lè nou jene, nou kreye yon distans ak bagay tèrès pou ale nan yon teren espirityèl, teren viktwa.

Rechèch richès espirityèl sa yo dwe fè nou mete pwovizyon byen materyèl yo nan men Bondye. ''Pen nou bezwen chak jou a, ban nou li jodi a'', (Lik 11 :3; Jan 6 :25-69). Jezi te idantifye li kòm vrè pen ki soti nan syèl la epi li te pwomèt lòm venkè ki ta manje nan lamàn sa ki kache a. Jezi te di konsa: ''...Men sa ki ekri: Moun pa kapab viv ak manje ase. Yo bezwen tout pawòl ki soti nan bouch Bondye tou'' (Matye 4:4).

III. Rele Bondye ak tout fòs

Sitiyasyon egzajere yo mande aksyon ki egzajere, se pou rezon sa li te mande pèp la yon gwo kri: ''Tout moun va gen rad sak sou yo. Tout bèt va nan lapenn. Tout moun va lapriyè Bondye ak tout kè yo. Y'a kite tout move zak ak tout mechanste yo te konn fè nan lavi yo'' (Jonas 3:8).

Tout moun e menm tout bèt yo te dwe santi ijans ke nasyon an te genyen an jeneral. Tout bèt vivan yo te dwe santi nesesite pou refize sa ki konsidere plis enpòtan jiskaprezan. Senbolikman, yo tout te dwe rele Bondye.

Kri a te dwe montre move lavi ke yo t'ap mennen yo, nan chèche yon chanjman, abandone peche a. Kòm David te kriye: ''Pou chèf sanba yo. Se David ki te ekri sòm sa a lè pwofèt Natan te vin pale avè l' aprè adiltè li te fè avèk Batcheba. (51:3) Gen pitye pou mwen, Bondye. Jan ou gen bon kè sa a! Tanpri, efase tou sa mwen fè ki mal, paske ou gen kè sansib. Lave m', foubi m' pou wete fòt mwen fè a. Netwaye m' pou efase peche m' lan. Mwen rekonèt sa m' fè a pa bon.

Se tout tan peche m' lan devan je m'. Se kont ou menm menm mwen peche-pa kont lòt moun. Mwen fè bagay ou pa dakò pou moun fè. Se sak fè ou gen rezon lè ou kondannen yon moun. Moun pa ka fè ou okenn repwòch lè ou fin jije'' (Sòm 51:1-4). Kri a te dwe montre ke lavi yo te pèdi lwen Bondye.

Men, lapriyè sa te dwe minisipal jan Neyemi te fè l' la ''Mwen di: -Aa, Seyè, Bondye ki nan syèl la, ou se yon Bondye ki gen pouvwa, yon Bondye ki fè moun gen krentif pou ou. Ou kenbe pawòl ou te bay nan kontra ou la. Ou toujou gen pitye pou moun ki renmen ou, pou moun ki swiv lòd ou yo. Tanpri, voye je ou sou mwen menm k'ap sèvi ou la. Panche zòrèy ou pou tande lapriyè m'ap fè nan pye ou koulye a, lajounen kou lannwit, pou sèvitè ou yo, moun pèp Izrayèl yo. Mwen rekonèt tou sa moun pèp Izrayèl yo fè ki mal devan je ou. Mwen rekonèt ni mwen menm ni zansèt mwen yo nou fè peche'' (Neyemi 1:5-6).

IV. Chak moun sispann move chemen y'ap swiv la

Pi gwo peche abitan Niniv yo se te vòl, zak vyolans ke yo chak te genyen nan de pla men yo.

''Tout moun va gen rad sak sou yo. Tout bèt va nan lapenn. Tout moun va lapriyè Bondye ak tout kè yo. Y'a kite tout move zak ak tout mechanste yo te konn fè nan lavi yo'' (Jonas 3:8). Niniv te popilè anpil akoz de vyolans li te konn itilize pou li sèvi ak lènmi li yo, tankou vil ak trezò ke yo te konn dechouke, men tou li te popilè pou jan li te konn maltrete vwazinay li yo, nan fè yo tounen esklav. Anplis ke yo te konn fè vyolans ant yo menm, kote ke genyen kèk nan yo ki te konn eksplwate lòt.

Sepandan ''vòl'' (vyolans, move tretman, abi, dechoukay, eksplwatasyon) jodi a se youn nan peche sosyal ki plis enstale nan nou. Peche ke nou dwe repanti de yo.

Bondye te tande kri abitan Niniv yo avèk mizèrikòd déjà ke avèk kondwit yo, yo te montre senserite pou repantans yo, yo te sispann move chemen yo a. ''Bondye wè sa yo t'ap fè a. Li wè yo te soti pou yo chanje lavi yo vre. Se konsa li chanje lide. Li pa pini yo ankò jan li te di li tapral pini yo a'' (Jonas 3:10).

Jèn nan te rive fè yon nasyon sove fas ak yon destriksyon total. Jèn avèk kri epi repantans lan te touche kè sansib Bondye a, li menm ki pa vle pou pèsòn peri men pito tounen vin jwenn li. Jèn Niniv te yon kri ijan pou devlivrans tout yon nasyon. Genyen vi, fanmi ak vil ki bezwen delivrans jodi a byen ijan paske mechanste yo rive egzajere, nan pwen ke y'ap soufri san mwayen pou echape yo anba konsekans yo (Jonas 1: 1-2).

Ann pa aji tankou Jonas, ke olye pou li te pran responsablite travay li a, li te pito kouri devan prezans Bondye (Jonas 1 :3). Ann dispoze kè nou pou nou priye ak jene avèk kri byen fò, jan wa Niniv la te fè l' la pou nou detounen sou move chemen nou yo epi pou anpil moun kapab atenn lavi ki pap janm fini an atravè kri nou an favè yo. ''Zam m'ap sèvi nan batay m'ap mennen an, se pa menm ak zam moun k'ap viv dapre lide ki nan lemonn yo. Zam mwen se zanm ki gen pouvwa devan Bondye pou kraze tout gwo fòs. M'ap kraze tout pawòl esplikasyon ki pa bon, m'ap kraze tou sa lèzòm nan lògèy yo ap fè pou anpeche moun konnen Bondye. M'ap mare tout vye lide ki nan tèt lèzòm yo, m'ap fè yo vin obeyi Kris la'' (2 Korentyen 10:4-5).

Lè n'ap fè jèn, lòt bagay pa dwe enterese nou ke objektif doulè nou an. Èske nou genyen tristès? Èske nou genyen yon ijans nan nanm nou? Èske nou genyen kriz nan lavi nou? Ann pa rete tann ankò, ann tounen vin jwenn Bondye atravè jèn, repantans ak rèl. Ann sispann bay kò nou atansyon pou yon moman, pou nou kapab rann nanm nou devan Seyè a. Si nou nan kominyon avèk Li, li pap janm abandone esperans nou. San gade dimansyon kriz la. MEnm nan sikonstans ki plis egzajere yo nou kapab tounen pote kè nou bay Seyè a epi, nan jèn, lapriyè ak repantans sensè, jwenn repozwa ak delivrans.

Kesyon Opsyonèl:

I. Kwè nan Bondye

- Èske nan tan sa nou kwè nan apèl delivrans Bondye avèk ijans pou kèk moun ak obeyisans pou kèk lòt?

- Kisa pawòl ki te mansyone nan Jonas 3 :4 yo te ye ki te mennen Niniv chèche Bondye? Ki pawòl nou kapab itilize jodi a?

II. Sispann tout aliman

- Kisa fè jèn nan ye? Pandan konbyen jou nou dwe jene?

- Kòman mwen entèprete jèn nan lavi mwen?

III. Rele Bondye avèk tout fòs

- Poukisa w' kwè ke Bondye te mande pou yo tout te fè jèn? Èske Bondye mande pou nou fè jèn kounye a?

- Èske nou genyen yon ijans nan lavi nou? Èske nou gen tristès? Èske geyen kriz nan lavi nou?

- Èske jèn nan se yon solisyon pou sitiyasyon difisil nan lavi?

Konklizyon

Repantans avèk esperans ak lafwa toujou touche atansyon Bondye. Abitan Niniv yo te sispann move chemen yo a epi Bondye te repanti de mal li te prepare pou yo a. Ann priye ak jene pou nou sispann move chemen nou yo epi pou nou pouse menm aksyon lòt yo.

Yon rankont avèk Miche

Marco Rocha (Ajantin)

Vèsè pou aprann: "Seyè a di ankò: Men ou menm, lavil Betleyèm, Efrata, ou se yonn nan pi piti nan tout lavil peyi Jida yo, se vre! Men, se nan mitan ou m'ap fè soti pou mwen yon chèf pou pèp Izrayèl la, yon chèf k'ap soti nan yon fanmi ki la depi lontan lontan" Miche 5:2.

Objektif leson an: Se pou elèv la dekouvri tras diferan yo nan ministè Miche a epi apwofondi nan etid kèk pasaj kle.

Entwodiksyon

Pou nou byen konnen yon bagay oubyen sitiyasyon, li enpòtan pou nou konte sou plis pase yon pèspektiv.

Mande elèv ou yo pou yo dekri yon lis karakteristik lavi nan lavil kontrèman ak pratik lavi nan pwovens.

Apre sa reyalize yon aktivite pandan w'ap bay esplikasyon sou pwofèt Miche ki te soti an pwovens, li te genyen yon ministè nan menm peryòd avèk pwofèt Ezayi, li menm ki te soti nan yon fanmi wayal epi ki te gen aksè dirèk nan palè wa a. Se poutèt sa ke apwòch Miche a espesyal patikilyèman epi li pèmèt nou genyen yon panorama ki plis konplè de yon peryòd ak plan Bondye pou limanite.

I. Pwofèt pèp la

Pwofèt Miche te pran nesans nan yon ti bouk ki rele Moreset-gat, oubyen Morasti, nan distans 30 km direksyon sidwès Jerizalèm. Malgre plas ministè li se te wayòm Jida, mesaj pwofetik li yo nan tan pase yo se te demolisman gouvènman Samari a, nan lane 721 av. K., se sa ki fè yo siyale tèlman Izrayèl kòm Jida.

Gran diferans li avèk kamarad li Ezayi te baze sou, pandan ke Ezayi te enterese pou li pwofetize sou vil la ak pwoblèm nasyon an, Miche te fè li sou pèp la ak moun an komen. Li pote non "pwofèt pòv yo" tou, Miche pat sispann pwofetize sou mechanste ke moun rich yo te konn ap fè kont moun ki pòv nan epòk li yo. Predikasyon li te siyale moun sa yo ki te gen aparans relijye yo prensipalman, men andedan kè yo, yo pat sensè, moun sa yo ki te fè sanblan ap viv onètman atravè anpil seremoni, men aksyon yo deyò tanp lan te kontrè.

Miche te byen konnen kòripsyon ki t'ap fè laray nan vil la, yon lòt kote li te konnen byen difikilte ekonomik ke travayè pèp li yo t'ap pase, epi kòman moun rich nan Samari ak Jerizalèm yo te konn pran tè yo pòtèk san peye yo. Fas ak enjistis sa yo, pwofèt la genyen konviksyon ke dènye mo a pat gen pou soti nan bouch rich mechan sa yo, men pito nan bouch Seyè a, pou akonplisman plan li atravè vini Sovè a, li menm ki ta soti nan ti bouk lavil Bètleyèm nan.

Pou kontinye, nou pral abòde de pasaj enpòtan ki nan liv Miche yo. Mande elèv yo: Èske nou jwenn kèk bagay ki sanble ant pwoblèm relijye ak sosyal nan epòk Miche a ak jounen jodi a? Kisa nou kapab aprann de pwofèt la pou nou fè fas ak defi sa yo?

II. Anons Sovè a

Miche 5:2 di konsa:"Men ou menm, lavil Betleyèm, Efrata, ou se yonn nan pi piti nan tout lavil peyi Jida yo, se vre! Men, se nan mitan ou m'ap fè soti pou mwen yon chèf pou pèp Izrayèl la, yon chèf k'ap soti nan yon fanmi ki la depi lontan lontan".

Sa a se youn nan pasaj ki plis popilè nan Ansyen Testaman, déjà ke se la ke Miche te pwofetize ke Sovè a te gen pou fèt nan Betleyèm peyi Jide. Li te koni anpil tou pa jwif yo nan tan Ewòd, epi li te ede wa maj ki te soti an Oryan yo chèche wa jwif yo ki te fenk fèt la.

Miche, an koneksyon ak kote li te soti a avèk kontèks kote li t'ap devlope ministè li a, li prezante Mesi a kòm yon nonm ki an favè pèp la (kontrèman ak lide ki ta soti nan Jerizalèm) epi fen an se ta pote kè poze ak kè kontan pou moun ki anba tray yo, jan sa ekri nan Miche 4:4 :"Tout moun va viv ak kè poze anba tonèl rezen yo, anba pye fig frans yo. Pesonn p'ap chache yo kont. Sa se pawòl ki soti nan bouch Seyè a!". Epi nan Miche 5:4-5 li di konsa:"Lè chèf sa a va vini, l'a gouvènen pèp li a avèk fòs Seyè a ap ba li a, avèk pouvwa k'ap mande respè paske l'ap gouvènen nan non Seyè a, Bondye li a. Pèp la va viv ak kè poze, paske moun toupatou sou latè va rekonèt jan li gen pouvwa. L'a fè tout moun viv byen yonn ak lòt. Lè moun peyi Lasiri yo va anvayi peyi nou an, lè y'a pwonmennen mache nan tout peyi a, n'a voye sèt chèf, n'a voye wit menm al konbat yo".

Pwofesi sa te ede pèp Bondye rete tann rive Sovè a avèk esperans pandan plizyè syèk, epi li te akonpli literal ak espirityèlman avèk nesans Jezi a. Lidè yo te tèlman genyen pasaj la nan lespri yo nan tan Ewòd, yo te menm site li lè li te dwe konsilte yo sou kote wa peyi Izrayèl la ta gen pou pran nesans lan, jan sa ekri nan Matye 2 :4-6 :"Ewòd reyini tout chèf prèt yo ansanm ak direktè lalwa yo ki t'ap dirije pèp jwif la. Li mande yo: Ki kote Kris la gen pou l' fèt? Yo reponn li: Se lavil Betleyèm nan peyi Jide li gen pou l' fèt. Paske, men sa pwofèt la te ekri: Ou menm, Betleyèm, ki bati sou tè Jida a, pawòl sèten: se pa ou ki pi piti nan tout lavil peyi Jida yo. Paske, gen yon chèf ki gen pou soti lakay ou. Se li menm ki va kondi moun Izrayèl yo, pèp mwen an".

Pwofesi a te fè konnen tou ke Sèvitè Bondye a ta gen pou soti nan branch fanmi David, menm si se pa yon nonm tèrès, déjà li soti nan letènite, sa vle di ke li se Bondye nan lachè. Anba gouvènman Kris la, pèp la va gen repo, paske gouvènman li a pral bay kè poze, epi se sa ke Miche eksprime menm jan ak kamarad li Ezayi :"Gouvènman li p'ap gen finisman. Nan peyi l'ap gouvènen an se va kè poze san rete. L'ap chita sou fòtèy wa David la. L'ap gouvènen peyi wa David la. L'ap fè gouvènman an byen chita, l'ap ba li bon pye paske l'ap fè sa ki dwat. Li p'ap nan patipri, depi koulye a jouk sa kaba. Se Seyè ki gen tout pouvwa a ki soti pou fè tou sa rive vre!" (Ezayi 9 :7).

III. Sa Seyè a vle pou w' fè a

Miche 6 :6-8 afime:"Lè sa a, pèp la di: Kisa m'a pote ofri bay Seyè a, Bondye ki nan syèl la, lè m'a vin adore l'? Eske m'a pote pou li jenn ti towo bèf ki fèk gen ennan pou yo ka boule pou li? Eske Seyè a ap kontan si m' pote ba li mil belye mouton ak di mil barik lwil? Eske m'a ofri premye pitit gason m' lan pou m' peye pou sa m' fè ki mal? Eske mwen ka pran sa ki soti nan zantray mwen pou m' bay pou kouvri peche mwen? Y'a reponn li: Non monchè. Seyè a te moutre ou sa ki byen. Tou sa li mande ou, se pou ou fè sa ki dwat, se pou ou gen kè sansib nan tout sa w'ap fè, se pou ou mache san lògèy devan li".

Sa se youn nan pasaj ki plis enpòtan nan Ansyen Testaman. Nan chapit 6 ak 7 la genyen dezakò ki te eklate ant Bondye avèk pèp li a. Fas ak panse jeneralize pèp Bondye a ki te konsidere li kòm yon Seyè mechan ak egzijans difisil pou akonpli, Miche pran responsablite li pou rezime demann yo an twa branch, nan yon fason ki klè li t'ap konsidere relijyon an kòm bon relasyon ak Bondye e lèzòm, lajistis kòm baz tout moralite, epi renmen bonte kòm fòm lavi. Finalman, vrè relijyon an sèlman posib lè genyen kominyon avèk Bondye.

Pèp Jida a te chèche favè Bondye a atravè reyalizasyon devwa ekstèn yo, epi yo te menm pare pou aksepte nenpòt kondisyon ki ta ede yo achte padon an, men yo pat pare pou chanje lavi yo. Yo te avèg avèk pratik aksyon relijye yo, men kè yo te lwen Bondye. Miche, nan pwofesi sa a, li te fè rezime egzijans legal, etik ak espirityèl ke pwofèt epòk pa li a Ezayi, Amòs ak Oze, jan sa endike nan Ezayi 30 :15: "Men, Seyè a, Bondye pèp Izrayèl la, ki yon Bondye apa, te di pèp la: Tounen vin jwenn mwen, lèfini ret trankil, n'a delivre. Ret dousman, met konfyans nou nan mwen. Se sa ki tout fòs nou. Men, nou pa t' vle".

Amòs 5 :24 di konsa:"Tankou dlo k'ap kouri larivyè, se pou nou rann tout moun jistis nan peyi a. Tankou yon kouran dlo k'ap kouri san rete, se pou nou toujou fè sa ki dwat". Epi Oze 2 :19-20 mansyone: "Izrayèl, m'ap pran angajman pou m' viv avè ou pou tout tan, m'ap toujou respekte ou, m'ap toujou kenbe pawòl mwen avè ou. M'ap toujou renmen ou, m'ap toujou gen pitye pou ou. M'ap kenbe pwomès mwen, w'ap pou mwen nèt. Konsa, w'a konnen ki moun mwen menm, Seyè a, mwen ye".

Kounye a, kondisyon ke Miche mande yo se pou tout moun ki pare pou akonpli yo. Yo pa kondisyon ki mande anyen ki gen pou wè ak mistè oubyen bagay konplike, men pito se sa ke nou kapab fè kounye a menm.

Vokabilè "Ah monchè" (nan Miche 6 :8) fè referans ak tout limanite, se sa ki fè elajisman li inivèsèl. Nan fason sa a, Bondye menm atravè lalwa ak pwofèt yo revele egzijans esansyèl pou moun sa yo ki vle adore epi rekonèt li kòm sèl Bondye.

Jounen jodi a, nou déjà konte sou revelasyon Bondye nan Kris la, pawòl Miche yo resonnen avèk plis fòs, paske kounye a nou kapab konnen volonte li pi byen toujou. Lè nou rive fè sa ki dwat, nou vin konvèti an moun ki onèt, konfyab epi sensè, non sèlman pou byen nou, men tou pou Bondye ak relasyon entèpèsonèl nou yo.

Lè nou pratike mizèrikòd, n'ap devlope yon kalite jistis ki siperyè, déjà ke sa genyen ladan li pou nou bay chak moun sa yo merite, mizèrikòd la genyen ladan li lanmou, konpasyon ak bonte e menm pou moun ki pa merite oubyen bay yon bagay an retou. Sa se yon bagay ki pratik, ki ankouraje nou entèrese ak moun y'ap toupizi yo nan sosyete a, lè n'ap ofri yo plis pase byen materyèl yo, men pito se nou menm menm pou nou delivre pwochen nou yo.

Jak afime ke pral gen jistis san mizèrikòd kont moun ki pa montre mizèrikòd:"Paske, lè Bondye ap jije, l'ap san pitye pou moun ki te san pitye. Men, moun ki gen pitye pou lòt va soti tèt dwat lè jou jijman an" (Jak

2:13). Kidonk, nou kapab atann mizèrikòd Bondye konfòm ak bonte ke nou montre lòt yo.

Ekspresyon "imilye nou devan Bondye" rezime senk premye kòmandman yo, ki gen pou wè avèk relasyon nou avèk Bondye. Imilite a se premye pa pou kominyon an avèk Bondye, lè nou konnen jan nou bezwen Li epi soumèt lavi nou a volonte li.

Fè jistis, pratike mizèrikòd epi imilye w' devan Bondye ou la pa dwe koupe. San mizèrikòd nou kapab tonbe nan yon jistis ki san pitye, epi fè mizèrikòd san jistis la ouvè pòt la, pa egzanp, pou bay plas ak zak malonèt. Genyen anpil moun tou ki di yo se kretyen, men aksyon y'ap komèt yo pa gen jistis ak mizèrikòd. Se sa ki lakoz ke twa demann yo dwe konsidere kòm yon sèl pakèt, paske li ofri nou yon deskripsyon sou vrè relijyon an, ki sèlman depase pa rezime "lalwa ak pwofèt yo" ke Jezi te prezante nan Matye 22 :36-40 : "Mèt, ki kòmandman ki pi konsekan nan tout lalwa a? Jezi reponn li: Se pou ou renmen Mèt la, Bondye, ou ak tout kè ou, ak tout nanm ou, ak tout lide ou. Se kòmandman sa a ki pi gwo, ki pi konsekan. Men dezyèm kòmandman an ki gen menm enpòtans ak premye a: se pou ou renmen frè parèy ou tankou ou renmen pwòp tèt pa ou. De kòmandman sa yo, se yo ki fondasyon tou sa ki nan lalwa Moyiz la ak tou sa pwofèt yo te moutre". Kil ki akseptab yo pa chita sèlman nan reyalize rityèl yo, men pito yon lavi nan obeyisans. Se poutèt sa, demann Bondye yo nan pasaj sa a se bagay ki moral tankou espirityèl tou. Epi tou, rityèl ke Bondye te etabli a dwe akonpanye pa yon kè ki konsantre sou Bondye, menm jan ke Jezi te eksprime li : "Men, lè a ap rive, li rive deja: tout moun k'ap sèvi tout bon yo pral sèvi Papa a nan kè yo jan sa dwe fèt. Se moun konsa Bondye vle pou sèvi li. Bondye, se Lespri li ye. Tout moun k'ap sèvi l', se pou yo sèvi l' nan lespri yo jan sa dwe fèt la" (Jan 4:23-24).

Nan pasaj sa a, pwofèt Miche ap etabli yon lòd priyorite, nan rann kont de ke lavi sen an se pi bon vrè egzanp relijyon. Yo te bay pèp la sistèm sakrifis yo kòm yon mwayen pou eksprime piblikman yon lavi devosyonèl, se pa tankou yon fen definitif pou li menm. Jounen jodi a, nou dwe rekonèt ke prensip pou rezoud mechanste sosyal yo se wè moun yo retounen vin jwenn Bondye avèk tout kè yo, pou yo kapab mache anba gwo gid Sentespri a chak jou.

Kesyon Opsyonèl:

I. Pwofèt pèp la

- Kisa ki te diferansye ministè pwofèt Miche de pa kamarad li Ezayi?
- Pou ki rezon yo konsidere Miche kòm "pwofèt pèp la" tou?

II. Anons Sovè a

- Poukisa Miche 5 :2 te enpòtan pou pèp ebre a?
- Poukisa li enpòtan pou nou menm jodi a?

III. Sa ke Seyè a mande pou w' fè a

- Kisa ki konsekans patisipe nan rityèl adorasyon avèk yon kè ki lwen Bondye?
- Ki mezi pratik ou kapab pran pou w' pa tonbe nan relijyon san sentete ke Miche denonse a?

Konklizyon

Lè nou rankontre avèk pwofèt Miche a, non sèlman nou fè fas ak deskripsyon yon moman istorik pou pèp Bondye a, men tou fas ak ansèyman ki solid pou pakou kretyen nou. Miche anseye nou ke Bondye fè moun soti nan plizyè kalite kontèks sosyal ak ekonomik diferan pou eksprime volonte li. Li afime pou nou tou ke dènye mo a pa nan men moun rich mechan yo men se pito nan men Seyè a atravè lavi ki pap janm fini an ki jodi a atenn tout moun sa yo ki repanti de peche yo epi kwè ke Jezikris se Seyè a. Finalman, li anseye nou ke tout aksyon oubyen rityèl adorasyon anvè Bondye dwe akonpanye pa yon vi ki gen sentete, sansib ak volonte li epi pare pou eksprime jistis, mizèrikòd ak bonte li.

Nòt :

Bondye lanmou ak jistis la

Eduardo Velázquez (Ajantin)

Vèsè pou aprann: "Men, Seyè a gen bon kè tou: Jou malè, se li ki pwoteje pèp li. Li pran swen tout moun ki vin kache anba zèl li" Nawoum 1:7.

Objektif leson an: Se pou elèv la aprann ke Bondye se lanmou men tou li jis, epi jistis li eksprime an pinisyon kont mechanste ak peche.

Entwodiksyon

Ki kalite pèsonèl ke nou bay Bondye lè nou panse avèk Li? Petèt se kapab lanmou an ki reflete, déjà ke tout Bib la pale nou sou demonstrasyon lanmou Bondye anvè limanite. Konsa nou ta kapab ajoute plizyè nan kalite sa yo tankou bonte, sentete, mizèrikòd, pasyans li, elatriye.

Nou prèske pa panse ak fachman oubyen kòlè Bondye paske li difisil pou nou asosye karakteristik pèsonèl la avèk kalite ki sot site anlè yo. Èske Bondye konn fache? Èske li kapab eksprime kòlè li? Èske yon Bondye ki plen lanmou kapab pini avèk kòlè? Nan etid liv Ansyen Testaman sa ki tou brèf, nou pral eseye reponn kesyon sa yo.

Pou nou konprann rezon ki fè ke pwofèt Nawoum pwononse yon mesaj tèlman di, nou dwe konnen ke yon syèk aprè ke Niniv (kapital Lasiri a), te fin repanti fas ak predikasyon Jonas la (Jonas 3:10), li te retounen nan idolatri, vyolans ak awogans ankò (Nawoum 3:1-4). Lasiri te genyen gwo pouvwa nan men li, li te genyen laviktwa sou Senakerib (701 av. K) nan Jerizalèm (Ezayi 37:36-38).

Fwontyè li yo te etann jiska Lejip. Esa-Adon, wa peyi Lasiri a te apèn mennen moun li te pran yo soti nan Samari pou ale nan Galile nan lane 670 av. K. (2 Wa 17:24; Esdras 4:2), pandan li te kite Lasiri ak Palestin byen fèb. Men Bondye te kraze Niniv anba gwo pouvwa wa Babilòn nan Nabopolasa ak pitit li Nebikatneza (612 av. K.) Lasiri te tonbe jan ke Bondye te anonse l' la.

Kisa nou kapab aprann osijè de mesaj ke Bondye bay atravè pwofèt Nawoum nan?

I. Bondye gen bonte, men li rayi epi pini mechanste a

A. Bonte ak severite Bondye a

Nou wè ke Niniv se te yon vil ke Bondye te renmen, epi se sa ke li te di pwofèt Jonas. Jonas te vle wè vil la detwi, men Bondye te di: "Epi ou pa ta vle m' pran lapenn pou lavil Niniv, gwo kapital sa a, kote ki gen depase sanven mil (120.000) timoun inonsan, moun ki pa konnen ni sa ki byen ni sa ki mal, ansanm ak yon kantite bèt!" (Jonas 4:11). Bondye te vle padone vil la ak abitan li yo, anpil nan yo se te timoun. Epi, efektivman, Bondye te padone Niniv.

Bondye pa prese fè kòlè, men lè moun yo oubyen sosyete yo fè bagay ki dezagreyab oubyen peche ap soufri konsekans yo pou pwòp aksyon, reflè jistis Bondye.

Se vre ke Bondye renmen pechè a epi rayi peche a, jan sa pwononse pafwa, men sa se sèlman yon pati nan istwa a. Bib la di nou ke si yon nonm renmen peche li epi mare nan ren li ak tout fòs li, pandan l'ap repouse gras Bondye, anplis de sa, li idantifye li ak peche a, kòlè Bondye ki kont peche a gen pou dirije li kont pechè a tou.

Genyen anpil moun ki pa vin jwenn Bondye paske yo wè mechanste nan mond lan avèk ipokrizi ki nan legliz yo. Yo pa konprann kòman Bondye pa fè kòlè fasil, li ban nou tan kòm pitit li pou nou pale de reyalite lanmou li ak yon chanjman de vi devan pechè yo. Men jijman Bondye a gen pou rive (Jan 5:28-29); Bondye pap kite mechanste ak peche a san pinisyon. Lè moun yo mande poukisa Bondye pa pini mechanste a menm kote a, ede yo konprann ke si li ta fè sa, okenn nan nou pa t'ap la ankò. Nou tout dwe kontan dèske Bondye ban nou tan pou nou repanti epi tounen vin jwenn Li.

B. Avètisman Bondye kont peche a

Dimansyon kòlè Bondye a devwale nan pasaj la atravè imaj vyolan ak pouvwa, yo menm ki demontre lide pouvwa Bondye a poukont yo (Nawoum 1:1-6).

Genyen yon konparezon avèk yon tanpèt oubyen gran toubouyon, li menm ki ban nou yon lide majè ke fondman dekouvri epi li sou tout èt vivan. Yo se imaj ki komen pou Bondye (Egzòd 19:16; Ezayi 28:2, 29:6, elatriye.). Imaj la montre Bondye ki gen kontwòl lanati, li menm ki montre nou grandè pouvwa li.

Pwofèt la vle fè konnen ke pa genyen okenn pouvwa natirèl ki kapab fè fas ak otorite Seyè a, se mwens pou pouvwa lòm nenpòt gouvènman ki kapab detwi avèk nenpòt evènman natirèl tankou tranblanntè, yon ouragan oubyen yon inondasyon. Objektif mesaj la se souliye siperyorite pouvwa Bondye a sou nenpòt pouvwa lòm ki konstwi sou mechanste ak lanmò anpil moun, kòm ekspresyon malfezan. Se sa ki fè siriyen yo pote non venkè, se sa ki te fè yo kontinye ak kanpay mache pran ak sasinen, pwovoke kòlè Bondye ki ta prèt pou manifeste sou yo kounye a.

II. Pinisyon an se yon demonstrasyon jistis Bondye

Nahum Nawoum konsakre li pou ekri konsekans vanjans Bondye yo byen klè, epi istorikman li plase aksyon sa kote Niniv ye a, li menm ki te detwi nan lane 612 av. K., lè li te tonbe anba men lame mèd ak babilonyen yo. Kriz la te gen pou wè ak echèk Niniv la (Nawoum 2).

Vil la te soufri anbago a depi nan lane 616 av. K.

Nan vèsè sa yo genyen kèk evènman ki siyale destriksyon terib li a. Destriktè yo te san dout Babilòn ak patnè li yo. Gouvènman ki t'ap detwi a, literalman "ravaje" tout sa ki te parèt devan li, kounye a li te vin detwi. Fòterès li yo ki te fè li popilè, epi kounye a yo te leve kont yo. Yo te soufri sa ke yo te fè lòt yo soufri.

Iwoni an klè, destriksyon an ap pwòch.

Pou mantalite kretyen jodi a yo, gen anpil kesyon tankou: èske yon Bondye damou kapab fè sa?

Pwofèt Nawoum reponn li di wi.

Pou ki rezon kòlè Bondye a ki site souvan nan Bib la prezante yon pwoblèm pou kwayan yo? Se paske nou panse ke Bondye se menm jan avèk nou epi se pa nou menm ki tankou Li, fèt ak imaj e resanblans li.

Kòlè nan yon moun se pa yon bagay ki jis, se poutèt sa nou panse ak li kòm yon bagay ki negatif. Sepandan, daprè karaktè sen Bondye a, kòlè li pa dire pou lontan epi li pa nan patipri oubyen fè diferans ant moun, anplis de sa, li pa domine pa pasyon oubyen fristrasyon. Kòlè Bondye a benefik ak pwopòsyonèl, sa vle di ke Bondye pa janm mete an kòlè san koz epi moun nan resevwa egzakteman avèk presizyon sa ke li merite konfòm ak chwa ke li te fè yo. Bondye Nawoum nan, se li ki la jodi a epi se pa amou ke Li pa tolere mechanste, epi se akoz de lanmou ke li pa vle pou mechanste triyonfe sou moun sa yo ki chèche li epi tounen vin jwenn Li.

Andedan yon kontèks jeneral liv la ak mesaj li a, nou konprann ke aksyon benefik Bondye a sou Niniv tou genyen motivasyon li nan fè Izrayèl ki se

pèp li a jistis, li menm ki te soufri anba zak kriminèl moun Lasiri yo ki te piye yo epi pote yo ale nan esklavaj, pandan l'ap montre nan fason sa a bonte ak fidelite Bondye anvè pèp li te chwazi a. Sa sanble yon fawouch ke Nawoum, ki gen non li ki siyifi "konsolatè" oubyen "konpasyon", te dwe anonse yon jijman vanjans. Se paske pwofèt la te gentan sispèk ke mesaj destriksyon lènmi siriyen yo ta pote konsolasyon pou Izrayèl. An reyalite, Nawoum te rejwi pliske jistis Bondye te déjà an retabli.

Sa anseye nou tou nou menm ki se kretyen, nou pa dwe depann de pwòp fòs, posiblite, kapasite oubyen enfliyans ak pozisyon nou yo lè n'ap soufri pou kèk kalite enjistis, men pito nan sa ke Bondye pral fè an favè nou. Seksyon sa nan liv Nawoum nan ki pale nou de Niniv, fè nou sonje sa apot Pòl te ekri nan Women 12 :17-19: "Si yon moun fè nou mal, pa chache fè l' mal tou. Chache fè sa ki byen nan je tout moun. Fè tou sa nou kapab pou nou viv byen ak tout moun mezi nou wè nou ka fè li. Mezanmi, pa tire revanj. Men, kite kòlè Bondye fè travay li; paske men sa ki ekri nan Liv la: Se mwen menm sèl ki gen dwa tire rèvanj, se mwen menm sèl ki va bay moun sa yo merite. Se Bondye menm ki di sa". Èske nou rann nou kont? Nou dekouvri kòman menm andedan Bib la ke genyen lòd ki byen klè pou kretyen an pa vanje tèt li. Okontrè, kite Bondye aji avèk jistis epi nan moman ki la pou sa nan sitiyasyon yo epi avèk moun ki aji mal avèk nou yo.

III. Kondisyon tris lè nou pa bò kote Bondye a

Manifestasyon pinisyon jis Bondye a pote konsekans ki grav sou moun sa yo ki pa kwè nan Li epi ki tounen nan peche a kòm yon estil de vi, oubyen soti nan bon chemen an (Nawoum 3).

A. Defèt

Nawoum te tonbe rele pou risk ke Niniv pral pran, epi alafwa li rezime karaktè lavil sanglinè a byen senp. Niniv te itilize bote, prestij ak pouvwa li pou sedwi lòt nasyon yo. Tankou yon fanm jenès, li te sedwi yo pou yo te kapab tonbe nan fo zanmitay. Apre sa, lè nasyon yo te sispann veye epi konprann ke Lasiri te zanmi ak yo, li te detwi yo epi fè piyay sou yo.

Bèl epi enpresyonan sou deyò, Niniv te imoral epi trayizan andedan li. Pafwa, dèyè bèl aparans yo, gen sediksyon ak lanmò. Pa kite ni yon enstitisyon, konpayi, mouvman oubyen moun ki atiran sedwi w' tèlman ki pou fè w' rabese prensip ou yo.

Nawoum demontre konpòtman vanjans definitif Seyè a kont Niniv ak Lasiri, gouvènman an (v.19).

Fwa sa a, pa genyen remèd, pa genyen posiblite pou repantans, yo tout gen pou resevwa fawouch epi pral genyen konsolasyon pou moun ki t'ap soufri mechanste anba men Lasiri yo.

Nawoum mete fen avèk destriksyon total lavil Niniv, sa ki vin konvèti an yon mesaj esperans pou moun sa yo k'ap soufri opresyon epi pandan y'ap akonpli sa ke Bib la di konfòm ak konsekans aksyon nou yo: "Pa twonpe tèt nou. Moun pa ka pase Bondye nan betiz. Sa yon moun simen, se sa li va rekòlte" (Galat 6:7).

B. Imilyasyon ak lawont

Pwofèt la konpare Niniv avèk Tebas (vv.9-10), vil ejipsyen an akoz de pozisyon estratejik li pou zafè komès, epi devan li genyen anpil pèp ki te al mande èd, pandan li t'ap kreye yon depandans dezagreyab pou abitan li yo. Li te konsidere kòm plis popilè ke Niniv, sepandan li te al fini nan esklavaj.

Se menm jan tou ke Niniv pral fini konsa oubyen pi mal, pliske sitiyasyon Niniv la te konpare tankou pa yon fanm jenès (vv.4-7) ki baze pouvwa li sou sediksyon ak fè koken pandan l'ap ofri plezi pasaje, epi ki pran pozisyon li devan piblik la ki san moral nan yon espektak dwòl pou moun sa yo ki vle obsève li. Se la a ke y'ap rann yo kont ke bote li a se fantezi ak aparans k'ap twonpe yo epi pèsòn pap chape anba li. Imaj sa montre feblès Niniv, frajilite li jiskaske vil pwisan ak orijinal sa pral oblije kouri al kache akoz de lènmi li (v.11).

Ala gwo tristès lè yon moun bay Bondye do, non sèlman pèsonèlman, men tou tankou fanmi oubyen kòm sosyete oubyen nasyon. Nou genyen egzanp sifi osijè de reyalite sa sèlman lè nou gade nan antouraj nou oubyen nan etid nou fè osijè de pèp nou yo. Pa kite anyen ni pèsòn sedwi lavi ou pou entèwonpi kominyon ou avèk Bondye, paske w' ta kapab fini anba imilyasyon ak lawont.

Se yon lòd li ye pou kretyen an prezante yon mesaj ki sensè jan Nawoum te fè l' la lè li te reponn ak egzijans istorik nan epòk pa l' la.

1. Menm si Bondye bon, Li pa apiye mechanste ak peche se sa ki fè ke karaktè sen ak jis li a reyaji kont sa yo, pandan l'ap ba yo pinisyon ke yo merite.

2. Pinisyon Bondye a kont mechanste lòm se yon bagay ki jis, konsekans ak retribisyon ki jis ak pwòp chwa ak refi Sali a ak direksyon lanmou pou lavi.

3. Konsekans pou mennen yon lavi dozado ak Bondye lakoz lòm, fanmi ak sosyete, nan yon vi mizè, echèk, lawont ak imilyasyon.

4. Bondye ki sen an egzèse jistis li nan retribisyon kont moun k'ap aji mal yo epi defann inosan yo ki mete konfyans yo nan Li, li montre yo bonte ak pwoteksyon Li.

Pou anpil moun ki kapab kwè ke Bondye pa plis ke yon Dye damou epi janmen kòlè, nou kapab aprann de Nawoum yon Dye ki pa kapab mete an kòlè pap janm kapab renmen nonplis. Se paske li renmen ki fè li fache epi se akoz de lanmou li ki fè li manifeste eksitasyon kòlè li.

Sa se yon bagay ki kapab manifeste nan moun yo. Kisa ki fè yo plis fache? Èske se pa toujou prèske lè yon bagay oubyen yon moun renmen, li apèsi li menase oubyen blese? Pa egzanp, si yon moun blese yon timoun, fache a deklannche. Si yon moun pa kapab mete an kòlè lè li wè mechanste ak enjistis, sa demontre ke li pa kapab renmen. Déjà ke moun ki pa kapab santi li fache pou bagay ki mal la, li pa kapab renmen non plis. Si lè moun yo aprann istwa dwòl ak opresyon, trafik dwòg k'ap detwi kò ak nanm nan mitan jèn yo, pa santi kè yo fè yo mal fas ak yon tristès ak kòlè, genyen yon bagay ki pa byen nan sosyete nou an epi nou pa kapab renmen.

Kesyon Opsyonèl:

I. Bondye gen bonte, men li rayi epi pini mechanste a

- Èske w' fè dyalòg ak kamarad ou yo pou w' mande yo poukisa li difisil pou nou konprann Bondye ki an kòlè ki pini an?

- Kòman ou kapab esplike kòlè sa devan yon moun ki di w' ke Bondye se lanmou epi finalman li gen pou li aksepte tout moun?

II. Pinisyon an se yon demonstrasyon jistis Bondye

- Reflechi pou wè si sa ta gen lojik lè nou panse ak yon Bondye ki pran plezi li epi kontan ak sa ki byen, men li kase fèy kouvri sa ki mal (Nawoum 2).

III. Kondisyon tris lè nou pa bò kote Bondye a

- Kisa ki ta fen moun sa yo ki te ale lwen Bondye epi fè sa ki mal? (Nawoum 3).

- Kòman w' panse ke w' ta kapab ede yon moun k'ap viv lwen Bondye konprann bon nouvèl la osijè de Kris la, dapre liv Nawoum nan?

Konklizyon

Liv Nawoum nan ede nou wè Bondye li menm ki se lanmou nan nati li, men tou li se jistis.

Dènye karakteristik sa afekte byen fò moun sa yo ki vle rete nan peche a. Se pou Bondye ede nou rete fidèl ak Bondye epi gide lòt yo fè menm bagay la.

Kriye pou jistis ak lapriyè esperans

David Balcázar (Pewou)

Vèsè pou aprann: "Men mesaj la: Moun ki pa mache dwat devan Bondye p'ap chape. Men moun ki mache dwat yo va viv paske yo te kenbe konfyans fèm yo nan Bondye" Abakik 2:4.

Objektif leson an: Se pou elèv la konprann ke menm si genyen enjistis, epi pafwa moun y'ap jije yo pa plis koupab pase moun k'ap jije yo a, jis la kapab viv pa lafwa nan Bondye jistis la ki gen pou li manifeste yon jou.

Entwodiksyon

Li Abakik kapab lakoz yon gwo enpak sou lavi moun ki li l' pou premye fwa.

Abakik te yon pwofèt nan fen syèk VI av. K., li menm ki te wè enjistis nan mitan pèp li a epi li te rele mande jistis.

Menm non Abakik la siyifi "sa ki anbwase a", sa ki kòresponn avèk misyon konsolasyon li anvè moun ki te soufri enjistis yo nan mitan pèp Izrayèl la.

Konsa men, yo di ke liv Abakik la te ekri nan lane 605 av. K., avan ke pèp jwif la te ale nan esklavaj nan peyi Babilòn, déjà ke nan premye chapit la li fè referans ak pèp sa kòm enstriman jistis Bondye.

Pèp sa rele mande jistis, men tou li montre prewokipasyon pwofèt la paske moun Bondye te chwazi ki pou fè jistis yo se te enpi babilonyen yo; sepandan, li fini pa montre konfyans nan Bondye, li menm k'ap bay tout moun jistis san dout, nan tan pa yo a.

I. Yon kri ki sanble san ekout

Abakik 1 :1-4 eksprime yon reklamasyon ki sanble fè yon sèl ak kesyon ke plizyè moun k'ap koute poze: "Lenjistis la ap triyonfe epi ta sanble ke Bondye pa fè anyen". Kesyon an ta sanble resonnen nan zòrèy yo sa fè plizyè syèk: "Seyè! Konbe tan ankò pou m' pase ap rele ou, ap mande ou sekou anvan pou ou tande m'? Konbe tan ankò pou m' pase ap rele nan zòrèy ou anvan pou ou vin delivre nou anba moun k'ap maltrete nou yo?" (v.2); epi konklizyon an sanble repete ane aprè ane: "Lalwa a la, li pa sèvi anyen. Ou pa ka jwenn jistis. Mechan yo ap kraze moun k'ap mache dwat. Lajistis devan dèyè" (v.4). Èske genyen yon repons pou sa an reyalite?

II. Yon jijman ki ta sanble pa tèlman jis

Moun chwazi yo pou pini nasyon pechè Izrayèl la, li menm ki plen ak enjistis, yo se kaldeyen yo! (Abakik 1:5-11). Sa se yon pèp ke deskripsyon li pa ta sanble pi bon an pou kèk jij ki jis, epi Abakik konnen sa:

   a.   V.6 :"nasyon mechan…pou posede kay san redi". Sa ki endike ke yo te yon pèp ki te konn vòlò tè lòt pèp.

   b.   V.7 :"…se nan li menm jistis ak diyite a soti" ("…ki enpoze pwòp jistis ak grandè li", NVE). Nan lòt mo, gide pa pwòp lwa kriyèl yo ki pat lalwa Bondye yo (okontrè: Izrayèl te yon pèp ki te genyen lalwa Bondye a).

   c.   V.11 :"…Yo pase tankou yon kout van, yo kraze brize, epi y' al fè wout yo. Bondye yo se fòs yo gen nan ponyèt yo, se pat vrè Bondye Izrayèl la".

Kri Abakik la te kòmanse jwenn repons, men sanble ke kounye a li vin plis twouble, paske "enstriman pinisyon" yo pat jis non plis.

III. Nouvo kri Abakik la

Bondye aji atravè lèzòm tou, Li respekte lòd ke li te etabli nan mond sa. Se lèzòm ki responsab de tout sa ki pase sou tè a. Akoz de sa, li pini yon nasyon, li te avèti yon lòt; sepandan, sa pat jis nonplis; epi daprè Abakik, li te wè sa plis pechè pase Izrayèl toujou; konsa, li te pote plent li (1 :12-17). "Ou twò bon pou ou kite moun ap fè mechanste devan je ou konsa! Ou pa ka rete ap gade moun ap fè lenjistis devan ou konsa! Ki jan ou fè rete ap gade bann moun trèt sa yo? Poukisa ou pa di anyen lè mechan yo ap fini ak moun ki pi inonsan pase yo?" (v.13).

Reklamasyon Abakik la te yon avètisman yon

nasyon; men sa pat sanble kòrèk pou li, pliske se moun kòwonpi yo ki te jij. Tout sa yo fè nou sonje plizyè lòt pasaj biblik: "Jan sa ekri a nan Liv la: "Nanpwen moun ki gen rezon devan Bondye. Non, pa menm yon grenn" (Women 3:10) epi "Men, moun yo t'ap kouvri l' ak keksyon. Jezi leve atè a, li di yo: Se pou moun ki konnen li pa janm peche a ba l' premye kout wòch la. Lè yo tande pawòl sa yo, yonn apre lòt y' al fè wout yo. Premye moun ki te mete deyò se te sak te pi granmoun yo. Jezi rete pou kont li ak fanm lan ki te kanpe devan l'" (Jan 8:7-9).

Abakik te reklame yon repons, te genyen enjistis nan mitan pèp la Bondye a, men moun sa yo ki t'ap pini yo a pat jis nonplis (Ebre 2 :1); poukisa Seyè a te pèmèt sa?

IV. Repons Seyè a

Repons Seyè a byen klè epi li enpòtan anpil pou nou analize l' tou avèk anpil prekosyon, ann obsève epi anonse (Abakik 2).

Ann fè yon ti analiz:

a. Vv.2-3 : Vizyon Seyè a pral akonpli, wi oubyen wi; nan lòt mo yo, jistis Seyè a ap fèt nan tan li.

b. V.4 : Jis la gen pou l' viv pa lafwa nan Seyè a; menm nan mitan enjistis yo, menm si ta sanble pa gen repons; menm si ta sanble ke se mal la k'ap "triyonfe", jis la gen pou l' kontinye pa lafwa. Viktwa ak pèseverans li se pral pa lafwa nan Seyè a. Ala enpòtan sa enpòtan pou nou konprann sa!

c. V.9. Moun ki anvi gen byen enkòrèkteman gen pou resevwa rekonpans li. Moun k'ap fè mal pou pwofite fè lòt moun abi dwe konnen ke se sèten li gen pou li resevwa pinisyon; richès malonèt yo pap janm yon bon biznis pou yo.

d. Vv.12-13 : Moun sa yo ki bati lavil la avèk peche, ap travay pou gremèsi. Menm jan ak estwòf anlè a, enjistis la pap bay bon fwi.

e. V.14: Vizyon an pral akonpli, latè pral ranpli ak konesans ak bèl pouvwa Seyè a. Jou akonplisman vizyon an gen pou rive. Se sèlman moun sa yo k'ap viv pa lafwa ki pral jwi bèl pouvwa Seyè a.

f. Vv.18-19: Moun sa yo ki adore zidòl ap viv tankou moun ki fou. Se poutèt sa, li pi bon pou nou viv ak lafwa nan Bondye envizib la ki pral ranpli latè.

g. V.20: Vrè Bondye a se Seyè a, tout latè ta dwe bese tèt devan li avèk imilite…Bondye pral akonpli dezi li epi fè travay li. Tout pechè yo gen pou resevwa sa yo merite epi jis yo gen pou

jwi benediksyon Seyè a, de kèlkeswa nasyon yo soti a. Jou sa a, jistis Bondye a pral manifeste, se sa ki fè ke li enpòtan pou nou imilye nou epi pare pou Bondye sen ki rete nan tanp kote ki apa pou Li a.

Men, se pa tout latè ki pare pou Bondye ak pèsevere. Se kounye a ke Abakik te konprann ke tout moun k'ap viv nan mechanste gen pou resevwa rekonpans yo, se sèten; epi sekrè a se rete fidèl ak Seyè a, viv pa lafwa, nan mitan tout mechanste sa yo.

Jistis Bondye a pral manifeste; se poutèt sa ke nou dwe prepare nou epi priye avèk esperans. Epi menm si sou tè sa a, se mechan yo k'ap dirije sistèm jistis la, gen yon jou k'ap vini kote ke tout mechan yo pral resevwa chatiman yo pa mwayen vrè Jij ki jis la.

V. Lapriyè final Abakik la gen pou wè ak esperans

Abakik chapit 3 fini pwofesi a avèk yon lapriyè esperans, ki genyen yon etid nan yon liv konplè. Sepandan, nan espas kout sa, nou pral fè briye kèk aspè enpòtan:

A. Misyon Bondye a te akonpli nan tan li epi l'ap akonpli

Abakik te gen konesans sou bagay ke Bondye te fè nan tan pase yo epi li te konfye li ke li gen pou l' manifeste ankò. Sepandan, nouvo manifestasyon travay Bondye sa fè referans ak jijman total ke Seyè a pral fè:

a. v.3: "Pouvwa li kouvri tout syèl la. Lwanj li toupatou sou latè".

b. V.5 : "Li voye vye maladi pran devan li. Li mete lanmò mache dèyè l'" Jou jijman te rive vre.

c. V.6 : "Lè l' kanpe, latè pran tranble. Li annik gade, moun tout nasyon gen kè kase. Mòn ki la depi lontan yo kraze an miyèt moso. Ti mòn tan lontan yo vin plat. Chemen kote li te konn pase tan lontan yo louvri devan l'". Sa fè referans ak jijman Bondye a.

d. V.11: "Flèch ou yo pati tankou zèklè. Lans ou yo klere byen klere. Lalin ak solèy pa parèt tèt yo deyò…" Lòd natirèl yo gen pou chanje tou devan gwo jijman Bondye a.

e. V.12: "Ou move, w'ap mache toupatou sou latè. Nan kòlè ou, ou pilonnen nasyon yo anba pye ou".

Jijman Bondye a gen pou li manifeste, epi lè moman sa va rive, tout latè va konnen kilès Li ye, mechan yo va detwi epi kondane pou toutan epi jis yo va rejwi, kounye a wi, se pou tout letènite… Lè jijman Bondye a va manifeste, li va di anpil, se poutèt sa ke Abakik rele: "Menm lè ou fache, pa bliye gen pitye pou nou!" (v.2).

Epi se sa nou menm ki te viv pa lafwa ap gen bezwen: "mizèrikòd Seyè a".

B. Jou sa a, Seyè a va libere ak defann pèp li a

Lè jou jijman Seyè a va rive, pèp li a va delivre, se Seyè a menm ki va pote li sekou!... epi li va pini moun ki te fè mal yo, ak sa ki te maltrete yo a tou.

Kounye a wi, Abakik te konprann ke mechan yo ta gen pou resevwa rekonpans yo (vv.13-15).

C. Nan esperans mwen, nenpòt sa ki pase, m'ap toujou gen kè kontan nan Seyè a

Dènye vèsè sa yo se ekspresyon kè vrè kretyen k'ap viv nan mitan yon mond mechan ak konfyans byennere li ki etènèl; pandan li konnen ke rekonpans li pi lwen mond tèrès sa. Menm si tout bagay ap mal pase epi ta sanble pa gen jistis (vv.16-19).

a. V.16 c: "Mwen rete byen trankil, m'ap tann jou malè a rive, jou Bondye pral mache pran moun k'ap chache nou kont yo" (PDT).

b. V.17a: "Pye fig frans yo te mèt pa donnen, pye rezen yo te mèt pa bay rezen".

c. V.17b: "Rekòt oliv yo te mèt pa bon, jaden yo te mèt pa bay manje".

d. V.17c: "epi mouton yo te mèt mouri nan sèka yo, bèf yo te mèt mouri nan pak yo".

"Mwen menm, m'ap toujou kontan poutèt Seyè a. M'ap fè fèt pou Bondye k'ap delivre m' lan" (v .18).

Gwo mesaj Abakik la: Menm si ta sanble ke lajistis pa byen mache nan tan n'ap viv la, yon jou Bondye ap bay tout moun jistis, n'ap delivre nan jou sa a sèlman si nou viv avèk lafwa nan Li epi nou pral jwi benediksyon Bondye ki jis la.

Kesyon Opsyonèl:

I. Yon kri ki sanble san ekout

- Kisa ki plent pwofèt Abakik la? (Abakik 1 :1-4)

II. Yon jijman ki ta sanble pa tèlman jis

- Ki karakteristik nasyon ki te chwazi pou pini Izrayèl la (Abakik 1 :5-11)

III. Nouvo kri Abakik la

- Kisa ki nouvo kri Abakik la? (Abakik 1 :12-17)
- Èske jodi a nou kapab wè yon bagay ki sanble ak sa ke Abakik te wè a?

IV. Repons Seyè a

- Ki aspè repons Seyè a ta fè reflete? (Abakik 2)
- Ki konfyans nou genyen jodi a?

Konklizyon

Menm si genyen anpil lenjistis nan mond sa, menm si byen an pa toujou triyonfe nan kòmansman, epi gen moman ke ta sanble ke Bondye pa konnen sa k'ap pase a, epi menm lè menm moun k'ap pretann bay jistis la konn pi gwo mechan...nou menm ki kwè nan Jezi, n'ap mete konfyans nou kounye a ak moman kote ke tout mechan yo gen pou yo resevwa pinisyon yo, pandan n'ap kenbe esperans jistis ak benediksyon ki pap janm fini yo.

Nòt :

Sofoni, vwa pwofetik nan yon mond an degraba

Leson 23

Leticia Cano (Gwatemala)

Vèsè pou aprann: "Nou menm, pòv malere nan peyi a k'ap fè sa Seyè a bay lòd fè a, vin jwenn li. Fè sa ki dwat devan li. Pa kite lògèy vire tèt nou. Nou pa janm konnen, nou ka chape jou Seyè a va fè wè kòlè li" Sofoni 2:3.

Objektif leson an: Se pou pitit Bondye a pran angajman pou li leve yon vwa pwofetik kont peche ak lenjistis pou ke pèp la chanje epi tounen vin jwenn Bondye nan repantans.

Entwodiksyon

Pwoblèm sosyal ak eklezyastik nan tan n'ap viv yo se akoz de peche payen yo, rit relijye, imoralite ak yon neglijans osijè de prensip ak valè pawòl Bondye a.

Vrè pwofèt Bondye a pa kapab nan melanj avèk gwoup ki gen pouvwa pou fè briye yon moralite elastik nan sosyete a.

I. Santans fatal

Lè nou kòmanse li Sofoni I nou wè ke, pa genyen dout ni diskisyon, se Bondye menm ki te bay Sofoni santans sa:"Men mesaj Seyè a te bay Sofoni sou rèy Jozyas, pitit Amon an, ki te wa peyi Jida. Sofoni te pitit Kouchi. Kouchi te pitit Gedalya. Gedalya sa a te pitit Amarya ki li menm te pitit wa Ezekyas" (Sofoni 1:1).

A. Gran destriksyon

Kreyasyon an soufri konsekans jijman an akoz de peche lòm, depi Adan pou rive jodi a. Nou ta dwe enkyete nou lè nou wè ke peche a ap kontamine antouraj nou, paske sa k'ap vini aprè a se pral jijman Seyè a (vv.2-3).

B. Ofans idolatrik

Seyè a te pwononse yon santans radikal non sèl-man sou lanati men tou sou lèzòm ki te kite wòl yo epi deside inyore li epi tounen kè yo vè idolatri payen yo, pandan yo t'ap adore solèy, lalin ak zetwal yo, olye pou yo adore sa ki gen tout pouvwa ki te kreye yo a (vv.3-7).

Malgre wa Manase te repanti alafen epi eseye chanje pratik payen li yo, jèm peche a te rete nan Amon, pitit li a, li menm ki te retounen al rann ado-rasyon an favè zidòl moun Kanaran yo. Nan peryòd ke Bondye te pale ak Sofoni an, jèn wa Jozyas te eritye yon wayòm kòwonpi, ki te bezwen yon refòm espirityèl ak sosyal ki byen pwofon, li menm ki te kòmanse jiska lane dizwit nan wayòm li an.

C. Pinisyon pou mechan yo

Menm si Sofoni te soti nan fanmi wayal la tou, li pat oblije fè silans ak mesaj ke Bondye te konfye l' la (vv.8-9). Santans lanmò a pat sèlman pou gouvènè yo, men tou pou popilasyon an ki pat janm poze kesyon sou peche lidè yo epi swiv move egzanp yo tankou avèg, petèt se paske moral vag yo a te wè enterè pèsonèl yo.

Sa byen sanble ak nouvèl ke nou rankontre nan mwayen kominikasyon yo, kote ke lidè nasyon yo ki ta dwe egzanp ladwati ak jistis, se yo menm k'ap pratike kòripsyon epi kase fèy kouvri lenjistis.

Men sa ke pwofèt yo te ekri yo se pat sèlman pou moun nan epòk pa yo a, men tou pou ansèyman nou, pou ke nou kapab konprann ke si peche pa yo a pat rete san pini, li pap konsa nonplis si nou pran plezi nou ap viv kont volonte Bondye. Si pwofèt la te leve vwa l' nan non Bondye, nou menm tou nou dwe fè l' jodi a.

D. Tristès ak dezolasyon pou pechè yo

Pawòl Seyè a di ke peche a peye nou kach li ban nou lanmò (Women 6 :23) epi mizèrikòd Bondye a pa lisans pou defye li epi fè nou glise kont Li.

Genyen yon moun ki di konsa: "Ann sispann di ke se sèlman Bondye ki kapab jije mwen, kòm yon eskiz pou peche avèk libète", paske se Bondye ki wè sa ki nan fon kè a (v.12) li konnen vrè entansyon yo, daprè mesaj ke Sofoni te bay yo, pral genyen rèl, soufrans ak gwo tristès akoz de pinisyon pou peche a.

Endiferans anvè Bondye a se peche tou (v.12), anplis de sa, bagay sa yo ke lèzòm renmen plis pase Bondye yo gen pou pèdi (v.13).

E. Gras ki pwononse sou jijman an

Bondye pa vle pou okenn moun pèdi, okontrè li ta renmen pou tout moun tounen vin jwenn li. Paske Bondye pa vle wè lanmò pechè a, men pito repantans li pou ke li kapab viv, men jistis li mande pou peche a resevwa pinisyon (vv.14-18).

II. Pwofèt la fè yon apèl a la repantans

Lè Bondye denonse peche a atravè sèvitè li a, se pou li ofri opòtinite pou repantans (Sofoni 2). Gras li a déjà avèti ke pral genyen afliksyon, soufrans, dezolasyon, fènwa ak gwo tribilasyon pou pechè k'ap defye otorite Bondye a. Li ta kapab sèlman voye pinisyon an, men akoz de mizèrikòd li, li avèti jijam an avan paske li pa vle wè destriksyon pèsòn ke li renmen.

A. Rebelyon nasyon yo kont Bondye pral pini

Bondye te pèmèt nasyon yo devlope (v.8), men olye pou yo onore Seyè a, yo te onore zidòl yo te fè ak pwòp men yo pito. Gaza, Askalòn, Asdòd ak Ekwon, vil filisten yo; sereten yo, Moab ak Amon, Lasiri. Nasyon sa yo te kanpe piblikman kont Bondye avèk pratik idolatri, salisan ak imoral yo; pèvès, kriyèl epi sanglinè yo.

Bondye pa endiferan fas ak mechanste lèzòm. Lè lèzòm ranpli kè li avèk lògèy avèk konfyans, yo demontre ke yo merite pinisyon Bondye a. Seyè a te pwononse yon santans kont nasyon sa yo epi li te avèti ke destriksyon li a ta lakòz ke bèt sovaj yo vin abite nan plas devastasyon an.

B. Rès la nan sèvis Bondye a

Rès la se yon ti pati ki rete nan yon bagay (v.9). Se sa ki fè ke moun sa yo ki pa anpil men ki gen krentif pou Bondye gen pou abiye avèk pouvwa Li pou akonpli misyon li yo. Men plan moun sa yo ki kanpe kont otorite Bondye yo pral kapab detwi pa yon ti gwoup fidèl ki nan plan Bondye.

Lè segregasyon rasyal la te an vòg nan peyi Etazini, Rev. Martin Luther Kig te leve vwa li nan non moun sa yo ki pat kapab fè li. Li te oblije fè fas ak kriminalite epi ofri pwòp lavi li pou kòz la, men lalwa enjis sa yo te aboli pa yon sèvitè Bondye ki te prèt pou aji epi non sèlman gade enjistis la san fè anyen.

Jodi a se legliz Bondye ki gen pou responsablite pwononse kont peche a epi goumen pou enterè Bondye yo, men tou fè pati solisyon pou pwoblèm sosyal yo. Pouriti sosyal sa k'ap toumante nou an, pa kapab konbat avèk endiferans. Sosyete monden an avèk otorite li yo ap eseye lwa k'ap detwi nasyon yo epi legliz la pa kapab rete bouch fèmen. Sa pa fè lontan depi nan vil nou an, asosyasyon pastè yo

pibliye yon mach kont lalwa pou vote lwa an favè maryaj ant moun ki gen menm sèks, avòtman ak plizyè lòt mal sosyal, men malgre ke nou genyen plis pase de mil legliz, malerezman enfliyans kretyen yo te afekte sèlman de san moun. Nou pa kapab rete endiferan epi kite yon sosyete ki pi mal pase sa nou te jwenn nan pou pitit nou yo kòm eritaj.

III. Krim ak pinisyon pèp Bondye a

Mechanste a pa genyen eskiz okenn kote sou latè, paske Bondye manifeste fas ak limanite (Women 1:19-25), epi paske yo te inyore Bondye, tout moun ki nan peche genyen yon mantalite kritik epi koupab fas ak jijman Bondye (Sofoni 3).

Men nan chapit 3, santans Seyè a se kont Jerizalèm, vil David la, lavil Bondye a. Kòman yo te kapab elwanye yo de volonte Bondye epi refize kòmandman li yo? Kòman yo te kapab trayi moun sa ki te retire yo nan esklavaj peyi Lejip la, li te montre yo gwo siy epi ba yo yon tè ke yo pat travay pou sa?

A. Pwofèt la denonse peche Jida a

Rebelyon, kòripsyon, opresyon te pratik Jerizalèm chak jou, lavil rebèl, kontamine ak diktatè; chwazi pou vin limyè nasyon yo, li te tonbe nan menm peche avèk pèp kanaran yo e menm pi mal, paske yo te fè li malgre yo te genyen revelasyon kòmandman Seyè a ekri nan men yo.

Ann siyale gravite peche l' la: "Yo pa t' koute Seyè a. Yo pa t' pran pinisyon Bondye a pou anyen. Yo pa t' mete konfyans yo nan Seyè a ankò, yo pa t' vin mande Bondye yo a konsèy ankò" (3:2).

Konbyen doulè ke pitit rebèl yo pote nan kè paran yo, epi nan menm jan tou, lòm koze doulè ak endiyasyon lè li chwazi inyore vwa Bondye k'ap pale nan kè li.

Klèman, nou siyale ke moun sa yo ki te kretyen yon fwa epi te vin tonbe nan peche epi chite, se yo menm ki vin pi move lènmi krisyanis la, yo se wòch eskandal pou moun k'ap pwoche kote Bondye e ki genyen yon move konsèp de legliz la.

B. Nasyon enchanjab

Kòripsyon avèk enjistis te pratik komen lidè nasyon yo. Gouvènè yo te kòwonpi epi yo pat konn kite okenn opòtinite pou antre move richès pase (v.3).

Li klè ke sentete a pa gen rapò avèk peche a. Lidè relijye yo pat eksepsyon fas ak kontaminezon sa. Seyè a te akize pwofèt sanwont sa yo dèske yo te pran peche yo pou jwèt. Yon moun pat bezwen patisipe nan peche a pou l' vin yon pechè, sèlman rete san di anyen fas a peche a ase pou li koupab. Pwofèt yo te sispann preche pou denonse mechanste a epi yo yo pat fè apèl a la repantans. Sa sanble soti nan istwa kontanporen an. Jodi a genyen kèk "pwofèt" k'ap anonse pwosperite sou finans, yon bagay ki atire anpil moun, men se mwens fwa ke yo pale de yon pwosperite entegral ki kòmanse pa pwosperite nanm nan (3 Jan 2).

Bondye deteste rit relijye a. Prèt yo te peche tou lè yo te kontamine sanntyè a, dapre 2 Wa 21 ak 22 ak 2 Kwonik 33 ak 34, sou gouvènman Manase ak Amon an, yo te enstale estati zidòl Baal, Astate, ak plizyè lòt ankò nan Tanp lan, pandan y'ap ofanse gravman onè ak sentete Seyè a epi te chwazi bife lalwa pou fè melanj avèk sosyete kòwonpi ak lwen Bondye a.

Moun sa yo ki resevwa pozisyon otorite nan legliz yo gen pou devwa viv nan sentete epi pa tolere peche. Men nan legliz nou yo, anpil fwa yo tolere li, yo prezante eskiz oubyen kouvri peche paran, enfliyan oubyen moun ki toujou bay ofrann yo. Si Bondye pat tolere peche pwofèt ak prèt yo, se san dout ke li pral pini apot, pastè, evanjelis, antrenè ak lòt relijye nan tan kounye a yo k'ap kouvri peche, chanje sa ki nan Bib la oubyen entèprete li nan enterè pa yo (menm jan ak nan epòk Sofoni an ki te konn bife lalwa) epi avèk sa yo ofanse sentete Seyè nou an gravman epi fè peche a vin grandi pi plis toujou.

IV. Jistis Bondye a

Izrayèl pat aprann osijè de jijman Bondye pou nasyon vwazen yo (Sofoni 3 :6). Li te genyen anpil konfyans ke Bondye ta va tolere peche l' la. Okontrè, Bondye te kwè ke pèp li a ta aprann epi sispann move tras li t'ap swiv la (v.7), men yo te fè prese epi kòwonpi tout sa ki te déjà fèt yo epi nan fason sa a yo te vin merite jijman Bondye, kòlè, chalè kòlè li ki ta kangrennen tout latè avèk dife jalouzi li (v.8).

Bondye avèti ke peche a peye nou kach li ban nou lanmò (Women 6 :23). Se poutèt sa, li pa saj pou n'ap viv dapre pwòp rezònman nou pandan n'ap pwovoke kòlè Bondye. Atmosfè n'ap viv la kontamine ak pwostitisyon, eksplwatasyon seksyèl, trafik dwòg, omoseksyalite, avòtman ak anpil lòt peche ki fè jijman Bondye a pi klè toujou. Li lè pou nou leve vwa nou kont tout peche sa olye pou n'ap jistifye li.

Pwomès restorasyon pou moun ki repanti

Nan Sofoni 3 :9-20 Seyè a pwomèt bay restorasyon pou pirifikasyon lèv yo (v.9), pou envoke non sen li a epi sèvi li.

Nou pa dwe reziye nou pou nasyon nou an boule anba chalè dife Bondye.

Si pèp Bondye a repanti sensèman epi elwanye li de mechanste a, epi aji kont peche a, Seyè a va transfòme lavi nou. Peche a avèk dyab la pa kapab domine ni fè moun ki sove yo wont (v.11).

Repantans ki sensè a pote yon chanjman nan konpòtman. Seyè a pale sou yon chanjman de vi, de yon pèp ki mete konfyans li nan non Seyè a, ki pa pratike enjistis ankò ni bay manti, epi ki kapab viv nan krent anplis de sa epi ki kapab menm chante yon kantik louwanj pou Seyè a (v.13).

Pwomès Bondye pou restore pèp li ki repanti, genyen ladan li, evite jijman li, mete lènmi yo deyò epi delivre pèp li a de tout sa ki mal, pou ke li viv avèk konfyans (vv.15-20).

Nan moman sa, li enpòtan pou ke kòm pèp Seyè a nou pran chemen li yo epi anbrase repantans, paske tankou gadò ki renmen mouton li yo, Seyè a pwomèt sove sa k'ap bwate epi ranmase sa ki tonbe a; menm temwayaj li gen pou restore sou latè (vv.19-20).

Kesyon Opsyonèl:

I. Santans fatal

- Ki peche ke Sofoni te denonse nan 1 :3-7 ak 12-13?

- Kisa ki peche sosyete kounye a, ki sanble ak sa Sofoni te denonse yo?

II. Pwofèt la fè yon apèl a la repantans

- Ki tèm pasaj ki nan Sofoni 2 :1-3? Èske genyen kèk diferans ant sa ki te pase nan tan Sofoni an avèk kounye a?

- Nan mitan tout bagay, kilès pwofesi Sofoni 2 :9c bay esperans?

III. Krim ak pinisyon pèp Bondye a

- Nan ki fason ke lidè politik ak relijye yo te melanje avèk peche a, menm andedan kongregasyon yo, depre Sofoni 3 :1-4?

- Èske nou wè sa jodi a? Kòman?

- Ki pwomès ki nan Sofoni 3 :9.20?

Konklizyon

Melanj ak sosyete a te koute lidè politik ak relijye yo sibi gwo jijman Bondye a.

Nou menm nou dwe aprann de sa ki te pase Jida avèk anpil sajès, epi aplike kòreksyon nan lavi nou, avan ke jou jijman Bondye a rive sou nou. Nou menm pitit Bondye yo nou genyen kòm responsablite pou nou pwononse kont peche, avèti gwo destriksyon an—epi anonse restorasyon ke Bondye pral pwodwi nan lavi moun ki repanti ak obeyi kòmandman li yo.

Men nan travay la

J. Víctor Riofrío (EE.UU.)

Vèsè pou aprann: "Men koulye a, kouraj, Zowobabèl! Se Seyè a menm k'ap pale avè ou. Kouraj, Jozye, granprèt la, pitit Jozadak la! Kouraj, nou tout ki rete nan peyi a! Se Seyè a menm k'ap pale ak nou! Mete men nan travay la, paske mwen la avèk nou! Se mwen menm, Seyè ki gen tout pouvwa a, ki di sa!" Aje 2 :4.

Objektif leson an: Konprann ke Bondye kontan lè pèp li a toujou pare pou mete men nan travay li a.

Entwodiksyon

Mete men nan travay la vle di kòmanse travay, men tou li genyen sans repran travay la. Genyen anpil kretyen k'ap bay sèvis yo nan travay Seyè a avèk senserite. Men, pou plizyè sitiyasyon diferan, yo devye de motivasyon inisyal la, yo angaje yo nan lòt enterè e menm sispann sa ke yo te kòmanse ak anpil kè kontan an.

Sa se te reyalite ke pèp Izrayèl la t'ap viv apre li te fin retounen soti an egzil nan peyi Babilòn. Bondye te aji nan yon mannyè sinatirèl pou ke pèp li a te retounen nan peyi yo, pou rebati ak reedifye tanp lan. Sa ki te retounen avan yo te kòmanse travay ke Bondye te mande yo fè a avèk anpil fòs, men apre yon tan yo te vin dekouraje, yo te vin plis ap panse ak tèt yo epi yo te sispann travay la.

Li enpòtan pou nou fè yon ti rezime sou sitiyasyon istorik kote nou kapab fè referans pou nou pi byen plase nou nan kontèks li a.

Ane 587-586 av.K. te yon katastwòf nan Jerizalèm jan sa te pwofetize a. Lè wa Nebikadneza te deside fè fas ak rebelyon wa peyi Jida yo, vil la avèk tanp lan te detwi nèt, pi fò nan pèp la (prèt, moun rich, jèn ak moun ki gen anpil kapasite yo) te depòte pou peyi Babilòn epi dezas la te jeneral.

Ane 539 av.K., Si II peyi Pès la te pran pouvwa kont Babilòn epi, apre li te fin byen kanpe pouvwa l' la, li te pran desizyon ki saj osijè de pèp ki te anba dominasyon li yo. Pami tout bagay sa yo, li te pibliye yon dekrè (538 av.K.) pou reedifye tanp Jerizalèm nan. Nan ane 537 yo te kòmanse travay tanp lan. Men, fas ak opozisyon rès popilasyon an ki te rete nan peyi a pandan tan esklavaj la, travay yo te pran reta. Si te mouri nan batay (nan 530). Pitit gason l' lan Cambises (yon tiran) te grave jwif yo avèk kontribisyon pase yo. Cambises te mouri nan ane 522 epi Dariyis I te

monte sou twòn nan (li diferan de Dariyis ki nan liv Danyèl la). Papa li te rele Istaspes, se sa ki fè ke Dariyis I pote non Dariyis Istaspes oubyen Dariyis Legran. Gouvènman li a te byen long (522-486 av.K.). Se la pwofesi Aje a baze li.

Aje siyifi "festen", petèt se paske li te pran nesans nan yon peryòd fèt. Genyen yon tradisyon ki fè konnen ke li te pran nesans nan Jerizalèm epi, se sa ki fè ke li te konnen tanp Salomon an (Aje 2 :3). Li ta dwe genyen 80 ane sou tèt li lè li te pwofetize a.

Nan ki fason ke pwofèt Aje te ankouraje pèp Izrayèl la mete men nan travay rekonstriksyon tanp lan ki te rete san fini an? Nan ki fason nou menm jodi a nou kapab mete men nan travay Seyè a ki kòmanse oubyen sispann?

Aje bay senk motivasyon ki posib pou toujou mete men nan travay Seyè a.

I. Analize tèt nou epi repran travay Seyè a

Nan dezyèm lanne rèy wa Dariyis nan peyi Pès la, premye jou nan sizyèm mwa a (520 av.K.) Seyè a te bay pwofèt Aje yon mesaj pou Zowobabèl, (moun peyi Babilòn), pitit gason Chealtyèl la ki te gouvènè peyi Jida, chèf politik la, jenerasyon dènye wa peyi Jida, Jowakin (ki pote non Jekonyas ak Koniyas), ak Jozye (Seyè a pral libere) pitit gason Jozadak la, ki te granprèt lè sa a, chèf relijye, jenerasyon Sadòk, li menm ki te rete poukont li kòm prèt nan tan Salomon an (Aje 1:1-11).

18 ane de gentan pase lè yo te sispann rekonstriksyon tanp lan. Yo te chwazi ranje kay pa yo byen bèl, epi yo te neglije kay pa Seyè a (v.4).

Reprimand Bondye a kont Izrayèl ta dwe sèvi pou anpil kretyen nan tan kounye a ki plis ap fè diferans de richès yo ak pòv ekonomi legliz yo a. Motivasyon

80

an se ke yo te dwe analize tèt yo: "Bon. Koulye a, men sa Seyè ki gen tout pouvwa a di: Kalkile byen sou sa k'ap rive nou la a" (v.5).

Akoz de jan Izrayèl te neglije kay Bondye a, pwòp travay pa yo a pat bay bon rannman (v.6).

Lis kalamite yo (vv.7) vin tounen rezon egzòtasyon an ankò: "Kalkile". Seyè a mete an konsiderasyon pèp li a kalite lavi ki pa fikse li vè direksyon Bondye a. Pèp la t'ap tann pou li te genyen kondisyon ki favorab, bon rekòt ak yon lavi ki konfòtab. Men ti kras sa yo te rekòlte a pat kapab ba yo richès. Yo pat menm panse ke men disiplin Seyè a te dèyè kalamite sa.

Aje te di yo konsa: "Men, rekòt la mèg. Nou ranmase l' mete nan depo, mwen fè l' gate. Poukisa mwen fè sa? Se Seyè ki gen tout pouvwa k'ap pale wi. Se paske nou kite tanp mwen an ap kraze epi tout moun ap prese bati kay pa yo" (v.9b).

Konsa, li pat kapab bay kondisyon ekonomik yo tò ni pale de move chans. "Kalkile" se tankou di "analize tèt nou, men piga nou sèlman rete ap plenyen, men pito se pou nou kòmanse mete men nan travay Seyè a epi yon fwa ke nou fin byen reflechi, mete men nan travay la!"

II. Nou dwe depann de Lespri a nan travay Seyè a

Tout glwa a se pou Bondye lè pèp la tande vwa li. Se li menm ki te reveye lespri Zowobabèl ak Jozye. Se kòm si ke pwofèt Aje ta di yo: "Mwen ankouraje nou travay avèk kouraj ansanm avèk pèp la, men se pou nou toujou fè li pandan n'ap depann de Sentespri a" (wè Aje 1:12-15).

Pwofèt la itilize mo (te koute)", ki anvlope plis kapasite ki kapte son. Mo sa siyifi "resevwa mesaj la epi obeyi".

Izrayelit yo pat sèlman obeyi, men tou yo te vin gen krentif pou Seyè a. An jeneral, konsèp tèm sa vle di bese tèt devan yon moun. Atitid sa yo ke pèp la te adopte a, san dout, te kapab manifeste, sèlman avèk asistans Sentespri a.

Fraz "mwen ansanm avèk nou", menm jan Aje te montre sa, sa pat gen pou wè ak omniprezans lan, men pito avèk yon relasyon avèk Lespri li, epi atravè mwayen sa, Bondye te ba yo direksyon. Se pwomès prezans pèsonèl Lespri a ki ta ankouraje yo repran ak fini travay la.

San limyè ki soti nan Pawòl Bondye a avèk ministè Sentespri a, lòm pa kapab rive lwen nan travay Seyè a.

III. Fè efò epi amelyore travay Seyè a

Prèske yon mwa pita, apati de dezyèm mesaj la, Aje te parèt pou fè tande li yon lòt fwa ankò (Aje 2:1-9). Fòs yo te vin febli ankò. Pwoblèm pwòp travayè yo, ak vwa ideyalis granmoun ansyen yo, ki te kapab konnen tanp salomon an lè yo te piti, te vin simen yon depresyon espirityèl nan mitan pèp la.

Men, Bondye te ankouraje yo lè li t'ap fè yo sonje bon bagay nan tan pase yo (v.5) epi anonse yo yon avni ki ranpli ak glwa.

Siyale ensistans Aje nan ekzpresyon "Seyè ki gen tout pouvwa a", ak tit sovè a "Sa ke tout latè bezwen an" (v.7).

Li te ankouraje pèp la kontinye pou pi devan epi fè tout sa ki posib pou amelyore tanp lan nan epòk li a, menm si li pa ta rive nan nivo tanp Salomon an. Alafwa li te resevwa esperans ke genyen jou glwa san fen ki ta genyen pou vini, lè Sovè a manifeste.

Pou yon kretyen nan tan kounye a se yon foli pou li ta kite dezespwa ki akonpanye nesesite materyèl yo domine l' pandan ke Bondye genyen resous ki pap fini. Menm si ta gen mank de resous, nou pa kapab sispann mete men nan travay Seyè a epi amelyore li chak jou.

Konsakre nou pou n' bay sèvis nan travay Seyè a

Se te nan setyèm mwa (Aje 2:1) epi pèp la te kontinye ap pran reta nan rekonstriksyon total tanp lan epi li pa t'ap demontre yon vrè depandans anvè Bondye. Se sa ki fè ke Aje te egzòte yo konsakre yo avan, si yo te vle pou Bondye te beni travay yo fè avèk men yo a.

Nan okazyon sa, pwofèt Aje te chanje metodoloji li a. Avan sa, li te kontrekare ti rès pèp la avèk yon egzòtasyon dirèk; la a li te itilize plizyè kesyon.

Premye a (2:12) gen relasyon ak transfè sentete a. Pou pi klè, kesyon an te: Si yon moun pran yon moso vyann yo mete apa pou Bondye, li vlope l' nan ke rad li. Lèfini, li kite rad la touche yon pen, osinon yon manje kwit, osinon yon veso ki gen diven osinon ki gen lwil, ou nenpòt ki kalite manje, èske sa ap mete manje a apa pou Bondye tou pou sa? "Non, paske lalwa anseye ke pa kapab genyen transfè sentete". Dezyèm kesyon an (2:13) prezante opozisyon fas ak premye a: "Lèfini, Aje mande yo: -Lè yon moun pa nan kondisyon pou l' sèvi Bondye paske li te manyen yon kadav, lèfini si li manyen yonn nan kalite manje sa yo, èske sa ap fè manje yo pa bon pou sa pou moun ki nan kondisyon pou sèvi Bondye?

Prèt yo reponn li: -Wi!"

Daprè lalwa, kontak avèk yon kadav te lakoz kontaminezon. Kondisyon sa te anpeche moun nan pran pa nan adorasyon an, epi pafwa li te oblije soti al rete byen lwen kan an. Anplis da sa, si moun sa te touche lòt moun, li menm tou te vin enpi.

Se sèten, jodi a, sitiyasyon sa kapab chanje avèk plan Bondye a. Bondye transmèt resous ki bay chanjman ke moun ki aksepte Kris la bezwen an.

Aje te ensiste pou montre ke men nan travay reedifikasyon tanp lan, malgre travay ki te fèt la te byen piti, li te kontamine akoz de pwoblèm espirityèl la.

Li posib pou nou byen aktif nan travay Bondye a epi menm genyen men nou yo byen fon nan bagay sakre yo epi jiskaprezan nou dezobeyisan. Yon bon travay kapab kontamine avèk yon kè ki dezobeyisan ak yon lespri rebèl. Pou nou jwi benediksyon Bondye a konplètman, kretyen an dwe sèten pou li elimine kontaminezon kontajye a ki se peche a; li dwe konsakre li.

IV. Se pou nou sipòte moun ki chèf travay Seyè a

Finalman, senkyèm motivasyon an nan liv la se dezyèm nan nan de ke Aje te resevwa nan menm dat la (Aje 2 :20-23). "Menm jou sa a, ki te vennkatriyèm jou nan mwa a, Seyè a bay Aje yon dezyèm mesaj. Li di l' konsa: -Pale ak Zowobabèl, gouvènè peyi Jida a, di l' pou mwen: Mwen pral souke syèl la ak latè a. Mwen pral jete wa k'ap gouvènen yo, mwen pral detwi pouvwa nasyon yo. Mwen pral chavire cha lagè yo ansanm ak moun ki sou yo. Tout chwal yo pral mouri. Pou moun ki te sou chwal yo menm, yonn pral touye lòt ak nepe yo. Jou sa a, m'ap pran ou, ou menm Zowobabèl, sèvitè m' lan, pitit gason Chealtyèl la, m'ap ba ou pouvwa pou gouvènen nan non mwen, paske se ou menm mwen chwazi pou sa. Se Seyè ki gen tout pouvwa a ki di sa".

Vèsè 18 la bay rezon ak gwo enpòtans ke dat sa te genyen: "Jou nou te fini ak fondasyon tanp lan".

Fwa sa a, Seyè a te fè konnen ke mesaj la se te pou gouvènè a li ye, Zowobabèl, li menm ki te konsidere kòm lidè politik ti rès pèp la pou otorite peyi Pès yo.

Mesaj pou gouvènè a prezante karaktè souveren Seyè a, epi li fè yon lis ki te demontre kontwòl konplèt ak total li (vv.21-22).

Nan yon epòk kote ke san dout, tout moun, mwens fidèl yo, te santi yo prewokipe pou avni yo (yo te demoralize paske yo pat fè anpil bagay nan reedifikasyon an, akoz de sechrès, akoz de lenmi yo), Bondye te pale ak lidè politik la. Li fè l' sonje ke li soti nan fanmi David, ke Bondye te fè pwomès konsènan pitit pitit wa popilè sa, epi finalman, li te konpare ak yon bag pou sele. Zowobabèl te yon chèn ant David ak pi gwo desandan li a, vrè Mesi a (v.23). Bondye genyen kapasite pou mete plan li an aksyon epi li te déjà chwazi moun ki ta reyalize bèl objektif li yo.

Bondye ap toujou pran plezi ak moun ki obeyi li ak moun ki respekte moun ke Li mete kòm lidè nan travay li a tou.

Finalman, tanp lan te fini nan ane 515 av.K. (Esdras 6 :14-16). Menm si li raz pou nou konpare li avèk tanp Salomon an, rekonstriksyon sa egzèse nan epòk li a yon pi gwo enfliyans pase tanp Salomon an nan lavi nasyon jwif la. Genyen peleren ki te soti tout kote pou vini la, paske se ladan li yo te konn fè sèvis pou ofri sakrifis ak rityèl yo.

Aje kòm yon nonm ki te genyen yon vrè vokasyon pwofetik te kontribye nan tout sa. Nan moman kriz, li te obeyisan fas ak apèl li a, epi avèk kouraj e pèseverans li te konnen pou l' te ankouraje yon pèp avèk dirijan li yo devan.

Kesyon Opsyonèl:

I. Analize tèt nou epi repran travay Seyè a

- Èske w' mete men nan travay Seyè a? Nan ki fason w'ap fè li? (Aje 1 :1-11)
- Poukisa Aje te egzòte jwif ki te retounen soti nan esklavaj yo?

II. Nou dwe depann de Lespri a nan travay Seyè a

- Sou kilès moun Lespri a gen pou vini? (Aje 1 :12-15)
- Ki plas ou kwè ke Sentespri a dwe okipe nan sèvis ou nan travay Seyè a?
- Kisa ki te pase lè w' te depann de pwòp fòs ou pou w' sèvi seyè a?

III. Fè efò epi amelyore travay Seyè a

- Ki rezon ki fè ke Aje te oblije vin ankouraje pèp la yon lòt fwa ankò pou yo te fè efò ak amelyore travay rekonstriksyon tanp lan? (Aje 2 :1-9)
- Èske w' fè efò nan travay Seyè a? Nan ki fason w' konte amelyore sa w'ap fè pou w' sèvi Seyè a?

IV. Se pou nou sipòte moun ki chèf travay Seyè a

- Kimoun pèp Izrayèl la te dwe apiye pou mete fen ak rekonstriksyon tanp Jerizalèm nan?
- Poukisa sa mande ke se sèl moun sa pou yo te apiye?
- Èske w' apiye lidè w' la nan travay Seyè a?

Konklizyon

Ki kote priyorite m' yo ye? Pawòl Bondye a ban nou ase ankourajman pou ke nou deside mete men nan travay Seyè a. Si petèt nou sispann, oubyen chanje priyorite, oubyen devye atansyon an, li lè pou nou mete men nan travay la!

Yon pwofesi pou jodi a

Walter Rodríguez (Irigwey)

Vèsè pou aprann: "Tounen vin jwenn mwen, m'a tounen vin jwenn nou tou. Se vre wi sa m'ap di nou la a" Zakari 1:3b.

Objektif leson an: Se pou elèv la kapab konnen lanmou, mizèrikòd ak sentete Bondye an relasyon ak pèp li a.

Entwodiksyon

Li pwobab pou gen kèk moun nan klas ou a ki se imigran oubyen ki te fè kèk eksperyans viv lwen kote yo te fèt la, menm si se deplase al vin yon lòt zòn ki andedan menm peyi a oubyen ki al viv nan yon lòt peyi.

Nan tan n'ap viv la genyen plizyè milyon moun ki pap viv kote yo te pran nesans lan. Genyen kèk nan yo ki deplase pou yo kapab etidye, anpil lòt al viv lòt kote pou yo kapab viv yon lavi miyò, gen lòt ki al viv lòt kote pou zafè politik oubyen sosyal, elatriye.

Nan mond lan genyen anpil moun ki oblije kouri kite kote y'ap viv la pou sove lavi yo, al kache nan kan refijye jiskaske yo ka jwenn mwayen pran egzil nan yon lòt peyi kòm refijye.

Nan tout deplasman sa yo, nou jwenn sa yo ki viktim trafik moun pa fòs oubyen koken yo kidnape yo pou fè yo tounen esklav, espesyalman fanm yo pou eksplwate yo kòm travayè seksyèl. Petèt nan kominote w' la genyen pwoblèm sa ke nou menm kretyen yo nou dwe abòde epi anba direksyon Bondye montre fòm ki adekwa pou montre lanmou Seyè a fas ak sikonstans sa yo.

Mande elèv ou yo pou yo rakonte kèk eksperyans pozitif ki brèf ak negatif pou yon imigran. Mande yo pou yo esplike rezon ki te fè yo kite zòn kote yo te fèt la.

Kòman deplasman nan plas sa te ye pou yo?

Èske yo te kapab retounen?

Èske yo te oblije aprann lòt lang?

Èske yo te oblije aprann nouvo kalite lavi?

Kòman yo te resevwa yo?

Èske yo te byen akeyi yo?

Èske yo te refize ak gade yo sou laparans?

Si yo te retounen, kòman retou sa te ye?

Zakari se avan dènye liv ki nan Ansyen Testaman, li te ekri nan ane 520 av.K. ak 518 av.K., lè Zowobabèl te gouvènè peyi Jida nonmen pa anperè Si peyi Pès la, epi li te akonpanye avèk prèt Jozye.

Liv la divize an de pati: Premye a se apati de chapit 1-8; epi dezyèm nan se apati de chapit 9-14 epi se liv ki pi gwo nan Ti Profèt yo. Menm si gen kèk ti dout sou otè a, espesyalman nan dezyèm pati a, tradisyonèlman yo aksepte ke se Zakari ki otè tout liv la.

I. Kòmansman yon nouvo jou

Genyen esplikasyon politik ak militè ki egziste sou evènman ki te pase nan Mwayennoryan nan epòk kote yo te anvayi wayòm Nò (Izrayèl) ak Sid (Jida) pa nasyon etranje yo, menm jan ak twa kaptivite pèp jwif la. Men pou sa ki gen pou wè ak relasyon Bondye avèk pèp li a, istwa biblik la souliye pinisyon pou dezobeyisans pèp la lè yo vyole kontra ke yo te siyen ak Bondye a.

Chèf ki t'ap dirije jwif yo te refize koute sa ke Bondye te di yo atravè pwofèt yo, pou rezon sa a pèp la te ale an egzil pa anperè Nebikadneza epi vil la te detwi, menm jan ak tanp Jerizalèm nan.

Pou epòk pwofèt Zakari a, Bondye te dispoze li pou l' te restore relasyon an avèk pèp li a. Se konsa ke Si, anperè Pès la nan ane 538 av.K., te pibliye yon dekrè ki te libere pèp jwif la nan esklavaj ki te dire 70 ane a.

Yon gwoup pami sa ki te an egzil yo te retounen Jerizalèm avèk entansyon pou rekonstwi vil la epi plis espesyalman tanp Seyè a. Si pat sèlman ba yo otorizasyon, men tou li te ba yo materyèl an abondans ak manje pou yo kòmanse travay la.

Yo te kòmanse travay avèk anpil kè kontan epi yo te rive mete fondasyon tanp lan. Apre yon tan, nasyon nan vwazinay yo te rive konvenk anperè pès la ki se Atagzèsès pou li te bay lòd kanpe konstriksyon an jiska vouvo lòd.

Se sèten ke lavi moun ki te retounen yo te difisil anpil, jeneralman, lavi moun ki te la avan yo pat senp epi pwoblèm yo te lakoz ke moun sa yo ki te kòmanse travay rekonstriksyon an avèk anpil kouraj la rafredi.

Kèk ane pita, nan ane 520 av.K. lè anperè a te Dariyis, pwofèt Aje epi de mwa pita pwofèt la ak prèt Zakari te kòmanse preche pèp la. Yo tou de a te pran angajman yo pou ankouraje pèp la fini ak travay konstriksyon tanp lan ak vil la. "Chèf fanmi jwif yo menm rebati tanp lan san pwoblèm, avèk ankourajman Aje, pwofèt Bondye a, ak Zakari, pitit gason Ido a, t'ap ba yo ak mesaj Bondye yo. Se konsa yo fin rebati tanp lan jan Bondye pèp Izrayèl la te ba yo lòd la, ak jan Dariyis, Siris ak Atagzèsès, tou twa wa peyi Pès la, te ba yo lòd la tou" (Esdras 6:14).

Zakari te resevwa menm vizyon avèk Aje, li enpòtan pou yo te fini ak tanp lan pou te fòtifye lafwa pèp la. Sepandan, te genyen lòt bagay ki byen enpòtan ke yo te dwe prete atansyon, tankou pa egzanp relasyon pèsonèl epi tankou pèp avèk Bondye, li menm ki t'ap ouvè yon nouvo opòtinite pou yo viv nan lapè ak pwosperite. Zakari te fè yo konprann ke si yo te rete fidèl, t'ap genyen yon bèl avni ki pa t'ap gen dat ekspirasyon.

II. Li te enpòtan pou relasyon an te restore

Nan premye pati a (Zakari cc.1-8), zakari kòmanse avèk yon apèl a la repantans: "Men koulye a, mwen menm Seyè ki gen tout pouvwa a, men sa m' voye di nou: Tounen vin jwenn mwen, m'a tounen vin jwenn nou tou. Se vre wi sa m'ap di nou la a" (1:3).

Nan apèl sa genyen bagay ki gen pou wè ak akò ke Bondye te ofri pèp la nan plizyè okazyon epi ki kontinye ap ofri disip li yo menm jodi a yon kontra ki baze sou lanmou ak fidelite.

Se tankou nou ta kapab di, ann siyen yon kontra, sispann vye abitid rebèl sa yo, nan pa obeyi ansèyman mwen yo, pou mwen kapab kondwi nou nan yon chemen ki pi bon. Envitasyon damou sa fas ak angajman serye sa repete atravè tout Bib la.

Nan dezyèm mesaj la, Zakari te mansyone wit vizyon ki pwobab te prezante nan menm okazyon an. Pwofèt la te aranje pwen li yo sou fòm alegori ki ta bay mesaj la nan yon langaj apokaliptik, ki te byen popilè nan epòk apre egzil la.

Tèm tanp lan te enpòtan anpil pou Zakari, men

nan seri vizyon sa yo li te baze sou pirifikasyon ekstèn nan (kòn ak chapantye yo, 1:18-21); pral genyen obstak, sepandan Bondye bay pwovizyon ke pèp la bezwen pou acheve rekonstriksyon an. Nan menm tan tou li siyale yon pirifikasyon entèn (fanm nan panyen an, 5:5-7).

Lè nou retounen nan premye mesaj repantans lan, Zakari pale de nesesite pou abandone peche.

"Rekonstriksyon tanp lan siyifi ak reyalize plizyè lòt byen: remosyon kilpablite (3:9), kè poze nan vil la (3:10), akò de pouvwa yo (6:13), fètilite jaden yo (8:11-12) ak atraksyon inivèsèl (8:20-23)" (Luis Alonso Shokel ak Jan Mateos, nòt ki soti nan Nouvo Bib Espanyòl, p.1070).

III. Travay di a pa tout bagay

"Lè sa a, zanj ki t'ap pale avè m' lan reponn mwen, li di m': -Men mesaj Seyè a voye pou Zowobabèl: Se pa avèk vanyan sòlda ou yo, ni avèk pwòp kouraj ou ou pral rive nan sa ou gen pou fè a. Men se va avèk pouvwa lespri pa m' m'ap ba ou a. Se Seyè ki gen tout pouvwa a menm ki di sa" (4:6).

Pawòl sa yo soti nan senkyèm vizyon an, pa kandelam an lò a avèk de doliv yo. Pawòl popilè sa yo anglobe lòt ki nan tèm ke Zakari repete yo, tout konfyans ak depandans de Bondye ansanm ak travay fòse ak pèseveran, se chemen an. Lè yo te kòmanse travay yo, genyen kèk ki te pèdi pasyans epi dekouraje paske kòmansman an pat pwogrese jan yo te reve l' la, petèt yo te panse ke yo pat genyen tout sa yo te gen bezwen oubyen travayè yo pat ase.

Li posib pou genyen kèk pami yo ki pat sèten ke Bondye te ansanm avèk yo, travay la te vin tounen yon pwojè lòm. Sepandan, mesaj pwofèt la te resevwa nan men Bondye a se pou ankourajman, pandan li t'ap asire yo ke Li te la avèk yo ("Yo te pran ti konmansman sa yo pou anyen. Men, ala kontan y'a kontan lè y'a wè Zowobabèl ap kontwole travay la, filaplon li nan men l'! Zanj lan di m' ankò: -Lanp sèt branch ou wè la a se sèt je Seyè a ki wè tou sa k'ap pase sou latè", 4:10). Moun ki wen yo se enstriman ke Li pral itilize pou konplete travay la: "Li di m' konsa: -Se de moun Bondye chwazi pou fè travay Seyè a, Mèt latè a" (4:14).

Byen fasilman jodi a nou bliye si nou se enstriman nan men Bondye, epi nou kòmanse ap anchaje nou de travay ke Li mande epi posiblite siksè a vin redwi an kapasite nou ak resous nou yo, lè se Seyè ak Bondye nou ki bay direksyon epi ede nou jwenn sa ke nou gen bezwen an.

Li posib pou ke nan kèk etap bagay yo pa vini jan

ke n'ap tann li an, men anpil fwa Zakari ankouraje nou gade pi lwen pase sikonstans yo epi wè avèk je lafwa ke Li va fè si nou pèsevere epi nou pa dekouraje.

IV. Pwofesi yon esperans ki reyèl

Dezyèm pati liv Zakari a kòmanse apati de chapit 9-14, si totalman diferan de 8 premye chapit yo. Gen kèk kòmantaris ki panse ke dènye pati sa te ekri pa pwofèt la sou final lavi li, pandan ke premye pati a identifye li klèman ak jenès Zakari.

Seksyon sa genyen plizyè pasaj ki fasilman gen relasyon avèk ministè tèrès Seyè a Jezikris.

Pa egzanp, 9 :9 mansyone kòman nouvo wa Siyon an pral rive Jerizalèm : "Nou menm moun ki rete sou mòn Siyon an, fè fèt, fè gwo fèt! Nou menm moun lavil Jerizalèm, rele, chante tèlman nou kontan! Gade! Men wa nou an ap vin jwenn nou! Li rann jistis san patipri. Li genyen batay la. Li san lògèy. Li moute yon bourik, yon ti bourik dèyè manman". Plizyè lòt referans enteresan parèt nan 12 :10 : "M'a fè pitit pitit David yo ak moun lavil Jerizalèm yo gen bon kè. M'a fè yo konn lapriyè nan pye m'. Y'a leve je yo gade m', y'a wè moun yo te pèse a. Y'a nan gwo lapenn pou li tankou moun ki pèdi sèl pitit li te genyen an. Y'a pete rele tankou moun ki pèdi premye pitit gason yo" ak 13:6: "Si yon moun mande l': Pouki tout mak blese sa yo sou ponyèt ou? L'a reponn: Se kay yon zanmi sa rive m'". Pwen santral chapit sa yo se esperans ak restorasyon pou pèp Bondye a. Yon nouvo tan pwosperite materyèl ak transfòmasyon espirityèl gen pou rive. Pa egzanp, nan premye pati Zakari 12 :10, ke nou déjà site, li di konsa: "M'a fè pitit pitit David yo ak moun lavil Jerizalèm yo gen bon kè. M'a fè yo konn lapriyè nan pye m'. Y'a leve je yo gade m', y'a wè moun yo te pèse a. Y'a nan gwo lapenn pou li tankou moun ki pèdi sèl pitit li te genyen an. Y'a pete rele tankou moun ki pèdi premye pitit gason yo". Bon moman sa yo se pou moun sa yo ki rekonèt ak adore Seyè a.

Mizèrikòd Bondye a, pou yon pèp rebèl menm jan ak sa, li pi lwen pase konpreyansyon nou. Nan tout Bib la Bondye montre lanmou li epi pare pou padone, menm si relasyon lanmou ak zanmitay avèk pèp li a kondiyonnen avèk repantans ak yon kondwit de fidelite. Mesaj sa parèt tout kote nan Bib la: gen esperans, Papa ki konn padone a ap tan pou pitit li yo tounen vin jwenn li, pare pou swiv ansèyman li yo ak kè kontan e fidelite.

Menm si benediksyon Bondye a rive sou jis ak mechan yo, Li genyen yon akèy damou epi diferan avèk pitit Li yo.

Li toujou ap ankouraje yo pèsevere, konfye epi chèche fè sa ki fè l' plezi. Yon lòt kote li anseye nou gade pi lwen pase sikonstans yo ke n'ap travèse yo, pou nou wè ke benediksyon, lapè ak jwisans lavi yo "konsève" nan atansyon relasyon nou avèk Li.

Nan tan sa yo ke n'ap viv la, lè nou pale tèlman de "santi" nan adorasyon, nou pa koute anpil bagay de sa ke Bondye ap atann de nou. Lè nou identifye tèlman Sali a kòm sanntifikasyon total ak eksperyans emosyonèl, nou bezwen pale pi plis de temwayaj kondwit lavi kretyèn nou. Ralf Earle di konsa: "Liv la fèmen avèk yon imaj sentete triyonfan. 'Lè jou sa va rive, SENTETE POU SEYÈ A…" va ekri sou tout cheval yo. Se menm bagay la ki ekri nan dekorasyon prèt yo. Sentete a se pa yon bagay ki gen pou wè ak prèt yo sèlman ankò, men pito li antre nan tout aspè nan lavi, e pou tout moun.

Kesyon Opsyonèl:

I. Kòmansman yon nouvo jou

- Poukisa Izrayèl te detwi? (Gade nan 2 Wa chapit 24 ak 25)
- Poukisa Si, anperè Pès la te deside libere jwif yo? (Gade nan Esdras 1)

II. Li te enpòtan pou relasyon an te restore

- Ki de mesaj pi enpòtan Zakari yo, ki rete pou jous jounen jodi a?

III. Travay di a pa tout bagay

- Nan ki fòm ou kapab aplike mesaj Zakari a nan lavi w'?

IV. Pwofesi yon esperans reyèl

- Ki mesaj santral dezyèm pati liv sa? Epi, poukisa w' panse konsa?

Konklizyon

Nan pwofesi Zakari yo (dirije premyeman a yon pèp ki nan rekonstriksyon), gen anpil bèl leson pou lavi kretyen jodi yo. Youn nan yo se ke nou dwe toujou kenbe lafwa epi konsantre sou sa ke Bondye vle. Konprann ke difikilte ke moun ki t'ap fè volonte Bondye yo te rankontre yo, yo se sèlman eleman ke lènmi an itilize pou distrè ak febli pèp Bondye a.

Nan ki bò ou ye?

José Barrientos (Gwatemala)

Vèsè pou aprann: "Pa janm bouke fè byen. Paske, si nou pa dekouraje, n'a rekòlte lè lè a va rive" Galat 6:9.

Objektif leson an: Evalye jan n'ap mache konfòm ak sa Bondye vle epi korije sa k'ap elwaye nou de plan Sali a.

Entwodiksyon

Pèp Izrayèl la konstitye yon modèl relasyon ant Bondye avèk lòm. Lè nou etidye liv Malachi a, nou wè lavi nou reflete ladan li.

Se plizyè kòmantasris biblik ki te etidye liv sa. Pou analiz li yo divize li sou plizyè fason dapre objektif ki bay la, pandan yo itilize tèm ki vrèman klè nan liv la. L'ap fè sou twa aspè nan relasyon pou pran leson nan sa, men li se yon bon liv pou ede nou mache avèk Kris.

Karakteristik lavi chak jou yo montre ke genyen resanblans ak sa ke Malachi dekri a, kote ke li konfime apwobasyon kontanporen liv la, an fonksyon de yon objektif ki klè: delivrans lòm pa Bondye.

I. Mesaj pou prèt yo

Nan Nonb 3, plan Bondye a dekri pou branch fanmi Levi. Yo te jwe yon wòl byen enpòtan paske se yo menm ki ta ranplase premye pitit yo kòm posesyon Seyè a, sa ki te detèmine depi lè li te delivre premye pitit jwif yo epi ejipsyen yo te mouri a.

Bondye te ba yo responsablite ki espesifik ki te genyen ladan yo, non sèlman angajman avèk Bondye, men tou avèk pèp la. Nan Nonb 3:7 nou li:"Y'a travay nan kay Bondye a, y'a fè tout kalite sèvis ki gen pou fèt pou Arawon ak pou pèp la devan Tant Randevou a".

A. Kisa Bondye t'ap tann

Malachi te di prèt yo byen klè pou yo te tande li epi retounen vin jwenn Bondye pou adore li. Li fè yo sonje ke kontra ke Bondye te fè avèk Levi a se te pou lavi ak kè poze, epi li te konsève, se pou sa ke Bondye te beni li (Malachi 2:1-9).

Bondye t'ap atann pou prèt yo te pale avèk sajès epi pou yo te kapab gide pèp la nan pawòl Bondye. Malerezman pa gen anyen nan sa yo ki te fèt, se poutèt sa, Bondye te bay avètisman sou nesesite pou yo te chanje konpòtman yo pou ke pinisyon ki te anonse a pat nesesè.

B. Ak kimoun l'ap pale Jodi a

Apre vini Seyè a, anpil nan responsablite yo te eklèsi. Si byen wòl prèt yo se te delege pastè yo nan ka legliz evanjelik la, ebyen nou menm tou nou genyen responsablite byen klè de fason endividyèl.

Prèt yo te genyen responsablite pou yo te atende pèp la epi prensipalman akonpli yon fonksyon nan prezante sakrifis pou padon yo, men sakrifis animal yo pat ase akoz de kòripsyon ke menm prèt sa yo te konn ap soufri (Ezayi 1:11-13), sa ki te fè yo twouble pèp la, sa ki te fè ke sakrifis yo te vin ranplase pa yon mouton san tach, mouton Bondye a, pitit li a Jezikris (Jan 1:29).

Lè Jezi te bay pou ale epi fè disip (Matye 28:19-20), sa te gen yon responsablite ant moun sa yo ki ta dwe ranplase pou wòl prèt ak disip yo an jeneral. Pami yo se apot yo depi nan kòmansman epi soti andedan yo nouvo òganizasyon ki responsab Gran Komisyon an: Legliz la.

Li ta byen fasil pou nou ta lage responsablite sa sou do pastè yo, yo menm ki san dout genyen li epi angaje yo avèk li, sepandan, pandan n'ap swiv egzanp wòl prèt ke Jozye te pran an lè li te di konsa:"Men, si nou pa vle sèvi Seyè a, depi koulye a chwazi sa nou vle sèvi a: oswa bondye zansèt nou yo t'ap sèvi nan peyi lòt bò larivyè Lefrat la, osinon bondye moun Amori yo t'ap sèvi nan peyi kote n'ap viv koulye a. Men, pou mwen menm ansanm ak tout moun lakay mwen, se Seyè a n'ap sèvi" (Jozye 24:15), ansanm avèk privilèj ke nou benefisye a "Men nou menm, nou se yon ras Bondye chwazi, yon bann prèt k'ap sèvi Wa a, yon nasyon k'ap viv apa pou Bondye, yon pèp li achte. Li fè tou sa pou n' te ka fè tout moun konnen bèl bagay Bondye te fè yo, Bondye ki rele nou soti nan fènwa a pou nou antre nan bèl limyè li a" (1 Pye 2:9), plis rekonesans ke apot Pòl fè sou privilèj nou an ki pataje:"Koulye a pa gen diferans ant moun ki jwif ak moun ki pa jwif, pa gen diferans ant moun ki esklav ak moun ki pa esklav, ant fanm ak gason. Nou tout nou fè yonn nan Jezikri" (Galat 3:28), demann sa ke Malachi fè a fè nou poze tèt nou kesyon:"Èske m'ap jwe wòl mwen kòm prèt, lakay mwen kòm premye ministè mwen epi apre sa avèk lòt yo?''

II. Mesaj pou tout pèp la an jeneral

Mesaj pwofèt la genyen ladan li pwofesi osijè de ''gran jou Seyè a''. Site grandè evènman sa. Lè pwofèt la anonse l' la, li te kapab sanble pat klè, sepandan, lè nou wè li nan tan kounye a, genyen kèk karakteristik nan sa ki gen pou pase yo parèt byen klè devan je nou.

Pwofèt la di konsa: ''Seyè a pale, li di konsa: -Men m'ap voye mesaje mwen devan pou l' pare yon chemen pou mwen. N'ap rete konsa, n'ap wè Seyè n'ap plede chache a ap vini nan tanp li a. Mesaje nou te anvi wè a, men l'ap vini pou l' fè tout moun konnen kontra a. Men, ki moun ki ka sipòte jou l'ap vini an? Ki moun ki va rete kanpe devan l' lè la parèt la? L'ap tankou dife yo sèvi pou fonn fè. L'ap tankou gwo savon yo sèvi pou blanchi rad. La vini tankou moun k'ap fonn fè pou wete kras ki ladan l'. L'ap netwaye pitit pitit Levi yo, l'ap wete tou sa ki pa bon nan yo tankou yo netwaye lò ak ajan, pou yo ka nan kondisyon ankò pou yo prezante ofrann bay Bondye jan yo dwe fè l' la. Lè sa a, ofrann moun peyi Jida yo ak ofrann moun lavil Jerizalèm yo va fè Seyè a plezi, jan sa te konn ye nan tan lontan, depi nan konmansman. Seyè ki gen tout pouvwa a di ankò: -m'a vin jwenn nou pou rann jistis. Parèt mwen parèt, m'ap denonse moun k'ap fè maji, moun k'ap fè adiltè, moun k'ap fè sèman pou twonpe moun, moun k'ap kenbe nan lajan moun k'ap travay pou yo, moun k'ap peze fanm ki pèdi mari yo ak timoun ki pèdi papa yo, moun k'ap pwofite sou moun lòt nasyon, moun ki pa genyen m' krentif. Mwen se Seyè a, mwen p'ap chanje. Se poutèt sa nou menm, pitit pitit Jakòb yo, nou pa disparèt nèt'' (Malachi 3:1-6).

Daprè deskripsyon lògèy pèp la, pati pwofesi sa ta kapab vwale devan je yo.

Sepandan, nou wè nan Jan 18:6: ''Lè Jezi di yo: Se mwen, yo renka kò yo dèyè, yo tonbe atè''. Nou wè pwofesi ki akonpli nan Jezi a byen klè ki te manifeste lè li te di ''Se mwen''.

A. Pou kimoun pwofesi sa ye

Vèsè 3 ak 5 lan pèmèt nou konprann ke jijman Seyè a ap vin fè a se pou tout moun, objektif li se: pini moun ki pat obeyi kòmandman Bondye yo.

Malgre vèsè 5 lan drese yon lis ki genyen plizyè kalite kondwit ki se peche, sa sèlman pretann montre ke pa genyen anyen ki ofanse Bondye k'ap rete akote. N'ap viv nan yon mond kote ke pèsèsite a manifeste nan tout aspè sou latè epi l'ap grandi chak jou pi plis toujou. Ogmantasyon resous teknolojik la apiye move aksyon yo pou ke yo plis egzajere, an kachèt epi plis kriyèl pandan y'ap bare espas ki vizib yo.

B. Sispann ladim nan, yon move pratik

Nan Malachi 3:6 nou jwenn sa ki te di nan Plenn 3:22 a, lè l'ap fè sonje ke malgre bonte Seyè a pat konsonmen mechanste li a.

Nan 3:7-10 genyen yon bagay tou nèf ki siyale: Endispozisyon ladim yo vin konsidere kòm yon vòl kont Bondye. Move rebelyon sa genyen yon efè ki gen de sans, paske lè moun nan pa bay ladim yo, prèt yo te oblije chèche lòt estrateji pou lavi a, sa ki fè yo vin kòwonpi, alafwa ki te domaje moun sa yo ki te sispann bay li.

Pwogram prensip biblik yo, ''Kilti finansye'', itilize yon fraz pwisan de sa ki te pase nan peyi Izrayèl, epi ki kontinye pase jodi a: ''Lizay lajan se yon manifestasyon de sa k'ap pase andedan''. Oto-idolatri a fè moun nan resevwa ladim nan pou li.

Bondye fè pèp la pran konsyans (move dezi pou kèk bagay epi manke lafwa nan lòt yo) de ofans ke li pwodwi kont moun nan, kominote lafwa ak sosyete a menm, lè moun nan pa bay ladim yo, epi li reprann yo byen sevè. Moun ki pa bay ladim nan panse ke li benefisye pwòp tèt li, se pandan, li pini pwòp tèt li. Pliske Bondye refize li, li bloke benediksyon fanmi li epi limite legliz la.

Malerezman, jounen jodi a gen kèk kongregasyon ki siyale akoz de pwovizyon anpil lajan, ki ta kapab itilize nan yon fason ki malonèt. Sa pa dwe twouble nou epi nonplis anpeche nou bay ladim ki pou Bondye. Yon zanmi, ki pa evanjelik di m' yon jou: ''Pa genyen moun ki konnen si li malonèt ou pa, jiskaske li twouve li fas ak yon kès lajan ouvè ki pa pou li epi genyen sansasyon de ke si li pran yon bagay, pa gen moun k'ap konnen''. Bondye se moun ki jije aksyon nou yo.

Nou dwe bay Bondye sa ki pou li epi Li beni moun ki bay ak kè kontan (2 Korentyen 9:7). Kòman angajman w' kòm prèt ak moun ki bay ye devan Bondye?

III. Mesaj pou moun ki gen krentif pou Bondye yo

Genyen yon pwen tranzisyon ki parèt nan Malachi 3:15. Ta sanble ke tristès ak fwistrasyon an ta pou moun sa yo k'ap aji kòrèkteman. Nan peryòd 500 ane Refòm Pwotestan an, n'ap retounen pou nou revize efè gwo evènman sa.

Sa ki enpresyonan se ke menm jan yo te wè li nan epòk Malachi a, se konsa moun avan Refòm pwotestan yo te wè li. Se yon tan kote lalwa moun ki pi fò yo te domine. Kouwòn nan avèk lepap la te batay byen fò pou pran pouvwa.

Lord Acton te yon istoryen, katolik popilè, ke akoz de apresyasyon li nan istwa a, menm Legliz Katolik la te entèdi kèk nan zèv li yo. Analiz istorik li a te rive eksprime: ''Pouvwa gen tandans kòwonpi epi pouvwa absoli a kòwonpi absoliman".

Si nou ta pran tan pou nou li deskripsyon Malachi a, andeyò tèks biblik la, nou ta kapab doute osijè de tan ak plas de kote l'ap pale a. Seyè Jezi te di nan fason sa: "Nou konnen ki jan chèf nasyon yo trete pèp la tankou esklav. Grannèg yo renmen fè moun santi jan yo gen pouvwa" (Matye 20:25).

Nan kontèks pa nou an, evènman yo pa sèlman montre nou otorite yo k'ap gouvène, men tou divès manifestasyon pouvwa k'ap mache an paralèl avèk leta yo, gen anpil nan yo se avèk anpil lajan ki konn menm pèmèt yo bay gouvènman yo defi. Sa fè dizan de sa ke anpil moun t'ap di ke timoun yo pa bezwen bat pou yo vin prezidan, si non, boksè, pou lajan ke yo te rive genyen. Jodi a anpil moun aspire lavi ki pèvèti, paske yo wè pwosperite ladan li.

A. Pou kimoun mesaj esperans lan ye

Malachi 3 :16-18 pou ale pi devan, atende yon "ti rès". Rès pèp la ki sibi tout sa k'ap pase nan antouraj li, li prezève li pandan l'ap fè Bondye plezi. Se de moun sa yo san dout ke "grannèg" yo kwè yo kapab pwofite de yo, yo se moun ki pare pou akonpli sa ki etabli a, se yo menm ki obeyi kòmandman Bondye a.

Pasaj sa kapab parèt envizib, petèt san plas, men li kapab aplike jodi a. Padan ke gen kèk ki resevwa ladim nan yo epi li mal administre yo, yon lòt kote genyen plizyè lòt k'ap deside, (pou koz sa oubyen lòt) pou pa bay li, men toujou genyen yon ti gwoup k'ap bay ladim menm si sa sanble pa lojik, paske yo konnen ke se Bondye yo bay.

Nou dwe konnen ke Jezi te kreye legliz la pou ke zèv li a te kapab kontinye, pou soumèt anba volonte li epi kontinye bay temwayaj lafwa k'ap travay nan li a. Moun yo ki atende sa ke apot Pyè di a: "Men, si nou rive soufri poutèt byen nou fè, konsidere sa tankou yon benediksyon. Nou pa bezwen pè moun, nou pa bezwen toumante tèt nou pou anyen" (1 Pyè 3:14).

B. Ki jan espwa sa a manifeste

Pliske Bondye se Kreyatè nou, li konnen pi bon fason pou li gide nou an. Menm Jezi, fas ak gwo sakrifis ki t'ap tann li an, nan moman kote li te batize a tou li te resevwa sipò Papa a avèk pawòl sa yo: "Sa se pitit mwen renmen anpil la. Li fè kè m' kontan anpil" (Matye 3:17b). Malachi pale osijè de moun sa yo ki "te gen krentif" pou Seyè a epi li te pwofetize osijè de sa ke Bondye ta gen pou l' fè.

Premyeman li ta ekri prezèvasyon fidelite li nan yon liv, pou memwa yo. Yo te dekri kòm trezò espesyal li. Yo va resevwa padon. Yo va distenge ant jis ak mechan. Solèy jis-tis la pral leve pou yo. Yo pral kontan anpil (Malachi 4:1-6).

C. Kisa k'ap chans moun ki gen lògèy yo

Malachi 4 dekri chans jis ak moun ki gen lògèy yo nan yon fason ki paralèl, nan jou jijman an, gran jou Seyè a. Nan jou sa mechan yo pral boule tankou pay kann, moun ki t'ap fè pitit Bondye abi yo gen pou tounen sann anba pye moun ki jis yo.

Malgre deklarasyon ki genyen merit li, mizèrikòd Seyè a toujou aksesib pou kreyasyon li a sove. Jis la va jwenn pwoteksyon epi pou mechan repanti.

Liv Malachi a dekri nou yon sèn ki fè nou sanble aktè. Yo dekri twa kalite moun: I. Dirijan abandone. 2. "Anpil" pèvès, anbisye ak ògeye. Epi 3. Moun sa yo ki genyen krentif pou Seyè a. Li pa kite opsyon. Nou dwe nan youn pami yo, men se nou menm ki pou chwazi nan kilès ladan yo.

Lògèy, lanbisyon ak pèvèsite, bay rezilta ki favorab pou yon ti tan, men fen li se lanmò. Se poutèt sa Bondye ofri opòtinite pou tounnen vin jwenn Li epi pèsevere pou jwenn padon li oubyen kontinye nan lògèy san fren an epi tonbe lè Bondye deside a, menm nan dife lanfè.

Kesyon Opsyonèl:

I. Mesaj pou prèt yo

- Ki mesaj pwofèt Malachi te genyen pou prèt yo? Poukisa Bondye te voye mesaj sa ba yo?

- Daprè I Pyè 2 :9, kimoun sa yo ki jwe wòl prèt jounen jodi a?

II. Mesaj pou tout pèp la an jeneral

- Kòman Bondye defini aksyon pa bay ladim nan selon Malachi 3 :7-10?

- Èske nou konsidere ke nou se vòlè devan Bondye paske nou pa peye ladim? Kisa konesans sa ankouraje nou fè?

III. Mesaj pou moun sa yo ki gen krentif pou Seyè a

- Ki pwomès ke Malachi kominike pou moun sa yo ki pèsevere nan Seyè a? (Malachi 3 :16-18).

- Nan ki bò ou ye? Nan mitan kimoun sa yo ou va ye lè gran jou Seyè a va rive? Èske w'ap fè sa ki nesesè pou w' reyalize li?

Konklizyon

Rete bò kote Bondye se pi bon opsyon an, vin tankou Li bay plezi, ni nan jan nou santi ak aji. Ande-dan sa, fidèl avèk ladim ak ofrann nou yo, san nou pa sispann fè byen, "Paske, si nou pa dekouraje, n'a rekòlte lè lè a va rive". Se pou moun ki pa sispann fè byen ke solèy jistis la va klere.

Legliz nan tan biblik yo

Premye legliz la

Sara Patetta (EEUU)

Vèsè pou aprann: "Ala bèl bagay, ala bon sa bon lè frè ak frè ap viv ansanm!" Sòm 133:1.

Objektif leson an: Se pou elèv la fè fas avèk karakteristik ke Bondye ap chèche nan kwayan an pou ke li kapab fè avanse Travay Seyè a sou latè.

Entwodiksyon

Genyen anpil moun ki konn patisipe nan kèk ekip evanjelistik avèk entansyon pou yo rive mete yon gwo legliz sou pye. Mande si sa te eksperyans kèk nan elèv yo. Pou sa ki gen a wè avèk sa, poze yo kesyon refleksyon sa yo: Èske nou panse ak karakteristik ke Seyè a mande pou kolaboratè li yo genyen? Èske nou konn poze tèt nou kesyon pou konnen rezon ki fè ke Seyè a ta chwazi fòma legliz la kòm machin ki pou fè gaye mesaj li a?

Jezi te deklare espesifikman ke, sou konfesyon Pyè a ki te revele pa Bondye, li ta gen pou li edifye legliz la:

"Simon Pyè reponn: Ou se Kris la, Pitit Bondye vivan an" (16:16); "Mwen menm, men sa m'ap di ou: Ou se yon wòch, Pyè. Se sou wòch sa a m'ap bati legliz mwen. Ata lanmò p'ap kapab fè l' anyen" (v.18).

Alfred Andersheim, jwif konvèti nan krisyanis ak otorite ki rekonèt nan mesaj biblik yo, popilè akoz de liv li a espesyalman "Lavi ak Tan Jezi Sovè a" ki te ekri nan syèk XIX, li afime: "Nan pawòl konfesyon sa a, Pyè te rive jwenn teren rekonesans mesi a avèk konsyans. Tout lòt yo te enplike nan sa epi ta kontinye nan sa. Sa se premye konfesyon reyèl legliz la". (Alfred Andersheim. The Life and Times of Jesus the Messiah. Vèsyon espanyòl pa Xavier Vila. Tòm I. Liv CLIE. Terressa, Baselòn. P.834).

"Nan lizay ebre a (Legliz) li te fè referans ak Izrayèl, se pa nan inite nasyonal li; men pito relijye. Jan sa prezante la a, li ta transmèt pwofesi ke nan yon tan disip li yo ta genyen pou reyini fè yon sèl nan linyon relijye; ke linyon relijye sa oubyen 'legliz la ta yon kay kote ke Kris la te Konstriktè a, epi ki ta fonde sou 'petrino' lafwa ak konfesyon ke syèl la te anseye a…" (Alfred Andersheim. The Life and Times of Jesus the Messiah. Tòm I. paj.837).

Pyè te genyen privilèj pou li te moun ki te resevwa revelasyon sa ki te soti depi nan syèl la, konsa pou ouvè pòt la (ki te jiskaprezan fèmen kont payen yo) lè li te preche yo levanjil la pou premye fwa (Travay 15 :7), epi li te bay lòd pou yo te batize. Li klè ke, legliz sa se te sèlman devwa nan tan fiti ke Seyè a te déjà fè deklarasyon (ke sèlman Matye anrejistre) kòm repons konfesyon Pyè a. Modèl aktyèl legliz nan tan kounye a pat posib nan moman sa nan istwa; paske Jezi te la sou latè. Yon fwa ke li te ale, legliz la te oblije ranpli misyon li. Konsa, apre li te fin monte al jwenn Papa a epi voye pwomès Sentespri a pou kwayan yo, li te rann posib eleman esansyèl yo pou repwodwi modèl plan an epi rive anvlope tout limanite konplètman: "M'ap mande Papa a pou l' ban nou yon lòt moun pou ankouraje nou, pou li ka toujou la avèk nou, se Sentespri k'ap moutre nou verite a. Moun k'ap viv dapre prensip lemonn pa ka resevwa l', paske yo pa ka wè l', ni yo pa ka konnen li. Men nou menm, nou konnen l' paske li rete nan kè nou, paske li nan nou" (Jan 14:16-17).

Sa se ta pou jiskaske li retounen.

Atravè Nouvo Testaman, nou wè ke Bondye pa neglije pwojè inisyal sa; men pito li te kontinye elaji li, epi bay enstriksyon ki nesesè pandan premye syèk la rive jouk jounen jodi a: "Bon nouvel la gaye nan mitan nou depi premye jou nou te tande pale favè Bondye a, depi lè yo te fè nou konnen sa li ye tout bon an. Bon nouvèl sa a lakòz nou resevwa anpil benediksyon, menm jan li fè l' toupatou sou latè" (Kolosen 1:6).

Se sa ki fè ke legliz la kontinye konte sou èd Sentespri a pou ke li posib ke yon jou Kris la kapab prezante li kòm "…legliz la parèt devan l' nan tout bèl pouvwa li, byen pwòp, san okenn defo, ni okenn tach, ni okenn pli, ni okenn mank" (Efezyen 5 :27).

Poutan, sa se pral alafen lè Seyè a retounen vin chèche li pou rete avèk li pou toutan.

Li pa ta mete kondisyon sa san avan li pa bay enfòmasyon an, mwayen yo avèk tout sa ki nesesè pou kapab reyalize yon fonksyonnman ki dakò ak plan etènèl li a ak volonte li. Enstriksyon sa ki nan Pawòl la se te pou epòk sa, epi li pou kounye a tou, e li se pi bon fòmil ki pou fè posib akonplisman menm misyon an ki pa chanje.

Mande: Kimoun ki pare pou leve defi ke Bondye bay la pou sove kominote a avèk bon nouvèl Sali a?

Èske w' vle yon enpòtan nan mouvman delivrans ki te an mach atravè anpil tan nan istwa? Èske w' ta renmen antre nan laboratwa Bondye a pou w' resevwa antrènman atravè Pawòl la epi vin enstriman nan men Bondye?

I. Otè ak misyon legliz la

Nou jwenn kòmansman legliz Jezikris la nan vèsè sa yo: Travay 2 :42-47.

A. Otè

Yo di ke se nan "Travay Apot yo", nou jwenn deskripsyon nesans legliz la kòm enstitisyon, li ta kapab pote non "Travay Sentespri a" san okenn pwoblèm.

Nan liv sa a, yo dekri evènman ministè apot afekte ak transfòme yo anba dispansasyon Sentespri a. Konsa, nou kapam wè moun ki senp epi ranpli feblès ki te rete ap swiv ansèyman Seyè a Jezikris (pandan twazan ministè li yo sou latè, Jan 15 :26-27), li pale sou bon nouvèl delivrans lan avèk anpil kouraj.

Yon fwa ke moun sa yo te fin ranpli ak Sentespri a, se te moman pa Bondye a pou li te etabli modèl ke Jezi menm te plante kote se Li menm ki te vin kanpe kòm Chèf legliz la: "Se li ki tèt legliz la, legliz la se kò li. Se li menm ki bay kò a lavi. Se li menm an premye ki te leve soti vivan nan lanmò pou l' te ka gen premye plas nan tout bagay" (1:18).

Kòm konsekans, li pa enpresyonan ke yon ti kominote ki sove pa mwayen san Kris la, otorize epi sipòte pa Sentespri a menm, nan yon ti tan ki pa twò long te rive etann li sou tout anpi women an, epi avèk yon ti tan ankò li te rete vivan epi efikas nan misyon delivrans lan atravè tout syèk yo.

B. Objektif

1. Pèp Bondye a, premye gwoup kretyen sa yo te konn rasanble avèk objektif prensipal la: louwe Bondye (Travay 2 :47). Jouskaprezan jodi a, sa dwe gran objektif ki idantifye vrè legliz Jezi ki se Kris la. Nan Bib la menm, nou jwenn rezon an: "...se ou menm ki Bondye, ou chita sou fotèy ki apa pou ou a. Pèp Izrayèl la ap fè lwanj ou" (Sòm 22 :3b). Kòm rezilta, yon gwoup kwayan ki te gen fòs avèk menm prezans ak pouvwa Bondye te afekte espas ak moun yo te rekonèt yo touswit.

2. Bay kwayan fòs. Pouvwa prezans Bondye avèk fòmasyon Sentespri a pwodwi nan kò kwayan an, pèseverans nan doktrin apot yo.

Pòl te bay jèn pastè Timote lòd klè ak espesifik.

Timote fas ak dosye tèlman enpòtan sa: pran swen doktrin nan, anseye nan doktrin nan (1 Timote 4 :16). Konsa, levanjil la se yon eleman ke tout moun ki kretyen genyen an komen, se lavi legliz menm li ye.

Kominyon youn avèk lòt te karakterize pa linyon: "poutèt jan nou te ede m' gaye bon nouvèl la, depi premye jou a jouk koulye a, Konsa, mwen ta mèt rive vin wè nou, mwen ta mèt pa kapab, se pou m' tande jan n'ap kenbe fèm, jan n'ap viv ansanm yonn ak lòt. Se pou m' tande jan n'ap mennen batay la ansanm pou defann konfyans bon nouvèl la fè nou gen nan Bondye" (Filipyen 1:5, 27b).

Kondisyon linyon sa, antanke vrè frè nan lafwa san distenksyon pou klas sosyal, kilti oubyen don yo, te rive posib sèlman akoz de lanmou an komen ke yo te genyen pou levanjil la, pandan yo te konsidere premye prensip yo, kondwit ak vizyon. Se enpresyonan pou wè ke nan premye kongregasyon sa yo, te genyen jwif, grèk, women, afriken avèk azyatik. Tout kwayan sa yo te diferan, men yo tout te yon sèl kò nan Kris la (Women 12 :4-7). Tèt ansanm nan enpòtan pou batay kont lènmi an ki vle divize pou l' gouvène. Dwe genyen tèt ansanm ni pou defann tankou pou atake, ki se evanjelize (Efezyen 6 :11), epi se pou rive atenn ogmantasyon an nan pataje don yo (Efezyen 4 :15-16).

Te genyen nan mitan yo lanmou filyal la tou ki te pèmèt yo te kouvri nesesite youn lòt (Travay 2 :44-45).

Menm Pòl, yon ti tan aprè, li te konseye kretyen nan lavil Filip yo pou yo te ede kretyen ki te nan pwoblèm yo, pandan y'ap ede yo epi soutni yo nan lafwa (Filipyen 4 :3).

Nan mitan kretyen legliz primitiv yo, te genyen yon tèt ansanm epi yo te aji kòm kominote (Travay 2 :45-46), lè yo te mete byen yo nan dispozisyon lòt yo, manje nan kay yo ansanm avèk kè kontan.

II. Mwayen ke Bondye te itlize pou bati legliz li a

Ansèyman doktrin nan (Travay 2 :42). Li kontinye "Yo pase tout tan yo ap koute sa apòt yo t'ap moutre yo" li te pwoteje doktrin nan. Pòl te ekri Timote byen sevè osijè de gwo nesesite ki genyen pou pran swen "bon doktrin ke w' te resevwa a" pou w' vin "bon minis Jezikris" (1 Timote 4 :6). Timote te aprann bon doktrin apot Pòl sa (2 Timote 3 :10).

Apot Jan reyafime enpòtans kòmandman sa tou lè li esplike move konsekans ke moun ki pa pèsevere nan doktrin Kris yo va resevwa (2 Jan 9); men pito y'ap koute lòt moun k'ap anseye doktrin ki diferan (1 Timote 1 :3). Se la enpòtans pou etidye ak medite nan Pawòl Bondye a pran nesans.

Nou wè lizay ak egzèsis don pèsonèl yo pou edifikasyon kò a tou (Efezyen 4 :16). San kontribisyon chak manm nan don yo an patikilye, li difisil pou atenn kwasans lan. Kwasans sa ap reyalize nan twa dimansyon:

Vètikal: Lafwa nan Kris la. (Kolosyen 1 :4a)

Orizontal: lanmou ke nou genyen pou tout sen yo (Kolozyen 1 :4b)

Volim: levanjil la ki rive…nan tout mond lan. (Kolosyen 1 :6)

Li pral pase pèsonèlman; andedan, nan legliz la; epi tan tèt ansanm, nan mond lan ki va resevwa evanjelizasyon.

Lapriyè (Travay 2 :42). Nan koneksyon ak sous pwisans lan, gwoup kretyen yo te jwenn ankourajman ak sentete. Li te aprann depann de Bondye lè li pratike obeyisans tou.

Bondye te chwazi itilize moun ki senp ki pa pafè, transfòme atravè mesaj levanjil la. Bondye te rive pran lòm epi sove l' kòm posesyon pa l', lè li fè l' vin tounen yon lòt moun, yon enstriman ki itil pou rive atenn lòt moun: "Konsa, n'a viv jan Bondye vle l' la, n'a toujou fè sa ki fè l' plezi. N'a fè tout kalite bon bagay, n'a grandi nan konesans Bondye" (Kolosyen 1:10).

Moun ki posede karakteristik enpòtan sa yo, se travayè ki pote fwi nan tout bon zèv, toudepann de konesans li sou Bondye.

Bon temwayaj la se yon bagay ki enpòtan anpil; déjà ke Bondye ta itilize moun sa yo ki "Frè ki t'ap viv nan List ak Ikoniòm yo te bay bon rapò pou Timote" (Travay 16 :2a); epi moun sa yo ki pou imite moun ki gen matirite nan lafwa yo "Nou tout frè m' yo, pran egzanp sou mwen. Kenbe je nou fiske sou moun k'ap swiv egzanp mwen te bay la" (Filipyen 3:17).

Sa te epi nesesè jodi a pou nou evite retire konfyans nan mesaj pwisan Sentespri a ki la pou pote transfòmasyon an akoz de moun sa yo k'ap pwoklame l' la: "Mwen te deja di nou sa, koulye a m'ap di nou sa ankò ak dlo nan je mwen: Moun sa yo ap rive fin detwi tèt yo" (Filipyen 3 :18b, 19a).

Egzanp lavi a enpòtan (Filipyen 2 :14-15), lavi ki byen òdone chak jou a (Filipyen 1 :27), travay dirab (I Timote 6 :1-2), bon relasyon familyal (Efezyen 5 :33-6 :4).

Konsa tou, enterè pou bezwen lòt yo enpòtan anpil, menm si se ekonomik, emosyonèl oubyen espirityèl; epi nan mezi li posib la, kenbe yon kondwit ki gen respè fas ak otorite sivil ak relijye yo pandan n'ap respekte ansyen, pastè ak antrenè yo (Filipyen 2 :29).

Lanmou Bondye ak lafwa nan pouvwa li pou sove se kèk nan karakteristik ke moun pral note, pandan y'ap konfime sa moun nan pwoklame a.

Anplis de sa, egzanp obeyisans ak respè ke nou montre lè nou patisipe nan kominyon, batèm, asistans nan legliz la, lapriyè (pèsonèl ak kongregasyonèl) ak meditasyon nan Pawòl la enpòtan anpil. Fè pati legliz la pandan n'ap akonpli kòmandman Seyè a fòme yon pati enpòtan nan temwayaj ouvriye a epi li enpòtan pou konfyans li.

III. Rezilta yo

Tout sa ki dekri yo, nan pratike imilite, avèk Kris menm kòm egzanp, (Filipyen 2 :5-8, 14, 15), li te genyen fòmil pafè pou kwasans elajisman ke premye legliz la te pwodwi a. Gwoup premye kretyen sa yo "Toulejou, yo tout reyini ansanm nan tanp lan; yo te konn separe pen an bay tout moun nan kay yo, yo te manje ansanm avèk kè kontan san okenn pretansyon. Yo t'ap fè lwanj Bondye. Tout moun te renmen yo. Chak jou Bondye t'ap mete lòt moun li t'ap delivre yo nan gwoup la" (2:46-47).

Sa pat kapab pwodwi mwens ke yon efè radikal nan kominote a, kote ke Bondye ta itilize pou elaji plan ke Li te detèmine andeyò machin pwojè delivrans li a pou tout moun ak tout epòk: "Chak jou Bondye t'ap mete lòt moun li t'ap delivre yo nan gwoup la" (Travay 2 :47).

Kesyon Opsyonèl:

I. Otè ak misyon legliz la

- Site de nan misyon Legliz la, daprè Travay 2 :42-47).

- Ekri de aspè ki karakterize kominyon an pami kretyen yo.

II. Mwayen ke Bondye te itlize pou bati legliz li a

- Ki resous ke Bondye te itilize pou edifye legliz li a (Travay 2 :42-47)?

- Ki resous nou genyen jodi a pou nou edifye legliz li a?

III. Rezilta yo

- Ki rezilta nou kapab atann de Sentespri a si nou akonpli Pawòl li a? (Travay 2 :47).

- Èske w' konsidere ke nou gen konsyans ke se Sentespri a ki voye moun ki nouvo yo? Èske w' kapab di ke nou pran swen yo avèk responsablite? Ki remak ki fèt sou yo?

Konklizyon

Avèk enstriksyon doktrin apot yo ak èd Sentespri a, nan pouvwa li, Bondye antrene nou kèk pwen ki enpòtan pou rive reyalize misyon l' lan pou tout limanite. Èske w' pare pou w' sèvi li?

Legliz la nan kè gouvènman an

Daniel Pesado (Espay)

Vèsè pou aprann: "Mwen pa wont anonse bon nouvèl la: se pouvwa Bondye ki la pou delivre tout moun ki kwè" Women 1 :16a.

Objektif leson an: Se pou elèv la kapab admire yon legliz ki nan yon andwa ki an difikilte espirityèl, pwospere ak koopere avèk Bondye nan transmèt vrè levanjil Jezikris la.

Entwodiksyon

Avèk konesans ke nou genyen osijè de lavi Wòm jodi a, avèk konesans ke nou genyen sou Wòm nan epòk Pòl la, ki diferans nou fè ant kominote kretyèn nan sa ki depi 2000 zan ak sa jodi a?

Nou kapab bay tèt nou manti lè nou panse ke lavil Wòm ki genyen ladan li Lavil Vatikan (kote Gwo chabrak la se Lepap (epi ki konsidere anviwon 1,300 milyon moun kòm anèks legliz la, ta sant krisyanis nan epòk Pòl la.. Si byen nou wè kòmansman legliz la la a, levanjil la te nan nesesite pou li te replante. Epi menm jounen jodi a, malgre anèks diplomatik ak administratif katolik women an se nan vil Wòm yo ye, kwasans legliz kretyèn nan elaji sou tout rès planèt la.

Sepandan, legliz Refòm nan te yon legliz ki te anba defi dirab depi lè li t'ap kòmanse, pou kèk motif ki diferan, tankou presyon legliz katolik depi lontan (tout espas Mediterane a), gwo diferans kiltirèl, apwòch sant devlopman konesans pwisan ak kiltirèl yo (Lagrès). Anplis de sa, te genyen yon melanj de twa kontinan: Lazi, Lafrik ak Lewòp li menm ki kite yon bèl egzanp pou nou nan kesyon objektif.

Ann gade kèk karakteristik vrè legliz Wòm nan, nan kòmansman krisyanis la.

I. Se te yon doktrin ki te gen bon doktrin

Se legliz Wòm nan ki te gen pi bon doktrin teyolojikman. Sèlman nan 16 chapit, Pòl te fè yon ekspozisyon konplèt sou levanjil la: orijin li, nesesite li, efikasite ak rezilta li yo.

San dout, apot la te konprann ke legliz Wòm nan, akoz de kote li te plase a ak enfliyans li, li te bezwen yon ekspozisyon ki klè sou levanjil la.

A. Reyalite peche a nan ras limanite

San dout, lavil Wòm te ofri gwo opozisyon fas ak lespri levanjil la ak lavi sentete a. Lye a te vrèman atiran pliske li se sant administratif yon gwo gouvènman; batay pou pouvwa ak konplo ki t'ap pran nesans ladan li; ensansiblite fas ak mechanste ki t'ap fè laray la; epi konsa, chanalite a te anvayi yo tout klas sosyal yo ki nan vil la te egzije premye kretyen yo yon nosyon ki klè jan peche a t'ap eksprime li epi etann li lè legliz la pot ko egziste, oubyen san ofri opozisyon. Se poutèt sa ke Pòl te fè referans klè sa yo sou tèm sa:"…Non, pa menm yon grenn"; "Yo mete nan tèt yo pa gen rezon pou gen krentif Bondye" (Women 3 :10b, 18).

B. Efikasite levanjil Jezikris la

Men an menm tan, apot la di yo konsa ke genyen yon sèl mwayen efikas pou lavil Wòm nan:"Mwen pa wont anonse bon nouvèl la: se pouvwa Bondye ki la pou delivre tout moun ki kwè, jwif yo an premye, apre yo moun lòt nasyon yo tou" (Women 1 :16).

Legliz Wòm nan, vil ki te gwo sant pouvwa politik, ekonomik ak militè epòk la, te dwe konprann vrè nati pwoblèm ke li t'ap fè fas la; men, an menm tan, li te nesesè pou l' te konprann enpòtans ak bon solisyon ke Bondye t'ap ofri a. Nan lòt mo yo, pouvwa gouvènman fas ak pouvwa levanjil la, levanjil Jezikris la.

C. Avantaj lafwa nan Jezikris la pou Sali a

Nan lèt sa ki pou women yo kote ke Sali a klèman anonse atravè lafwa nan Jezi. Men, anplis de sa, Pòl pwoklame li depi nan kòmansman lèt li a. Konsa, apot la te fini ak salitasyon yo, li eksprime santiman li yo pou women yo epi menm kote a, ak severite, li deklare ke li pa wont pou levanjil la, paske se pouvwa

---

Bondye ki la pou delivre; epi apre sa, li anonse fason an:"Bon nouvèl sa a fè nou wè ki jan Bondye fè moun gras. Travay sa a, li kòmanse ak konfyans moun gen nan Bondye, li fini nan menm konfyans la tou, jan sa te ekri a: Moun Bondye fè gras paske li gen konfyans nan Bondye, se li menm ki va gen lavi" (v.17).

Pou konprann dimansyon anons sa, li sifi sèlman pou konprann sa ki te pase nan syèk XVI, Maten Litè te pran konsyans de verite sa, epi, san pwopozisyon, li te divize krisyanis lan kote li te fè drapo Pwotestan domine. Sèlman nou ensiste ke "…se lè ou tande mesaj la ou vin gen konfyans. Mesaj la, se pawòl Kris la y'ap anonse" (Women 10:17) se sa ki fè nou responsab pwoklamasyon levanjil la.

Pòl te avèti women yo ke tout moun ta gen pou pase nan jijman devan Bondye; pa ta gen echap. Se poutèt sa, si legliz Wòm nan te echwe nan resevwa, ankouraje ak fè pwopaje levanjil ki sove sèlman atravè lafwa nan Jezi a; pap gen eskiz pou abitan li yo jou jijman an. Poutèt sa, kretyen women yo te genyen gwo privilèj pou resevwa levanjil; men, an menm tan, yo te dwe pran gwo responsablite pou pataje li avèk abitan parèy yo.

II. Se yon legliz ki te apa pou Bondye ak travay li a

Apot la te di yo ke gras Bondye te ase; debòde epi, se poutèt sa, li posib pou yo venk peche a. Men apre sa, li te avèti yo pou yo pat itilize gwo kado Bondye sa pandan yo t'ap kontinye viv nan peche.

A. Apa pa mwayen Kris la

Apot la esplike ke nou apa pa mwayen lafwa nan Jezikris. Sekrè pou konprann jès mizèrikòd Bondye sa se kwè sa ke Li di atravè apot la nan Pawòl li. Kado a byen klè: Men

"Bondye ki renmen yo, li fè yo gras. Li fè sa pou yo gratis, gremesi Jezikri ki vin delivre yo" (Women 3:24). Se poutèt sa, pi devan, Pòl di konsa: "Koulye a, paske nou gen konfyans nan Bondye, Bondye fè nou gras, n'ap viv san kè sote ak Bondye, gremesi Jezikri, Seyè nou an" (Women 5:1). Menm pi devan, Pòl konfime ansèyman sa pandan l'ap di ke, yon fwa ke nou te kwè, "nou te resevwa batèm nan Jezikris" (Women 6:3). Pòl anseye women yo ke nan Kris la, atravè lafwa nan Li, nou apa pou lavi ki pap janm fini an.

B. Apa pou lajistis

Apot la te kòmanse ak deklarasyon sa: "Non, pa menm yon grenn" (Women 3:10b). Epi li ajoute ke nan lwa Moyiz la pa genyen plas pou lenjistis, kidonk lalwa ofri konesans sou peche a; men li pa efikas

pou ba li solisyon (v.20). Men se apati de rekonesans sa ke, okontrè, Pòl kòmanse trase "jistis Bondye a se atravè lafwa nan Jezikris, (disponib) pou tout moun ki mete konfyans yo nan li" (v.22). Se Bondye ki "…li moutre nou ki jan l'ap fè moun gras, paske li fè nou wè se li menm ki gen rezon, an menm tan l'ap fè tout moun ki kwè nan Jezi yo gras" (v.26).

Kòm konsekans sa ke li resevwa pa lafwa nan Jezi a, kretyen an resevwa anpil lòt benefis; pami yo, kè poze, richès gras Bondye, esperans, fòs nan tribilasyon. Tout se rezilta tou ke Pòl rele "rekonsilyasyon" avèk Bondye (Women 5:1-11).

C. Apa pou yon lavi an viktwa

Chapit 7 Women an te toujou koze diskisyon. Nou pa pral rezoud li la nou menm kounye a. Tèm santral la se lagè a mò ki deklannche andedan kè lòm. Klima dezespwa ki bay nesans ak yon kri doulè: "Ala malere mwen malere, mezanmi! Kilès ki va delivre m' anba kò sa a k'ap trennen m' nan lanmò?" (v.24).

Anplis de sa, genyen yon batay andedan lòm pou tante fè Bondye plezi; men ki kapab echwe de tanzantan. Pasaj sa dekri, Gremesi Jezikri, Seyè nou an, mwen ka di: Mèsi Bondye! Konsa, men ki jan mwen ye: dapre konesans pa mwen, mwen se esklav lalwa Bondye a. Koulye a, nanpwen okenn kondannasyon pou moun ki fè yon sèl kò ak Jezikris, tankou Seyè a, nou kapab genyen viktwa definitif la (Women 7:25a, 8:1).

III. Se te yon legliz rekonesan

A. Responsablite sèvis kretyen an

Yon gran pati nan efikasite levanjil la depann de kòman legliz la eksprime oubyen viv li. Se pou rezon sa ke nan kretyen an, ni nan lafwa kòm motivasyon pou sèvis nan lanmou an, yo enseparab. Rekonesans ak sèvis yo enseparab tou.

Poutèt sa, Pòl te ankouraje kretyen legliz Wòm yo pou yo "…Mete aktivite nan sèvis n'ap rann Mèt la" (Women 12:11b); se menm jan tou "Bay moun k'ap viv pou Bondye yo konkou lè nou wè yo nan bezwen. Resevwa moun ki vin lakay nou byen" (v.13). Pou rezon sa, li ekri bagay sa yo: "…Okontrè, dapre sa ki ekri ankò: Si lènmi ou grangou, ba l' manje. Si li swaf dlo, ba l' bwè" (v.20a). San dout ke sa se reflè ansèyman Jezi a ki te di disip yo: "…Se gratis nou resevwa, se gratis tou pou nou bay" (Matye 10:8b).

B. Avantaj sèvis kretyen an

Apot la etann rezilta sèvis la pi lwen an "fanmi nan lafwa" (Galat 6:10). Se menm jan, li mansyone ke nou dwe gen kapasite pou nou renmen nou youn lòt (Women 12:10). Se menm jan tou ke Jezi ke legliz la responsab pou montre rekonesans li anvè Bondye menm nan aji ak konpasyon anvè moun sa yo ki opoze ak levanjil la. Pòl te konn travay san repo nan kontèks kote yo te inyore oubyen meprize levanjil la, li te konprann valè efikasite sèvis kretyen an. Se pou rezon sa, li te ankouraje legliz Wòm nan bay, e menm rive nan pwen sa: "Mande Bondye pou l' beni moun k'ap pèsekite nou; mande benediksyon, pa mande madichon pou yo (v.14a); pou pi klè toujou li te ajoute sa: "… dapre sa ki ekri ankò: Si lènmi ou grangou, ba l' manje. Si li swaf dlo, ba l' bwè. Lè ou fè sa, se yon chalè dife ou mete nan kò l' pou fè l' chanje. Pa kite sa ki mal gen pye sou ou. Okontrè, fè sa ki byen pou n' kraze sa ki mal" (vv.20-21).

Kesyon Opsyonèl:

I. Se te yon doktrin ki te gen bon doktrin

- Ki enpòtans ou bay doktrin nan legliz ou a?
- Ki wòl konesans sou doktrin biblik ke legliz ap preche a jwe jounen jodi a?
- Siyale twa aspè doktrinal diferan nan lèt pou women yo.

Nòt :

II. Se yon legliz ki te apa pou Bondye ak travay li a

- Kòman nou kapab panse ak konsèy apot Pòl yo, konprann relasyon an nan menm tan, antre nan sosyete a pou nou sèvi Bondye?

III. Se te yon legliz rekonesan

- Èske n'ap viv sa Pòl te ekri legliz women an (Women 12 :11, 13, 20), kòman?

Konklizyon

Petèt, la genyen yon kesyon: Ki karakteristik legliz Wòm nan pote pou kimoun, prèske 2,000 ane déjà, yo pretann grandi nan sitiyasyon tankou dezavantaj epi byen efektif? Ak yon senp kout je, nou note ke legliz sa te yon legliz ki te genyen yon bon doktrin; se yon legliz ki te chwazi mete tèt li apa pou kolabore avèk Bondye; epi finalman, li te yon legliz ki te genyen yon kalite lavi ki te montre kòman rezon pou transfòme pa gras ki soti nan Bondye yo te sansib fas ak nesesite a epi, se sa ki fè ke li te rekonesan..

Gwo legliz Korent lan

Leson 29

Dorothy Bullón (Kosta Rika)

Vèsè pou aprann: "Si yon moun ap viv nan Kris la, li vin yon lòt moun. Bagay lontan yo disparèt, se lòt bagay nèf ki pran plas yo koulye a" 2 Korentyen 5:17.

Objektif leson an: Se pou elèv la dekouvri kòman Pòl te abòde yon seri de pwoblèm ki te deklannche nan legliz Korent lan.

Entwodiksyon

Lèt ke Pòl te ekri moun Korent yo revele gwo pwoblèm ak difikilte ke jèn legliz sa ke li menm Pòl te konstwi a t'ap andire. Mande elèv yo: Ki pwoblèm ki plis komen ke legliz la ap soufri jounen jodi a? Drese yon lis repons ke yo ba ou nan tablo a. Apre sa, ajoute kesyon sa: Kòman pwoblèm sa yo ta kapab jwenn solisyon?

I. Lavil Korent lan

Korent se yon vil ki te genyen yon popilasyon avèk anviwon 600,000 moun, li te kapital politik ak kòmèsyal pwovens women nan Akaya. Se te yon pò enpòtan avèk yon "kanal sèch" kote ke kannòt yo te konn vire, avèk sipò kèk silend, sis kilomèt de distans ant lanmè Adriyatik ak lanmè Eje. Ki te konsidere kòm yon sant pou kilti grèk la epi tou kòm yon vil kòmèsyal, Korent karakterize li pou anbyans touristik li lè l'ap resevwa moun ak koutim diferan kote nan mond lan.

Men tou se te yon vil ki te santre li anpil nan chèche plezi, li te genyen renome depravasyon akoz de tanp fanm jenès Afwodit la, zidòl lanmou an.

A. Vizit Pòl la

Daprè Travay 18 :1-18, Pòl te rive lavil Korent lè Galyon te vis-anbasadè (51-52 ap.K.). Kòm abitid, Pòl te konn vizite sinagòg lokal yo chak samdi, jiskaske jwif yo te montre yo move akoz de entèvansyon li yo. Akoz de sa ki te pase a, apot Pòl te ale lakay Jistis li menm ki te rete tou prè sinagòg la, epi chak jou li te anseye la. Apre sa, anpil moun Korent te kwè, e menm Krispis, chèf sinagòg la. Pòl avèk sipòtè li yo: Silas, Timote, Prisil ak Akilas te rete nan vil la pandan 18 mwa.

B. Vizit ak lèt aprè yo

Pandan n'ap revize tèks lèt yo avèk anpil atansyon, nou dekouvri ke te genyen anpil lèt ak vizit Pòl.

Konsa, li pale de yon lèt ke li te voye avan nan 1 Korentyen 5 :9 kote li di ke: "Nan lèt mwen te ekri nou an, mwen te mande pou n' pa mele ak moun k'ap viv nan imoralite".

Pòl te resevwa enfòmasyon sou moun Korent yo lakay Kloe (1 Korentyen 1 :11); ak Estefanas, Fòtenatis ak Akaykis tou (! Korentyen 16 :17). Vèsè sa yo kòmanse avèk fraz sa: "Kanta pou…", pou ofri konsèy ke Pòl te vle bay fas ak enkyetid moun Korent yo (1 Korentyen 7 :25, 8 :1, 16 :1). Se menm jan an, Pòl te voye Timote al nan legliz Korent la pou ede kretyen yo (1 Korentyen 4 :17, 16 :10-11); epi Tit tou te vizite yo pou ranmase ofrann pou kretyen Jerizalèm yo (2 Korentyen 8 :6).

Poutan, menm si li pa anrejistre nan liv Travay apot yo, Pòl pale de yon twazyèm vizit nan (2 Korentyen 13 :1-2). Vizit sa rele "vizit doulè" (2 Korentyen 2 :1). Sanble ke dezyèm lèt la genyen de lèt andedan li: "lèt sevè a" ke Pòl te bay Tit pou bay kretyen lavil Korent yo. Nou jwenn rezònman Pòl pou li te ekri lèt sa nan 2 Korentyen 2 :3-4, 9, 7 :8, 12; epi twazyèm lèt la ta kapab 2 Korentyen 10 pou rive nan 13. Apre sa, li posib pou rès dezyèm mesaj la ta yon lèt.

Sa ki devwale nan lèt Pòl yo pou legliz Korent lan se kè pastoral apot sa ki vle pou kretyen lavil Korent yo grandi nan lafwa ak temwayaj yo. Pou tèt sa, li mete tan apa, yon fason pou yo te konprann lafwa kòrèkteman epi aji byen.

II. Legliz Korent lan ak pwoblèm li yo

Li difisil pou nou konnen gwosè legliz Korent lan nan premye lèt sa; men nou kapab imajine nou avèk 40 a 150 moun. Legliz la te genyen kèk jwif (1 Korentyen 7 :18-19), menm si pi fò se te grèk ki te konvèti (1 Korentyen 6 :9-11, 8 :7), 12 :2). Deklarasyon Pòl la nan 1 Korentyen 1 :26, fè 1:byen klè ke pi fò moun ki te nan legliz sa se moun ki te enb; epi te genyen kèk nan manm yo ki te genyen anpil bon konprann, pouvwa epi anpil konesans; epi nan ! Korentyen 7 :21-23, gen demonstrasyon ke genyen kèk ladan yo ki te esklav tou.

A. Divizyon nan legliz la

Moun ki te soti lakay kloe yo te fè Pòl konnen ke te genyen gwo divizyon ant plizyè antite andedan legliz la (1 Korentyen 1-4). Nan 1 Korentyen 1 :12, nou li pawòl sa yo: "Men sa m' vle di: Chak moun ap di yon bagay diferan. Sa a di: mwen se moun Pòl. Yon lòt di: mwen se moun Apolòs. Yon lòt ankò di: mwen se moun Pyè. Yon lòt ankò: mwen se moun Kris la". Pòl pale nou la de pati ki separe k'ap mande ranplasan pou Apolòs (yon predikatè kretyen jwif); pou Pyè (youn nan disip Jezi yo); oubyen Kris (dapre sa ke yo te konprann). Li pwobab pou pati sa yo te reprezante divizyon yo ki te genyen andedan ministè legliz la ki te konsidere tèt yo kòm moun ki te plis espirityèl. Yo te chaje ak lògèy epi ap bat lestomak yo pou aksyon yo kòm yon lidè an espesyal, epi yo te gade moun ki pat nan menm gwoup avèk yo avèk mepri.

B. Peche ki gen karaktè seksyèl

Tèm prensipal chapit sa yo fè referans ak kondwit seksyèl la (1 Korentyen 5-7).

Nan chapit 5 lan, Pòl te touche dosye yon nonm nan kongregasyon an ki te pran madanm papa li (1 Korentyen 5 :1). Vyolasyon an se yon bagay ki kondane tout kote sou latè, sepandan pa genyen menm yon sèl kretyen nan legliz la ki te fache epi reprann oubyen korije nonm sa. Se sa ki fè, yo pa t'ap pratike disiplin eklezyastik la. Sa konsa, olye pou yo te rezoud plent yo ant kretyen yo nan legliz la, yo te oblije ap mennen yo nan tribinal payen yo (1 Korentyen 6 :1-11), nan fason sa ap bay move temwayaj.

Ipokrizi nan legliz Korent lan te klè.

Sanble ke atitid liberal vil sa, nan sa ki gen pou wè ak lavi seksyèl, te afekte kretyen yo. Pou rezon sa, Pòl te egzòte kretyen yo pou yo pat tonbe nan libètinay seksyèl (fònikasyon) ak pwostitisyon (1 Korentyen 6 :12-20).

Nan chapit 7 la, Pòl reponn kesyon sou maryaj, divòs ak rete selibatè pou ministè a.

Poze kesyon : "Ki peche seksyèl ki ta kapab egziste nan legliz nou yo jounen jodi a? Kòman yo abòde yo?

C. Manje manje ki ofri bay zidòl

Machann vyann yo te konn vann pwodwi sakrifis ke yo te ofri nan tanp payen yo (1 Korentyen 8-10). Kesyon an te: èske yon kretyen kapab achte vyann ke yo te déjà ofri bay zidòl? Èske se pa ta yon vyann ki kontamine akòz de kontak ak payen yo? An reyalite,

komite legliz Jerizalèm nan te déjà abòde tèm sa. Youn nan ti obligasyon ke yo te enpoze grèk ki te konvèti yo se te sa: "Pa manje vyann bèt ki te ofri pou zidòl, pa manje san, pa manje vyann bèt ki mouri toufe, egzante tout dezòd lachè. N'a fè byen si nou pa fè bagay sa yo. Bondye ak nou!" (Travay 15 :29).

Sanble ke gen kèk moun ki te kritike kretyen yo ki te konn achte vyann sakrifis zidòl yo nan tanp payen yo. Sa te kreye diskisyon ant kretyen korent yo. Poze kesyon: Ki bagay ke nou kapab fè kòm kretyen, kisa nou pa kapab fè? Èske genyen konpòtman legalis nan legliz nou yo?

D. Kondwit fèb legliz la

Nan chapit 11 a 14, Pòl abòde pwoblèm Korent yo ki gen pou wè avèk reyinyon yo nan legliz la. Nan chapit 11 lan, li abòde de tèm: diferan kalite wòl gason ak fanm yo nan legliz la; ak divizyon, abi ak move konpòtman nan Repa Seyè a.

Nan chapit 12 a 14 se la nou jwenn ki pale sou kado espirityèl yo. Pòl montre ke tout moun pral resevwa kado espirityèl, epi menm jan ke yon kò genyen plizyè pati diferan ki travay pou byen youn lòt, se menm jan ke don yo dwe ye nan legliz la tou. Sepandan, nan legliz Korent lan, genyen kèk don ki te gen plis enpòtans pase lòt; depi la apot la te kòmanse pale de yo.

E. Meprize doktrin rezirèksyon an

Nan yon mond materyalis tankou Korent, rezirèksyon an te sanble yon bagay san lojik (1 Korentyen 15). Lè Pòl te mansyone rezirèksyon Jezi a nan Sinagòg Atèn nan, filozòf yo te tonbe fawouche li (Travay 17 :32). Poze kesyon : èske nou fè fas ak kalite filozofi ki konsidere aspè doktrin kretyèn nan kòm yon bagay ki san lojik nan tan n'ap viv la?

F. Kritik kont ministè Pòl la

Nan dezyèm lèt ke Pòl te ekri korentyen yo, nou kapab wè kòman gen kèk kwayan ki te kòmanse eseye detwi repitasyon Pòl (2 Korentyen).

Men kèk nan kritik yo:

i.   Pòl gen de pawòl. Akizasyon sa pa gen esplikasyon nan 2 Korentyen 1 :17.

ii.   Li twò fèmen (2 Korentyen 10 :1).

iii.   Li ekri twò sevè (2 Korentyen 10 :1, 13 :10).

iv.   Li pat konn pale byen (2 Korentyen 10 :10, 13 :6).

v.   Li pa aksepte sipò ekonomik. Pandan li t'ap travay nan lavil Korent, li te chèche lavi nan fè tant (Travay 18 :3).

vi.   Li te sèvi ak lòt moun pou ranmase lajan moun Korent yo. Opozan li yo te di ke lajan ke Pòl ap plede fè Tit ranmase yo se pou li ka pran yo li menm (2 Korentyen 8 :16-24).

vii. Pòl pèdi kontwòl tèt li (2 Korentyen 5 :13).

Poze kesyon : Avan yon moun ouvè bouch li pou l' kritike yon lidè, kisa ki pi bon li te dwe fè?

III. Respons Pòl yo

A. Zèv legliz Bondye a

Bondye te pèmèt Pòl konstwi legliz la; apre sa, Apolòs te sèvi kòm enstriman pou "wouze semans lan", "men se Bondye k'ap fè l' grandi" (1 Korentyen 3 :6-9).

Legliz la se tanp Bondye a epi sèvitè li yo se moun sa yo: "Ni Pòl, ni Apolòs, ni Pyè, ni tou sa ki sou latè, se pou nou yo ye. Lavi, lanmò, bagay ki la koulye a, bagay ki gen pou vini, tou sa se pou nou yo ye tou. Men nou menm, se pou Kris la nou ye. Kris la menm, se pou Bondye" (1 Korentyen 3:22-23). Lanmou ant frè ak frè avèti divizyon yo.

B. Legliz la dwe disipline nan lanmou, epi viv nan sentete

Li nesesè pou nou egzòte moun sa yo ki tonbe nan peche seksyèl nan kongregasyon an, epi nou tout dwe rekonèt ke kò nou se tanp Sentespri a (1 Korentyen 6 :12-20).

Pòl soulye yon prensip enpòtan: "Gen kèk moun nan nou ki di: Mwen gen dwa fè tout bagay. Wi, ou gen dwa fè tout bagay. Men, tout bagay pa bon pou fè. Mwen ka di mwen gen dwa fè tout bagay. Men, mwen p'ap kite anyen fè m' tounen esklav li, li te mèt sa l' te ye" (1 Korentyen 6:12).

C. Respekte konsyans lòt yo

Pòl anseye legliz ki te nan lavil Korent lan kòman yon kretyen kapab sakrifye libète oubyen dwa li pou byen levanjil la ak lòt yo. Nan 1 Korentyen 10 :23-24, li di konsa: "Nou gen dwa fè nenpòt bagay. Se sa yo di, epi se vre. Men, tout bagay pa bon pou fèt. Nou gen dwa fè tout bagay, men se pa tout bagay k'ap fè nou grandi nan konfyans nan Bondye. Piga pesonn chache sa ki bon pou tèt pa l' ase. Se pou l' chache enterè lòt yo tou".

D. Lanmou an se engredyan ki esansyèl pou legliz la

Olye pou gen reyinyon Repa Seyè a kote y'ap meprize pòv yo, Pòl pran opòtinite pou anseye kòman reyinyon an dwe ye epi tout moun dwe konsidere youn lòt (1 Korentyen 11 :23-24).

Pòl bay yon ansèyman ki enpòtan sou don yo nan legliz la. Nan 1 Korentyen 13, li fè referans ak lanmou kòm tèm santral nan lavi. Sa se kle; se sa ki dwe domine tout bagay.

Genyen lòt prensip : nan sèvis nan legliz la, tout bagay dwe fèt nan "lòd ak prensip" (1 Korentyen 14 :40).

E. Doktrin rezirèksyon an se pwen kle lafwa

Pòl fè gwo efò pou l' demontre ke rezirèksyon Kris la te yon reyalite istorik. Nou pa kapab mete doktrin sa de kote san sekwe tout levanjil la. Sa se yon doktrin esansyèl nou dwe kwè pou nou kapab sove. Pou reponn kesyon sa, Pòl ban nou ansèyman enpòtan sou aspè rezirèksyon ak lavi a (1 Korentyen 15).

F. Pòl defann tèt li

Pou lanmou ke Pòl te santi pou legliz ki te nan lavil Korent lan, li eseye reponn ak kritik ak rekonsilyasyon avèk kretyen yo nan legliz la. Pasaj 2 Korentyen 11 :15-33 se yon temwayaj de tout sa swiv Jezi siyifi pou Pòl. Konsa, li defann ministè a, li pa yon senp mèsenè an plis; li se yon minis Seyè a tout bon vre.

Kesyon Opsyonèl:

I. Lavil Korent lan

- Kòman relasyon Pòl la te kòmanse ak legliz sa dapre Travay 18 :1-18?

II. Legliz Korent lan ak pwoblèm li yo

- Ki sis pi gwo pwoblèm ke kongregasyon sa te soufri?
  - ◊ 1 Korentyen 1 :11-12
  - ◊ 1 Korentyen 5 :1
  - ◊ 1 Korentyen 6 :1-2
  - ◊ 1 Korentyen 6 :12-20
  - ◊ 1 Korentyen 7 :1-9
  - ◊ 1 Korentyen 7 :10-16

- Aktyèlman, kisa ki koz divizyon yo nan legliz yo?

- Nan ki fason divizyon yo afekte yon kongregasyon?

III. Repons Pòl yo

- Kisa Pòl te vle di nan 1 Korentyen 6 :12?

Konklizyon

Pwoblèm ke Pòl te rankontre ak legliz ki nan Korent lan reflete kondisyon ak pwoblèm premye syèk la. An menm tan, byen souvan yo ofri bagay ki paralèl ak pwoblèm yo ke kominote kretyèn yo ap konfwonte jounen jodi a. Gras ak egzanp Pòl la lè li reponn ak difikilte sa yo sa fè nou genyen egzanp pou nou swiv.

Kretyen an avèk legliz syèk XXI

Annabella de San José (Kanada)

Vèsè pou aprann: "Pou fini, frè m' yo, mete lide nou sou bagay ki bon, ki merite lwanj: bagay ki vre, ki kòrèk, ki dwat, ki bèl, ki p'ap fè nou wont. Fè tou sa mwen te moutre nou, ni sa nou te resevwa nan menm m', ni sa nou te tande m' di ak tou sa nou te wè m' fè. Konsa, Bondye k'ap bay kè poze a va toujou la avè nou" (Filipyen 4:8-9).

Objektif leson an: Se pou elèv la idantifye fòs legliz Filip la yon fason pou li kapab itilize yo kòm bousòl pou lavi pèsonèl li; devlope ministè li; epi apiye devlopman entegral legliz jodi a.

Entwodiksyon

Legliz Filip la te okipe yon plas enpòtan nan kè Pòl. Pou lèt ke Pòl te voye ba li a, epi pou evènman espesyal ki te pase nan liv Travay 16, nou dekouvri ke li te resevwa anpil benediksyon atravè legliz la. Lèt Pòl te voye bay kretyen Filip yo te genyen sèlman 4 chapit; sepandan, li genyen anpil enfòmasyon enpòtan. Lèt sa pote non "Lèt lajwa"; malgre apot Pòl te ekri li depi nan prizon an, mo lajwa ak rejwisans mansyone plizyè fwa. Lèt la te ekri pou ankouraje legliz la la kontinye pou pi devan avèk prensip, valè ak ansèyman Kris yo, menm nan mitan tribilasyon, pwoblèm ak atak lènmi yo.

I. Nesans Legliz Filip la

Istwa etablisman legliz Filip la rakonte nan Travay chapit 16. Nan yon sèl chapit, otè a ban nou lide sou plizyè aspè enpòtan ke nou bezwen konnen osijè de kòmansman li yo. Li te fonde nan lavil Filip, koloni women nan Masedwàn, legliz sa se premye kominote kretyèn ki genyen nan Lewòp (v.12), kote ki pat genyen anpil jwif ta sanble. Se konsa li te ye paske pat genyen okenn sinagòg jwif yo nan zòn sa; epi nan epòk sa yo, nan vil women yo, jwif yo te kapab etabli yon sèl si yo te genyen 10 gason kòm chèf nan fanmi yo.

Paske te manke yon kay kote pou yo te rasanble, jwif nan lavil yo te konn rasanble lòtbò larivyè Ganjitis la epi yo te abitye fè lapriyè la (v.13).

Otè liv Travay la rakonte nou tou ki moun sa yo ki te premye konvèti ak touche pa levanjil Kris la nan rejyon an: Lidi, yon fanm ki te genyen anpil lajan nan Tiyati ki te konvèti, li te batize epi yon vye ti tan aprè li te kòmanse bay fwi konvèsyon li a pandan li te ofri pwòp kay li pou ak Pòl avèk kolaboratè l' yo. (vv.14-15). Se menm jan, yon jèn esklav ki te genyen yon lespri divinò, ki te konn itilize pou bay mèt li lajan te jwenn liberasyon pa Pòl anba move lespri yo (vv.16-18). Pou rezon sa, mèt jèn fi a te rele apot Pòl nan leta epi mete li nan prizon avèk Silas.

Poutan, pandan Pòl ak Silas te nan prizon an, yon gwo tranblanntè te deklannche; epi Chèf prizon an leve. Lè l' wè tout pòt prizon yo louvri, li rale nepe l', li tapral touye tèt li paske li te kwè prizonye yo te sove. Men, Pòl kriye byen fò: Pa fè tèt ou mal. Nou tout la, konsa, li te ba li mesaj Kris la, epi chèf prizon sa te konvèti. MEnm jan avèk Lidi, chèf prizon sa te kòmanse bay fwi konvèsyon li lè li te kòmanse pran disip ki te blese yo epi pran swen yo lakay li (vv.18-36). Apre sa, plent ki te kont Pòl ak lòt yo te elimine, epi yo te kontinye ak vwayaj yo a. Anpil save rive konkli ke se Lik ki te rete pou pran swen legliz la pandan plizyè lane, sa ki esplike fòs ak matirite li.

Men, menm nan mitan tout sa ki bon ak egzanplè nan legliz sa, sanble ke apre yon tan, genyen kèk abitid lavil sa ki t'ap fofile kò yo antre nan kongregasyon sa. Li posib pou lògèy t'ap domine kèk manm; se poutèt sa, Pòl egzòte yo pou yo konsidere lòt yo kòm siperyè, epi travay san diskisyon ni plenyen (Filipyen 2:2, 14).

II. Leson lavi yon legliz

Nan yon epòk kote nou abitye ak anpil byennèt epi kote ke malerezman menm legliz nou yo tonbe nan preokipasyon pou posede dènye modèl byen materyèl yo plis pase kwasans espirityèl la, egzanp legliz Filip la.

Chèche Bondye se yon kesyon espirityèl, toudepann de kalite anbyans ki antoure nou an. Jwif sa yo, pi fò se te fanm ki te konn rasanble bò larivyè a (san mi, san fetay, epi byen lwen vil la; yo pat genyen yon sinagòg) pou chèche prezans Bondye.

Se akoz de pèseverans yo ke Bondye te rive jwenn yo lè li te itilize Pòl ak lòt disip yo, moun sa yo ke li te ranpli ak Lespri li, epi li te itilize yo pou li fè yo antre nan istwa kòm fondatè legliz kretyèn nan nan Lewòp tou.

Pèseverans, kominyon yo nan levanjil ak kouraj yo pou bay bon fwi te rekonèt pa Pòl ki te anchaje li pou priye pou yo avèk kè kontan.

Sa vle di, lè Pòl sonje legliz sa, soufrans li vin diminye (Filipyen 1 :3-26).

Legliz syèk XXI a genyen yon egzanp pou swiv, menm nan mitan obstak oubyen difikilte yo: Chèche Bondye san rezèv, bay fwi, pèsevere, epi pote konsolasyon nan lavi lòt yo atravè evanjelizasyon ak kwasans espirityèl.

Menm jan avèk Legliz Filip la, Legliz syèk XXI an ap viv nan mitan yon move jenerasyon, nan yon atmosfè ki kapab trennen nou byen fasil epi fè nou ale lwen Bondye.

Pòl konplimante manm legliz sa yo pandan l'ap di yo ke yo te klere tankou zetwal nan mond lan, epi li ankouraje yo pou yo kontinye san repwòch, pandan l'ap fè yo sonje ke yo dwe pran swen Sali yo avèk krent e tranbleman (Filipyen 2 :12-18).

Legliz Kris la, jounen jodi a, li dwe toujou fè atansyon. Pastè, lidè ak manm yo nou dwe vijilan fas ak koutim ak doktrin sa yo ke nan yon mond pèvèti konsa tout bagay sanble kòrèk, men se pa vre; epi fèt oubyen ankatimimi y'ap antre nan legliz la.

Youn nan pi gwo kritik legliz Kris la se paske li toujou ap kontrekare fanm epi li pa genyen anpil viziblite.

Pòl menm te kanpe kòm moun ki pat vle pou fanm yo te pran lapawòl nan legliz la. Men si nou analize legliz Filip la, nou wè ke se Pòl ki te bati legliz sa lakay premye moun ki te konvèti nan krisyanis nan zòn sa: Yon fanm! Epi sonje Evodi ak Sintik avèk kè kontan, fanm sa yo tou ki site kòm moun ki te travay avèk li pou pote levanjil la: "Se pou sa, frè m' yo ak zanmi m' yo, nou menm mwen anvi wè anpil la, nou menm ki fè kè m' kontan an, nou menm ki yon lwanj pou mwen an, se konsa pou nou kenbe fèm nan lavi n'ap mennen ansanm nan Seyè a. M'ap ekri de ti mo pou Evodi ak Sentich: Tanpri souple, mete nou dakò tankou de sè k'ap viv ansanm nan Seyè a. Ou menm tou k'ap travay ansanm avèk m', mwen mande ou pou ou ede yo, paske de medam sa yo te travay di pou fè konnen bon nouvèl la ansanm ak Kleman ak tout lòt moun ki te travay ansanm avèk mwen yo. Yo tout gen non yo ekri nan Liv Bondye a ki gen non moun ki gen lavi a'' (Filipyen 4:1-3).

Ki lòt fason an plis pou fè fanm patisipe nan gaye levanjil la ak etabli travay nouvo yo? Bondye itilize fanm yo tou, li pa mete yo de kote; yo genyen yon

plas enpòtan nan plan Sali l' la pou mond lan.

Legliz Filip la te yon legliz ki te genyen moun de diferan klas sosyal. Li te fonde pa moun rich mete ansanm avèk moun klas mwayèn yo, epi moun pòv kòm esklav libere anba move lespri ki te rasanble ansanm avèk yo apre gerizon yo.

Chèf prizon ki te konvèti a se te reprezantan pi fò abitan nan vil la, klas travayè, ak militè ki te pran retrèt yo.

Sa se yon egzanp pou nou nan syèk XXI an.

Legliz la bezwen entèlijans, talan, don, elatriye, de tout. Jantiyès ke manm yo legliz yo te pèmèt ke Pòl te gen lajwa pou yo, epi li te ankouraje yo kontinye demontre sa devan tout moun: "Se pou tout moun konnen nou se moun ki gen bon kè. Seyè a ap vini anvan lontan'' (Filipyen 4:5). Jantiyès sa pral ede pou li pat nan patipri.

III. Leson pou yon legliz ki pote fwi

Legliz Filip la te karakterize pa fwi li t'ap bay yo (depi nan kòmansman) ni nan materyèl kòm espirityèl. Fwi sa yo soti nan Seyè a, men li te bezwen ankourajman nan men Pòl pou li te kapab kontinye grandi. Lavi pèsonèl al kongregasyonèl legliz la dinamik, epi sa mande pou l' kontinye grandi.

Yon sipò enpòtan legliz sa se ke li te renmen bay, sa ki te fè Pòl te remèsi li ak tout kè li. Se pa paske li ta ede li menm pèsonèlman; men tou se nan elajisman levanjil la. Fwi travay Pòl yo ta fwi ki te etann pou yo.

Gras ak ofrann yo, legliz la te ede nan pwogrè levanjil la nan Lewòp. Kòm kretyen, nou dwe renmen bay; wè nesesite; bay ak kè kontan, epi Bondye ap miltipliye: "Se pa dèyè kado mwen ye. Men, mwen ta renmen Bondye mete sou sa nou gen deja. Wi, mwen resevwa tou sa nou te voye ban mwen, pou di vre, sa depase sa m' te bezwen. Koulye a, avèk Epafwodit ki pote kado nou yo, mwen gen tou sa m' bezwen. Kado nou yo se tankou yon ofrann ki santi bon, yon ofrann bèt Bondye ap asepte paske sa fè l' plezi'' (Filipyen 4:17-18).

Pòl ankouraje legliz la kontinye bon travay la epi vin popilè nan vil la akoz de fwi espirityèl yo tankou lanmou, kè kontan ak kè poze (Filipyen 4 :4-7). Sa yo ta ede yo prepare pou retou Seyè a, epi fè fas ak lavi chak jou. Lanmou an ta ede yo genyen yon pi bon relasyon ant yo menm; kè kontan ta ede yo fè fas ak tribilasyon yo avèk esperans (menm jan ak apot Pòl); kè poze a ta ede yo konsève panse yo nan Jezikris.

Pou kretyen syèk XXI yo, fwi Lespri a genyen menm efè nan lavi pèsonèl yo.

Legliz Filip la te resevwa, tande ak wè tout

premye ansèyman Pòl yo. Nan Filipyen 4 :8-9, nou jwenn youn nan pi bon konsèy ke Pòl te bay osijè de kontwole panse yo. Li te di yo pou yo te panse ak "… mete lide nou sou bagay ki bon, ki merite lwanj: bagay ki vre, ki kòrèk, ki dwat, ki bèl, ki p'ap fè nou wont. Fè tou sa mwen te moutre nou, ni sa nou te resevwa nan menm m', ni sa nou te tande m' di ak tou sa nou te wè m' fè. Konsa, Bondye k'ap bay kè poze a va toujou la avè nou". Epi nan vèsè sa nou jwenn rezime leson ki plis konplè a pou legliz la, se pa sèlman pou Legliz Filip la; men tou pou legliz nan tan kounye a, non sèlman kòm kominote; men pito pou chak manm endividyèlman. Bagay ke li te vle yo panse yo ta ede yo rete fèm nan kè poze epi gen entèlijans pou viv avèk kè kontan Seyè a nan lavi yo, menm nan mitan tribilasyon yo menm jan li te fè l' la.

Legliz Filip la se te kouwòn ak kè kontan Pòl (Filipyen 4 :1); yon legliz enteresan kote ke fwi Lespri a te manifeste. Se yon legliz ki te renmen bay, epi ki te pote benediksyon nan lavi apot sa nan moman maladi li, prizon, ak moman tristès li yo.

Apot Pòl te di Bondye mèsi pou manm yo ki te nan legliz la; paske se nan menm yo sèlman li te resevwa sipò ekonomik, epi gras avèk sa li te kapab kontinye vwayaj li yo.

Kesyon Opsyonèl:

I. Nesans legliz Filip la

- Bay kèk karakteristik osijè de legliz Filip la daprè Travay 16?
    - ◊ Travay 16 :13
    - ◊ Travay 16 :14-15
    - ◊ Travay 16 :16-18
- Kòman w' kapab kolabore pou ke legliz ou a genyen karakteristik sa yo?

II. Leson lavi yon legliz

- Ki lòt karakteristik legliz la daprè Filipyen 2 :12-18, 4 :1-3?
- Èske w' panse ke Pòl ta kapab di menm bagay la de legliz ou a? Poukisa?

III. Leson pou yon legliz ki pote fwi

- Ki lòt karakteristik ke legliz la te prezante daprè Filipyen 4 :15-18?
- Konpare legliz Filip la ak lavi pèsonèl ou, epi reponn : Kòman w' ta kapab aplike karakteristik legliz sa pou w' amelyore lavi espirityèl ou ak pa ministè yo?

Konklizyon

Legliz Filip la te kapab yon bon egzanp pou legliz syèk XXI an. Menm si se pou kongregasyon an jeneralman, kòm lidè, oubyen sèlman tankou manm li, si nou fè sa ke li te konn fè epi nou swiv konsèy Pòl yo, lavi nou kapab chanje totalman epi n'ap pare pou nou akonpli misyon Kris te mande nou reyalize a.

Nòt :

Legliz Kolòs la

Ulises Solis (Gwatemala)

Vèsè pou aprann: "Se nan lavi Kris la t'ap mennen nan kò li a nou jwenn tou sa Bondye ye. Nou menm tou, Bondye la nan tout lavi nou, paske n'ap viv nan Kris la ki chèf tout lespri ki gen otorite ak pouvwa" Kolosyen 2:9-10.

Objektif leson an: Montre elèv la ke tout sa ke nou gen bezwen konnen, rekonèt ak eksperimante, nou genyen li nan Jezikris; se sa ki fè ke, tout disip konplè nan Li.

Entwodiksyon

"Lavil Kolòs te plase a 150 km de Efèz nan vale larivyè Liko ki te genyen twa vil: Lawodise, Eryapolis ak Kolòs. Li pwobab pou sektè sa te yon sant mondyal popilè akoz de endistri twal len ak kòmès rad bon kalite" (William Barclay, Tòm I. Clie, 2006, Baselòn Espay, p.757).

Lè pou legliz Kolòs la te ekri nan ane 60 ap.K., lè Pòl te nan prizon nan lavil Wòm akoz de levanjil. Li te fonde pa Epafras ak plizyè lòt moun ki te konvèti nan levanjil pandan vwayaj misyonè apot Pòl la.

Pwoblèm legliz sa se paske te genyen anpil fo doktè ki te fofile kò yo antre ladan li, yo menm ki t'ap anseye yon fo doktrin dwòl ki te pote non notisis ki te genyen kòm ansèyman gaye konesans epi nye ke Jezikris te reyèl epi se mwens pou ta di ke li se, Bondye ak Sovè.

Se pou rezon sa ke otè a chèche konbat erè sa pandan li t'ap montre divinite Kris la, epi avèk sa li te vle montre ke Jezi se Bondye avèk tout nati ak karaktè li yo, nan lòt mo: Bondye lòm. Ansanm avèk sa, chapit la santre sou sajès ak Gouvènman Bondye a nan Jezikris ak otorite Kris la nan tout bagay ak sou tout moun. Pou sa, otè a demontre ke "Kris se pòtre Bondye, Bondye nou pa ka wè a. Se li menm ki premye pitit li. Li te la anvan tou sa Bondye te kreye" (Kolosyen 1:15).

Ann wè karakteristik legliz sa.

I. Karakteristik legliz Kolòs la

Legliz ki te nan lavil Kolòs la te genyen plis moun grèk ladan li. Nou kapab dekouvri sa nan pasaj sa: "Nou menm tou, moun Kolòs, nan tan lontan, nou t'ap viv lwen Bondye. Nou te lènmi avè l' akòz tout bagay mal nou t'ap fè yo, ak tout move lide nou te gen nan tèt nou, Paske, Bondye vle fè moun pa l' yo konnen tout richès ak tout bèl pouvwa ki nan sekrè li te sere pou moun ki pa jwif yo. Men sekrè a: nou menm moun ki pa jwif yo, Kris la ap viv nan kè nou tou, li ban nou espwa nou gen pou n' patisipe nan bèl pouvwa Bondye a" (Kolosyen 1:21, 27).

Se te yon langaj polin ki te itilize pou fè referans ak tout moun ki te andeyò kontra pwomès la; men Bondye, nan gran lanmou li, li te achte yo atravè san Kris la ki te koule sou kwa.

A. Lèt la kòmanse ak yon salitasyon ak aksyon de gras pou kretyen Kolòs yo pou moun sa yo ke Pòl te konn priye san rete pou yo te gen fòs, sajès epi prezante zèv delivrans Kris la (Kolosyen 1 :9-14). Li klè ke otè a pat vle pou kò Kris la te pran nan pyèj move dokrin ke fo doktrin sa yo t'ap anseye a.

B. Apre sa, li abòde yon dosye doktrinal ki byen pwofon kote li prezante Kris la kò imaj Bondye envizib la, avèk yon otorite ki absoli, ak dominasyon li sou tout kreyasyon an (Kolosyen 1 :15-23).

C. Nan prezantasyon an, lèt sa gen bagay ki sanble ak pa Efèz la, menm si se avèk yon vizyon diferan. Vizyon lèt Efèz la te gen pou wè ak legliz la, epi pa legliz Kolòs la se te pou koze doktrin. Nan dènye sa, li anseye l' ke, nan Kris la (atravè lanmò li sou kwa), kretyen yo kapab viv nan sentete, san repwòch ak san tach devan Bondye (Kolosyen 1 :22).

II. Eksperyans li

Li pwobab pou Epafras t'al vizite apot la nan prizon an lavil Wòm pandan li te pote yon rapò ki byen detaye sou devlopman espirityèl legliz sa. Te genyen anpil bon nouvèl; poutèt sa, Pòl di Bondye mèsi lè li te pran nouvèl sou lanmou ak pèseverans yo nan Seyè a (Kolosyen 1 :3-8).

Men apre sa, li ouvè kè li, epi te genyen yon reyaksyon ki te fèt fas ak menas doktrinal ki t'ap fofile pou antre nan legliz la atravè fo doktè yo, li pa kache li epi li manifeste l' :"Mwen vle fè nou konnen ki kalite batay m'ap mennen pou nou, pou tout moun ki nan lavil..." Kolosyen 2 :1a).

Asireman, Pòl te vle afwonte lidè mantè sa yo fasafas, epi sove kèk manm ki te gentan devye; men li pat kapab, paske li te nan prizon. Konsa, rekou li se te priye epi ekri lèt sa avèk Kris la kòm sant kote li te itilize sa ki pi bon nan konesans li ke li te déjà anba pouvwa Sentespri a.

A. Nan lèt ke Pòl te ekri kretyen Kolòs yo, li te fè apèl ak kretyen yo pou yo te kapab genyen yon kè ki brav; pou yo pran kouraj; epi viv nan lanmou ak fèm konviksyon nan Kris la (Kolosyen 2 :2). Idantite yon legliz ki an sante se lanmou pou Bondye ak pwochen (Jan 13 :34-35). Pou bon kalite sa, mond lan va konnen legliz Seyè a.

B. Legliz Kris la tou dwe ranpli ak sajès epi konviksyon ki fèm nan Kris la; pliske se sèlman nan Li menm, tout richès sajès ak konesans ke pèsòn pa kapab twouble nou avèk agiman koken yo kache (Kolosyen 2 :3-4).

C. Li anseye legliz la pou li kenbe fèm nan angajman lafwa li nan Kris la; mache nan Kris la; epi edifye nan Kris la tankou yon fondasyon ki pap brannen. Moun ki gen konesans sou konstriksyon di ke yon kay ki genyen bon fondasyon ap dire pou anpil tan. Konsa, legliz la dwe fonde ak edifye nan Kris la.

D. Legliz aple pou apwofondi rasin konesans li yo nan Kris la ak nan Pawòl li. Sèlman Seyè Jezi se sous lavi ak fòs pou kwayan an fas ak lamòd ak move doktrin nan tan kounye yo (Kolosyen 2 :6-7).

III. Fondasyon biblik bon doktrin nan

Nan seksyon chapit sa ke Pòl te ekri a, nou jwenn vrè sans doktrin nan. Se sèten, se youn nan pasaj ki plis difisil ke Pòl te ekri; paske fo doktè yo te vle pou moun yo te aksepte ansèyman yo a kòm yon degi nan Kris la.

Kounye a, avèk bon doktrin nan, nou dwe konprann ke nan pasaj sa, nou fè referans ak fondman òtodòks yo ki kontwole verite biblik la, yo menm ki pa ni vann ni angaje yo avèk anyen. Si w' vle ou kapab rele li kwayans; pa egzanp : Nou kwè ke Jezi se Bondye (Jan 10 :30). Sepandan, fas ak menas bon doktrin nan, otè sakre a pran pozisyon li pou alète pou ke yo "Fè atansyon pou nou pa kite pesonn twonpe nou ak bèl diskou filozòf yo, ak diskisyon ki pa vo anyen. Bagay sa yo soti nan koutim lèzòm, nan jan yo konprann bagay ki nan lemonn. Yo pa soti nan Kris la, Se sak fè, pa kite pesonn kritike nou pou sa n'ap manje, pou sa n'ap bwè, pou jou nou mete apa pou

fè fèt, pou fèt lalin nouvèl, osinon pou jou repo. Tou sa se lonbraj bagay ki te gen pou vini yo; bagay tout bon yo se nan Kris la yo ye.

Se poutèt sa, moun nou wè k'ap sèvi zanj epi ki swadizan p'ap vante tèt yo, pa kite moun konsa konprann pou yo wete rekonpans nou nan men nou. Moun konsa toujou ap rakonte vizyon yo te fè. Pou anyen, yo gonfle ak lògèy poutèt yon bann lide lèzòm yo mete nan tèt yo. Moun konsa p'ap viv ansanm ak Kris la ki tèt kò a. Se Kris la k'ap nouri tout kò a, k'ap kenbe l' byen kanpe ak tout jwenti l' ak tout venn li yo byen solid. Se li menm k'ap fè l' grandi jan Bondye vle l' la. Se konsa, si nou mouri ansanm ak Kris la ki te delivre nou anba pouvwa lespri k'ap donminen nan lemonn yo, poukisa pou n'ap viv tankou si nou te toujou anba pouvwa ki nan lemonn yo? Poukisa pou nou kite yo soumèt nou anba prensip tankou sa ki di: pa pran sa, pa goute sa, pa manyen sa? Tout bagay sa yo, fini ou fin fè yo, yo pa fè anyen pou ou. Se lèzòm ki mande bagay konsa, se yo ki moutre bagay sa yo. Se vre, bagay sa yo sanble yo bon, paske sa mande moun anpil volonte pou yo pran pòz sèvi zanj yo konsa, pou yo pran pòz pa vante tèt yo, pou yo fè bagay pou swadizan kraze pouvwa lachè nan kò yo. Men, tou sa pa vo anyen. Paske, atousa, yo pa ka rive domine egzijans lachè a'' (Kolosyen 2:8, 16-23).

Ta sanble, te genyen kèk manm jwif konvèti ki te renmen notisis la, ki te yon espès de gwoup reliyje ki te genyen kèk ajan filozofik (li te fè kwè ke limanite Kris la pat yon fè reyèl).

A. Nan Kolosyen 2 :9-10, Pòl montre yo yon fondman solid lè li di yo ke fizikman, tout sa ke Bondye ye kache nan Kris la ak kretyen yo konplètman, li menm ki se chèf tout pouvwa.

B. Pou fo doktè yo, verite levanjil senp sa pat ase. Li te nesesè pou kretyen Kolòs yo te aksepte lòt verite ke filozofi a t'ap prezante yo, ki se konesans lòm; astwoloji; lalwa ki pale de sikonsizyon ki fèt ak men, li menm ke Pòl refize kòm kò peche epi ki ban nou lavi lè nou te mouri nan bafon peche yo (Kolosyen 2 :11-14).

C. San dout ke gwoup fo doktè sa yo te genyen tèm pou yo te anseye yo, epi li menm ki te genyen reliyjosite egzajere andedan li (Kolosyen 2 :16, 21) ki te genyen tou anpil règ (v.18), ki te yon espès de sèvis pou èt sa yo. Tout sa yo te melanje ak yon fo imilite.

D. Egzòtasyon ke Legliz sa te resevwa se ke li te dwe kenbe fèm avèk konfyans li nan Kris la, epi pa depann de entèmedyè evanjelik ni pratik mantè ak sedoespirityèl. Se sa ki lakoz ke Pòl te di kretyen Kolòs yo pou yo pat kite moun fè yo tounen esklav konfòm ak prensip mond lan. Anplis de sa, li te anseye yo ke menm ke relijyozite a montre pou trete kò a di, epi lòt yo pibliye yon sajès pretansye, pa genyen anyen nan sa ki kapab retire dezi lachè a (Kolosyen 2 :20-23). Epi nan aspè espirityèl sa yo, sèlman Kris ak gras li ase.

IV. Vizyon etik ak sosyal

Se nan seksyon sa ke aspè etiko-kretyen an kòmanse, li menm ki se yon dosye enpòtan pou Pòl; epi aprè vizyon teyolojik la, demann etik pou legliz la yo vini aprè. Si kretyen an leve vivan avèk Kris, se pou li chèche valè ki pap janm fini yo epi se pou li montre yon kalite lavi diferan (Kolosyen 3 :1-4). Sa yo dwe bon kalite oubyen karakteristik legliz nan tan kounye yo; sa vle di, yo dwe baze yo sou Kris la epi pèsevere nan kous lafwa kretyèn nan pou chanje mond lan ak yon kalite lavi diferan.

A. Premye bagay ki pou fèt la se dezabiye li de vye nati peche a; paske se yon enfliyans menasan k'ap tante fè li abandone Bondye nan lavi li (v.9).

B. Legliz la dwe abiye li kòm moun Bondye chwazi a. Kisa ki eleman vètman sa? Sen, san tach, dou, enb, pasyan, renmen padone menm jan avèk Kris, epi finalman li kapab resevwa so lanmou ki bon nèt la (vv.12-15). Bib la anseye ke lanmou an se youn nan karakteristik prensipal ke legliz la dwe afiche, pliske se akoz de bonte sa yo ke mond lan va renkonèt disip Kris yo. Pèsòn pa inyore ke n'ap viv nan yon mond ki chaje ak vyolans, rayisans ak lagè; ki opoze ak valè Wayòm nan ak Bondye. Sitiyasyon sa ouvè espas pou ke legliz la pran Pawòl Bondye a serye, kòm Pawòl vivan ke li dwe mete an pratik.

C. Nan aspè sa yo nou wè kòman aspè pratik ak etik levanjil la relache, li menm ki dwe demontre nan lavi chak jou. Kòm rezilta nouvo lavi nan Kris la, relasyon sosyal yo ant koup yo epi anplis de moun ki pwòch yo ki dwe vin diferan; travayè yo dwe vin pi responsab, respekte moun epi byen prepare, lè yo konnen ke yo va resevwa rekonpans lan nanmen Seyè a, li menm ki pa nan patipri (vv.18-25).

D. Finalman, patwon yo dwe jis nan fason y'ap sèvi ak travayè yo. Apre sa, Pòl fè legliz la sonje ke li pa dwe neglije lavi lapriyè a, epi li fè yo konnen tou ke yo dwe priye pou misyonè yo, epi nan ka pa l' la, pou ke Bondye ouvè pòt pou li akonpli wòl misyonè-evanjelis li a. Kòm rezilta vi de priyè sa, yo te kapab resevwa anpil gras pou bay yon moun ki pa kretyen yo yon gwo temwayaj, epi konsa yo ta kapab pale de levanjil avèk pridans (Kolosyen 4 :1-6).

E. Lèt la fini avèk yon salitasyon pou tout zanmi l' yo, epi espesyalman pou Tikik, kolaboratè ki sanble te moun ki te pote lèt sa (Kolosyen 4 :7).

Mesaj sa pou moun Kolòs yo se yon lèt esperans ak kè poze pou tout moun sa yo ki mete konfyans yo nan Jezikris; paske li montre nou kòm kretyen, nou chak vin konvèti an yon eritye Wayòm li a, epi radikalman nou rekonsilye avèk Bondye atravè lanmò Jezikris sou kwa (Kolosyen 1 :20-23). Apèl la pafè, lè nou wè kijan Pòl te mande yo pou yo pat kite pèsòn moun twonpe yo avèk vye filozofi ak riz (Kolosyen 2 :8); epi se nan Kris la ke desten kwayan an asire. Konsa, syèl la dwe ranpli panse ak kè yo pou yo chèche bagay ki anwo nan syèl la (Kolosyen 3 :1-4). Finalman, apot la mande yo pou yo mennen yon vi de priyè, epi pwofite tout opòtinite pou bay temwayaj Kris la epi aji avèk sajès ak moun ki pa kretyen yo (Kolosyen 4 :2-6).

Kesyon Opsyonèl:

I. Karakteristik legliz Kolòs la

- Kòman lèt la kòmanse daprè Kolosyen 1 :9-14?
- Ki ansèyman enpòtan ke Pòl bay legliz la nan Kolosyen 1 :3-8?

II. Eksperyans li

- Ki bon kalite ke kretyen an dwe adopte toutan (Kolosyen 1 :3-8)?
- Nan kisa legliz la dwe apwofondi ak edifye li daprè Kolosyen 2 :6-7?

III. Fondman biblik bon doktrin nan

- Ki ansèyman ke Pòl te bay legliz la nan Kolosyen 2 :9-21?

IV. Vizyon etik ak sosyal

- Site eleman ki fè pati abiman moun ke Bondye chwazi yo daprè Kolosyen 3 :12-15.
- Èske w' konsidere ke levanjil Kris la mande yon lavi diferan nan plizyè branch diferan nan lavi nou jodi a? Esplike repons ou a.

Konklizyon

Te toujou genyen moun ki twouble epi pare pou twouble lòt moun. Menm jan avèk nan legliz Kolòs la, Pòl ankouraje jodi a pou nou viv lavi ki konsakre nan Bondye epi konnen vrè verite levanjil la, ke akoz de mizèrikòd li jodi a nou gen aksè genyen li nan Bib la.

Ann fè atansyon, pa kite moun twouble nou!

Leson 32 — Yon legliz ki kenbe pawòl li

Débora Acuña (Chili)

> **Vèsè pou aprann:** "Devan Bondye Papa nou, mwen toujou chonje jan n'ap viv byen paske nou gen konfyans nan Bondye, jan n'ap travay di paske nou gen renmen nan kè nou, jan nou rete fèm nan espwa nou gen nan Jezikri, Seyè nou an" 1 Tesalonisyen 1:3.
>
> **Objektif leson an:** Se pou elèv la kapab konprann enpòtans bon temwayaj la, li menm ke nou jwenn nan kenbe fèm nan lafwa ak lanmou.

Entwodiksyon

San dout, apot Pòl te yon gran misyon; lanmou l' pou Kris la rive fè li remèt tout lavi li pou pwoklame Seyè a Jezikris kòm Sovè. Li te konprann ke "ale" te genyen ladan li yon chanjman direksyon. Nan vwayaj misyonè li yo, anba pouvwa Sentespri a, li te rive plante anpil legliz nan Lewòp, yo menm ki te gaye levanjil la nan tout mond lan apre plizyè ane.

Tesalonik (kounye a ki pote non Salonik) te fè pati dezyèm vwayaj misyonè a. Se te yon vil ke anpil moun te konn vizite, li te plase nan yon zòn santral.

Menm si nou menm nou konnen kilès Jezi ye jodi a, li enpòtan pou nou mete nou nan plas moun nan epòk sa yo. Se sèlman plizyè dizèn ane ki te pase depi Jezi te mouri sou kwa anba men pèp li a (ki pat rekonèt li); li pwobab pou genyen kèk nan yo ki pat menm ko koute non li, déjà ke ministè li te byen kout. Pou kèk moun, Jezi se te sèlman yon pwofèt anplis; pou plizyè lòt, yon predikatè ki atire anpil moun; men ann wè kòman mesaj la te rive jwenn moun Tesalonik yo.

I. Kòmansman legliz Tesalonik la

Pòl, Silas ansanm avèk Timote te pase nan lavil Tesalonik. Te genyen yon sinagòg jwif yo la, ki fè yo te ale la dirèkteman pou pataje mesaj Jezi a. Pawòl Bondye di ke Pòl te pase twa jou la (Travay 17:1-2) ap diskite avèk yo, pandan l'ap montre yo atravè Sentespri a kilès moun Jezi ye reyèlman (Travay 17:3).

Pòl te ale nan vwayaj misyonè li yo byen prepare ak òganize. Men kèk pwen enpòtan:

A. Yon plas estratejik

Verite biblik la te kapab preche nenpòt kote; men, jeneralman, sinagòg yo se te plas ki pafè pou Pòl. Sa se paske la, Pòl te kapab rankontre yon bon gwoup moun; epi anplis de sa, kote sa, yo te konn li Pawòl la epi yo pat san konesans de pwofesi yo.

B. Pwoklamasyon an

Nou dwe sonje ke Jezi te resevwa mepri e menm krisifye. Yo pat konprann ke Li te Kris yo t'ap tann nan; yo pat konprann ke wayòm Mesi a pa t'ap tèrès; yo pa t'ap tann yon nonm ki te pou idantifye li ak pòv avèk pechè yo; yo pa t'ap tann yon nonm ki te pou ap mache nan lari pou preche ak geri malad oubyen ap fè mirak. San dout ke yo t'ap tann yon moun ki pat genyen reflè ke Jezi te prezante a sou tè a.

Pòl te pwoklame Jezi kòm Mesi yo t'ap tann nan; mesaj li a te baze nan Pawòl la; lè moun yo te fin tande tout sa ki te akonpli yo, yo te kapab deside ak pwòp volonte yo si yo te dwe kwè oubyen non.

Apot la te reyalize misyon l' lan lè li te pote bon nouvèl sa, epi Sentespri a te fè travay pa l' la tou lè li t'ap touche kè epi konvenk moun ak verite a.

C. Premye fwi Tesalonik yo

Pou glwa Bondye, yo te pote fwi nan twa jou sa yo. Pawòl Bondye di nou ke genyen kèk pami yo ki te kwè.

Moun ki te deside kwè yo te premye manm legliz Tesalonik la, epi li te angaje li pou kontinye pwoklame levanjil la bay lòt yo. Bib la di konsa: "Te genyen nan jwif yo ki te kwè, yo pran mache ansanm ak Pòl ak Silas. Se konsa yon bann moun peyi Lagrès ki te konvèti nan relijyon jwif yo ansanm ak anpil gran medam te kwè tou" (Travay 17:4).

Men sa ki pat kwè yo pat rete trankil; yo te vle fè Pòl kite vil la ak tout fòs yo. Men sa pat anpeche pawòl la preche ni anpeche moun kwè nan li.

Li enpòtan pou nou mansyone tou ke legliz la te soufri tribilasyon (2 Tesalonisyen 1:5-7).

II. Afime legliz la

Pòl te oblije soti kite Tesalonik byen rapid; paske jwif ki pat kwè yo te deklannche yon eskandal pou yo domaje li. Men, moun ki te kwè yo pat tou sèl (menm jan ak lòt legliz ke li te plante nan vwayaj misyonè li yo); yo te nan kè Pòl toutan, epi si l' pat kapab vizite yo, li te voye kèk kolaboratè vwayaj li pou afime legliz la. Nan ka Tesalonik la, Timote t'al vizite yo: "Se konsa, mwen pa t' kapab tann ankò. Mwen pran desizyon rete pou kont mwen lavil Atèn. Mwen te voye Timote, frè nou an, al wè nou. Se yon sèvitè Bondye k'ap travay ansanm ak mwen pou fè konnen bon nouvèl Kris la. Li te gen pou l' te fòtifye nou, pou l' te ankouraje nou nan lafwa, pou pesonn pa febli nan mitan tribilasyon sa yo. Nou menm, moun lavil Tesalonik, se pou n' soufri bagay sa yo paske Bondye te wè davans sa tapral rive nou" (1 Tesalonisyen 3:1-3).

Pòl te enkyete pou chak legliz ke li t'ap plante. Konsa, li te mache vizite yo; voye kèk nan kolaboratè vwayaj li yo; epi voye lèt ba yo. Nan dènye lèt yo, Pòl te abòde plizyè tèm diferan ak legliz sa:

A. Li te fè yo sonje ke, si li menm ak kolaboratè li yo te kontinye preche Pawòl Bondye a, menm konsa y'ap kontinye depann de chak legliz, epi preokipe pou yo te kontinye pou pi devan nan sèvis Bondye a (1 Tesalonisyen 1:2-6).

B. Apot la te konnen fòs ak feblès yo, epi li te ankouraje yo pou yo te kontinye pou pi devan ak sa ki fè Bondye plezi (1 Tesalonisyen 4:1-12).

C. Li te egzòte yo tou ak limyè Pawòl la, epi li te anseye yo kòman yo te dwe mache : viv nan sentete ak nan lapè ak pwochen yo (1 Tesalonisyen 5:12-15).

D. Apot Pòl te fè moun Tesalonik yo sonje ke Kris gen pou l' retounen; pou yo pat kite pèsòn twonpe yo; se pou yo prepare yo pou resevwa li (1 Tesalonisyen 4:13-18).

Legliz sa te soufri anpil pèsekisyon.

III. Elaji Wayòm nan ak temwayaj li

San dout, legliz Tesalonik la te yon kongregasyon espesyal. Sa te karakterize pa mwayen travay li; pasyans anba presyon ke li t'ap sibi; epi sa te reflete sou valè espirityèl ke li te posede andedan li.

Apot Pòl ankouraje yo kenbe fèm anba presyon yo: "Devan Bondye Papa nou, mwen toujou chonje jan n'ap viv byen paske nou gen konfyans nan Bondye, jan n'ap travay di paske nou gen renmen nan kè nou, jan nou rete fèm nan espwa nou gen nan Jezikri, Seyè nou an" (.1 Tesalonisyen 1:3).

Nan vèsè sa, apot la site twa mo ki mansyone nan 1 Korentyen 13:13 ki di konsa: "Koulye a se twa bagay sa yo ki toujou la: se konfyans, se espwa, se renmen.

Men, nan twa bagay sa yo, se renmen ki pi gran". Sa yo se karakteristik ki dwe toujou rete vivan nan legliz Bondye a, epi sa yo se karakteristik ke legliz

Tesalonik la te genyen.

Nou kapab wè nan lèt ke Pòl te ekri moun Tesalonik yo ke li te renmen yo; li te demontre kalite li yo ak lanmou, pèseverans yo malgre tribilasyon yo.

A. Yon legliz k'ap rejwi nan mitan tribilasyon

Bondye vle pou legliz li a aprann adore li manm nan mitan sikonstans yo; menm si nou atriste pou nenpòt ki moman difisil ke n'ap viv, lajwa nou nan Li dwe rete pou toutan.

Pou sa reyalize, kominyon nou avèk Bondye enpòtan anpil; se pou Sentespri a gide ak nouri lavi nou toutan: "Nou te swiv egzanp mwen ak egzanp Seyè a. Nou te soufri anpil. Malgre sa, nou te resevwa pawòl Bondye a ak kè kontan. Sa se travay Sentespri" (1 Tesalonisyen 1:6).

B. Yon legliz ki gen renmen nan kè li epi ki jwenn moun renmen li

Bondye se lanmou, epi li vle pou legliz li a imite li; pou vin tankou Li; santi tankou Li; renmen epi sen.

Legliz Tesalonik sa te remèt Bondye lavi li avèk senserite epi li te kite Sentespri a travay nan kè yo. Konsa, pèsòn nan manm li yo pat bay plas pou move dezi, ni rankin, ni dout. Anyen pat anpeche yo montre lòt yo ke Bondye se lanmou; sa te fè ke lavi yo te fè efè sou lavi lòt moun yo: "Mwen pa konn ki jan pou m' di Bondye mèsi pou nou, tèlman nou fè kè m' kontan devan li. Lajounen kou lannwit, m'ap mande ak tout kè mwen pou Bondye ban m' chans yon lè vizite nou ankò, pou m' ka fin moutre nou sa nou manke nan lafwa a toujou" (1 Tesalonisyen 4:9-10).

Lanmou ki t'ap degaje nan mitan yo epi pwojte anvè lòt yo se li ki te karakterize yo. Anplis de sa, lòt yo te rekonèt yo akoz de bon kalite sa yo: "Devan Bondye Papa nou, mwen toujou chonje jan n'ap viv byen paske nou gen konfyans nan Bondye, jan n'ap travay di paske nou gen renmen nan kè nou, jan nou rete fèm nan espwa nou gen nan Jezikri, Seyè nou an" (1 Tesalonisyen 1:3).

Temwayaj sa te rive jwenn Pòl malgre li te byen lwen: "Men koulye a, Timote fèk rive sot lakay nou, li fè kè m' kontan, li ban m' bon nouvèl, li di m' jan nou gen konfyans ak renmen. Li di m' jan nou menm tou nou toujou chonje m', jan nou anvi wè m', menm jan mwen menm mwen anvi wè nou" (1 Tesalonisyen 3:6).

C. Legliz ki grandi nan lafwa ak lanmou

Legliz Bondye pa kapab rete menm jan; legliz Bondye avanse, pran fòs, grandi; paske Sentespri a pwodwi sa. Li travay nan lavi nou, pitit li yo; li chanje nou; li transfòme nou; li restore nou; epi li gide nou. Kòm legliz Bondye, nou aple pou nou kontinye grandi; pou sa rive reyalize, nou gen pou nou fè fas ak sitiyasyon byen difisil k'ap mande pou nou mete konfyans nou nan Bondye. Sitiyasyon difisil sa yo pral montre nou mete tèt nou ansanm, renmen nou youn lòt, ranmase fòs. Epi si nou mete Bondye nan premye plas la; si nou mete predikasyon Kris la nan premye plas; si nou mete Sali moun ki pa konnen Bondye yo kòm priyorite nou; ebyen n'ap kapab avanse, grandi nan tèt ansanm, epi avèk konfyans nan Bondye. Nou genyen egzanp legliz Tesalonik la epi n'ap grandi nan lafwa ak lanmou:

"Se yon devwa pou mwen pou m' pa janm sispann di Bondye mèsi pou nou, frè m' yo. Wi, se yon devwa pou m' fè l' vre. Paske, konfyans nou gen nan Bondye ap grandi anpil, renmen nou gen yonn pou lòt ap grandi toujou tou. Se sak fè, sa fè m' plezi pou m' nonmen non nou nan tout legliz Bondye yo, pou jan nou gen pasyans, jan nou kenbe konfyans nou fèm nan Bondye nan mitan tout pèsekisyon ak soufrans k'ap tonbe sou nou" (2 Tesalonisyen 1:3-4).

D. Yon legliz ki gen bon temwayaj

Lè nou konnen karakteristik ki deja site nan legliz sa yo, nou kapab rann kont ke li te genyen bon temwayaj. Legliz sa pat pèdi tan li nan fè diskisyon pami yo, oubyen goumen paske yo te genyen rezon; men pito yo te bay lavi yo pou ke non Bondye te egzalte epi yo te rive reyalize li. Gras avèk yo, anpil moun te kwè, yo te bay temwayaj fidèl sou karakteristik Bondye yo; moun yo te wè yon chanjman epi yo te vle fè pati legliz sa. Se konsa ke anpil moun nan lavil Tesalonik te konnen Kris la atravè bon temwayaj manm legliz sa yo. Jodi a tou nou aple pou nou bay bon temwayaj lanmou, sentete, lafwa. Se sa ki fè, nou dwe kenbe fèm; òdone priyorite yo; epi konsa plan Bondye yo kapab akonpli nan lavi nou: "Se konsa, nou te tounen yon egzanp pou tout moun nan peyi Masedwan ak nan peyi Lakayi ki gen konfyans nan Bondye. Konsa, nou fè anpil moun rive konnen mesaj Seyè a. Se pa sèlman nan Masedwan ak nan Lakayi, men se toupatou moun ap pale jan nou gen konfyans nan Bondye. Se sa ki fè, nou pa bezwen pale sou sa ankò. Okontrè, yo tout ap rakonte jan nou te resevwa m' lè m' te rive lakay nou, jan nou te kite zidòl yo pou n' tounen vin jwenn Bondye, pou nou te ka sèvi Bondye vivan an, Bondye tout bon an" (1 Tesalonisyen 1:7-9).

Se menm mesaj Tesalonik la ke nou dwe preche jodi a. Petèt anpil ane déjà pase; men mesaj n'ap preche yo pa dwe chanje. Nou te aple pou nou preche Kris la; tout moun dwe konnen ke li te vini pou viv, mouri ak resisite pou lòm, pou bay Sali a ak lavi ki pap janm fini an.

Jodi a li ta dwe pi fasil pou nou preche Pawòl la; déjà ke anpil moun tande pale de Kris (li te divize istwa). Jodi a, ou kapab jwenn fim kretyen kòm sipò, radyo kretyen, paj entènèt, Bib sou entènèt, ak anpil lòt bagay ankò. Nou genyen anpil dokiman pou nou fè gaye Pawòl Bondye a; nou genyen anpil mannyè pou fè moun konnen li. Jounen jodi a, Pawòl Bondye a se referans anpil moun, epi prèske tout siyal lafen yo fin akonpli. Li Bib la, epi prepare w' pou w' preche Kris la, Sali a avèk retou a. Imite legliz Tesalonik la epi etann Wayòm nan avèk bon temwayaj ou a.

Nan yon tan si difisil, mesaj la te rive nan vil Tesalonik; men legliz sa te ankouraje ak grandi, epi jan ke nou te li l' la, yo te sipòte tribilasyon yo avèk lajwa; yo te preche epi etann Wayòm Bondye a atravè temwayaj li yo.

Anplis de sa, yo te enb ak obeyisan fas ak Pawòl la, epi chak fwa ke apot la te anseye, yo te resevwa ansèyman avèk lanmou, pandan yo te konprann ke se Bondye ki t'ap pale atravè sèvitè sa.

Mwen mete fen ak leson sa avèk mo sa yo: "Lèzòm se metòd Bondye. Legliz la ap chèche pi bon metòd yo; Bondye ap chèche pi bon moun yo!" E.M.Bounds.

Kesyon Opsyonèl:

I. Kòmansman legliz Tesalonik la

- Konbyen jou Pòl te pase nan sinagòg la? (Travay 17:1-2)
- Kisa Pòl te fè pandan tan sa? (Travay 17:3)
- Èske w' panse ke li te fasil pou Pòl te bay mesaj Sali a? Poukisa?
- Èske w' panse ke li fasil pou bay mesaj Sali a kounye a? Poukisa?

II. Afime legliz la

- Èske li te enpòtan pou Timote t'al vizite legliz Tesalonik la, daprè 1 Tesalonisyen 3:1-3? Poukisa?
- Èske w' konsidere ke li enpòtan pou fè legliz la konnen fòs ak feblès li; anseye ak korije yo osijè de kòman yo dwe mache (1 Tesalonisyen 4:1-12)? Poukisa?

III. Elaji Wayòm nan ak temwayaj li

- Ki kalite legliz Tesalonik ke ou ta renmen reflete? Poukisa?
- Kòman legliz jodi a dwe bay bon temwayaj epi viv nan lafwa, lanmou ak yon kwasans ki dirab?

Konklizyon

Legliz Bondye a dwe konsa: emab, pèseveran nan lafwa ak lanmou. Nou genyen anpil bagay pou nou aprann de legliz Tesalonik sa. Se pou Bondye ede nou vin enb, obeyisan, gen bon temwayaj, solid; se sa pou lapriyè nou ye, epi kòm yon pati nan kò Kris la nou kapab etann Wayòm li an.

Legliz Efèz la

Wilson Sánchez (Pewou)

Vèsè pou aprann: "Mwen konnen tou sa w'ap fè, jan ou travay di, jan ou gen pasians. Mwen konnen tou ou pa ka sipòte mechan yo: ou sonde tout moun sa yo k'ap pran pòz apòt yo. Ou dekouvri se mantò yo ye" Revelasyon 2:2.

Objektif leson an: Se pou elèv la konprann ke Bondye bezwen yon legliz ki pou travay nan reyalize misyon li a; men san li pa bliye kominyon li avèk Li, pou li pa malad espirityèlman epi mouri.

Entwodiksyon

Nan anpil okazyon, nou kapab toujou travay nan lèv Bondye a; men nou bliye pase kèk moman avèk Seyè a. Mande youn oubyen de nan elèv ou kisa yo te santi lè yo te aksepte Kris nan kè yo; kòman sa te chanje lavi w'.

Si se vre ke legliz Efèz la te genyen karakteristik ki te bon anpil, li te manke bagay ki pi enpòtan tou ki se lanmou Bondye a. Manm li yo te malad nan kè. Revelasyon 2:1-7 anseye nou kèk bagay ke nou pa dwe bliye.

I. Yon maladi envizib

A. Te gen sèvis

Jezi di yo: "Mwen konnen tou sa w'ap fè, jan ou travay di, jan ou gen pasians. Mwen konnen tou ou pa ka sipòte mechan yo: ou sonde tout moun sa yo k'ap pran pòz apòt yo. Ou dekouvri se mantò yo ye" (v. 2).

Swadizan, legliz Efèz la pa genyen okenn pwoblèm. Te genyen sèvis. Yo te genyen de sèvis ki te endispansab nan tout legliz la: "travay ak pèseverans".

Travay la: Legliz Efèz la te yon legliz aktiv; lè li dwe travay, yo pat rete bwa kwaze, san gade sa l' te koute yo. Vèsè 3 pale de "travay di". Jezi te di legliz sa ke Li konnen tout sèvis fidèl ke l'ap fè yo. Paske sèvi Kris se travay.

Pèseverans: Anplis de aktivite yo, legliz Efèz la te pèseveran tou. Legliz Efèz la pat bay legen malgre tout difikilte yo. Se sa ki fè li di nan vèsè 3: "Ou pa dekouraje".

Pèseverans: Se yon nesesite nan lavi kretyèn nan, se sa ki asire nou lavi ki pap janm fini an (Matye 24:13).

Pèseverans lan se kle siksè a lè yon moun ap kòmanse yon biznis, lekòl, yon travay oubyen lavi kretyèn nan. Kretyen ki pèsevere a mete fen ak sa ke li te kòmanse a; li rekòmanse aprè yon echèk nan kòmansman; li pèsekite objektif li yo; epi li rete konsantre epi kontinye fè devwa li. Se pa yon parese, li pa chèche sa ki fasil, li pa pran daso ni avantaj, li pa pèdi enterè fasil, li pa pran vakans espirityèl. Men pito li fidèl, paske Bondye fidèl (1 Korentyen 1:9; Revelasyon 2:10).

B. Te genyen yon bon doktrin

Legliz Efèz la te sevè anpil sou koze doktrin nan. Poutèt sa, Jezi di yo konsa: "Mwen konnen tou sa w'ap fè, jan ou travay di, jan ou gen pasyans. Mwen konnen tou ou pa ka sipòte mechan yo: ou sonde tout moun sa yo k'ap pran pòz apòt yo. Ou dekouvri se mantò yo ye" (Revelasyon 2:2).

Nou wè ke frè nou yo ki nan legliz sa te genyen konesans teyolojik ase pou yo te dekouvri fo ansèyman epi devwale fo apot yo. E menm rive preokipe pou move enfliyans Nikolayit la daprè vèsè 6 la, pliske dènye sa t'ap pratike anpil imoralite. Legliz sa te popilè paske li te aktiv, fidèl epi avèk yon doktrin ki bon. Louwanj yo t'ap fè pou li yo te dwe fè li santi l' byen, e menm petèt louwanj sa ta fè li santi l' gen lògèy. Definitivman, legliz Efèz la te yon egzanp pou swiv devan je tout moun. Yo te sanble an sante depi nan pye pou rive nan tèt. Pafwa, nou konn fè tèt nou twòp konfyans kòm legliz; paske nou konsidere tèt nou kòm gwo travayè. Paske nou genyen anpil aktivite ki pwograme pou tout ane a, epi paske nou panse ke nou fidèl ak doktrin nan. Paske nou identifye nou avèk denominasyon nou an. Tout sa yo fè nou panse ke nou rive a yon nivo espirityèl ak matirite ke lòt legliz pa rive genyen. Men, si Seyè a ta ban nou yon egzamen, èske nou t'ap pase? Si Seyè a ta fè yon radyografi pou nou, èske pa gen anyen mal ki t'ap devwale andedan nou? Pòl di konsa: "Si yon moun ki pa anyen mete nan tèt li li kichòy, moun sa a se twonpe l'ap twonpe tèt li. Chak moun dwe egzaminen jan y'ap viv la. Si yo kontan ak tèt yo, y'a kontan pou sa yo fè. Yo p'ap bezwen konpare tèt yo avèk sa lòt yo ap fè. Paske, chak moun gen chay pa yo pou yo pote" (Galat 6:3-5).

Li di ankò: "Se sak fè, moun ki kwè li byen kanpe a, pito li veye kò l' pou l' pa tonbe" (1 Korentyen 10 :12).

II. Yon maladi devwale

A. Jezi devwale

Aprè ke Jezi te fin pase legliz la yon egzamen pou kondisyon espirityèl li, li pat jwenn plis pase yon pwoblèm. Men sa se te yon pwoblèm ki byen grav; yon pwoblèm mòtèl. Kòm nou konnen, kapab genyen maladi envizib epi, de tanzantan y'ap detwi fonksyonnman òganis la. Epi si yo pa detekte bonè, yo kapab koze lanmò. Jezi te konnen chak batman kè legliz Efèz la.

Legliz te kontinye rete yon legliz ekstraòdinè, men li te manke yon bagay ki enpòtan ke Jezi ap chèche nan kè tout moun : lanmou. Te genyen yon bagay ki te bouche tout aparans lan, se te absans lanmou an. Poutèt sa, Jezi di yo konsa: "Men, men repwòch mwen gen pou m' fè ou: Koulye a ou pa renmen m' jan ou te renmen m' anvan an" (Revelasyon 2 :4).

Pliske Jezi se espesyalis nan domèn lanmou an, byen rapid li te rann li kont de pwoblèm legliz sa.

Sa te kapab elimine tout bon bagay ke legliz sa te genyen. Legliz Efèz la te twò okipe ap travay pou Kris la ki te fè li pat gen tan (tankou nan ka Mat ke nou jwenn istwa li nan Lik 10 :38-42) pou renmen ak koute li.

Lanmou an pa kapab ranplase pa travay ke n'ap fè pou Li. Seyè a dwe toujou okipe premye plas nan kè nou. Legliz Efèz la pat kontinye demontre lanmou ke li te genyen pou Kris la menm jan sa te ye nan premye ane lavi kretyèn li yo. Bon zèv yo pa kapab pran plas relasyon yo! Kretyen sa yo te pran plezi yo pou fè bon zèv olye pou fè rankont avèk Kris la; epi yo te pèdi chalè lanmou yo te genyen pou Seyè a. Sou deyò, yo te sanble byen relijye pandan yo t'ap travay pou Kris la; men nan kè yo li te frèt pou moun yo t'ap sèvi a. Seyè a rekonèt tout sa ke nou fè pou Li, men li plis entèrese ak relasyon nou avèk Li.

Pòl te di pawòl sa yo: "Menm si mwen ta konn pale tout kalite lang moun pale ansanm ak lang zanj yo pale, si m' pa gen renmen nan kè m', bèl pawòl mwen yo pa pi plis pase yon tanbou k'ap fè anpil bwi, pase yon klòch k'ap sonnen. Menm si mwen ta gen don pou m' fè konnen mesaj ki soti nan Bondye, menm si mwen ta gen tout kalite konesans, menm si mwen ta konprann tout ti sekrè ki kache, menm si mwen ta gen konfyans anpil nan Bondye pou m' fè mòn yo chanje plas, si m' pa gen renmen nan kè m', mwen pa anyen. Menm si mwen ta bay tout byen mwen yo, menm si mwen ta bay kò m' pou yo boule l', si m' pa gen renmen nan kè m', sa p'ap sèvi m' anyen" (1 Korentyen 13:1-3).

B. Jezi di yo ke se yo menm ki responsab

Jezi di konsa : "Men, men repwòch mwen gen pou m' fè ou: Koulye a ou pa renmen m' jan ou te renmen m' anvan an" (Revelasyon 2 :4).

Li pa di ke yo pèdi, oubyen ke yo vòlò li; men pito li endike ke manm legliz Efèz yo te abandone li. La a nou kapab siyale yon neglijans volontè. Pafwa, lè n'ap kòmanse yon pwojè, kèk pwogram, kèk plan, nòmalman nou kòmanse li avèk anpil ankourajman epi nou fè li avèk anpil anvi; men anmezi ke tan ap pase, pèz angajman vin pi gwo pou nou. Anplis de sa, nan pwosesis, kòmanse gen defi k'ap parèt, obstak ak difikilte. Anpil fwa, enèji ke nou te kòmanse a kòmanse ap fini; epi fas ak sa li posib pou nou tonbe nan pyèj lè n'ap bay predikatè a tò pou di ke li manke lanmou pou manm yo, akoz de sikonstans yo, elatriye. Men an reyalite se nou menm ki kite dife lanmou an etèn.

Gen legliz ki toujou reyini fidèlman menm jan ak Efèz; men yo pa fè l' pou lanmou ankò. Yo chante, men yo pa fè l' avèk lanmou ankò. Yo priye, men yo pa fè l' pou lanmou ankò. Yo preche, men yo pa fè l' avèk lanmou ankò. Yo an sante nan doktrin nan; sepandan, yo pa fè l' avèk lanmou ankò. Genyen kèk pami nou ki kapab kritike di predikatè a pa gen lanmou pou manm yo, pou sikonstans yo, elatriye, men an reyalite se nou menm ki kite dife lanmou an etèn.

Jodi a genyen anpil legliz ki menm jan avèk Efèz ki rasanble fidèlman, yo chante, priye, yo an sante nan doktrin nan, yo bay bon sèvis; men sa vin konvèti kòm yon abitid epi yo pa fè l' pou lanmou ankò. Lanmou pou Bondye ak pwochen yo se karakteristik vrè kretyen an: "Jezi reponn li: Se pou ou renmen Mèt la, Bondye, ou ak tout kè ou, ak tout nanm ou, ak tout lide ou. Se kòmandman sa a ki pi gwo, ki pi konsekan. Men dezyèm kòmandman an ki gen menm enpòtans ak premye a: se pou ou renmen frè parèy ou tankou ou renmen pwòp tèt pa ou. De kòmandman sa yo, se yo ki fondasyon tou sa ki nan lalwa Moyiz la ak tou sa pwofèt yo te moutre" (Matye 22:37-40).

III. Yon maladi ki bezwen atansyon

Aprè dekouvèt gravite maladi a, gwo doktè san parèy la te mande legliz Efèz la pou antre an aksyon.

Li te genyen yon tretman pou li swiv si l' te vle kontinye viv.

A. Premye etap

Bondye te di pou chak moun nan legliz Efèz yo sonje eta nanm yo: "Chonje kote ou te ye anvan ou tonbe a, tounen vin jwenn Bondye" (Revelasyon 2 :5a).

Li enpòtan pou nou sonje kòman oubyen ki kote nou te Li avan nou te pran maladi sa. Abandone "premye lanmou" an se tonbe. Poutèt sa, nou dwe sonje lè nou te resevwa Seyè a: sonje kè kontan nou te genyen lè nou te batize; kè kontan lè jou sèvis yo te rive; dispozisyon ke nou te genyen pou ede lòt yo; sonje lè nou te vle fè tout moun konvèti; jan nou te rekonesan pou sa Seyè a te fè avèk nou. Seyè a konnen ke si nou sonje kòman nou te ye avan, li pwobab pou nou vle repete li. Pitit ki te ale a te sonje kòman li te ye avan lakay papa li, epi li te konpare li ak sitiyasyon aktyèl li a epi li te rann li kont ke li te miyò avan : "Se lè sa a atò li pran kalkile sou sitiyasyon l'. Li di konsa: Gade kantite moun k'ap travay kay papa m' pou lajan! Yo jwenn manje depase sa yo ka manje. Epi mwen menm, m'ap mouri grangou isit la" (Lik 15:17). Jodi a nou dwe fè menm bagay la, epi konpare kòman nou te ye lè nou te fenk resevwa Kris, epi kòman nou ye kounye a.

Petèt nou kapab siprann lè nou wè ke nou pa menm sanble ak sa ke nou te ye yon jou.

B. Dezyèm etap

Li nesesè pou nou fè yon chanjman mantalite epi tounen vin jwenn Bondye (Revelasyon 2 :5). Apre nou fin reflechi sou kòman nou mennen lavi nou, nou dwe repanti pou bagay nou fè ki mal yo. Repantans lan se rekonèt ke se nou menm ki responsab pwòp maladi nou an ki se manke lanmou. Sa ap ede nou pote chanjman. Sa se yon apèl pou nou kite ke se Bondye ki dirije lavi nou; se yon apèl pou yon chanjman de priyorite.

Si priyorite nou yo se te fè zèv avan sa; kounye a li dwe laprièy, lekti biblik, lanmou pou Bondye ak pwochen an. Se yon apèl pou nou kraze kalite lavi ke n'ap mennen kounye a epi kontinye pou pi devan.

Pa kapab genyen transfòmasyon si pa genyen repantans.

C. Twazyèm etap

Li enpòtan pou nou rekòmanse, epi retounen pratike premye zèv yo (v.5). Repantans lan dwe akonpanye ak desizyon pou rekòmanse. "Premye zèv yo" se zèv ki te soti nan "premye lanmou an".

Yo rekonèt yon legliz oubyen yon moun parapò ak "zèv" li yo. Tounen pratike "premye zèv" "premye lanmou" yo lè nou rive nan reyinyon yo pi bonè epi ak kè kontan; lè ta bare nou ap planifye avèk frè parèy nou yo; lè nou te envite moun vin asiste legliz la; lè nou te etidye Bib la avèk sètitid. Retounen nan sa kounye a k'ap sèlman yon retou vè krisyanis nou an. Doktè espirityèl la avèti lanmò sou legliz Efèz la: "Chonje kote ou te ye anvan ou tonbe a, tounen vin jwenn Bondye. Reprann lavi ou t'ap mennen anvan an. Si ou pa tounen vin jwenn Bondye, m'ap vini kote ou ye a, m'ap wete chandelye ou la nan plas kote l' ye a" (v.5).

Kris te avèti legliz la ke si li pat retounen nan premye kondisyon li an, li t'ap pèdi dwa li pou egziste kòm legliz, epi menas pou retire chandelye a nan plas kote li ye a. Chandelye a se legliz la (revelasyon 1 :20), epi li pa gen dwa pou li egziste si li pap reyalize plan Kris la genyen an. Avètisman sa fò anpil pou nenpòt legliz! Genyen medikaman pou maladi sa, men nou dwe aplike remèd Jezi a. Pa kite l' pou aprè.

Kesyon Opsyonèl:

I. Yon maladi envizib

- Ki de karakteristik pozitif ke Legliz Efèz la te genyen? (Revelasyon 2 :2-3)
- Kisa bon doktrin nan ye?

II. Yon maladi devwale

- Ki maladi ke Jezi te devwale pou legliz efèz la? (Revelasyon 2 :4).
- Daprè ou menm, kisa ekspresyon "Men, men repwòch mwen gen pou m' fè ou: Koulye a ou pa renmen m' jan ou te renmen m' anvan an" siyifi pou ou daprè Revelasyon 2 :4?

III. Yon maladi ki bezwen atansyon

- Ki remèd Jezi te bay legliz Efèz la pou l' pat mouri? (Revelasyon 2 :5)
- Daprè ou menm, kisa ekspresyon "… reprann lavi ou t'ap mennen anvan an" siyifi?

Konklizyon

Maladi kè oubyen espirityèl se yon maladi ki envizib; men yon fwa ke li fin devwale, li nesesè pou l' jwenn atansyon. Pa kesyon fè tout bagay pou Lèv Bondye a, pandan n'ap mete lanmou nou pou Bondye de kote li menm ki se Mèt Lèv la. Nou pa dwe neglije kominyon nou avèk Li; nou dwe depann de lanmou li chak jou pou renmen epi fè travay ke Li mande nou fè a. Travay ki fèt nan Lèv la pa ranplase lanmou pou Bondye.

Leson 34

Defi pou rete fidèl

Lety Cano (Gwatemala)

Vèsè pou aprann: "Ou pa bezwen pè pou sa ou pral soufri ankò. Koute, Satan pral chache sonde nou tout, li pral jete anpil nan nou nan prizon. Nou pral soufri pandan dis jou. Men, kenbe fèm menm si nou gen pou n' mouri. M'a ban nou lavi pou rekonpans" Revelasyon 2:10.

Objektif leson an: Se pou elèv la pran desizyon pou li rete fidèl fas ak apèl Kris la, menm nan mitan advèsite.

Entwodiksyon

"Kisa vin kretyen nan peyi Lasiri siyifi?" Sa se tit yon videyo ki fè moun reflechi sou pri sa koute pou vin kretyen. Jounen jodi a, legliz la anba pèsekisyon nan enpil peyi ki pa kwè nan krisyanis la. Vin kretyen nan peyi sa yo vle di, renonse fanmi, travay, libète ak lavi. Èske w' pare pou w' soufri pou lanmou w' gen pou Kris la?

Nan peyi oksidan yo, petèt pa genyen pèsekisyon politik; men kretyen an kapab soufri lòt kalite pèsekisyon tankou mepri sosyal.

Kimoun ki pare pou rete fidèl ak Bondye jouk li menm rive mouri?

I. Manifestasyon Bondye sou legliz la

Esmin se te yon vil rich ki te genyen yon pò ki etabli bò lanmè Eje a, youn nan pwovens gouvènman women an. Kounye a Esmen fè pati Tiki, epi se youn nan sèt legliz Ti Lazi yo te fonde kote Seyè a te voye yon mesaj esperans ba yo (Revelasyon 2 :8).

Bondye te bati legliz la epi pran swen li nan tout kalite sitiyasyon yo, pandan l'ap manifeste kalite li yo ki fè nou jwenn konsolasyon ak esperans nan mitan pwoblèm yo.

Lè Bondye te voye lèt sa bay legliz kretyèn Esmin nan, se te nan yon moman ki te genyen anpil difikilte ak pèsekisyon kont kretyen yo atravè moun relijyon jidayis yo, aplike pa gouvènman women an. Sa te kapab fèt pandan peryòd gouvènman anperè kriyèl Domisyan an; konsa Seyè a te bay Jan yon mesaj pou pastè legliz Esmin nan avèk entansyon pou ba l' fòs pou fè fas ak difikilte yo avèk anpil kouraj.

A. Letènite Jezikris la

Ki enpòtan letènite Seyè a genyen pou yon legliz ki dekouraje anba tribilasyon?

Anmezi ke pwoblèm nan ap fè nou tris, nou dwe sonje ke li pa la pou toutan epi li pasaje. Fas avèk li, letènite Kris la fè nou genyen konfyans, konsolasyon ak esperans.

Seyè tan ak espas la gen kontwòl soufrans ke n'ap fè fas yo : "Sa m'ap sibi koulye a, se yon ti soufrans ki la pou pase. Men, soufrans sa a ap pare pou mwen yon bèl pouvwa k'ap la pou tout tan, pouvwa ki depase ti soufrans sa a anpil" (2 Korentyen 4:17).

Tribilasyon an pa la pou toutan; men, letènite Kris la se pou toutan.

Jezi di konsa: "Ekri zanj legliz ki nan lavil Esmen lan. Di l' konsa: Moun ki premye a ak dènye a, li menm ki te mouri, men ki te leve soti vivan nan lanmò a, men sa l' voye di ou" (Revelasyon 2:8).

Ekspresyon "premye ak dènye a" pale de letènite li, de san dat lafen; epi, se sa ki fè, li konfyab totalman.

Li menm ki siperyè tout lòm, li voye pawòl li pou afime lafwa epi ankouraje pèp li a k'ap fè fas ak danje pèsekisyon ak lanmò.

B. Seyè lavi a

"…li menm ki te mouri, men ki te leve soti vivan nan lanmò a, men sa l' voye di ou" (v.8b). Seyè a te deside mouri ak pwòp volonte li. Li di konsa: "Papa a renmen m', paske m'ap bay lavi m' pou m' ka resevwa l' ankò.

Pesonn pa ka wete lavi m', se mwen menm ki bay li paske mwen vle. Mwen gen pouvwa pou m' bay li, mwen gen pouvwa pou m' resevwa l' ankò. Se sa menm Papa a te ban m' lòd fè" (Jan 10:17-18).

Kris la te leve soti vivan nan lanmò, kidonk, li kapab fè nou pote laviktwa; lavi nou asire nan Li. Petèt nou kapab pa egziste fizikman, men n'ap genyen yon letènite nan prezans Bondye si nou rete fidèl nan ansèyman li yo.

Moun sa yo ki pa rekonèt Jezikris kòm Seyè ak Sovè yo pèdi nan mitan pwoblèm mond lan; men pou kretyen an menm si yo wete egzistans fizik li a, lavi ki pap janm fini avèk Seyè ki re leve soti vivan nan lanmò a ap rete tann li, moun sa ki gen pouvwa sou lavi ak lanmò a.

Legliz Esmin nan te ankouraje lè li te pran nouvèl ke Bondye ki la pou toutan an ak venkè a t'ap veye sou yo, jan li fè l' pou pitit ke li renmen yo san kondisyon. Avèk rezon otè biblik la te di:"Kisa n'a di ankò sou pwen sa a? Si Bondye pou nou, kilès ki ka kont nou?" (Women 8 :31). Esperans ke legliz Esmin te jwenn nan Bondye se menm bagay la ke nou jwenn nan Jezikris ki la pou toutan epi ki toujou pote laviktwa. Li kapab renouvle fòs nou yo lè nou santi nou fèb. Nan mitan difikilte yo, nou bezwen konnen sa :"Si nou kenbe l' fèm nan soufrans nou, n'a gouvènen ansanm avè l' tou. Si nou lage l', la lage nou tou" (2 Timote 2:12).

II. Bondye konnen reyalite legliz li a

Se omnisyans Bondye ki fè li konnen tout bagay byen. Pa genyen anyen ki kapab kache devan Li, Li gen kontwòl tout bagay nèt:"Mwen konnen jan w'ap soufri. Mwen konnen jan ou pòv. Men, pou di vre, ou rich anpil! Mwen konnen jan moun ki swadizan jwif yo ap pale ou mal. Men, se pa jwif yo ye. Se yon bann moun Satan" (Revelasyon 2:9).

A. Bondye konnen tout sa w'ap fè

Legliz Esmin nan te sèvi Bondye malgre li t'ap viv nan yon sosyete ki te chaje ak idolatri, vis ak pèsekisyon; men sikonstans sa yo pat anpeche legliz la reyalize Travay Bondye a (Revelasyon 2 :9a). Legliz toujou fè fas ak advèsite. Nan kèk ka, gen pèsekisyon politik ak relijye kont kretyen yo; pandan ke genyen nan kèk lòt kote, lènmi an atake legliz avèk preokipasyon, anpil travay ak lòt distraksyon, yon fason pou anpil kretyen pa genyen tan pou sèvi Bondye. Men konsa, genyen yon ti gwoup k'ap sèvi Seyè a malgre okipasyon yo e Bondye pa gade sa konsa. Bondye konnen kimoun k'ap sèvi li avèk moun ki pa anvi fè l' tou.

Edepandamman de sikonstans yo, moun k'ap travay pou Wayòm nan dwe konnen ke Seyè a ap pran nòt pou li : "Mwen konnen jan w'ap soufri. Mwen konnen jan ou pòv. Men, pou di vre, ou rich anpil! Mwen konnen jan moun ki swadizan jwif yo ap pale ou mal. Men, se pa jwif yo ye.

Se yon bann moun Satan" (Revelasyon 2:9).

Ki pi bon ankourajman nou kapab jwenn pase sa pou nou angaje nou nan Travay Seyè a!

B. Bondye konnen tray ou a

Nenpòt sitiyasyon dezagreyab ke n'ap fè fas kapab

dekouraje nou. Kongregasyon Esmin sa te soufri prizon san rezon. Se la ke sana ne aprè ke Polikap te ofri lavi li epi te bay egzanp fidelite, kòm egzanp objè pèsekisyon. Legliz la te soufri akoz de jwif yo ki te konsidere krisyanis lan kòm yon sèk abominab, ak women yo tou lè yo te vinn gen konesans sou doktrin yon sèl Bondye, yo te wè politeyis yo t'ap pratike a te menase (v.9b). Menm konsa, legliz pat rete poukont li, Bondye te toujou la nan mitan difikilte l' yo. Se sèlman vrè kretyen yo k'ap rete fidèl.

Si jodi a nou soufri kòm legliz Kris la, nou pa poukont nou nonplis. Bondye pa inyore soufrans nou an, epi li ofri nou esperans. Seyè a di konsa:"Mwen pale konsa pou nou kapab gen kè poze nan mwen. Nou gen pou n' soufri anpil sou latè. Men, pran kouraj, lemonn deja pèdi devan mwen" (Jan 16:33).

C. Bondye konnen bezwen w' yo

Pandan pèsekisyon yo, kretyen yo te sibi dechoukay de byen yo, yo te soufri mankman ak anpil limitasyon. Kretyen Esmin yo te soufri povrete (Revelasyon 2 :9b). Asireman, yo pat genyen fason pou yo te satisfè bezwen de baz yo.

Lè gen mankman, nou soufri tristès; espesyalman, si genyen pwòch ki mouri akoz de mank de resous. Obeyisans anvè Bondye a kapab koze povrete materyèl la pafwa; men tou se yon opòtinite pou ranfòse lafwa ak eksperimante pwovizyon Bondye sou fòm mirak.

Egzistans byen materyèl pa dwe kondisyone fidelite nou ak Bondye. Jan sa konfime nan Abakik : "Pye fig frans yo te mèt pa donnen, pye rezen yo te mèt pa bay rezen, rekòt oliv yo te mèt pa bon, jaden yo te mèt pa bay manje, mouton yo te mèt mouri nan sèka yo, bèf yo te mèt mouri nan pak yo, mwen menm, m'ap toujou kontan poutèt

Seyè a. M'ap fè fèt pou Bondye k'ap delivre m' lan. Se Seyè a ki tout fòs mwen. Li asire pye m' tankou pye kabrit. Li fè m' mache sou mòn yo, san m' pa tonbe. Pou chèf k'ap dirije moun k'ap chante yo" (Abakik 3:17-19).

Men se Seyè a ki konnen sa ki kache andedan kè nou, se li menm tou ki te fè lwouwanj pou kongregasyon Esmin nan pou richès espirityèl li: "… (men ou rich. Asireman, kominyon avèk Bondye a te ba yo fòs ak lafwa. Ala bèl bagay pou yon moun resevwa yon bèl rekonesans konsa nan men Bondye ki konn tout bagay la epi ki gen tout pouvwa! Okontrè, genyen anpil moun ki rich avèk byen materyèl ki pasaje k'ap soufri gwo povrete espirityèl akoz pwòp desizyon yo pran ki rann yo fèb pou batay ak venk tribilasyon yo.

Si nou nan povrete, li pi enpòtan toujou pou nou rich espirityèlman; paske nan fason sa, Bondye menm ap satisfè tout bezwen nou yo daprè richès nan glwa li yo. Men nou dwe sonje ke pwovizyon materyèl yo pa dwe kondisyone fidelite anvè Seyè a li menm ki te bay lavi li pou sove pa nou an.

D. Bondye konnen lènmi ou yo

Jezi di konsa : "Mwen konnen jan w'ap soufri. Mwen konnen jan ou pòv. Men, pou di vre, ou rich anpil! Mwen konnen jan moun ki swadizan jwif yo ap pale ou mal. Men, se pa jwif yo ye. Se yon bann moun Satan" (Revelasyon 2:9).

Se pèp jwif la ke Bondye te chwazi, men lè yo te ale lwen Seyè a yo te vin tounen pi gwo lènmi legliz Kris la. Etikman, se jwif yo te ye; epi malgre yo te pretann ap defann enterè Bondye, an reyalite yo te opoze avèk yo. Relijye k'ap atake legliz Kris la yo pral gen pou fè fas ak Bondye nou an ki se lanmou; men tou li se yon flanm dife devoran. Kòman sa te fè posib pou moun sa yo ki te konnen lalwa ak pwofèt yo te atake kretyen yo avèk tout rayisans sa yo? Poutan, Bondye di nou: "Men, Seyè a kanpe la avè mwen. Se yon vanyan gason li ye, li gen pouvwa. Se poutèt sa se moun k'ap pèsekite m' yo ki pral bite. Se yo ki pral anba. Yo pral wont anpil paske sa p'ap mache pou yo. Se va yon wont pesonn p'ap janm bliye" (Jeremi 20.11).

Kretyen yo pa lènmi pèsòn; men kretyen yo gen anpil lènmi, menm si yo fè sanble yo se bon moun ak relijye. Bondye konnen yo epi li pral batay kont yo. Seyè a ap devwale yo tou jan yo ye a vre: "sinagòg satan". Wi, se moun k'ap sèvi lènmi an kont objektif Seyè a avèk legliz li a.

III. Bondye ofri esperans pou legliz li a

A. Ou pa bezwen pè

Kòman pou bon legliz Seyè a pa ta pè, si yon kote jwif yo te kont yo; epi yon lòt kote, sosyete majik epi inyoran de levanjil la te kanpe kont yo. Epi se tankou sa te twò piti, te genyen gouvènman women an tou ki te kanpe tèt rèd epi jalou pou idolatri l' la! Sepandan, fas ak tout sa, Sovè a voye yon mesaj ankourajman bay legliz Esmin nan : "Ou pa bezwen pè pou sa ou pral soufri ankò. Koute, Satan pral chache sonde nou tout, li pral jete anpil nan nou nan prizon. Nou pral soufri pandan dis jou. Men, kenbe fèm menm si nou gen pou n' mouri. M'a ban nou lavi pou rekonpans" (Revelasyon 2:10).

Se sèten ke avètisman sa ta kapab fè kè nenpòt moun sote; epi se paske te genyen prizon ki t'ap tann legliz Esmin nan, eprèv ak tribilasyon. Pou li te tonbe nan lapèrèz se te yon bagay byen natirèl nan mitan tout difikilte sa yo; men Kris la, kòm venkè, li te ba yo

(tankou nou menm jodi a, si nou rete fidèl menm jan ak legliz sa) kouraj, konsolasyon, konfyans ak sekirite. La nou li sa : "Nou pral soufri pandan dis jou. Men, kenbe fèm menm si nou gen pou n' mouri. M'a ban nou lavi pou rekonpans" (v.10c).

Prizon nan epòk sa yo pat pi byen ekipe pase sa nan tan kounye yo. Kondisyon yo te kriyèl epi san pitye pou lòm, epi sèvitè dyab yo ta fè anpil efò pou voye anpil kretyen la non sèlman pou fèmen yo; men tou pou touye yo. Sepandan, tout lènmi yo mete ansanm pat kapab frennen legliz Seyè a; paske daprè Tètilyen, san moun yo te touye yo se semans krisyanis lan.

B. M'ap ban nou lavi pou rekonpans

Fidelite a kapab reprezante lanmò : "Paske, moun ki ta vle sove lavi l' va pèdi li. Men, moun ki va pèdi lavi l' poutèt mwen, li va jwenn li ankò" (Matye 16:25). Anplis de sa, Seyè a te pwomèt legliz li a ke li pa ta gen pou li soufri domaj dezyèm lanmò a; sa vle di, separasyon etènèl avèk Bondye a. Fidelite Bondye a gen pou l' rekonpanse, men kouwòn nan se sèlman pou moun ki pèsevere jiskalafen : "…m'a ban nou lavi pou rekonpans" (v.10c).

Kesyon Opsyonèl:

I. Manifestasyon Bondye sou legliz la

- Dekri kòman Bondye te manifeste sou legliz Esmin nan ki t'ap soufri (Revelasyon 2:8).
- Kòman nou prezante Kris jodi a? Èske w' konsidere ke nou dwe mete aksan sou Li ak karakteristik li yo, oubyen sou sa ke li ban nou?
- Kòman nou ta dwe prezante li?

II. Bondye konnen reyalite legliz li a

- Ki kalite soufrans ke legliz la t'ap sibi (Revelasyon 2:9)?
- Ki kalite soufrans legliz kounye a ap sibi?

III. Bondye ofri esperans pou legliz li a

- Ki ankourajman ke Bondye te voye bay legliz la?
- Èske nou merite ankourajman sa yo jodi a?

Konklizyon

Seyè a te pase legliz Esmin nan pa leprèv pou li te rete fidèl menm abò lanmò; men li te ofri li esperans ak pwomès lavi ki pap janm fini an nan prezans li. Petèt, kounye a menm, nou nan mitan eprèv ak tribilasyon; men Pawòl ke Kris bay la se pou nou tou. Nou bezwen rete fidèl ak Bondye fas ak tout sikonstans difisil pou apre nou jwi letènite a avèk Kris la.

Yon angajman avèk verite a

Sharon Víquez (Kosta Rika)

Vèsè pou aprann: "Tounen vin jwenn Bondye non. Si ou pa fè sa, talè konsa m'ap vini, m'ap goumen ak moun sa yo ak nepe k'ap soti nan bouch mwen an" Revelasyon 2:16.

Objektif leson an: Se pou elèv la konprann ke Bondye ap vini pou netwaye legliz li a de fo ansèyman yo avèk verite Pawòl li a.

Entwodiksyon

Tout aksyon genyen konsekans, menm si li pozitiv oubyen negativ. Pwovèb 26:2 di:"Madichon pa ka fè ou anyen si ou pa antò. Se tankou ti zwezo k'ap vòltije sou branch bwa, ziwondèl k'ap vole nan syèl la yo ye". Sa se ansèyman ke yo t'ap bay kretyen Pègam yo nan Revelasyon 2:12-17.

Nan devlopman leson sa, nou pral wè ke Pawòl Bondye a ki se nepe verite a, se sèl bagay ki kapab ede nou disène ant sa ki verite ak manti epi sove nou kont fo ansèyman yo.

I. Kontèks istorik Pègam

Pègam se te yon vil modèn, yon sant kilti grèk ak edikasyon. Non Pègam nan te popilè akoz de gran bibliyotèk li. Se wa Átalo I Sóster ki te fonde li, epi pitit li Emeness II te agrandi ak ranfòse li. Bibliyotèk sa te rive rasanble jiska 200,000 volim (gen lòt sous ki pale de 300,000).

Daprè temwen nan epòk sa yo, Pègam te lage kò li nan sèvi zidòl plis pase tout rès Lazi a; se paske vil sa te sant kat gwoup relijye ki te konn adore fo dye Zeous, Dyonisi, Asklepi ak Atèn. Petèt pou rezon sa, Kris la fè referans ak Pègam kòm "anèks twòn Satan". Anplis de sa, vil sa te sant relijye ki te pi enpòtan nan gouvènman women an.

Fo dye prensipal vil la, Asklepi oubyen Eskilapi, fo dye gerizon grèk yo, te genyen yon koulèv kòm senbòl; jiskaprezan, se senbòl sa ki itilize pou idantifye medsen yo.

A. Yon legliz ki angaje avèk lafwa li

Nan mitan tout sitiyasyon sosyokiltirèl sa, kretyen Pègam yo resevwa rekonesans nan men Seyè a paske li te yon legliz ki te kenbe non Jezikris fèm epi li pa nye lafwa li (Revelasyon 2:13-14); epi bay egzanp Antipas, pandan l'ap fè referans avèk

li kòm yon "temwen fidèl". Tèm "temwen" an, nan Nouvo Testaman, fè referans ak yon pwoklamasyon an pawòl, aksyon oubyen soufrans. Revelasyon 1:5 mansyone menm tèm Jezikris sa lè li di konsa: "benediksyon ak kè poze ki soti nan Jezikri tou, li menm ki te bay verite a jan l' ye a, li menm premye pitit ki leve soti vivan nan lanmò a, li menm ki chèf tout wa ki sou latè. Kris la renmen nou, li bay san li lè li mouri pou l' te ka delivre nou anba peche nou yo".

Sèvi yon temwen pou Kris nan Pègam pat yon travay ki fasil, se plis lè vil sa te sant seremoni gouvènman an, li menm ki menase egzistans legliz sa avèk vyolans; kidonk, patisipe nan kil kretyen yo te senbolize gwo trayizon kont leta women an.

B. Yon legliz ki gen bon moralite

Menm jan nan lèt tout legliz yo, nou jwenn ke apre reflè yon kalite, gen referans ak yon feblès.

Nan ka legliz Pègam nan, nou jwenn de sitiyasyon espesyal:

1. "Men, men repwòch mwen gen pou m' fè ou: ou gen kèk moun lakay ou k'ap swiv konsèy Balaram te bay lè li te moutre Balak sa pou l' te fè pou fè pitit Izrayèl yo tonbe nan peche, pou l' te fè yo manje vyann bèt yo te ofri pou touye bay zidòl, pou l' te fè yo lage kò yo nan imoralite" (Revelasyon 2:14).

2. "Konsa tou, ou gen kèk moun lakay ou k'ap swiv konsèy Nikolayit yo" (v.15).

Tèm ki komen ant tou de afimasyon sa yo se mo "swiv".

Diksyonè Teyolojik Barclay di ke tèm swiv la fè referans, ant plizyè lòt bagay, "nan opinyon anpil liberal, pou sa ki gen pou wè ak doktrin avèk pratik. Genyen yon tolerans kretyèn, men tou youn ki se trayizon".

Sa se ka espesyal ki t'ap fè laray nan mitan kretyen Pègam yo, ki te pèmèt ansèyman fo doktrin ak adaptasyon yon lavi "libètinay" nan plas vrè libète a.

II. Travayè ki pèdi vizyon yo

A. Balaam : Move desizyon

Lè nou etidye istwa Balaam nan Nonb 22, nou kapab rann nou kont ke Balaam te yon pwofèt Seyè a ki fas ak demann Balak la, wa peyi Moab la te kapab reponn konfòm ak objektif Bondye a : "... Tounen lakay nou, paske Seyè a pa vle kite m' ale ak nou" (Nonb 22 :13b).

Dezyèm fwa yo te mande li pou l' te madichonnen Izrayèl pou richès, Balaam te rete fèm nan konviksyon ke li te genyen an : "Men, Balaam reponn moun Balak yo, li di yo : -Balak te mèt ban mwen kay li plen ajan ak lò, mwen p'ap fè anyen, ni lou ni lejè, ki pou fè m' dezobeyi lòd Seyè a, Bondye mwen an" (Nonb 22 :18).

Sepandan, Bondye te bay Balaam lòd pou l' te akonpanye mesaje wa Balak yo. Genyen yon bagay ki te pase Balaam sou wout li ki pat pèmèt li rekonèt prezans Bondye, sou sa ke Li t'ap avèti li a : "Zanj lan di l' konsa : -Poukisa an twa fwa ou bat bourik la konsa? Se mwen menm ki vin bare chemen ou, paske ou pa t' dwe al fè vwayaj sa a" (Nonb 22:32).

Aprè avètisman sa, istwa a pale nou de twa atanta ke Balak te fè pou ke Balaam te madichonnen pèp Izrayèl la; men nan tout ka yo, sèlman li te kapab deklare kont yo pawòl benediksyon epi, se sa ki fè, li te fè l' retounen al lakay li. Men se sèten, mechanste a te déjà egziste nan kè Balaam. Sa parèt byen klè nan Nonb 31 :16 kote li siyale : "Se yo menm ki te swiv konsèy Balaam yo, se yo ki te lakòz moun pèp Izrayèl yo te vire do bay Bondye nan zafè Baal-Peyò a, kifè gwo malè nou konnen an te tonbe sou pèp Izrayèl la".

B. Nikolayis : Yon akò avèk payen

Travay 6 :5 di konsa : "Tout gwoup la te dakò avèk lide sa a. Yo chwazi Etyèn, yon nonm ki te gen anpil konfyans nan Bondye epi ki te anba pouvwa Sentespri, Filip, Pwokò, Nikanò, Timon, Pamenas ak Nikola, yon nonm lavil Antiòch ki te konvèti nan relijyon jwif yo".

Nan vèsè sa, yo site Nikola nan Antyòch li menm ki te bay non li ak yon gwoup nan legliz primitiv la pou siyen yon kontra avèk payen; yon fason pou kretyen yo te kapab patisipe san pwoblèm nan kèk aktivite sosyal ak relijye nan sosyete a kèlkeswa kote yo ye. Referans istorik Irèn, Kleman ak Tètilyen di ke gwoup sa te baze sou konesans (Edisyon Certeza, Nouvo diksyonè biblik, 1 edisyon, 1991).

Figi nikolayit yo, nan aksyon avèk zèv, gen relasyon avèk pa Balaam nan; yo te yon bann kòwonpi ki te kite chemen Bondye a ak vrè doktrin nan, tonbe nan pyèj pwòp anbisyon ak dezi pèsonèl yo, yo vin toleran avèk pratik lòt pèp payen yo.

III. "Repanti" : Apèl Bondye a

Repantans lan te yon apèl pou tout moun sa yo ki te kite kè yo devye de verite a.

Revelasyon 2 :16 di konsa : "Tounen vin jwenn Bondye non. Si ou pa fè sa, talè konsa m'ap vini, m'ap goumen ak moun sa yo ak nepe k'ap soti nan bouch mwen an". Se nepe Sentespri a sèlman ki separe verite a de manti a; se li menm sèlman ki kapab dezaktive depandans nou de peche epi plase repantans, pandan l'ap fè nou wè sèl moun ki kapab genyen mizèrikòd pou nou an epi padone nou.

Tou de pwoblèm sa yo ke Bondye kondane nan lèt Pègam yo gen relasyon avèk deviyasyon de verite a.

Se nan menm fason an, pou legliz jodi a, lè li abandone rankont li chak jou ak Pawòl Bondye a, li kòmanse bay lènmi an teren, pèmèt ke li kòmanse pote destriksyon depi andedan.

A. Tablo legliz aktyèl la

Devan eprèv yo, pèp Bondye genyen de chemen pou l' swiv sèlman : egzanp Antipas, ki te rete fidèl epi li pat abandone lafwa li; oubyen egzanp Balaam, devan eprèv la, li pat kapab kenbe tèt ak tantasyon an epi li te tonbe ladan li.

N'ap viv nan yon sosyete ki vin plis kontrè ak konsèy Bondye yo chak jou; men menm jan ak Balaam, Bondye kontinye egzòte nou pou nou rete obeyisan nan ansèyman li, epi pou kondwi nou dapre konsèy li; men li pa oblije nou fè l'.

Tablo legliz aktyèl la pa diferan ak sa ki dekri nan lèt Pègam nan : viv daprè konsèy Papa Bondye malgre konsekans yo, oubyen lafwa fas ak kilti mond sa.

Bib la fè nou sonje ke kretyen an pa dwe konfòme li ak kilti mond sa; men pito li dwe renouvle entèlijans li (Women 12 :1-2).

Transfòmasyon sa kapab fèt sèlman nan moun sa yo ki fè Pawòl Bondye a tounen bousòl lavi yo, epi pèmèt ke li chanje yo depi andedan (konviksyon) pou rive deyò (pratik yo): "Pawòl Bondye a gen lavi, li gen pouvwa. Li pi file pase kouto de bò. Li koupe jouk li jwenn kote nanm ak lespri moun fè yonn, jouk kote vyann ak mwèl zo kontre. Li jije tout santiman ak tout lide ki nan kè moun" (Ebre 4:12).

Se Seyè a menm ki te endike kretyen Pègam yo ke Li va goumen avèk yon nepe nan bouch li. Sèlman lè nou rankontre ak Pawòl Bondye a, n'ap dekouvri peche ke nou dwe renonse a avèk move karaktè ke nou dwe korije a. Pawòl li a transfòme nou : "Tou sa ki ekri nan Liv la, se nan Lespri Bondye a yo soti. Y'ap sèvi pou moutre moun verite a, pou konbat moun ki nan lerè, pou korije moun k'ap fè fòt, pou moutre yo ki jan pou yo viv byen devan Bondye" (2 Timote 3:16).

B. Pwomès rekonpans lan

Menm si fo doktè yo te toujou la nan istwa legliz la : "Malgre sa, te gen kèk fo pwofèt nan mitan pèp Bondye a nan tan lontan. Konsa tou, va gen kèk direktè nan mitan nou k'ap bay manti. Yo pral vin ak yon bann bèl pawòl ki pa vre pou yo seye pèdi nou. Y'ap vire do bay Mèt la ki te delivre yo. Y'ap rale yon chatiman sou tèt yo k'ap detwi yo lapoula" (2 Pyè 2:1).

Nan chak jenerasyon nou jwenn kretyen menm jan ak Antipas tou, temwen fidèl Seyè a. Seyè a fè yo yon pwomès : "Se pou moun ki gen zòrèy pou yo tande tande sa Lespri Bondye a ap di legliz yo. Tout moun ki va goumen jouk yo genyen batay la, m'a ba yo Lamàn ki kache a. M'ap ba yo chak yon ti wòch blan ak yon lòt non ekri sou li, yon non pesonn pa konnen esepte moun ki resevwa l' la" (Revelasyon 2:17).

Fraz "Moun ki goumen jouk li genyen batay la" fè referans ak moun ki rete fèm jiskalafen (Matye 24:4-14) ; sa vle di, ki pa kite fo ansèyman devye yo, paske yo konnen sa ki vrè ki soti nan Jezikris : "Mwen se pye rezen tout bon an. Papa m' se moun k'ap okipe pye rezen an. Li koupe tout branch nan mwen ki pa donnen. Li netwaye tout branch ki donnen pou yo ka donnen plis toujou" (Jan 15:1-2).

C. Gen youn nan rekonpans yo ki déjà nan men nou

"Lamàn ki soti nan syèl la" sanble ak yon kalite pen ke izrayelit yo te resevwa pandan vwayaj yo a. Jezi tou dekri tèt li kòm pen ki bay lavi a nan Jan 6:25-35. Nou resevwa Sali a nou an atravè Kris la, li menm ki te bay tèt li pou ban nou lavi ; se poutèt sa, nou dwe rete fidèl ak kado sa ki soti nan Bondye. Travay nou nan mond sa se rete fèm nan konviksyon fondamantal krisyanis la. Jezi se pen ki bay lavi ke li te bay la epi li kontinye bay mond lan lavi.

D. Rekonpans etènèl la

Revelasyon 2:17 di pawòl sa yo : "Se pou moun ki gen zòrèy pou yo tande tande sa Lespri Bondye a ap di legliz yo. Tout moun ki va goumen jouk yo genyen batay la, m'a ba yo Lamàn ki kache a. M'ap ba yo chak yon ti wòch blan ak yon lòt non ekri sou li, yon non pesonn pa konnen esepte moun ki resevwa l' la".

Ekspresyon sa fè referans ak kado lavi ki pap janm fini an. Nan tan lontan, wòch blan yo te konsidere kòm kado, epi yon wòch avèk non grave te kapab itilize kòm envitasyon pou yon evènman. Sa se envitasyon pou sa ki pi bon nan evènman yo : "Zanj lan di m': Ou mèt ekri : benediksyon pou tout moun ki envite nan resepsyon mariaj ti Mouton an. Apre sa li di m': Pawòl sa yo se pawòl Bondye tout bon" (Revelasyon 19:9).

Nou fèt pou nou pran swen Sali ke nou resevwa atravè lagras la ; pou nou rete fidèl ak demann pou nou viv nan sentete a (Ebre 12:14) ; pou nou riminen konsèy Pawòl li yo nan kè nou epi pa separe avèk yo (Sòm 119:1-9, 10-12, 33-35). Epi tou nou dwe pataje verite sa avèk lòt yo ki bezwen li (2 Timote 4:2).

Kesyon Opsyonèl :

I. Kontèks istorik Pègam

- Ki rekonesans ke legliz Pègam nan resevwa nan Revelasyon 2:13 ?
- Ki feblès ke legliz Pègam nan te genyen nan Revelasyon 2:14-15 ?
- Kisa ki fòs ak feblès legliz nou yo jodi a ?

II. Travayè ki pèdi vizyon yo

- Ki ansèyman ki kontrè ak Bondye nou genyen nan tan n'ap viv la ?

III. "Repanti" : Apèl ki soti nan Bondye a

- Ki apèl ki mansyone nan Revelasyon 2:16 ?
- Ki pwomès ki mansyone nan Revelasyon 2:17 ?
- Konbyen tan nou mete apa pou nou chèche, nan etid Pawòl la, direksyon pou nou pa tonbe nan diferan doktrin lafwa kretyèn nan ?

Konklizyon

Lè nou koute vwa Bondye, èske nou fidèl ak sa ke li mande nou ? Èske lavi nou sèvi pou ankouraje lòt kenbe fèm nan lafwa yo, oubyen se yon obstak ki anpeche lòt moun mache ak Bondye ? Remèsiman pou kado Sali a ke nou te resevwa nan men li, ak bon konsèy Pawòl li k'ap pèmèt ke kè nou menm jan ak pa Antipas la ; epi pi devan, Seyè a va gen kè kontan avèk nou chak epi li va prezante nou kòm "bon sèvitè fidèl".

Lè peche a antre nan legliz la

Daniel Pesado (Espay)

Vèsè pou aprann: "Apre sa, m'ap fè tout pitit li yo mouri. Konsa, tout legliz yo va konnen mwen se moun ki konnen tout lide lèzòm ap fè nan tèt yo ak tout santiman yo gen nan kè yo. M'ap bay chak moun sa yo merite dapre sa yo fè" Revelasyon 2:23.

Objektif leson an: Ede elèv la konprann ke, jiskaske Kris la retounen, devwa legliz la mande yon lavi san kontaminezon, pèseverans ak ekselans.

Entwodiksyon

Nan peryòd ke Revelasyon te ekri a, Tyati te yon koloni ki te fonde pa Seleko Nikatò, li menm ki pote non Seleko I (358-280 av.K.); apre sa, li te peple pa Aleksann Legran nan lane 190 av.K. anviwon; epi aprè sa, Wòm te anvayi li epi abite ladan li. Kounye a, li ta fè pati Latiki.

Lidi, yon jwif ki te yon machann twal len (yon twal ke tout moun te renmen epi koute chè), li menm ke Pòl te rekonèt nan lavil Filip, se nan vil sa ke li te fèt: "Yonn ladan yo te rele Lidi. Se te moun lavil Tiyati, yon machann bèl twal koulè wouj yo vann byen chè a. Li te konvèti nan relijyon jwif yo. Li t'ap koute nou. Seyè a louvri lespri l' pou l' te swiv tou sa Pòl t'ap di" (Travay 16:14).

Nou jwenn mesaj legliz sa nan Revelasyon 2:18-29, epi se pou "lanj legliz Tyati a".

Lè Bondye itilize lanj pou bay kèk lòd, se pou montre enpòtans lòd la.

Sa vle di ke se kapab pou kèk misyon espesyal, detaye epi ki eksprime yon senbòl ki gen wo nivo pou Travay Wayòm nan. Nan fason sa, Bondye itilize "men travay" li ki plis kalifye a.

Bon rezilta misyon yo mande reyalize nan legliz la mande pou moun sa yo k'ap kolabore avèk Bondye, non sèlman konprann nati ak reyalizasyon li, men tou karaktè moun sa yo ki patisipe ladan li. Karaktè sa dwe reflete "mèt travay la"; sa vle di, dwe transmèt imaj moun sa ke legliz la reprezante nan mond sa.

Mesaj total Bib la pèmèt asire ke Bondye pa janm kache vrè entansyon li yo pou mond lan, mond sa ke li renmen san kondisyon an; ni sèvitè li yo nonplis (pwofèt, wa, apot yo, ak plizyè lòt ankò), moun sa yo ke l'ap atann pou patisipe avèk Li pandan y'ap pote mesaj Sali a jouk nan dènye bout planèt la. Pwofèt Amòs di konsa: "Konsa tou, ou mèt sèten, Seyè a p'ap janm fè anyen san li pa fè pwofèt yo, moun k'ap sèvi l' yo, konnen" (Amòs 3:7). Konsa, Bondye revele ke mesaj la tèlman enpòtan kòm mesaje a. San dout, apot Jan, li menm ke pi fò doktè lalwa konsidere kòm ekriven Revelasyon, li te genyen tan (aprè lanmò Jezi, nan yon peryòd de 30 ane epi, li pwobab pou se jouska 60) pou medite epi ekri liv sa. Ladan li, genyen yon gwo konkòdans ki nesesè ant nati sen Papa a; Pitit la, (li menm ki bati legliz la) ak Sentespri a, (ki gide ekriven an), e menm Jan, mesaje yo (ki pote lèt yo) epi menm legliz la kòm enstitisyon ki te resevwa yo a.

I. Resevwa yon mo louwanj oubyen apwobasyon

Lèt Tyati a kòmanse nan Revelasyon 2:18 pandan l'ap dekri Pitit Bondye a kòm yon moun ki "genyen je l' yo tankou flanm dife". Je sa yo antre pifon pase yon estil aparans oubyen imaj ki bay sou deyò. Bondye pa janm konfòme li avèk sa legliz la montre oubyen fè sanblan; men pito, avèk rega sevè li a epi penetran, li rive menm andedan kè legliz la, epi li gade entansyon ak motivasyon k'ap fè li travay la. Nan lòt mo, Bondye pa sèlman gen enterè nan "sa ke nou fè"; men tou se "kòman" ak "pou ki rezon" nou fè li: "Anyen pa kapab kache pou Bondye. Tout bagay nan kreyasyon Bondye a aklè konsa devan je l', san anyen pa kouvri yo. Nou menm tou, nou gen pou nou rann li kont pou tou sa nou fè" (Ebre 4:13).

A. Konnen "tout sa w'ap fè"

Legliz Tyati a resevwa yon pawòl apwobasyon oubyen louwanj nan premye pozisyon, pou "zèv" li yo. Petèt li difisil pou kèk kretyen konprann ke Bondye gen enterè nan zèv legliz la oubyen manm li yo. Li pwobab pou menm jan ak Arnold Toynbee (Istoryen epi filozòf anglè) li te eksplike nan divès branch lasyans ki pwodwi, Lalwa Pendil k'ap kouri soti nan yon pwent pou ale nan yon lòt; epi kontrè ak sa ke legliz Katotlik anseye (Sali atravè zèv) fè tout zèv yo vin pèdi valè yo.

Men, Pòl dekri relasyon ant lafwa ki sove a avèk zèv byen klè nan Efezyen; se poutèt sa ke li di : "Se paske li renmen nou kifè li delivre nou, nou menm ki mete konfyans nou nan li. Sa pa soti nan nou menm menm, se yon kado Bondye ban nou. Non, nou pa fè anyen pou sa.

Konsa, pesonn pa ka vante tèt yo" (Efezyen 2:8-9); men, menm kote a li ajoute: "Se Bondye ki fè nou. Nan Jezikri li kreye nou pou nou ka fè anpil bon zèv nan lavi nou, dapre sa li te pare davans pou nou te fè" (Efezyen 2:10).

Si an reyalite se pa atravè zèv n'ap sove, sa se rezilta yon lavi ki nouvo nan Kris la.

B. Li konnen "…lanmou, ak lafwa, ak sèvis, avèk pasyans ou"

Kontinye nan Revelasyon 2 vèsè 19 pandan l'ap esplike yon tikras sou karakteristik legliz sa.

- **Lanmou** (gr. "agapè"). Se sa ki te fè Bondye voye Pitit li a nan mond lan epi, se sa ki fè ke, se sa ki dwe motive epi soutni misyon legliz la. Jezi te di byen klè: "Si nou yonn renmen lòt, lè sa a tout moun va konnen se disip mwen nou ye" (Jan 13 :35). Se pa yon kout chans lè nou wè ke se menm apot Jan ki kontinye avèk mesaj li yo ap pale de lanmou kòm bagay ki ini nou ak Bondye epi dwe fè l' tou ant nou menm tou.

- **Lafwa.** Se sa ki aktive pouvwa Bondye a. Atravè lafwa, gras Bondye a aplike benefis li yo nan legliz la ak mond lan atravè li menm (Ebre 11 :6).

- **Sèvis.** Se sa ki eksprime kalite Jezi a, Mèt legliz la "… pa vini pou moun rann li sèvis, men li vini pou m' rann moun sèvis…" (Mak 10 :45).

- **Pasyans.** Se kondisyon ki endispansab pou pèsevere. Lanmou pwodwi pasyans epi, sa ede nou pa abandone lè lòm san Kris la kenbe tèt ak mesaj la. Pasyans lan rann kreyasyon nouvo opòtinite yo posib (Lik 21 :19).

C. Li konnen "zèv ou te fè yo"

Asireman, entèval tan ant Lapannkòt ak moman Revelasyon te ekri a, te pèmèt ke Jan demontre ke anmezi ke legliz la t'ap grandi, enfliyans li te kontinye elaji. Vèsyon Bondye Pale Jodi a tradwi : "mwen konnen ke jodi a w'ap travay pi plis pase avan" (v.19c). Li klè ke prezans sa te pèmèt legliz la grandi nan ministè li yo epi demontre yon levanjil ki pratik; non

sèlman pawòl, zèv pou pote konsolasyon pou moun ki nan nesesite yo. San dout ke avèk motivasyon ki kòrèk la (lanmou, lafwa, sèvis, pasyans), sèvis nan non Seyè a genyen posiblite ki san limit. Vizyon nan sèvis la avèk ogmantasyon zèv yo dwe fòse nou fè fas ak pwòp nou menm, pou nou pa rete pachiman, epi pou nou kontinye eksprime lafwa nou atravè zèv yo, espesyalman nan kontèks tèlman san parèy ke legliz la ap travay la.

II. Resevwa yon pawòl avètisman

Li pwobab pou Jan pat genyen gran konesans sikolojik; men li te genyen yon gwo sans komen oubyen, menm pi bon, "sajès Bondye ki anwo nan syèl la". Se poutèt sa, li anonse ak siyale divès aspè pozitif kongregasyon Tyati a an premye. Poutan, menm kote a aprè, li ba li yon avètisman tèrib.

A. Tolerans peche a

Sa ki te pi grav ak peche sa se paske li t'ap pase andedan kongregasyon Tyati a, kote ke kretyen yo te tolere li. Jezabèl, plis pase yon non, li fè referans ak payen epi madanm tèrib wa Akab la, li menm ki te lakòz wa sa tonbe nan idolatri, anbisyon, asasina epi pèsekite pwofèt Bondye yo e jouk rive nan dènye pwen yo (1 Wa 16 :29-34), 18 :1-19, 21; 2 Wa 9 :30-37). Li se yon reprezantasyon mechanste oubyen peche.

Kongregasyon Tyati a te pèmèt fo pwofèt sa anseye fo doktrin li yo. Li te fè piblisite pou patisipasyon nan fèt; li pwobab pou yo te òganize kote bann travayè bwonz, endistri twal ak kèk gwoup atizan pla kote yo te konn ap manje sakrifis ke yo ofri bay zidòl yo; yo tonbe sou epi te genyen pratik seksyèl san fren tou. Jodi a tou, nan anpil legliz, yo konfonn lanmou ak mizèrikòd ke pechv a merite, avèk tolerans kalite lavi peche a. Sa retire sou efikasite levanjil Jezikris la.

B. Konsekans peche a

Konsekans ki anonse a pèmèt li konprann gravite peche ki komèt la. Tonbe an koma eksprime konsekans ki di, soufrans ak agoni ki pwodwi akoz de peche li. Tribilasyon an se siyal konfizyon ak dezoryantasyon kote moun sa yo ki opoze fas ak Bondye tonbe. Lanmò (Revelasyon 2 :23) se yon pèp pou nanm nan ki san remèd, e pou moun ki kite yo twonpe yo ak fo ansèyman tou.

C. Remèd pou peche a

Men Bondye toujou bay yon opòtinite. Kondisyon an se repanti (v.21). Pou repanti, imilite nan lespri a enpòtan anpil ki pèmèt moun nan rekonèt erè a epi sa se pi gwo obstak pou lòm. Men, gwo remèd ki efikas la byen klè; repantans frennen jijman ak destriksyon an kòm konsekans.

III. Li resevwa yon mo ankourajman

Genyen yon gran diferans ant moun sa yo ki onore Bondye ak sa yo ki pa fè li; ant moun sa yo ki viv yon lavi pou glorifye li ak sa yo ki sèlman ap chèche fè tèt yo plezi.

Jij la

Moun ki detèmine diferans lan se yon jij ki anonse otorite li yon fason ki san konfizyon: "Apre sa, m'ap fè tout pitit li yo mouri. Konsa, tout legliz yo va konnen mwen se moun ki konnen tout lide lèzòm ap fè nan tèt yo ak tout santiman yo gen nan kè yo. M'ap bay chak moun sa yo merite dapre sa yo fè" (v.23).

Epi Jezi menm konfime li : "Mwen vin sou tè a pou yon jijman: Moun ki avèg yo pral wè. Men moun ki wè yo pral tounen avèg" (Jan 9:39).

Nan lòt mo, yo pap kapab ni twonpe oubyen fawouche jij sa. Pòl te déjà avèti nou tou : "Pa twonpe tèt nou, nou pa ka pase Bondye nan betiz, paske sa yon moun simen, se sa li va rekòlte tou" (Galat 6 :7).

Jijman an

Jijman sa pral fèt selon jistis Bondye a; sa se vrè jistis k'ap jije mond lan (Travay 17 :31). Epi yon lòt fwa ankò nou jwenn yon lòt gwo avètisman Jezi te bay lè li di konsa : "Mentou, si yon lè mwen gen pou m' jije, m'ap jije byen dapre verite a, paske mwen p'ap jije pou kont mwen. Papa ki voye m' lan ap la avèk mwen" (Jan 8:16).

Jou kote ke tout lèzòm va pase jije, jijman va san parèy. Nou kapab pretann inyore, bliye, fawouche, oubyen twonpe pwòp tèt nou sou egzistans jijman sa; men nou pap kapab evite li.

Prim jis la

Se pou moun ki pap mennen yon kalite lavi san kontwòl, kòwonpi ak imoral: "Pou nou menm, lòt manm legliz nan lavil Tiyati yo ki pa swiv move konsèy sa yo, ki pa t' aprann sa bann moun sa yo ap rele gwo sekrè Satan an, men sa m'ap di nou: Mwen p'ap ban nou lòt chay pase sa" (Revelasyon 2 :24). Li pwobab pou ke chay ki te déjà la, epi ki pa ta ogmante a, se te sipòte rebelyon ak mepri ke disip fo pwofèt sa yo te demontre, moun sa yo ki, nan kèk tan te jwi favè ak pwosperite ke yo te rive genyen san bon rezon.

Se byen "moun ki goumen jouk li rive genyen batay la" (v.26); sa vle di, tout venkè yo va resevwa "otorite sou nasyon yo" (v.26b).

Referans sa nan Sòm 2 asire ke yon jou jistis Bondye a va gouvène tout nasyon yo epi fidèl li yo va rasanble avèk Li. Epi anplis de sa, yo pral resevwa "zetwal maten an" (Revelasyon 2 :28), yon referans ki parèt san dout nan Revelasyon 22 :6; yon referans ki klè ki montre ke Jezi se prezans ki pi gwo ke frè li yo kapab rete tann.

Dènye pawòl ki nan lèt legliz Tyati yo se demonstrasyon gwo nesesite dirab pou l' toujou ap koute epi swiv "sa ke Lespri a di legliz yo". Sentespri a se ajan sa ki soti nan Bondye pou anseye, egzòte, reprann ak ankouraje nou pou nou pa abandone. Pawòl final yo opliryèl, sa ki egal ke verite sa toujou valab jounen jodi a.

Kesyon Opsyonèl:

I. Resevwa yon mo louwanj oubyen apwobasyon

- Apre w' fin li Revelasyon 2 :19, fè yon lis de rezon ki ta kapab fè Bondye bay yon mo apwobasyon oubyen louwanj ak legliz li a.

- Ki bagay ki klè ou kapab site sou pwogrè oubyen eleman zèv sèvis oubyen charite ki manifeste nan legliz ou a?

II. Li resevwa yon mo avètisman

- Kòman espri Jezabèl la manifeste nan legliz yo jodi a? Site kèk egzanp ke w' konnen.

- Nan ki fason ke legliz ou a goumen epi fè fas ak espri a ki pretann ap sedwi epi kontamine Travay Bondye a ak pèp li a? Site kèk egzanp ke w' konnen ki klè?

- Kisa avètisman tèrib Revelasyon 2 :21-23 genyen ladan li?

III. Li resevwa yon mo ankourajman

- Ki efò legliz ou a fè, oubyen ou menm pèsonèlman, pou tante pa viv menm jan ak mond lan; men pito viv nan yon transfòmasyon entèlijans ki dirab (Women 12 :2)?

Konklizyon

Liv Revelasyon an genyen kèk seksyon ki mande yon vrè efò pou entèpretasyon ak aktyalizasyon pou konprann yo. Men lèt Tiyati a genyen yon mesaj ki byen klè : Bondye pa dakò ak peche; epi si nou pa repanti, gwo jijman Bondye ap tonbe sou legliz jodi a tou. Men, mesaj total liv la se yon mesaj esperans; Bondye atravè Sentespri a, li fè tout sa ki posib pou avèti ak ede nou rete fidèl jiskaske li retounen.

Yon legliz ki mouri resevwa apèl pou reviv

J. Víctor Riofrío (EE .UU)

Vèsè pou aprann: "Tout moun ki goumen jouk yo genyen batay la pral mete rad blan an sou yo. Mwen p'ap wete non yo nan liv ki gen non moun ki gen lavi a. M'ap rekonèt yo pou moun pa m' devan Papa mwen ak devan zanj li yo" (Revelasyon 3:5)

Objektif leson an: Se pou elèv la konprann ke wi, li posib pou yon legliz ki mouri reviv.

Entwodiksyon

Yo rakonte istwa yon jèn yo te bay dirije yon "legliz ki moribon". Pastè a te priye Bondye pou ba li sajès pou evite ke kongregasyon sa te fin mouri nèt.

Yon jou maten, yon lide te vini nan tèt pastè a; li te pran wout la epi ale nan biwo jounal popilasyon an. Li te pibliye nan jounal lokal la, nan seksyon vizyèl la, yon anons finèb ki te di konsa : "Dimanch pwochen, nan enstalasyon tanp nou an ki nan vil la, nou pral fè sèvis finèb la pou nou di orevwa ak rès mòtèl bèl legliz tradisyonèl nou an, li menm ki mouri malerezman sa fè lontan. Nou envite tout zanmi ak fanmi pou vin ba li yon dènye adye".

Asireman, sa te reveye enterè kiryozite tout moun. Yo pat pale de yon lòt bagay nan vil la. Manm yo t'ap tann jou dimanch sa rive avèk anpil enpasyans.

Lè pòt legliz yo te ouvè, te genyen yon gwo foul moun ki te déjà deyò a ap tann. Youn aprè lòt moun yo te antre epi pran plas yo nan ban yo an silans. Jèn pastè a te chita dèyè chè a ap tann. Devan chè a te genyen yon sèkèy byen bèl epi ki koute byen chè ki te genyen kèk bouke flè toutotou li.

Pastè a te kòmanse sèvis la; epi apre li te fin salye patisipan yo, li te pale sou bonte bon legliz lokal la, jan li te kòmanse, sa li te rive reyalize ak moman glwa li yo. Aprè sa li di konsa : "Malerezman, jodi a nou rasanble pou nou voye l' ale, epi mwen vle envite nou pase youn aprè lòt pou di l' yon dènye orevwa, avan nou antere li".

Konsa, yo tout te kòmanse ap pwoche bò kote kadav la. Andedan sèkèy la te genyen yon gwo miwa. Chak moun ki te gade andedan li, te wè pwòp tèt li. Anpil dlo nan je te kòmanse koule nan vizaj sa yo. Se te yon moman gwo refleksyon.

Nan fason sa, jèn pastè a te kòmanse restorasyon kongregasyon sa avèk anpil siksè pou konvèti li byen vit an yon legliz vivan epi grandi.

Seyè Jezikris te bay apot Jan lòd pou li te voye lèt li a bay legliz Sad nan premye syèk la.

Li te fè li, avèk menm objektif jèn pastè ki nan istwa ki sot rakonte a. Li te vle pou legliz sa ki, malerezman te mouri a te kapab reviv ankò epi finalman jwenn lavi ki pap janm fini an.

Sad te yon egzanp glwa nan tan pase epi yon prezan an destriksyon. Sad se te vil sakre a.

700 ane avan ke yo te ekri li lèt sa, Sad te youn nan pi bon vil nan mond lan. Men kounye a, li te vin tounen yon vil ki san lavi ak lespri. Nan atmosfè tèrib sa, legliz kretyèn nan te vin pèdi vi li epi li te plis yon kadav olye de yon legliz vivan.

Jiskaprezan n'ap koute sa Lespri a genyen pou di ak legliz yo; paske mesaj sa yo ki soti bò kote Kris la se pou kounye a yo ye, menm jan ak premye syèk la. Legliz yo se moun, epi nati lòm nan pa chanje. Konsa, pandan n'ap kontinye ak etid nou an, nou pa dwe konsidere lèt sa yo tankou bagay ansyen; okontrè, yo se miwa kote nou gade pwòp tèt nou!

Mesaj pou Sad la, ki anrejistre nan Revelasyon 3 : 1-6, se pou tout legliz sa yo ki t'ap byen viv nan tan pase yo. Men, genyen esperans, pliske Kris se Chèf legliz la epi Li kapab bay lavi ankò.

Kisa Legliz Sad te dwe fè pou l' te kapab reviv?

Kòman yon legliz ki déjà konsidere mò kapab reviv? Nan mesaj Kris la pou legliz Sad la, nou jwenn kat etap enpòtan ke nou dwe bay pou resisite yon legliz ki mouri.

I. Premye etap: Rekonèt reyalite feblès la

Sad se te lavil grèk ki te pi gwo. Yon vil ki te popilè akoz de fòs ak gwosè li. Li te genyen anpil miray byen wo epi li te plase sou tèt yon mòn. Mantalite li se te asirans epi envesib. Men, nan de okazyon, li te tonbe nan esklavaj; paske yo te gen anpil lògèy epi abitan li yo pat rekonèt fot yo. Pèp sa te toujou ap viv nan tan pase yo, lè tout moun te rekonèt ke Sad te fò epi aktif. Li te rive vin yon vil ak yon legliz avèk anpil ankourajman epi grandi.

Sepandan, nan epòk sa a, malerezman li pat sa ke li te ye avan. Kris te pale avèk yo byen klè pandan l'ap di yo: "...Mwen konnen tou sa w'ap fè. Mwen konnen tout moun konprann ou vivan. Men, ou mouri" (v.1b).

Legliz la te tankou Samson, ki pat rann li kont si Lespri Bondye te abandone li. Yon moun kapab kontinye ap fè menm mouvman yo; men si fòs la pa la, tout aksyon se yo anven.

Premye pa pou yon legliz reviv se ke li dwe rekonèt ke li se yon legliz ki moribon, ke Lespri ki bay lavi a te abandone li, k'ap viv.

Sèlman nan "glwa pase yo". Li dwe admèt ke genyen yon pwoblèm serye; ou dwe gade nan miwa a, paske la li kapab jwenn kòmansman restorasyon an.

II. Dezyèm etap: Swiv etap Bondye yo pou li kanpe ankò

Si legliz Sad la te admèt ke li te mouri espirityèlman; konsa, li te pare pou l' swiv etap ke Jezi te ba li yo avèk anpil atansyon, sa ki ta ede li leve kanpe pou li retounen nan lavi.

Kris te dirèk nan etap li yo, pandan li t'ap siyale senk aksyon ki kle pou swiv: "Souke kò ou, bay ti rès lavi ou rete a fòs anvan ou fin mouri nèt. Paske, mwen wè sa w'ap fè a pa fin kòrèk devan Bondye mwen an. Chonje sa yo te moutre ou la. Chonje jan ou te resevwa li. Obeyi l', tounen vin jwenn Bondye. Si ou pa sispann dòmi, m'ap vini sou ou tankou yon vòlè, san ou pa atann" (vv.2-3).

"Veye kò nou" se kòm si li ta di : "Veye byen", "Souke kò nou!". Menm jan ke vil la te pran nan sipriz la, paske li pa t'ap veye a, se menm jan tou legliz Sad la te tonbe nan pyèj Satan pou mankman jeneral vijilans li. Apèl la se te "sispann dòmi".

"...bay ti rès lavi ou rete a fòs anvan ou fin mouri nèt" (v. 2b).

Sa ki te rete nan fòm ak estrikti, moun ak enstitisyon òganize yo, menm legliz an tèt la, yo te sou wout pou mouri tou pou mankman lespri andedan kè yo : Seyè a eksprime rezon an: "Paske, mwen wè sa w'ap fè a pa fin kòrèk devan Bondye mwen an" (v. 2b). Si te genyen "sa w'ap fè a", men yo te vid andedan yo (lafwa, lanmou, sèvis, esperans, elatriye.). Nan yon fraz te genyen, "san fòs". Travay yo dwe pafè oubyen konplèt, non sèlman devan lèzòm; men pito espesyalman, "nan je Bondye", devan li ke pa genyen anyen ki kache.

"Chonje sa yo te moutre ou la. Chonje jan ou te resevwa li. Obeyi l', tounen vin jwenn Bondye. Si ou pa sispann dòmi, m'ap vini sou ou tankou yon vòlè, san ou pa atann" (v.3). Sa vle di, sonje, kòm yon rapèl, anpil ak bon (konbyen ak ki kalite) ke ou te tande, lè w' te resevwa mesaj lavi ki pap janm fini an, avèk pwomès li yo, privilèj li yo epi tou, avèk vrè egzijans antrènman disip la: ou te resevwa tout sa yo; men ou genyen tout sa yo anba pousyè, frèt, estatik, an agoni". Li nesesè pou sans kòrèk levanjil la aktive.

Youn ak yon lòt fwa kretyen an dwe parèt devan lakwa epi sonje sa ke Bondye te fè pou li nan Jezikris.

"...Obeyi l', tounen vin jwenn Bondye..." (v.3).

"Obeyi" gen pou wè ak yon mouvman entèn, men andedan kè nou menm, pou li rete reveye epi akonpli volonte Bondye.

"Tounen vin jwenn Bondye" endike yon chanjman mantalite ijan yon fwa pou tout.

Si li pa fè yon atansyon ki serye fas ak Pawòl Seyè a, si sa atire konsekans yo: "Chonje sa yo te moutre ou la. Chonje jan ou te resevwa li. Obeyi l', tounen vin jwenn Bondye. Si ou pa sispann dòmi, m'ap vini sou ou tankou yon vòlè, san ou pa atann" (v.3). Si legliz la pa reveye epi rete ap veye, Seyè a gen pou vini sanzatann, jan sa te pase nan plizyè okazyon lè lènmi yo te anvayi yo a.

III. Twazyèm etap: Bay egzanp ti kras fidèl yo valè

Menm si pi fò manm nan legliz Sad yo te tonbe nan dezobeyisans kont Seyè a, te genyen yon ti gwoup ki te rete fidèl: "Men, gen kèk moun nan nou nan lavil Sad la ki te kenbe rad yo pwòp" (v.4a).

Lè li fè referans ki tache yo, li fè referans ak bèl endistri twal ki nan Sad la. Yo te efase non moun sa yo nan lis sitwayen piblik yo, si yo te tache wòb yo. Ti gwoup fidèl sa yo ki pat tache lavi yo, nan viv menm jan ak lòt moun lib yo epi bese tèt yo menm jan ak lòt yo, resevwa yon pwomès ki soti nan Seyè a: "...Y'a mache ansanm avè m' ak rad blan yo, paske yo merite sa" (v.4).

"Mache ansanm avèk Kris" senbolize Sali a ak akonpayman avèk Li. Wòb blan yo se senbòl jistis, viktwa avèk glwa Bondye. Koulè blan fè referans avèk Kris la (Revelasyon 1:14), ak zanj li yo (Revelasyon 15:6), ak moun li chwazi yo (Revelasyon 19:14). Nan ka Sad la, vil sa ki te popilè akoz de grandè li, imaj wòb blan yo fè gwo enpak epi li te make bèl benediksyon fidèl yo pou yo nan letènite akonpanye ak Seyè ak Sovè ki gen tout pouvwa a. Vèsè sa montre, anplis sa, se pa tout kretyen fidèl yo yo te touye; sepandan, menm jan ak moun sa yo ki te sibi lanmò sa yo, yo menm tou yo "diy".

Seyè a te toujou pran e l'ap toujou pran nòt an favè ti gwoup la. Poutèt rezon sa, si se pou Li nou ye, nou pa kapab dekouraje ni "abandone". Nou fèt pou nou rete fidèl avèk esperans pou nou ede lòt yo kontinye viv.

IV. Katriyèm etap: Pèsevere jiskaske li jwenn pwomès ki pap janm fini an

Yon fwa ke li te vin tounen yon legliz vivan, Jezi mande legliz Sad la pou li kenbe fèm nan kalite lavi sa, jiskaske li rive jwenn pwomès ki pap janm fini an. Nan fason sa, l'ap rekonèt kòm yon legliz, ki te mouri, li te eksperimante mirak pou retounen viv.

Moun ki venkè a resevwa twa pwomès tou ki gen pou wè ak wòb blan an. Twa pwomès yo siyifi menm bagay la, lè nou konnen lavi ki pap janm fini an.

a. Tout moun ki goumen jouk yo genyen batay la pral mete rad blan an sou yo (v.5a). Menm jan ke kretyen fidèl yo gen pou resevwa wòb blan nan men Seyè a Jezikris, moun ki soti venkè de salte ki genyen nan sosyete payen an ap gen pou li abiye avèk wòb blan. Nou kapab konprann ke wòb blan yo pwomèt moun ki genyen batay la, la a li reprezante yon senbòl apwopriye pou eta selès la.

b. Mwen p'ap wete non yo nan liv ki gen non moun ki gen lavi a (v.5b)

Men sa pawòl Jezi yo siyifi nan Matye 10:22 ki di konsa: "Tout moun pral rayi nou poutèt mwen. Men, moun ki va kenbe fèm jouk sa kaba, se yo ki va sove". Sa se pou letènite. Non sèlman non li asire nan rejis syèl la; men tou pa gen ris pou non li ta efase. Kondisyon pou ke non an rete nan liv lavi a se "goumen epi genyen batay la".

c. "...M'ap rekonèt yo pou moun pa m' devan Papa mwen ak devan zanj li yo" (v.5c).

Kris la pap wont pou li rekonèt moun ki pou li yo. La, langaj la fè sonje sa ki nan Matye 10:32 ki di konsa : "Moun ki va kanpe pou mwen devan lèzòm, mwen menm tou, m'a kanpe pou li devan Papa m' ki nan syèl la". Nou genyen bèl pwomès ki di ke Kris pral prezante nou devan Papa ki nan syèl la lè tout bagay va fini.

Revelasyon 3 :6 genyen yon fraz ki pale sou responsablite pou tande : "Se pou moun ki gen zòrèy pou yo tande tande sa Lespri Bondye a ap di legliz yo".

Lèt sa yo te dwe li byen fò nan legliz yo. Legliz Sad la te koupab akoz de feblès espirityèl li. Yo te abandone responsablite pou yo temwaye non Kris la. Li pwobab pou pi fò manm li yo t'ap di yo se kretyen; men espirityèlman, yo te mouri, lwen volonte Bondye epi nan dezobeyisans toutan. Sepandan, te genyen yon ti gwoup ki te fidèl ak Seyè a.

Legliz jounen jodi yo avèk kretyen yo nou dwe ouvè zòrèy nou pou koute mesaj Seyè a voye bay legliz Sad la. Nou dwe rekonèt sensèman si petèt nou tonbe tèlman ba epi nou memnm prèt pou mouri. Legliz yo bezwen veye; pa bliye sans orijinal vrè levanjil la; pran swen fwi yo déjà ranmase yo; repanti dèske yo te tonbe espirityèlman.

Legliz jodi yo bezwen ranfòse ti rès bagay ki rete yo, epi fè reviv sa yo te kite yo pou rete fèm jiskaske jou pou n'al rankontre Seyè nou an Jezikris la rive.

Kesyon Opsyonèl:

I. Premye etap: Rekonèt reyalite feblès la

- Kisa sa te vle di epi kisa sa siyifi "yon legliz ki mouri?" (Revelasyon 3 :1b)
- Ki reyalite ke legliz Sad la te dwe rekonèt?

II. Dezyèm etap: Swiv etap Bondye yo pou li kanpe ankò

- Ki senk aksyon (etap) ke legliz Sad la te dwe swiv pou li te vin tounen yon legliz vivan? (Revelasyon 3 :2-3)
- Èske nou bezwen pran kèk nan aksyon sa yo nan legliz nou, lè nou konprann ke nou chak se yon pati enpòtan ladan li?

III. Twazyèm etap: Bay egzanp ti kras fidèl yo valè

- Kisa sa Revelasyon 3 :4 di a siyifi?
- Ki lòt karakteristik ou kapab obsève nan moun sa yo ki fidèl ak Seyè a nan kongregasyon w' lan?

IV. Katriyèm etap: Pèsevere jiskaske li jwenn pwomès ki pap janm fini an

- Ki defi ke nou chak dwe leve jodi a pou ke non nou pa efase nan liv lavi a?

Konklizyon

Li nesesè pou nou avèti ke li pa ase pou nou genyen non nou ekri nan yon liv oubyen rejis legliz ki la sou latè. Sa ki vrèman enpòtan se genyen sètitid ke pa lafwa nan Seyè a Jezikris, non nou enskri nan liv lavi a. Wi, li posib pou nou vin yon kretyen ki diy jounen jodi a, paske non nou enskri nan liv lavi a!

Grandè yon ti legliz

Leson **38**

Litzy Vidaurre (España)

Vèsè pou aprann: "Se sak fè tou mwen kontan anpil lè m' santi m' fèb, lè y'ap joure m', lè m' nan lafliksyon, lè m' anba pèseksyon, lè m' nan fikilte, lè m'ap sibi tou sa akòz Kris la. Paske lè m' fèb, se lè sa a mwen gen fòs" 2 Korentyen 12:10.

Objektif leson an: Se pou elèv la konprann, atravè egzanp ti legliz Filadèlfi a, ke Bondye wè bagay yo diferan ak mond lan. Bondye pa tèlman enterese pou wè nou gran epi fò; men pito se pou nou fidèl ak Pawòl li.

Entwodiksyon

Malgre legliz Filadèlfi a te pi piti nan sèt legliz yo; se te youn nan de legliz yo, ansanm ak legliz Esmin ki te jwenn plis konpliman pase kondannasyon. Legliz sa te piti epi fèb : "Mwen konnen tou sa w'ap fè. Mwen konnen ou pa gen anpil kouraj. Malgre sa, w'ap kenbe pawòl mwen. Ou pa lage mwen. Mwen louvri yon pòt devan ou, pesonn p'ap ka fèmen li" (Revelasyon 3:8).

Men li te genyen yon kalite ki te fè l' pi gwo pase tout lòt yo: li te fidèl, menm nan mitan eprèv.

Mande elèv yo pou yo patisipe epi pataje ak klas la kalite ke yo ta konsidere ki bon pou kalifye yon legliz kòm yon kongregasyon ki "gran" oubyen "pi bon".

Pa egzanp, yon legliz ki gran genyen pi bon ministè kè adorasyon; oubyen yon gran legliz genyen yon bon kantite lajan, elatriye.

Nan leson sa, nou pral apresye kòman mezi grandè Bondye yo diferan ak pa lèzòm yo daprè Revelasyon 3 :7-12.

I. Lavil Filadèlfi a

A. Pozisyon jewografik li

Lavil Filadèlfi a plase nan yon distans de 40 km sou bò lès Sad. Li te bati sou yon mòn nan vale Larivyè Kogamis, yon zòn ki te byen popilè. Li te lokalize nan Lidi, limite avèk Friji ak Misi. Dèske li te plase nan yon zòn fwontyè, epi dèske li te plase nan mitan wout anpi a depi Wòm chemen Twoas, lavil Filadèlfi a te pote tit "pòt ki sou bò lès la".

Pozisyon jewografik li a te fè li pèdi avantaj pliske li te nan yon zòn riske epi li te toujou ap soufri ak frap gwo tranblann tè. Li te detwi nan ane 17 d.C. ansanm avèk Sad ak plizyè lòt vil nan Lidi. Li te vil ki te

pi piti akoz de popilasyon li, déjà akoz de lapèrèz pou tranblann tè yo, abitan li yo te chwazi al viv andeyò vil la. Anplis de sa, se te vil ki te plis jèn an konparezon ak sèt lòt ki mansyone nan Revelasyon yo.

Se poutèt sa, lavil Filadèlfi menm jan ak legliz la, yo te pi piti epi pi jèn nan epòk sa.

B. Fon istorik ou

Filadèlfi ki siyifi "moun ki renmen frè l' la", te fonde pa Atalo II (Filadelfo) li menm ki te gouvène soti nan lane 159 jiska 138 av.K. Daprè istoryen yo, Filadèlfi te fonde avèk misyon pou fè gaye koutim, kilti ak lang grèk la nan pati oryantal peyi Lidi ak Friji a. Li te fè siksè lè li te rive reyalize fè ke grèk la te vin sèl lang nan tout rejyon Lidi a. Aspè difizyon kilti ak lang sa nan vil la, te fè tou ke legliz Filadèlfi a genyen yon "pòt ouvè" pou bay mesaj lavi ki pap janm fini ki genyen nan Jezikris la. Poutèt sa, legliz Filadèlfi a konsidere kòm yon legliz misyonè epi li te posede yon pòt ouvè pou evanjelizasyon.

Nan Revelasyon 3 :8, nou wè ke se Kris la ki kreye "pòt ouvè a, ke pèsòn pa kapab fèmen". Se menm Seyè a ki bay legliz sa opòtinite pou preche epi etann levanjil la nan lòt nasyon yo.

C. Aspè relijye li

Lavil Filadèlfi te koni paske li te konn resevwa moun nan tanp Atemiz, Elyos, Zeous, Dyonisi ak Afwodit, ak fèt relijye li yo. Prensipal kil payen li se te adorasyon an favè Dyonisi, menm si prensipal opozisyon legliz Filadèlfi a te soti nan sinagòg Satan. Sa yo se, daprè Revelasyon 3 :9, "Men, pou moun ki fè pati gwoup Satan an, bann mantò sa yo k'ap pran pòz jwif yo men ki pa jwif, m'ap fòse yo vin mete ajenou devan ou pou yo ka respekte ou. Se pou yo rekonèt se ou menm mwen renmen". Fo jwif sa yo te lakoz plis opozisyon pase menm payen yo, pou rayisans ak jalouzi yo kont kretyen yo nan epòk la. Prensipalman, yo te opoze epi pèsekite kretyen ki te konvèti nan jidayis yo. Fo jwif sa yo te jwif ki soti nan ras ak relijyon moun sa yo ki te deklare ke yo soti nan branch Abraram; men se pat vre.

Se la ke Jezikris te idantifye li kòm Sen epi Vrè (v.7). Sen an se yon kalite Bondye menm nan Ansyen Testaman; konsa, Sen Izrayèl avèk Kris la se yon sèl. Epi kòm Vrè, kontrèman avèk "sinagòg Satan", Kris la se vrè Bondye a, diferan de fo dye ak tout sa yo ki di sa ke yo pa ye.

II. Gran kalite ti legliz la

A. Obeyisan anvè Pawòl la

Revelasyon 3 :8 di konsa :"Menm jan ou te kenbe lòd mwen te ba ou lè m' te mande ou pou te pran pasyans lan, konsa tou, m'a kenbe ou, m'a pwoteje ou nan malè ki pral vin sou tout latè a. Se va yon gwo eprèv pou tout moun ki sou latè".

Menm si legliz Filadèlfi a te piti epi li pat genyen anpil fòs, nou wè ke li te resevwa konpliman dèske li te kenbe Pawòl Seyè a. Poutan, ti kras fòs legliz sa pat fè referans ak fòs espirityèl li; men pito li te yon legliz ki te piti nan nimewo ak resous. Epi menm konsa ak ti fòs li a, fòs pouvwa li te vin santre nan Kris la, paske yo te rete fidèl ak Pawòl li a. Se premye kalite sa ke Seyè a souliye : yo te rete obeyisan ak Pawòl la menm nan mitan pèsekisyon e menm anba eprèv ki byen difisil. Menm si manm li yo te konfòme yo avèk yon legliz ki fèb epi ki pa gen enpòtans nan je lèzòm, nan je Bondye se te yon legliz ki gran epi fò nan Kris la.

Ti legliz sa se yon egzanp obeyisans e menm nan mitan sikonstans ki difisil yo. Nan mitan opozisyon kote ke manm li yo twouve yo, legliz sa te rete obeyisan ak Pawòl verite a. Pwomès ki te ladan l' yo te rann li vin pi fò. Nou dwe sonje ke "feblès" nou nan je lèzòm se sous fòs espirityèl nou nan Kris la lè nou aprann mete Pawòl li an pratik.

B. Fidelite pou Kris la

Dezyèm rezon ki te fè ti legliz piti ak fèb sa te resevwa konpliman se paske li pat janm abondone non Kris la. Malgre legliz la te pase yon moman eprèv, li te rete fidèl avèk Kris la. Li pa klè pou nou wè ki sakrifis sa mande pou swiv Kris la nan epòk sa, men li klè ke rete fidèl avèk Kris la te yon kalite ki te bon pou konsidere ak fè konpliman. Asireman, li te pi fasil pou yo te abandone lafwa yo epi viv nan "lapè" avèk lèzòm; men legliz sa te prefere lavi nan Kris la olye pou li te bay legen fas ak presyon lèzòm.

Se Pawòl la ki pèmèt nou konnen verite Jezi a;

li gide nou pou nou kapab genyen yon kominyon avèk Li; epi li ban nou fòs pou nou pa nye non li nan moman tribilasyon ak eprèv. Se poutèt sa, lavi nou dwe yon referans non li toutan; menm si se nan tan lapè kòm difikilte. Seyè a konnen feblès nou yo; men sa yo pa dwe yon eskiz ni motif pou nou pa rete fidèl.

C. Kris renmen li

Nan Revelasyon 3 :9, nou wè kòman Seyè a pwomèt yo laviktwa sou lènmi ak moun k'ap pèsekite yo. Sa yo se ki "fè pati gwoup Satan an". Se Seyè a menm ki pral fè yo fè legliz yo t'ap pèsekite a konpliman; epi sou sa, yo pral rekonèt ke ti legliz piti epi fèb la genyen konsantman ak lanmou Seyè a. Sa se pi gwo lonè ak felisite ke nenpòt legliz kapab genyen : jwi lanmou ak favè Kris la. Epi lanmou sa ta klè nan je tout moun, menm lènmi li yo ta wè li epi pa ta genyen plis remèd pou yo ke rekonèt li.

Ala yon gwo privilèj pou legliz sa ki anba pèsekisyon, epi petèt, menm resevwa move tretman anba men lènmi li yo, Kris te renmen li! Sa yo se pawòl rekonfò ke yon legliz ki pat resevwa lòt bagay ke mepri. Yon legliz ke pwòp manm li yo te rejte li menm jan ak sosyete a, li ta mache tèt wo devan moun sa yo ki te maltrete li, epi yo va rekonèt ke Kris la ansanm avèk li.

III. Rekonpans pou moun sa yo ki genyen batay la

Seyè a te fè legliz sa ki te konnen pou li te rete fidèl nan moman difisil yo pwomès pou li te rete bò kote yo. Epi tout moun sa yo ki ta genyen batay la, li te di yo ke yo ta genyen pou resevwa yon rekonpans nan twa aspè: jwenn kapasite pou triyonfe sou sa ki fo yo; triyonfe sou moman difisil ki gen pou vini yo; epi vin fò tankou yon gwo poto.

A. Triyonfe sou sa ki fo yo

Kris ta fè lènmi legliz sa yo bese tèt devan li. Se lènmi sa yo ki te konsidere tèt yo kòm jwif; men se manti yo te bay, pretann ke yo se sèl pèp Bondye a. Kris menm pale de yo byen di epi akize yo kòm "ti gwoup moun Satan" (v.9). Kris ta fè ke fo jwif sa yo vini epi mete ajenou nan pye legliz Filadèlfi a, epi rekonèt ke yo te twonpe tèt yo. Sa pa vle di ke moun sa yo pral adore legliz la; men pito ke genyen kèk jwif ki ta gen pou konvèti nan krisyanis lè li di konsa:"Men, pou moun ki fè pati gwoup Satan an, bann mantò sa yo k'ap pran pòz jwif yo men ki pa jwif, m'ap fòse yo vin mete ajenou devan ou pou yo ka respekte ou. Se pou yo rekonèt se ou menm mwen renmen". Yo va rekonèt ke se sa ki vrè legliz Bondye a.

Nan lòt mo, Kris pwomèt yo rekonesans piblik pou

sa yo ye a, epi an reyalite, yo se legliz ki reprezante Sen ak Vrè a.

B. Triyonfe nan mitan eprèv yo

Nan Revelasyon 3 :10, nou jwenn pwomès sa : ''Menm jan ou te kenbe lòd mwen te ba ou lè m' te mande ou pou te pran pasians lan, konsa tou, m'a kenbe ou, m'a pwoteje ou nan malè ki pral vin sou tout latè a. Se va yon gwo eprèv pou tout moun ki sou latè''.

Déjà ke legliz Filadèlfi a te konsève non Kris la avèk pasyans epi li te rete fidèl nan predikasyon levanjil la, Kris pwomèt ede li pèsevere nan tan difisil yo.

Sepandan, sa pa siyifi ke Kris pral elimine eprèv sou chemen li ; men pito li va jwenn pwoteksyon nan men Seyè a nan mitan eprèv ak tribilasyon yo.

Bèl pwomès sa se pou nou menm tou ; déjà ke moun ki kenbe levanjil la fèm epi rete fidèl avèk Kris, genyen pi bon kapasite pou fè fas ak nenpòt eprèv ki vini sou wout yo. Se Seyè a menm ki ban nou fòs sa avèk sekirite nan tan difikilte yo. Nou gen pou nou gen rezistans menm devan eprèv final la : ''nan malè ki pral vin sou tout latè a. Se va yon gwo eprèv pou tout moun ki sou latè''. Sa se eprèv jijman dènye a ki gen pou rive pou ''epwouve tout moun ki sou latè'' (v.10). Sèlman Kris kapab ban nou sekirite Sali a avèk lavi ki pap janm fini an

C. Vin tankou yon gwo poto

Finalman, Seyè a deklare sa : ''Tout moun ki va goumen jouk yo genyen batay la, m'ap fè yo tounen yon gwo poto nan kay Bondye a…'' (Revelasyon 3 :12a).

Imaj sa garanti moun ki genyen batay yo yon plas nan tanp Bondye a kòm poto ki solid epi dirab.

Sa vle di ke yo va sèvi kòm yon gwo poto ki solid nan yon kominyon ki konplèt avèk Bondye epi avèk yon solidite k'ap fè li pa kapab tonbe.

Men, pwomès sa pa fini la ; men, poto sa va genyen yon twa enskripsyon :''…Apre sa, yo p'ap janm soti. M'a make non Bondye ansanm ak non lavil Bondye a…epi m'ap make lòt non mwen an sou yo tou'' (v.12b).

Nòt :

Konsa, se pral yon gwo poto solid epi estab, ki pou Bondye (non Bondye m' nan) ; posesyon yon nouvo nasyonalite (non lavil Bondye m' nan, nouvo Jerizalèm nan) ak gwo rekonesans karaktè ak idantite Kris la (nouvo non m' nan).

Ki plis bagay ti legliz sa gen pou l' fè ankò, pou jan li fidèl epi Kris renmen li? Se sèlman dènye sa ke Seyè a endike li :''…Kenbe sa ou genyen an fèm pou pesonn pa wete rekonpans ou nan men ou'' (Revelasyon 3 :11). Ansanm avèk benediksyon avèk pwomès yo, nou jwenn responsablite pou nou rete fidèl ak Bondye, epi pran swen sa nou te rive genyen ak anpil efò a.

Kesyon Opsyonèl:

I. Lavil Filadèlfi a

Ekri pou pi piti yon aspè enpòtan sou lavil Filadèlfi a an relasyon ak legliz la ki te nan zòn sa.

- Sou pozisyon jewografik li :
- Sou istwa li :
- Sou baz relijye li :

II. Gran kalite ti legliz la

- Ki twa kalite legliz Filadèlfi a te genyen? (Revelasyon 3 :8)?

III. Rekonpans pou moun sa yo ki genyen batay la

- Kisa sa siyifi ke yo pral triyonfe sou sa ki fo yo (Revelasyon 3 :9)?
- Si Kris la pwomèt pwoteje nou anba eprèv yo, èske sa vle di ke nou pap pase pa yo menm?
- Ki twa enskripsyen gwo poto solid la ap pote?

Konklizyon

Malgre ti legliz Filadèlfi a te piti epi fèb, li te konnen kòman pou l' te rete fidèl avèk Seyè a nan mitan eprèv difisil yo, epi resevwa anpil konpliman nan je Bondye. Èske lavi w' diy pou resevwa konpliman nan men Kris?

Legliz Lawodise a

Ela González (Gwatemala)

> **Vèsè pou aprann:** "Koute. Men mwen kanpe la devan pòt la, m'ap frape. Si yon moun tande vwa m', si l' louvri pòt la ban mwen, m'a antre lakay li, m'a manje ansanm avè l', la manje ansanm avèk mwen" Revelasyon 3:20.
>
> **Objektif leson an:** Se pou elèv la konprann ke Bondye konnen peche legliz yo; men gran mizèrikòd li a pare pou padone, bliye ak restore.

Entwodiksyon

Legliz Lawodise se dènye nan sèt legliz Lazi yo (Efèz, Esmin, Pègam, Tyati, Sad, Filadèlfi ak Lawodise) ke li te ekri pou kontrekare yo, yo menm ke Seyè a te di konsa:"Mwen konnen tout sa w'ap fè…". Seyè a te rekonèt bon zèv ak kondisyon yo chak; sepandan, te genyen rezon pou l' te repwoche yo paske yo te fè peche epi detounen sou wout la. Se sèlman legliz ki nan tèm nou an ki pat genyen okenn rekonesans; men se pito siyal. Seyè a te siyale sis premye legliz anlè yo lè li te di yo konsa:"Mwen konnen tout sa w'ap fè…Men, men repwòch mwen gen pou m' fè ou…". An patikilye, legliz Lawodise a te siyale kòm yon legliz"tyèd", epi li te jwenn avètisman ke Bondye ta gen pou vomi l' soti nan bouch li.

I. Pozisyon jewografik ak istwa

A. Pozisyon jewografik Lawodise

Lawodise se pat non legliz la, men pito se kote li te ye a. Jewografikman, li te plase nan Lazi, nan Sidwès Friji, bò larivyè Lisi a; Li te nan yon kalfou an "Y"; oubyen, yon kalfou ki genyen twa chemen ant Kolòs ak Filadèlfi.

B. Yon ti kras istwa sou Lawodise

Lawodise te yon vil ki te rich anpil; ekonomikman, li te gen plis pwisans nan vil kote li te ye a pase lòt legliz yo, pliske la se kote ki te genyen endistri twal len ki te soti nan mouton nwa ke yo te gadò ak objektif sa, epi se avèk yo ke yo te konn fabrike pyès pou abiye ak atè miyò. Sa te fè ke Lawodise te yon sant kòmèsyal ak administratif enpòtan kote li te genyen yon sistèm bankè etabli. Nan vil sa te genyen yon lekòl medsin tou, kote yo te konn fè medikaman, prensipalman pou je, koliri, ki te fèt avèk poud kèk wòch ki nan zòn nan. Sepandan, nan moman sechrès te manke dlo malgre larivyè Lisi a epi li te nesesè pou yo te fè dlo soti nan sous dlo cho; men pliske se depi byen lwen, li te konn rive tyèd ak twoub epi li pat bon pou moun te bwè. Vil la te detwi nan ane 62 ap.K pa yon tranblanntè; men kòm li te yon vil ki te genyen anpil moun ki gen lajan, yo tout te mete ansanm epi rekonstwi li nan yon ti tan ki pat twò long, san sipò Leta.

II. Destinatè ak entèmedyè lèt la

A. Zanj lan

Nan lang grèk la, "àggelos" siyifi mesaje oubyen ranvwaye, menm si li soti sou tè a oubyen nan syèl la. Nan ka lèt sa, Jan, otè a resevwa lòd pou ekri zanj sèt legliz yo.

Entèpretasyon anpil kòmantaris bay plizyè sans ke yo kapab aplike ak tèm sa.

Li te kapab fè referans ak pastè prensipal la, ak yon presbitè, yon pèsonaj, oubyen pi gwo dirijan an.

Si nan ka sa referans lan se te pou pastè a, zanj legliz Lawodise a se te Achip; pou demontre sa; nou kapab wè Filemon 2 kòm referans kote li mansyone sa:"pou tout legliz la ki reyini lakay li a, pou Apya, sè nou an, ak Achip, kanmarad ki te konbat ansanm ak nou an".

Ou kapab entèprete li tou kòm si lèt la te ekri pou legliz la dirèkteman.

B. Entèmedyè lèt la

Malgre ke se Jan ki te otè a, li te sèlman resevwa dikte nan men Bondye. Yon fason pou ke sèvitè Bondye sa te sèvi kòm entèmedyè ant Legliz Lawodise ak "Moun ki Verite a" (Revelasyon 3 :14), pandan l'ap fè referans ak Jezi. Vrè temwen an, kòmansman kreyasyon Bondye a..

III. Akizasyon ak repwòch pou legliz la

A. Ni yon bagay ni lòt la

Revelasyon 3 :15 di konsa:"Mwen konnen tou sa w'ap fè. Mwen konnen ou pa ni cho ni frèt. Pito ou te cho osinon ou te frèt!". Legliz ki te nan Lawodise a te konnen sa tyèd te siyifi; déjà ke dlo ke yo te genyen an pat sèlman tyèd, men twoub tou. Dlo tyèd la pa bon pou bwè, sèlman pou fè rejim oubyen maladi yon moun kapab bwè l' konsa.

Pou moun bwè dlo a fòk li byen fre, ak tanperati natirèl, oubyen frijidè selon jan chak moun renmen li; men dlo tyèd la pa bon. Nan ka sa a, Bondye te siyale ke sa ki tyèd ba l' kè plen; pou Li se te repiyans, li pat kapab sipòte li, epi se poutèt sa ke li di konsa: "… Mwen pral vomi w' soti nan bouch mwen" (v.16).

B. Awogans, lògèy ak Odèsi

Vèsè sa di konsa: "W'ap plede di: Mwen rich, zafè m' ap mache byen. Mwen pa manke anyen. Pòdyab! Konnen ou pa konnen jan ou malere, jan ou nan gwo nesesite, jan ou pòv, toutouni ak tou de je ou yo pete!" (v.17), sa montre yon legliz ki awogan, gen lògèy ak odèsi. Ki se bagay ke Bondye te rejte nan legliz sa.

Lè n'ap fè analiz sou vil Lawodise a, nou te jwenn ke se te yon kote ki te genyen anpil komès, kote te genyen yon estati ekonomik byen wo, li posib pou li te pi wo pase tout lòt vil ki te nan antouraj li yo. Legliz sa t'ap plede di ke li genyen anpil richèch; men richès li yo se paske li te travay pou sa. Fraz : "…Mwen pa manke anyen…", ki site nan vèsè anlè a, sa montre ke legliz sa te rive rich ak pwòp travay li, pou estrateji li nan administrasyon ak biznis li yo; men san li pa bay Bondye plas nan pwosperite sa. Se poutèt sa ke Seyè a te rejte li, epi madichonnen li pandan li t'ap di l' konsa: "…Konnen ou pa konnen jan ou malere, jan ou nan gwo nesesite, jan ou pòv, toutouni ak tou de je ou yo pete" (v.17). Nan tan n'ap viv la genyen anpil legliz ki tonbe oubyen k'ap kontinye tonbe nan peche anbisyon pouvwa, lògèy pou vin pi bon pase lòt yo; epi akoz de sa, yo fè anpil depans ki pa menm nesesè, yo genyen tanp ki koute byen chè avèk jistifikasyon ke Bondye merite sa ki pi bon an, bagay ke nou pa kont; sepandan, lè yon moun te di Jezi ke li ta va swiv li tout kote li te gen pou l' ale, li t'ap panse ke si l'ap swiv li, li t'ap genyen yon estati sosyal ak ekonomik ki plis elve, Li te reponn li: "…Chat mawon gen twou yo, zwezo nan syèl la gen nich yo tou. Men, mwen menm, Moun Bondye voye nan lachè a, mwen pa gen kote pou m' poze tèt mwen" (Lik 9:58).

Anpil nan disip Jezi yo te swiv li, paske li te ba yo anpil manje; epi li t'ap pale de richès, men se nan syèl la. Bondye vle yon richès entèn pou nou, yon richès espirityèl, yon kè ki rekonesan ki kontan avèk sa ke li genyen. Jan apot Pòl te di nan Filipyen 4 :11b, kote nou li : "…Paske nan lavi, m' aprann kontante tèt mwen ak sa m' genyen".

Lè nou chèche Wayòm Bondye a an premye, ki pa richès materyèl, nesesite yo ap satisfè kòm degi. Se

pa yon peche lè yon moun rich; okontrè te genyen anpil moun nan Bib la ki te rich; men yo te toujou genyen krent pou Bondye, yo te ba Li premye a, yo te fidèl avvk li non sèlman avè ladim ak ofrann yo, men tou yo te ofri tan yo, yo te sonje lòt moun ki te nan nesesite yo, epi Bondye te akonpli pwomès li nan lavi yo, epi li kontinye fè l' jodi a.

C. Ki gran kouraj!

Nan vèsè sa : "…mwen pa manke anyen" (v.17a), lè Legliz Lawodise a deklare ke li pa manke anyen, li t'ap di konsa: "Bondye, mwen pa gen bezwen w". Èske gen moun ki genyen tout byen materyèl, men si li pa gen espirityèl li panse ke li pa bezwen li? Jezi te di disip li yo ak foul moun yo nan Mak 8 :35-37: "Paske, moun ki ta vle sove lavi l' va pèdi li. Men, moun ki va pèdi lavi l' poutèt mwen ak bon nouvèl la, li va sove li. Kisa sa ta sèvi yon moun pou li ta genyen lemonn antye si l' pèdi lavi li?

Ou ankò, kisa yon nonm kapab bay pou l' gen lavi? Si yon moun wont di se moun mwen li ye, si li wont pale pawòl mwen nan mitan bann moun alèkile yo ki vire do bay Bondye pou viv nan peche, enben, mwen menm tou, Moun Bondye voye nan lachè a, lè m'a tounen avèk zanj Bondye yo nan tout bèl pouvwa Papa m' lan, m'a wont pran li pou moun pa m' tou" Bondye pa gen bezwen nou pou satisfè nesesite li. Okontrè se lòm ki gen bezwen li toutan epi nan tout kondisyon: nan kè kontan, nan tristès, nan abondans, ak nan mankman.

Piga pawòl sa yo ki soti nan bouch moun Lawodise yo janm soti nan bouch nou.

IV. Konsèy, avètisman ak pwomès Bondye

A. Konsèy

Kòm repons atitid moun Lawodise yo, nan kòlè Bondye, iwonikman li te di legliz sa nan Revelasyon 3 :18 pawòl sa yo: "Se poutèt sa, mwen ta ba ou konsèy achte nan men m' bon lò san melanj ki pase nan dife. Konsa ou va rich tout bon. Achte nan men m' tou rad blan pou mete sou ou pou moun pa wè jan ou toutouni. Sa se yon wont pou ou. Achte nan men m' tou renmèd pou mete nan je ou pou ou ka wè". Li enpòtan pou nou siyale nan pati istorik leson sa ke Lawodise te yon vil ki te genyen anpil lajan, li te genyen anpil richès, jan yo te di l' la; yo te kapab achte nenpòt sa ke yo te vle. Pwodwi prensipal kòmès vil sa se te fabrikasyon rad ki fèt ak plim mouton nwa. Seyè a te pale yo de wòb blan. Yo te genyen yon lekòl medsin tou, kote yo te konn fè "koliri", medikaman pou je; epi li te konseye yo mete lwil nan je yo avèk koliri a, men se pou bann ki te mare je espirityèl yo a te soti. Sa ta kapab yon aplikasyon de sa ke Jezi te di osijè de rekonpans lan: "Bay, Bondye va ban nou. La lage yon bon mezi, byen souke, byen foule, ak tout tiyon l', nan pòch rad nou. Mezi nou sèvi pou mezire lòt yo, se li menm Bondye va pran pou mezire nou tou" (Lik 6:38, Vèsyon Bondye pou Tout moun, PDT).

B. Avètisman an

Nan Revelasyon 3 :19, Seyè a te avèti sa ki ta gen pou rive moun dezobeyisan yo. Poutèt yo menm, literalman li di konsa: "Moun mwen renmen se yo mwen korije, se yo mwen peni. Mete plis aktivite nan sèvis ou. Tounen vin

Jwenn Bondye". Paske san repantans ak konfesyon, pa genyen padon. Epi lè nou aplike pawòl sa yo ke yo te di legliz Lawodise a, nou dwe medite si nou te di oubyen fè bagay ki dezagreyab nan je Bondye. Si nou pa tranpe nan dife Sentespri a, epi tyèd oubyen frèt; menm jan avèk yo, Bondye kapab "vomi nou soti nan bouch li".

C. Pwomès la

Nan vèsè 20 ak 21 nan Revelasyon chapit 3, nou jwenn yon pwomès: "Koute. Men mwen kanpe la devan pòt la, m'ap frape. Si yon moun tande vwa m', si l' louvri pòt la ban mwen, m'a antre lakay li, m'a manje ansanm avè l', la manje ansanm avèk mwen. Tout moun ki goumen jouk yo genyen batay la, m'ap ba yo dwa chita bò kote m' lè m'a sou fòtèy mwen an, menm jan mwen menm mwen te goumen jouk mwen te genyen batay la, pou koulye a mwen chita bò kot Papa m' ki chita sou fòtèy li a".

Mizèrikòd ak lanmou Bondye tèlman gran, malgre li genyen bèl ak gwo pwomès pou pitit li yo, pou moun sa yo ki pèmèt li antre nan lavi yo, pou moun sa yo ki tande vwa Li. Men pou sa reyalize, sa mande pou nou kenbe yon lavi ki kòrèk pou nou pote laviktwa. Jezi te pote laviktwa sou peche ak lanmò; se poutèt sa, li mande moun Lawodise yo pou yo pote laviktwa, pou yo te kite lògèy pandan y'ap di ke yo pa manke anyen, pou yo kapab jwenn pwomès ke yo pat kapab achte avèk richès ke yo te posede yo.

Seyè a te di tout sèt legliz yo sa : "Se pou moun ki gen zòrèy pou yo tande tande sa Lespri Bondye a ap di legliz yo". Li te di twa premye legliz yo sa depi avan pwomès la; pandan ke li te di kat dènye yo sa nan fen an. Epi menm si ke kòmandman sa se te pou tout sèt legliz yo, legliz inivèsèl aktyèl la dwe fè atansyon avèk li.

Tout sa yo ki gen zòrèy natirèl, koute sa ki natirèl. Nan lèt sèt legliz yo, se Lespri a ki te pale, epi se sèlman zòrèy espirityèl ki kapab tande Lespri a.

Pòl esplike osijè de sa nan 1 Korentyen 2 :10-14 kote literalman li di konsa : "Bondye voye Sentespri l' ki devwale sekrè travay sa a ban nou. Lespri Bondye

sonde tout bagay, menm sa ki nan fon kè Bondye. Pran nenpòt moun: Kilès ki ka konnen sa ki nan kè li? Se lespri ki nan li a sèlman ki ka konn sa. Konsa tou, sèl Lespri Bondye konnen tout bagay ki nan Bondye. Se pa lespri k'ap travay nan moun k'ap viv dapre lide ki nan lemonn lan nou te resevwa. Lespri nou resevwa a, se Lespri Bondye te voye ban nou an pou n' te ka konnen tout favè Bondye te fè nou.

Si n'ap pale sou tout favè Bondye fè nou, se pa avèk pawòl nou jwenn nan bon konprann lèzòm, men se pito avèk pawòl Lespri Bondye ap moutre nou. Se konsa, nou fè moun ki gen Lespri Bondye nan kè yo konprann verite ki soti nan Lespri a. Yon moun ki pa gen Lespri Bondye a nan kè l' pa ka asepte verite ki soti nan Lespri Bondye a. Pou li, se pawòl moun fou yo ye. Li pa kapab konprann yo, paske se Lespri Bondye a ki pou ede l' egzaminen yo". Obsève byen ke nan pasaj sa, genyen "lespri" (lòm nan, natirèl, ki ekri avèk lèt miniskil) ak "Lespri" (Bondye, ki ekri ak lèt majiskil). Li nesesè pou kè a ouvè pou ke Lespri Bondye a antre andedan kè moun ki pèmèt li, epi konsa, kapab koute sa Lespri a di yo chak. Se pou leson sa ankouraje nou fè bon zèv pandan n'ap kenbe lafwa, menm jan Pawòl Bondye di l' la :"…Se pa ofrann vyann bèt yo boule sou lotèl la k'ap fè ou plezi" (Ebre 10 :6a).

Kesyon Opsyonèl:

I. Pozisyon jewografik ak istwa

- Ki aktivite enpòtan moun Lawodise yo te konn reyalize?

II. Destinatè ak entèmedyè lèt la

- Pou kimoun lèt la ye (Revelasyon 3 :14)?

III. Akizasyon ak repwòch pou legliz la

- Avèk ki akizasyon lèt la kòmanse (Revelasyon 3 :15)?
- Ki rezon Seyè a te genyen pou l' te siyale Lawodise (Revelasyon 3 :17)? _
- Èske karakteristik sa yo kapab nan legliz nou yo jodi a?

IV. Konsèy, avètisman ak pwomès Bondye

- Ki avètisman Bonbye te bay Lawodise (Revelasyon 3 :19)?
- Ki pwomès ke Bondye te fè Lawodise (Revelasyon 3 :20-21)?
- Kisa w' te aprann nan leson sa jodi a pou lavi w'?

Konklizyon

Li nesesè pou nou ouvè kè nou pou ke Lespri Bondye a abite nan nou, epi konsa kapab koute sa li di nou chak. Se pou leson sa ede nou vin enb pandan n'ap kenbe lafwa nan Jezi, epi rekonèt tout sa ke nou genyen soti nan Bondye, epi poutèt sa, nou dwe fè bon zèv.

Kisa nou aprann de yo?

Peche a se bagay serye

Desizyon ak konsekans yo

Sètitid ak ensètitid wa Jozafa

Yon ti wa

Twa kwayan yo

Kalèb : Lòt lespri

Yon nonm ke Kris tranfòme

Itil pou ministè a

Mirak ak objektif

Yon disip ki sanble avèk Kris

Demand ki kòrèk la

Konnen Neyemi

Yon koup ki t'ap sèvi Bondye

Leson 40

Peche a se bagay serye

Daniel Pesado (Espay)

Vèsè pou aprann: "…Poukisa Satan te ranpli kè w' pou w' te bay Sentespri a manti?" Travay 5 :3.

Objektif leson an: Se pou elèv la konnen ke manti a se yon bagay ki kontrè ak volonte Bondye, epi sèvi avèk li pote konsekans.

Entwodiksyon

Atravè tout Bib la, nou rankontre ak anpil evènman ki montre nou Bondye twò sevè selon jan lòm wè sa. Konsa, nou jwenn pèsonaj tankou Nadab ak Abiyou (Levitik 10 :1-2); Ofni ak Fine, pitit Eli yo (1 Samyèl 2, 4); Iza, li menm ki te touche lach Bondye a; Jezabèl; elatriye. Epi nan Nouvo Testaman nou genyen Ewòd Agripa, Imeneo, Aleksann, ak plizyè lòt ankò, yo menm ki te soufri lanmò sibit epi terib, oubyen yo te sibi rejè.

Kesyon yo soti byen vit epi se ta yon egzèsis ki bon pou nou ta reponn yo avan nou antre fon nan rès istwa Ananyas ak Safira ki anrejistre nan Travay 5 :1-10. Kesyon sa yo se: èske li pa ta kapab evite evènman tris sa a? Èske moun sa yo te konnen ki konsekans desizyon yo a t'ap lakoz? Jous nan ki pwen li posib pou relye desten moun sa yo avèk mizèrikòd Bondye? Èske pati ofrann ke moun sa yo te bay legliz la te gen kèk valè? Si nou ta genyen pou nou deside, kisa nou t'ap fè avèk ofrann sa? Kimoun ki te lakoz lanmò Ananyas ak Safira? Epi yon kesyon final :"Ki kalite peche Ananyas ak Safira te fè?

Petèt, kesyon ki pi fasil pou reponn nan se ta dènye a; menm pasaj la deklare se tantasyon pou twonpe Bondye a ki se peche ki pini an :"…Se pa moun ou bay manti non. Se Bondye ou twonpe (Travay 5:4b). Menm si se dirèk, repons sa pa ase pou ede nou konprann severite pinisyon an. Li enpòtan pou nou elaji vizyon nou epi konsa n'ap kapab kapte dimansyon evènman pou nou evite a, kòm legliz, viv avèk "anpil lapèrèz" (Bib, Pawòl Bondye a pou Tout moun), "ranpli avèk lapèrèz" (Bib, DHH); oubyen "yo te santi anpil lapèrèz" (TLA).

I. Kontèks manti a

Severite disiplin nan kòm rezilta sa Ananyas ak Safira fè a gen pou wè ak gwo mezi ki te pran avèk sitiyasyon ke legliz la t'ap viv la.

A. Yon kontèks revèy

Moman ke legliz t'ap viv la pa genyen parèy ata jodi a (Travay 2 :4, 43b, 46-47). Sentespri a ki te toujou aktif nan mond lan menm si li pi fò sou moun yo, li te desann sou premye gwoup disip Jezi yo, 120 kretyen anviwon. Apati de moman sa, legliz ki te fenk pran nesans sa avèk onz apot yo, te kòmanse preche, epi repons dirèk mesaj levanjil la te imedyat epi mèveye. 3,000 mil moun te ajoute nan legliz la (Travay 2 :41).

Alafwa, te genyen yon pwosesis evanjelizasyon ak konvèsyon dirab (Travay 2 :47b, 4 :4, 5 :14). Epi kalite lavi a ki te vini kòm rezilta kantite moun sa yo ki te konvèti se te yon kominyon ki tèlman reyèl, fò epi pwofon, ki anplis te itilize pou dekri anbyans vokabilè sa ki se "ansanm" (Travay 1 :14, 2 :1, 46, 4 :24, 5 :12); ki siyifi literalman "yon nanm"), ki te kontajye moun sa yo ki te konnen li.

B. Yon kontèks ki genyen anpil gras

Tout sa ki te pase yo se te prezans reyèl Jezi, atravè Sentespri a nan mitan kretyen yo (Travay 4 :33). Sa ki te atiran se gras Bondye a ki te manifeste sou plizyè fòm diferan nan lavi kongregasyon ki te fenk pran nesans lan. Li te jenere (Travay 2 :46a); "kè kontan epi san okenn pretansyon" (Travay 2 :46b); lafwa pou ke anpil mirak te fèt (Travay 3 :1-10, 5 :12, 14), anplis de sa, ankourajman, lafwa ak kouraj pou temwaye. Bondye te sipòte legliz la anpil.

C. Yon kontèks respè

Men depi nan pòt la pou rive deyò a te genyen yon gwo ajitasyon (Travay 2 :43a). Genyen moun ki t'ap bay fawouch pou sa ki t'ap pase a (v.13); genyen lòt ki te pè disip yo (Travay 5 :13); gen lòt ki t'ap fè jalou (v.17); epi genyen lòt ki te menm fache

130

(v.33); gen plizyè lòt ki te santi "remò" (Travay 4 :2). Men nan menm tan tou, nou jwenn anpil lòt ki te byen "sezi" (Lit.'bèbè') (Travay 2 :7); anpil nan yo te "soufri nan kè yo" (v.37); epi anpil moun te mete konfyans yo nan Jezi (v.41, Travay 4 :4). Site non Jezi sèlman te reveye lafwa ak admirasyon nan kè moun yo (Travay 3 :6, 16). Tout sa yo te genyen yon sèl orijin. Premye kretyen yo te konnen kote sa te soti; payen yo te inyore li, menm si petèt, anpil pami yo te sispèk. Men tout bagay sa yo te pase ak prezans Jezi nan mitan moun pa l' yo.

Dapre ekspresyon sa : "Epi tout moun te pè" se sa ki demontre sans ke moun nan nan prezans yon moun ki enpòtan, gran, sen ak yon pouvwa ki san limit. Prezans Jezi te pwodwi respè.

II. Sa manti a genyen andedan li

A. Yo te pretann pran apot yo nan pyèj

Apot yo, lidè yo nan moman sa a, yo te vizaj envizib legliz la. Se avèk yo li te konn travay; konsilte; epi pran desizyon prensipal yo. Gade kontèks la avèk anpil atansyon (Travay apot yo; espesyalman chapit 1-8) ede nou konprann ke aktivite legliz la te enpresyonan. Kretyen yo te konn rasanble chak jou; yo te konn fè manje; priye pou malad yo; yo te konn preche; yo te anseye oubyen bay fè antrènman disip pou plizyè milye moun ki te konvèti; yo te pran swen vèv ak òfelen; epi tout sa se te nan yon sitiyasyon menas ak pèsekisyon. Li pwobab pou koupab sa (Ananyas ak Safira) te kwè ke se te moman pou yo te pwofite moman ke apot yo te tèlman okipe pou anganyen yo. Men si genyen yon moun ke nou dwe pè nan mond sa se kretyen k'ap mennen yon vi de priyè. Salmis la di konsa : "Paske Li (Bondye) konnen sekrè ki nan kè a" (Sòm 44 :21b); epi pwofèt Amòs ajoute : "Konsa tou, ou mèt sèten, Seyè a p'ap janm fè anyen san li pa fè pwofèt yo, moun k'ap sèvi l' yo, konnen" (Amòs 3 :7). Lè fini tou, limyè Bondye a revele manti ak mechanste atravè Sentespri a, "move zèv ki pratike nan fènwa" (Efezyen 5 :11-13).

B. Yo te pretann pran Bondye nan pyèj

Bib la chaje ak avètisman pou montre kijan li pa nesesè pou moun eseye pran Bondye nan pyèj, pèp li a oubyen sèvitè li yo. Wa yo, fo pwofèt yo; kèk divinò yo; e menm kèk disip apot yo.

Nan ka Ananyas ak Safira, si nou santre nou sèlman nan vèsyon Bib Rèn Valera 1960; nou pap tèlman dekouvri gravite gwo peche sa. Vèssyon sa di nou konsa : "…Ananyas, ki jan ou fè kite Satan antre nan kè ou pou l' fè ou bay Sentespri manti…?" (Travay 5 :3). Responsablite pèsonèl nan manti a pa

tradwi klè. Vèsyon biblik sa transmèt sansasyon pou montre ke se Satan ki te fòse yo fè li. Reyalite a byen diferan, epi se konsa plizyè lòt vèsyon montre nou li. Vèsyon Bondye pale Jodi a pi klè la : "Ananyas, poukisa w' pèmèt Satan antre nan kè w? Ou te bay manti epi te tante pran Sentespri a nan pyèj" (Vèsyon Pawòl Bondye Pou Tout moun). Vèsyon sa yo (ak plizyè lòt), lè yo tradwi ekspresyon sa yo : "Poukisa w' te kite…?; oubyen, "poukisa w' te pèmèt…?, yo demontre responsablite pèsonèl koup sa. San dout, yon fwa ke peche a fin komèt, genyen yon pwosesis ensansiblite ki kòmanse, li bloke ak avegle lespri ak panse nou; epi, menm si nou konnen ke nou pap pote fwi, nou kontinye pou pi devan avèk pyèj la, pandan nou bliye si pèsòn pa kapab pase Bondye nan betiz (Galat 6 :7). Youn nan vèsyon biblik anglè yo tradwi menm vèsè sa yon fason ki enteresan : "Pa twonpe tèt nou : Pèsòn pa kapab pran Bondye pou egare". Ananyas ak Safira te bliye sa. Jezi te di foul moun ki te bò lanmè Galile yo ke "Nanpwen anyen ki kache ki p'ap devwale yon jou. Konsa tou, nanpwen sekrè ki p'ap parèt aklè yon lè" (Mak 4:22)..

C. Yo te pran pwòp tèt yo nan pyèj

San dout, lògèy nan kè a te anganyen Ananyas ak Safira (Abdyas 3); Jeremi di nou konsa : "Mwen menm Seyè a, mwen konnen tout lide ki nan tèt yo, mwen sonde santiman ki nan kè yo. M'ap bay chak moun sa yo merite dapre jan yo mennen bak yo" (Jeremi 17:10; Revelasyon 2:23). Jak di nou tou ke lè nou tande Pawòl la epi nou pa mete li an pratik, sa fè nou twonpe tèt nou (Jak 1:22). Li difisil pou nou kwè ke jan de moun sa yo t'ap viv nan yon kontèks tèlman relijye epi yo te byen konnen lalwa Moyiz la, kòman fè yo te oblije eseye tann pyèj la epi pat konsidere konsekans pèsonèl yo. Nou konnen ke yo t'ap viv ansanm avèk plizyè vrè fanatik tankou farizyen yo (ki te panse ke yo te genyen entèpretasyon lalwa ki te pi kòrèk la); sadiseyen yo (ki menm si yo te opoze ak farizyen yo, yo te konsidere tèt yo sen konfòm ak jan yo t'ap pratike lalwa); eseyen yo (pi fò se solitè yo); epi, men pi plis, zelòt yo (zèl radikal farizyen yo). Epi menm konsa yo pat konprann konsekans desizyon yo a, epi yo te pretann pran apot yo nan pyèj. Poutan, tousenpleman, yo t'ap pran pwòp tèt yo nan pyèj.

III. Konsekans manti a

Li fasil pou nou dekouvri ke Bondye te vle bay yon leson enpòtan pou rès lavi legliz la. Se poutèt sa ke li te nesesè pou montre gravite pretansyon an, move rezilta pyèj la, ak konsekans terib peche a..

A. Pri byen an

Èske sa te enpòtan? Pliske nou déjà konnen fen

istwa a, kounye a nou konnen non. Men menm konsa nou sedwi anpil fwa pandan nou eseye peche epi kwè ke nou kapab wete tèt nou san pwoblèm. Pretann ke pap genyen konsekans. Teyolojyen ak biyofizik Oxford la, Alister McGrath di konsa: "Natirèlman, nou gade jan nou gade peche a san esplikasyon"; epi li esplike: "Paske malgre nou konnen ki mal ke li fè, nou kontinye fè li".

B. Pri manti a

Manti a pa genyen anyen pou wè avèk sa yo te retire sou byen ki te vann nan. Yo te kapab kenbe tout kòb la; paske byen an se pou yo li te ye. Pyèj la se tante jwenn yon rekonesans, si nou vle di l' avèk lòt mo : Yon 'rekonesans espirityèl'; yon glwa ki pat pou yo, pliske yo pat pare pou yo te peye pri reyèl la pou li.

Kesyon ki vini aprè sa se: Ki dezyèm entansyon yo te kapab genyen lè yo tante resevwa benefis fo rekonesans sa, pou yon fo angajman? Atravè konpòtman chanèl sa, totalman opoze ak vrè lespri imilite, remisyon ak sakrifis ki sanble ak pèfeksyon ke Jezi te montre a, san dout yo t'ap afiche yon konpòtman ki pa t'ap yon benefis pou legliz ki te fèn fèt la. Lè sa ta fin fèt, sa ta kapab pwodwi yon domaj ki pi gwo kont krisyanis la. Pri ke yo te peye pou sa se akoz de ris ke yo te mete sou wout legliz sa ki te apèn ap kòmanse.

C. Pri peche a

Antrenè misyon m' nan, Dr. Louie Bustle, te toujou di m' konsa: "Peche a toujou peye, epi li peye mal". Avèk langaj senp lan, li te prezante gwo verite ke Pòl te deklare nan Women 6:23 kote nou li: "…peche a peye nou kach, li ban nou lanmò". Bib Pawòl la tradwi: "Paske salè peche a se lanmò li ye". Nan lòt mo yo, nou lib epi, se sa ki fè, nou kapab chwazi fè pecche; men nou pap libere pou chwazi konsekans pou peche nou yo.

Kesyon Opsyonèl:

I. Kontèks manti a

- Èske nou ta kapab siyale sitiyasyon sa yo kote ke gen okazyon nou tante menm jan ak Ananyas ak Safira (Travay 5 :1-10)? Èske w' sonje kèk istwa ki menm jan? Pataje

II. Sa ki andedan manti a

- Èske w' ta kapab esplike kisa ki te peche Ananyas ak Safira avèk pwòp pawòl pa w', Travay 5 :1-4?

- Pliske nou konnen ris ki egziste yo, ki gwo rezon ki kapab 'pouse' yon moun tante manipile, fè vòl, fè kout gidon koken oubyen, definitivman, pretann twonpe Sentespri a?

III. Konsekans manti a

- Kisa nou ta kapab di yon moun ki ta konsidere ke Bondye twò sevè oubyen sadik, daprè sa ki te pase Ananyas ak Safira a?

- Kòman nou ta kapab esplike afimasyon biblik ke Bondye se lanmou epi, alafwa, li kondane peche tèlman di?

- Èske w' ta kapab konsidere konklizyon negatif oubyen pozitif pou Travay 5 :11 ki di konsa: "Tout legliz la ak tout moun ki te tande bagay sa yo te pè anpil"? Poukisa?

Konklizyon

Nou kapan jwenn anpil leson nan istwa trajik sa. An reyelite, tout sa nou fè genyen konsekans. Legliz la nan men Bondye tou; yon fason ke pèsòn pap kapab anpeche avansman Wayòm Bondye a; zèv lèzòm parèt klè finalman; epi se te youn aprè lòt. Men te genyen yon leson ki te parèt pi klè pase lòt yo: Peche a se yon bgay ki grav anpil. Nou lib pou nou chwazi fè peche; men nou pa lib pou nou chwazi oubyen kontwole konsekans yo. Epi finalman, nou dwe konprann ke anpil fwa konsekans li yo definitif.

Nòt :

_____

_____

_____

_____

_____

Desizyon ak konsekans yo

Leticia Cano (Gwatemala)

Vèsè pou aprann: "Pa twonpe tèt nou. Moun pa ka pase Bondye nan betiz. Sa yon moun simen, se sa li va rekòlte" Galat 6:7.

Objektif leson an: Se pou elèv la aprann mande Bondye direksyon avan li pran desizyon yo, yon fason pou evite konsekans ki dezagreyab yo.

Entwodiksyon

Bonchans ak move chans pa egziste; se sèlman konsekans yo. Byen souvan, nou vle chèche konnen, eksperimante, antre kote nou pa konnen epi anpil fwa nou fè li san mande konsèy. Nou pral wè kòman konsekans yo pa fè moun rete tann nan Jenèz 34; men anpil fwa, yo pa toujou agreyab.

I. Perimèt sekirite a

Leson nou genyen sou kont nou jodi a genyen Dina pou pèsonaj santral, yon bèl demwazèl, sèl pitit la nan zansèt Jakòb ak Leya. Fanmi sa te rete nan tèritwa evyen yo; Jakòb te achte yon teren nan Sichèm pou li te fè yon ajoupa pou li rete avèk fanmi li.

A. Pòsyon Papa a

Branch fanmi Jakòb la te ofri fanmi yo, pwovizyon, kouvèti ak sekirite. Depi avan pasaj sa, li te refize sekirite nan men moun Ezaou yo, pandan l'ap eseye pwoteje sa ki pi fèb yo. Apre sa, pandan li rete nan Sichèm, ti mesye yo te soti al nan savann nan pou y'al bay bèt yo manje, pandan medam yo avèk timoun yo te rete nan ajoupa pou pran swen youn lòt. Granmoun Jakòb te rete avèk yo tou.

Distribisyon wòl ak responsablite yo te nesesè pou byennèt gran fanmi.

Menm jan ak sa ki pase anlè a, relasyon avèk Papanou ki nan syèl la ban nou sekirite, respè, direksyon ak pwovizyon. Andeyò de Li, genyen danje lanmò; andeyò de Li, nou pa kapab viv, paske men sa Bib la avèti nou:"… Paske dyab la, lènmi nou an, ap veye nou tankou yon lyon ki move, k'ap chache moun pou l' devore" (1 Pyè 5 :8b).

B. Danje andeyò kan

Menm si Dina pat manke anyen nan kan kote papa l' te ye a; sepandan, yon jou li te genyen kiryozite. Antan ke sèl pitit fi nan ras la, li te jwi pwoteksyon, respè ak konsiderasyon; epi petèt, poutèt sa, li te dwe kwè ke vwazinay yo nan zòn nan ta sèvi avèk li menm jan.

Move kiryozite te pran pridans lan daso epi dina te soti al rekonèt ti medam kananeyen yo (Jenèz 34:1); men, yon move kout je epi sonm te poze sou li. Nan menm fason an, jèn yo te kòmanse soti avèk moun sa yo ki nan "mond" lan oubyen moun ki pa konvèti pou konnen kisa yo te konn fè nan fèt yo, dwòg, fè bagay, ak lòt kalite mechanste, san rann li kont ke menm si bagay yo kapab bay plezi epi atiran nan kòmansman, rezilta yo kapab terib; paske dyab la degize tankou zanj limyè pou twonpe ak detwi.

Anpil moun te nan levanjil depi tou piti, byen souvan, yo tante pou soti nan atmosfè sekirite levanjil la ak fanmi an pou al konnen mond peche a. Petèt yo panse ke y'ap kapab ale epi retounen san anyen pa rive yo; poutan, se pa konsa sa ye.

Rodrigo se yon jèn ki genyen 19 ane epi kounye a menm li twouve li ant lavi ak lanmò. Sa pa fè lontan depi li resevwa yon kou yon jou maten epi yo te jwenn li mouri. Men jèn sa depi tou piti, li te genyen pòt ouvè pou fè epi ale nenpòt kote li vle, san pèsòn pa anpeche li.

Poze kesyon : Ki lòt danje nou jwenn andeyò de Kris la? (La a, nou ba w' konsèy pou w' reyalize yon lapli lide pou elèv ou yo patisipe).

II. Imoralite yo

A. Vye lide ki nan kè Sichèm nan

Nan kòkòday li a avèk moun kanaran yo, Dina te rekonèt Sichèm, yon prens nan zòn sa (v.2). Li te fè pati bann moun evi yo, yon pèp ki te abite kanaran. Bondye te di nan yon lòt okazyon osijè de yo menm, ke yo se moun ki t'ap pratike koutim abominab (Levitik 18:24-30). Moun kanaran yo se te desandan Kam, nan branch fanmi Noye ki te abandone Bondye apre yon tan, epi yo te chanje vrè Bondye a pou vye imaj taye. Etik moun sa

133

yo te pèmèt yo komèt tout sòt de salte. Sa te lakòz ke Sichèm te yon jèn ki te konsanti epi abizan, atache ak pasyon pou imoralite, li te pran Dina ak tout fòs li epi vyole li. Plizyè kalite vèsyon biblik konyenside ke se te yon zak vyolan epi fòse.

Konbyen eskiz yo ta kapab bay pou kadejakè a, tankou sa yo: "Se paske demwazèl la te agase li", oubyen "Se paske demwazèl la t'al chèche li" oubyen "Men, demwazèl la pat dwe mache poukont li nan lari a"; elatriye..? Sepandan, an reyalite, pa genyen okenn eskiz pou vyolasyon seksyèl. Kadejakè a sanpousan koupab non sèlman pou peche a; men tou pou yon enfraksyon. Epi la, nou touche yon tèm ke yo pa prèske pale de li, men se yon gwo reyalite nan anpil fanmi.

Kadejak prèske pa janm denonse; epi lè yo tande sa moun ki viktim nan di, yo pa vle kwè li, oubyen yo akize li kòm moun ki te agase kadejakè a; epi se poutèt sa, kadejakè a kapab kontinye detwi lòt moun ki inosan. Legliz la genyen responsablite pou li denonse epi gide koupab la nan direksyon restorasyon; konsa tou ede moun ki viktim nan simonte difikilte sa avèk gras Bondye, paske si se pa Seyè a ki ede li, l'ap rete tankou yon maleng nan kè li pou tout rès lavi li.

Lè nou retounen nan istwa biblik ki nan Jenèz 34 la, nou kapab obsève ke pou prens frekan kanaran an, sa pat genyen anyen de mal ladan li; li te déjà abitye pran sa ki fè l' plezi. Payen sa pat genyen okenn konesans sou Bondye Abraram nan, men, Jakòb ak fanmi li te genyen l'; sepandan, sa nonplis pat yon eskiz. Sa, se paske Bondye mete andedan tout moun yon vwa ki rele "konsyans" ki toujou ap avèti moun nan pou li pa fè sa ki mal.

B. Lanmou an pa fè zak malonèt

Aprè kadejak la, Sichèm te pran aji ak emosyon epi te vle marye avèk Dina, pandan li te deklare ke li te damou.

Se poutèt sa, nonm sa sèlman te genyen yon emosyon epi se pat lanmou; paske lanmou an kapab epi dwe rete tann (vv.3-4).

Anplis de sa, Sichèm kenbe Dina lakay li, epi nou pa jwenn yon eskize nan pasaj la pou ofans li a; men se sèlman yon demann pou li te pran l' kòm madanm li.

Sosyete a vin tèlman kòwonpi jiskaske enstitisyon yo bay rapò ke se pa sèlman fanm yo; men tou genyen jenn ti fi ki tonbe ansent kòm konsekans kadejak ke yo te sibi; epi sa ki pi grav la; se konn kèk paran pwòch ki otè move zak sa. Nou bezwen pran konsyans de mechanste sa epi pran responsablite nou pou respekte ak pwoteje jenn ti fi ak ti gason nou yo kont malfèktè sa yo ki lage nan lari a.

III. Fen an pa jistifye mwayen yo

Fanmi sa nan ras ebre a te dekontwole nan fonksyon li yo (vv. 6-18): Yon jenn ti fi ki chape soti nan limit sekirite li; yon papa ki an kòlè pou kadejak la, men li pa fè anyen; yon manman envizib ki pa di anyen; epi kèk frè ki oblije pa jwe (paske papa yo pa fè li) wòl tire revanj.

Konbyen fanmi ki kraze, paske poto yo (paran yo) rete san fè anyen; yo pa pran responsablite founisè ak pwotektè yo!

Zansèt Abraram yo pat dwe nan melanj avèk moun kanaran yo; Jakòb avèk fanmi l' te konnen sa.

Bondye te rele yo pou vin yon nasyon ki sen, men fanmi Jakòb pat konsilte Bondye pou mande li direksyon osijè de sa ke yo te dwe fè nan trajedi sa.

A. Pyèj mòtèl

Kòm repons demann Amò a, papa Sichèm, pou ke yo te ba l' Dina pou madanm pitit li a, se te frè Dina yo ki te pran lapawòl nan konvèsasyon an, pandan ke Jakòb te rete san di yon mo. Pitit Jakòb yo te bay kondisyon ke si sa dwe fèt fòk yo tout te sikonsi. Yo te panse ke si Amò ak pèp li a te obeyi, yo ta vin plis frajil; se sa ki te entansyon an (vv.14, 15, 20-22).

Nan tan lontan, nan jeneyaloji biblik yo, nou jwenn kote genyen plizyè moun lòt nasyonalite ki te konvèti nan lafwa ebre a; men moun Sichèm yo pat dakò pou yo te aksepte sèl vrè Bondye a nan kè yo, si se pat sèlman pou yo te pratike yon rityèl apa.

Genyen kèk moun ki kapab pran pasaj biblik sa kòm jistifikasyon pou aji enkòrèkteman. Sepandan, li bon pou nou mansyone ke nesesite jistis la pa fè nou gen rezon pou nou fè bagay ki pa kòrèk ki kont etik ak moral. Vye peche pa dwe jistifye pa w' yo.

Kriz la fè moun vin pi bon oubyen pi mal. Gwo nesesite pou pini abi Sichèm nan te jistifye; paske se sèten ke mwayen yo te itilize yo pat jis.

B. Manti, touye moun, vòl

Aprè dezonè Dina, yon gwo malediksyon te deklannche. Enpridans Dina, move lide ak abi Sichèm nan, ak vyolans pitit Jakòb yo, tout sa yo te bay yon sitiyasyon byen konplike.

Frè Dina yo bay manti; yo pat genyen entansyon pou fè yon koneksyon familyal, se sèlman yon estrateji yo te itilize pou detwi yo (vv.25-28).

Bib la di ke mesye Sichèm yo te sikonsi, pandan yo t'ap obeyi lidè yo; men jou ke doulè a te parèt pi di a, yo te sibi atak avèk asasina. Atansyon! Mechanste se yon aksyon destriktif. Fanmi Jakòb yo ta kapab jistifye manti a, asasina a, vòl ak kidnaping nan, nan kadejak sè yo a; menm si dechoukay la t'al pi lwen pase vanje dezonè a.

Ni manti a, ni asasina, ni vòl yo genyen eskiz. Se yon moman kote ke chak moun t'ap aplike pwòp lwa pa yo. Se poutèt sa, li te nesesè pou kèk ane pita Bondye te bay Moyiz lalwa pou l' te fè lòm viv byen youn ak lòt.

Kòman li posib pou desandan papa lafwa yo te kapab aji ak tout mechanste sa yo? Epi repons lan se, paske an diferans ak gran papa Abraram, pitit Jakòb sa yo pat genyen yon relasyon pèsonèl avèk Bondye.

IV. Domaj total

A. Rèl inosan yo

Gason, timoun ak fanm te peye pou peche Sichèm nan (v.29). Pa emosyon, yon prens mete fen ak onè yon fi ak lavi pèp li a. Epi sitiyasyon sa yo kontinye ap repete nan sosyete nou yo, pliske genyen anpil moun k'ap viv nan imoralite, nan fè sa yo pi pito, yo kwè ke pa genyen anyen ki kapab rive yo; men sa ki sèten se ke zak peche yo a fè yo detwi pwòp tèt yo, ak moun ki nan antouraj yo tou. Se nati destriktif peche a. Moun ki gen vis epi ki pa fidèl lakoz lawont fanmi yo. Jèn ki gen emosyon, rebèl epi dezobeyisan lakoz doulè ak tristès pou paran yo.

Fanm sanwont ki abandone fanmi li pwovoke dezespwa, solitid ak anpil tristès pou moun li yo.

Kè endiferan ak di pou peche yo ofanse Bondye epi opoze ak otorite li, nan atire jijman sou lavi yo.

B. Lawont yon fanmi ke Bondye te chwazi

Ala difisil sa difisil pou konvenk moun vin kretyen lè gen tout kretyen sa yo k'ap bay move egzanp nan antouraj!

Jakòb te eritye pwomès ke Bondye te fè Abraram pou fè l' vin desandan yon gwo nasyon ak plizyè kaldeyen ak kananeyen diferan.

Se poutèt sa yo te dwe aji diferan de moun sa yo ki pa konnen vrè Bondye a (v.30, 31). Sepandan, konpòtman yo pat gen limyè; men pito, fènwa pou pèp nan vwazinay yo.

Jakòb te yon papa ki fèb fas ak debòdman pitit li yo. Li menm, kòm granparan, li te genyen dwa pou li te pran desizyon yo epi aji; men li pat fè li.

Èske sa sanble yon bagay ke nou konnen? Lè paran yo fè tèt atè devan pitit yo pou kite se yo menm ki pran otorite, pandan yo pèmèt yo fè sa yo vle nan kay la, se voye yo voye otorite ke yo te resevwa nan men Bondye a nan fatra, epi yo genyen pou yo rann kont yon jou

devan Seyè a pou sa.

Te genyen mwens atitid ki te manifeste nan evènman trajik sa. Atitid sa yo se te : Premyeman, pitit Jakòb yo pat aksepte kado Sichèm yo; epi dezyèmman, yo pat vle pou sè yo a te pase pou yon fanm jenès.

Se Simeyon avèk Levi ki te reyalize masak la; men lè lòt frè yo te vin parèt (vv.27-29), yo te patisipe nan dechoukay la ak kaptivite fanm ak timoun ki pat janm gen anyen pou wè avèk ofans gouvènè yo a. Finalman, tout frè Dina yo te patisipe nan mechanste sa. Avèk kè, plizyè ane pita Seyè a di ke li te chwazi sa ki pi mal ak rejte nan mond lan. Sitiyasyon sa pa diferan de pwòp lavi pa nou. Nou menm tou nou te plen peche nan je Bondye, epi se sèlman mizèrikòd li ki te sove nou nan chemen pèdisyon etènèl la.

Jakòb avèk fanmi li te vin pa kapab kontinye viv nan lapè sou tè sa ankò (v.30), yo te oblije ale. Menm si ke kouri a se te lòt konsekans desizyon gwosye ak san lojik fanmi sa.

Kesyon Opsyonèl:

I. Perimèt sekirite a

- Ki koz sa yo ki te kòmanse istwa sa, daprè Jenèz 34 : 1-2?

- Èske w' sonje kèk sitiyasyon kote ke yon enpridans te fè yon trajedi kòmanse?

II. Imoralite yo

- Kisa ki te atitid Sichèm ak Amò fas ak sitiyasyon sa? (Jenèz 34 :3-4)

- Kisa w' kwè ki te kapab yon pi bon solisyon?

Aprè w' fin li istwa konplèt nan Jenèz 34, ann analize sitiyasyon an ansanm pandan n'ap konplete tablo a :

Konklizyon

Rete andedan perimèt sekirite Papanou ki nan syèl la endispansab pou nou evite riske danje destristè peche a. Fen an pa jistifye mwayen yo. Menm si nou viktim enjistis, nou dwe aji andedan perimèt jistis la. Peche a se koz tristès, doulè ak lanmò pou moun ki komèt peche a ak moun ki nan antouraj li yo. Nan mitan kriz yo, nou dwe ale kote Bondye pou chèche konsèy pou pran desizyon ki saj yo.

Aspè pozitif istwa a	Aspè negatif istwa a	Aspè enteresan istwa a

135

Sètitid ak ensètitid wa Jozafa

Leson **42**

Dorothy Bullón (Kosta Rika)

Vèsè pou aprann: "Men, chèf moun Amon yo di Anoun konsa: -Pa konprann se sèlman pou lanmò papa ou la kifè David voye mesaje sa yo bò kote ou pou konsole ou. Wete sa nan tèt ou. Li voye yo isit la pou yo wè jan lavil la ye, pou yo gade byen sa k'ap pase nan lavil la. Konsa, pita li ka vin pran lavil la nan men nou" 2 Kwonik 19:3.

Objektif leson an: Se pou elèv la dekouvri epi aprann bon aksyon avèk erè wa Jozafa yo.

Entwodiksyon

Jozafa te youn nan pi bon wa peyi Jida yo. Li te pase 25 ane ap gouvène nan syèk IX av.K. Non li ki se, Jozafa, siyifi "Seyè a se Jij". « Kwonik 17: 3-4 di ke "Seyè a te kanpe avèk Jozafa, paske li te fè tankou David, granpapa l', nan konmansman rèy li. Li pa t' kouri dèyè Baal yo.

Li t'ap chache tout jan pou li te sèvi Bondye zansèt li a. Li te mache dapre lòd Bondye bay yo, li pa t' fè tankou wa Izrayèl yo". Paralèlman, Akab, ki te bay pwofèt Eli ak Elize anpil pwoblèm nan, li te wa wayòm nò Izrayèl la.

I. Sètitid wa Jozafa

Jozafa te genyen yon bon relasyon avèk Bondye epi te fè anpil bèl bagay, men plis pase wa ki te vini aprè li yo (2 Kwonik 17 :1-6).

A. Li te pwoteje tèritwa l' la

Sekirite a prewokipe nou anpil pafwa nan peyi nou yo. Nan nouvèl chak jou yo, nou tande anpil evènman vòl ak fouy. Daprè 2 Kwonik 17 :2, Jozafa te kòmanse gouvène avèk mwayen pou li te defann Izrayèl. Li te plase moun nan tout fòterès Jida yo; epi li te mete moun nan grannizon nan tè Jida, nan vil yo. Sanble ke li te genyen yon gwo lame ki te toujou la, ki te genyen menm kavalye tou (1 Wa 22 :4; 2 Kwonik 17:11).

Poze kesyon: Kòm paran nan yon fanmi, kisa nou kapab fè pou ke tout manm nan fanmi nou kapab anba sekirite?

B. Li te anseye pèp li a mete konfyans yo sèlman nan Bondye

Tan gouvènans Jozafa sanble te yon aktivite relijye ki pat konn abitye fèt. Vèsè sa demontre sa: "Seyè a te kanpe avèk Jozafa, paske li te fè tankou David, granpapa l', nan konmansman rèy li. Li pa t' kouri dèyè Baal yo. Li t'ap chache tout jan pou li te sèvi Bondye zansèt li a. Li te mache dapre lòd Bondye bay yo, li pa t' fè tankou wa Izrayèl yo" (2 Kwonik 17:3-4). Se konsa menm, li te eseye elimine lotèl estati tankou Baal ak Achera (v.6). Pou jalouzi ke li te genyen pou Bondye, Jozafa te resevwa rekonpans avèk pouvwa epi "Seyè a bay gouvènman l' lan fòs. Nan peyi Jida a, tout moun t'ap pote kado ba li.

Konsa, li te vin gen anpil byen. Tout moun t'ap fè lwanj li" (2 Kwonik 17:5).

Jozafa te etabli tou yon lekòl byen enpòtan, ki te ouvè pou tout popilasyon an, yon bagay nouvo ki te vrèman ra nan epòk li a. Pou sa, li te nonmen 16 antrenè ki te pou pakouri tout tè a ap anseye popilasyon nan lavil Jida yo lalwa Bondye a (2 Kwonik 17 :7-9). Déjà ke tanp lan te jouk Jerizalèm epi anpil moun te sèlman rive nan kapital la nan jou ki te gen fèt pou adore Bondye, lekòl sa yo te yon bon lide epi ki te vini avan sinagòg yo ki te kòmanse byen fòmèl nan peryòd egzil la kèk syèk pita.

Poze kesyon: Ki aksyon nou kapab fè pou ke tout manm nan fanmi nou yo kapab aprann osijè de Bondye ak sa ke li te fè yo?

C. Li te nonmen plizyè jij

Jozafa te vizite pèp la "…Men, li pran vizite pèp la nan tout peyi a ankò, depi lavil Bècheba nan sid, rive jouk nan mòn Efrayim yo nan nò, pou l' te fè pèp la tounen vin jwenn Seyè a, Bondye zansèt yo a" (2 Kwonik 19 :4b). Se konsa menm, li te nonmen plizyè jij pou dirije nan tribinal yo pou demann kominote a ki te etabli nan tout vil fòtifye peyi Jida yo (vv. 5-7). Jij yo te dwe aji avèk senserite nan kè yo, san patipri epi san kòripsyon (v.7). Anplis de tribinal lokal sa yo, li te etabli de tribinal pou fè plent nan Jerizalèm (vv.8-11): Yon tribinal eklezyastik ki te genyen prèt Amari kòm dirijan, ak yon tribinal sivil ki te vini avan "Zebadyas pitit Izmayèl, prens kay Jida a, nan tout biznis Wa a" (v.11). Wa yo te dwe parèt "pou fè travay yo ak krentif pou Bondye. Se pou yo te swiv lòd li nan tou sa n'ap fè" (v.9).

Poze kesyon: èske genyen yon bagay ke legliz ou a kapab fè nan katye oubyen vil ou a pou ke genyen mwens enjistis?

Kisa ki dwe wòl pwofetik legliz la?

D. Li te priye Seyè a epi Bondye te ba l' laviktwa

Pasaj 2 Kwonik 20 :1-18 la kòmanse avèk plizyè move nouvèl; "Kèk tan apre sa, moun peyi Moab yo ak moun peyi Amon yo mete ansanm ak moun Mawon yo, yo vin atake Jozafa. Yo vin bay Jozafa nouvèl la, yo di l' konsa: -Men yon gwo lame soti nan peyi Edon lòt bò Lanmè Mouri a vin atake ou. Yo gen tan pran lavil Azason Tama. Azason Tama, se yon lòt non yo te bay lavil Angedi" (v.1-2). Reyaksyon Jozafa revele atitid li : "Yon sèl laperèz pran Jozafa. Li pran desizyon mande Seyè a sa pou l' fè. Li bay lòd pou tout moun nan peyi a fè jèn. Moun soti toupatou nan lavil peyi Jida yo vin lapriyè nan pye Seyè a" (vv.3-4.

Jozafa te ale kote sèl moun ki te kapab ede l' la : Bondye! Kounye a, nou li lapriyè Jozafa epi byen klè nou note ke li gen anpil referans ak tan pase a (2 Kwonik 20 :6-12). Konsa, li resite karakteristik Bondye yo, se pa pou li enfòme Bondye, ki konnen tout bagay; men pito se te pou l repase grandè Bondye nan pwòp lespri li ak lespri pèp la.

Pwofèt Jazasyèl te deklare : "-Louvri zòrèy nou, nou tout moun peyi Jida, moun lavil Jerizalèm ansanm ak ou menm, wa Jozafa. Seyè a voye di nou: Pa dekouraje. Nou pa bezwen pè devan gwo lame sa a. Batay sa a se pa batay pa nou, se batay Bondye menm" (v.15b).

Kwè se yon bagay, epi aji se yon lòt. Plan sanble pat genyen okenn lojik: Mache kont yon lènmi ki ame jouk nan dan ap chante fè louwanj pou Bondye! Chantè sa yo te plase lavi yo sou verite Pawòl Bondye a. Lè yo t'al nan misyon sa tankou moun fou, Jozafa te ankouraje pèp la pandan li t'ap di yo: "… Nou menm moun peyi Jida ak moun lavil Jerizalèm, koute sa m'ap di nou! Mete konfyans nou nan Seyè a, Bondye nou an!" (v.20b). Manifestasyon konfyans wa sa te parèt klè pliske yo te kontinye mache, epi Bondye te ba yo laviktwa. Chapit sa te kòmanse avèk laperèz lòm (v.3), epi fini avèk tranbleman pou Bondye (v.29) sou plizyè nasyon.

Diskite nan klas la: Ki wòl vrè adorasyon pou Bondye nan lavi kwayan an avèk legliz la?

E. Diskou wa Jozafa a

Jozafa te yon wa ki te vizite ak pwoteje pèp li a; se sèten, li te yon bon administratè, li te konnen byen kijan pou l' te bay chak moun travay ke yo te dwe fè. Li te genyen yon bon relasyon avèk Seyè a tou epi li te respekte lwa Bondye a; epi li te konn tande vwa Bondye atravè pwofèt yo (2 Kwonik 20:32-34).

Jozafa te fidèl avèk Seyè a "li te konn fè sa ki dwat nan je Seyè a". Sepandan, malgre efò li yo, "… Tansèlman, tanp zidòl yo te la toujou nan peyi a, kifè pèp la pa t'ap sèvi Bondye zansèt yo a ak tout kè yo" (v.33).

Bay elèv yo konsèy sa: Ekri fraz ke nou ta renmen ki pou parèt nan diskou l' la. Si yo vle, yo kapab pataje sa yo te ekri a.

II. Ensètitid wa Jozafa

Jazafa te genyen yon gwo feblès, paske li pat kapab disène ak kimoun li te dwe fè alyans. Se poutèt sa Jeou, pitit Anani an di wa Jozafa konsa: "Ki jan ou fè al ede moun k'ap fè mal? Ki jan ou rive fè zanmi ak moun ki pa vle wè Seyè a? Se poutèt sa, Seyè a fache sou ou anpil" (2 Kwonik 19:2).

A. Alyans li avèk branch fanmi Akab

Menm si se te yon bon wa, Jozafa te genyen yon defo nan karaktè li : Li te fè alyans avèk mechan ki rele Akab la (2 kwonik 18 :1-34).

Kontrèman ak ansyen wa Jida yo, Jozafa te wè pi gwo benefis nan yon alyans avèk Izrayèl ke nan lagè sivil, epi li te fè lapè avèk Izrayèl. Vèsè ki nan 2 Kwonik 18:1 a di konsa: "Jozafa te vin gen anpil richès, tout moun t'ap fè lwanj pou li. Li ranje yon maryaj ant yon moun nan fanmi l' ak yon moun nan fanmi Akab, wa peyi Izrayèl la".

Se akoz de maryaj Joram, pitit Jozafa, avèk Atalya, pitit fi Akab ak Jezabèl la ki te lakoz linyon politik la byen simante. Sa se te kont volonte Seyè a, paske Bondye entèdi maryaj (anfèt, tout alyans) ant pèp li a ak pèp ki angaje li pou fè mal. Atalya, pi devan, te vin sèvi rèn peyi Jida ki plis mechan epi payen.

Yon ti tan aprè maryaj la, Jozafa te fè alyans avèk Akab nan yon kanpay kont Lasiri (v.3). Bon wa a te vle resevwa konfimasyon ke li t'ap fè sa ki kòrèk epi li te mande konsèy Bondye atravè vwa pwofetik. Payen Akab la te konsilte 400 nan pwofèt ki pale sèlman de laviktwa yo. Jozafa pat satisfè, li te oblije konsilte yon pwofèt Bondye. Pwofèt Mikayi te di li ke li pa t'ap genyen batay la. Pwofesi a te akonpli epi Akab te mouri nan batay la.

Nouvo Testaman klè: "Pa mete tèt nou ansanm ak moun ki pa gen konfyans nan Kris la: Se pa sosyete konsa ki bon pou nou. Ki jan nou ta vle wè sa pou bagay ki bon, bagay ki dwat, mele ak bagay ki mal? Ki jan pou limyè ta ka mache ak fènwa? Kouman Kris la ta ka antann li ak Satan?

Osinon, kisa yon moun ki kwè gen pou wè ansanm ak moun ki pa kwè?" (2 Korentyen 6 :14-15).

Asireman, Jozafa te konnen istwa gouvènman Akab ak Jezabèl, epi kòman Jezabèl te eseye devye Izrayèl pou fè li sèvi zidòl yo. Se te yon gwo erè li te fè lè li te marye pitit li a avèk Atalya, epi tou ale nan lagè ansanm avèk Akab. Genyen yon pwovèb ebre ki di konsa: "Mande yon moun ki toujou gen krentif pou Bondye konsèy, ke w' konnen ki toujou obeyi kòmandman yo" (Eklezyastik 37 :12 DHH). Poze kesyon: Ki move alyans ke nou kapab fè? Kisa ki kapab konsekans desizyon sa yo?

B. Alyans li avèk Okozyas

Pwovèb 26 :11 di konsa : "Menm jan yon chen tounen vin manje sa li vonmi, se konsa moun san konprann yo ap toujou fè sa y'ap fè a".

Pandan n'ap retounen nan istwa ke n'ap etidye a, men sa Bib la di : "Yon lè, Jozafa, wa peyi Jida a, te pase kontra ak Okozyas, wa peyi Izrayèl la, ki te fè anpil bagay ki te mal devan Seyè a" (2 Kwonik 20 :35).

Alyans sa avèk Okozyas, pitit Akab la te genyen yon vizyon pou fè komès sou lanmè avèk Tasis. Ann li sa Pawòl la di : "Men Elyezè, pitit gason Dodava a, moun lavil Marecha, te avèti Jozafa. Li te di l': -Paske ou te mete tèt ou ak Okozyas, Seyè a pral kraze sa ou te bati a. Batiman yo kraze, yo pa janm rive vwayaje pou peyi Tasis" (v.37). Konsa, flòt li te sezi nan Ezyon-gebè a te koule byen vit.

C. Alyans li avèk Joram

Jozafa te resevwa envitasyon Joram, yon dezyèm pitit Akab, pou ede li batay kont Moab (2 Wa 3 :7-19).

Yo te konsilte pwofèt Elize osijè de batay la epi yo te pote laviktwa. Reza se yon pwovèb lari ki di ke lòm se sèl animal ki gen kapasite pou li frape de

Nòt :

(e menm plis fwa) avèk menm wòch la. Sanble ke Jozafa pat gen kapasite pou l' te rekonèt pwòp erè li yo. Èske se paske fanmi Akab te atrape li?

Poze kesyon: Ki kèk erè ke noumenm lèzòm nou toujou ap repete? Poukisa nou fè li? Kisa ki ta kapab estrateji pou koupe abitid sa?

Kesyon Opsyonèl:

I. Sètitid wa Jozafa

- Kòman gouvènman Jozafa te ye, daprè 2 Kwonik 17 :1-6?

- Ki sistèm ke Jozafa te etabli pou li te ansye lalwa Bondye a epi fè jistis la byen mache nan peyi Jida, daprè 2 Kwonik 17 :7-9?

- Èske genyen yon bagay ke legliz ou a kapab fè nan zòn oubyen vil li ye a pou kapab gen mwens enjistis? Kisa ki dwe wòl pwofetik legliz la?

- Kòman Jozafa te aji fas ak Moab ak Amon; epi kisa rezilta te ye?

- Diskite nan klas la : Ki wòl vrè adorasyon Bondye nan lavi kwayan an avèk legliz la?

II. Ensètitid wa Jozafa

- Ki alyans Jozafa te fè? Kisa ki te konsekans aksyon wa, daprè 2 Kwonik 18 :1-34?

- Ki move alyans ke nou kapab fè? Kisa move desizyon sa yo kapab pote kòm konsekans?

Konklizyon

Jozafa te yon bon wa nan peyi Jida. Li te fè ladiferans pou jalouzi ke li te genyen pou vrè relijyon an, ak gwo konfyans li nan Bondye. Li te tante libere peyi a anba idolatri; li te restore kòmandman Bondye yo; li te bay pèp la enstriksyon relijye. Men pi gwo erè ke li te komèt nan lavi li se koze fè alyans avèk mechan ki rele Akab ak de pitit li yo ki se : Okozyas ak Joram..

Yon ti wa

Samuel Pérez (Pòto Riko)

Vèsè pou aprann: "Mete tout konfyans ou nan Seyè a. Pa gade sou sa ou konnen. Toujou chonje Seyè a nan tou sa w'ap fè. Li menm, l'a moutre ou chemen pou ou pran" (Pwovèb 3:5-6).

Objetivo: Se pou elèv la aprann itilize konsèy ak akonpayman dirijan espirityèl li yo pou yo aprann, epi se pa pou yo toujou depann de yo. Yon fason pou ke, lè yo ap fè fas ak difikilte lavi a, pou yo kapab rete fidèl ak Bondye.

Entwodiksyon

1. Chèche yon pè sapat ki pou yon lòt moun epi ki pa bon pou ou, epi pote li nan klas la pou w' fè yon demonstrasyon. Lè tout moun kòmanse epi pare pou kòmanse, di yo konsa: "Mwen genyen yon pè sapat la : Yo byen bèl, pa vre?" Men, anverite mwen regrèt dèske mwen te achte li; paske li pa bon pou mwen (mete yo nan pye w' nan moman sa).

2. Aprè kèk segond, di klas ou a konsa: "Lè m' te antre nan magazen an, an reyalite mwen te anvi achte lòt kalite sapat; men machan ki t'ap sèvi m' nan di m' ke sa yo te byen bon, li te konvenk mwen ke anmezi ke m'ap itilize li, li t'ap vin alèz nan pye m' plis pase nenpòt lòt sapat ke mwen pat janm konnen avan".

3. Poze elèv ou yo kesyon si nen kèk okazyon yon moun te pwopoze yo yon bagay, oubyen te ba yo yon konsèy ki te pote move konsekans aprè.

4. Pou nou mete fen avèk entwodiksyon sa, mansyone sa yo : "Mwen pa konnen poukisa mwen te obeyi machann nan; paske kounye a gade jan m'ap soufri ak sapat sa yo. Mwen kwè ke li te plis enterese pou l' te vann mwen sapat la pase si li te bon pou mwen oubyen non".

Nou kòmanse leson sa pandan n'ap poze yon kesyon:

Lè nou a de avèk Bondye epi nou pa genyen yon konseye espirityèl, èske nou kapab rete fidèl avèk Bondye? N'ap viv nan yon tan kote dirijan espirityèl yo alamòd. Relasyon ant dirijan ak elèv la oubyen disip la pote non konsèyri. Atravè koneksyon sa, dirijan pataje eksperyans ak konesans li yo avèk lòt moun nan pou ke li kapab devlope avèk siksè nan nivo pwofesyonèl ak pèsonèl.

Genyen tèm coaching nan tou k'ap fè aktyalite, ki fè referans ak yon pwosesis pataj atravè li menm coach la kontribye pou ede elèv la kapab rive realize objektif li yo atravè lizay kapasite ak pwòp resous li yo yon fason ki plis efikas.

Nan leson sa, nou kapab analize dinamik konsèyri espirityèl ke Joas te resevwa ki anrejistre nan 2 Wa 12 :1-21; epi apati de sa, wè ki efè sa te fè nan lavi ak devlopman ministeryèl wa sa atravè plizyè ane.

I. Koute konsèy Seyè a ede nou reyelize travay Bondye a

Men sa Bib la siyale nan 2 Wa 12 :1 : "Lè sa a, Jeou t'ap mache sou sètan depi li t'ap gouvènen. Joas pase karantan lavil Jerizalèm ap dirije peyi a. Manman l' te yon moun lavil Bècheba ki te rele Zibya".

Nou dwe sonje ke Joas te yon wa espesyal, sove anba yon masak ke pwòp granpapa li te fè. Tonton li yo te pwoteje ak pran swen li, epi lè li te vin pran responsablite li kòm wa nasyon an (2 Wa 12 :1-6), li te konnen kijan pou l' te gide pèp li a byen. Li te resevwa enstriksyon ki te byen prepare lavi li kòm wa. Li nesesè pou nou obsève paralèl eksperyans Joas la ki rakonte nan kòmansman 2 Wa chapit 11 lan, avèk sikonstans Moyiz yo; anplis de obsèvasyon detay yo, tou de te dirije nasyon an pandan 40 ane. Bib la pa esplike kisa chak nimewo siyifi; men moun ki etidye yo rive siyale kèk senbòl epi eseye pote nouvo posiblite fas ak evènman biblik yo. Nimewo 40 lan tou genyen valè senbolik li.

Li reprezante "chanjman" de yon peryòd pou antre nan yon lòt, plizyè ane yon jenerasyon. Se poutèt sa, inondasyon an te dire 40 jou ak 40 nwit (se te yon chanjman vè yon limanite tou nèf). Izrayelit yo te pase 40 ane nan dezè a jiskaske jenerasyon enfidèl la te chanje pou yon lòt). Moyiz te rete sou mòn Sinayi a pandan 40 jou, epi Eli te fè pelerinay pandan 40 jou (apati de sa lavi li ta chanje). Jezi te jene pandan 40 jou (paske se chanjman de lavi prive li pou yon lavi piblik). Referans 40 ane yo gen siyifikasyon li; déjà ke, li reprezante yon leson ak ansèyman pou nasyon an. Misyon de mesye sa yo pat fini avèk satisfaksyon.

De mesye sa yo, Joas ak Moyiz, nan kèk fason yo te fè rebèl epi renonse; sepandan, yo te enstriman nan Travay Bondye a.

Nan 2 Wa 12 :1, nou resevwa enfòmasyon sou swen patikilye ke Joas te konn resevwa nan men manman li (Jabya) li menm ki te prennsès peyi Jida. Tout sa nou konnen de Sibya se non li; poutan, pliske pitit li a se yon moun ki te fè sa ki dwat devan Seyè a, nan yon fason li se yon egzanp pou swen ak levasyon pou swiv bon konsèy Joyada, reprezantan prensipal li a. Sa montre enpòtans sa genyen pou yon moun resevwa konsèy Bondye depi tou piti. Wa sa te grandi nan tanp lan sou responsablite ak enstriksyon espirityèl prèt sa.

II. Swiv konsèy Seyè a pèmèt nou kolabore nan travay Bondye a

Pasaj 2 Wa 12 :4-14 la genyen temwayaj rakontè istwa ki gen pou wè ak travay Joas an benefis Travay Seyè a. Sepandan, nou dwe obsève ke malgre Joas te angaje li nan Travay Bondye a, li pat elimine lotèl zidòl yo epi menm pèp la te kontinye fè sakrifis epi boule lansan pou zidòl yo.

Daprè istwa ki nan liv 1 ak 2 Wa yo, nan plizyè okazyon diferan men fraz ki repete:"Malgre li pa t' rive fè disparèt tout kay zidòl yo, limenm li te toujou sèvi Seyè a ak tout kè li pandan tout lavi li" (1 Wa 15 :14; 22 :43 :2 Wa 14 :4; 15 :35). Konfli ke izrayelit yo te fè fas lè yo te vizite epi pretann adore Bondye nan plas sa yo se te eleman ki te dominan kòm seremoni nan zòn sa yo. La, te genyen preokipasyon pou izrayelit yo pat tonbe nan idolatri. Poutan, fas ak sitiyasyon sa, istwa a prezante yon eleman fondamantal pou efè leson nou an: Anmezi ke nou kapab swiv konsèy Seyè a, n'ap kapab kolabore nan Travay li a.

Gouvènman Joas la te konsidere bon devan Bondye (2 Wa 12 :3). Lekti vèsè sa envite nou poze tèt nou kesyon: Ki faktè ki te enpòtan pou ke gouvènman Joas la te te konsidere bon daprè redaktè 2 Wa yo? Lè nou analize adjektif "bon" an avèk atansyon nan vèsyon espanyòl la, nou konprann ke li soti nan lang ebre a ki se "yashar". Sa a, nan sans ki pi laj la kòm vokabilè, li fè referans ak kapasite Joas pou l' gouvène. Adjektif sa kapab tradwi kòm "bon, vètikal oubyen gen kapasite", pandan li fè referans ak kalite Joas pou li te fè gouvènman l' lan fonksyone epi nan fason sa, plase kòm yon enstriman Bondye pou benefis pèp la.

Malgre anpil tan gouvènman Joas la te dire, sa ke rakontè a plis siyale se enterè li pou rekonstriksyon

tanp lan. Li enpòtan anpil pou nou siyale siyifikasyon sosyal, politik ak relijye tanp lan :

A) Li konsidere kòm plas prezans Bondye a. Tanp lan se te "kay" Bondye a. Nan powèm ke Salomon te deklame nan inogirasyon an, li di ke li konstwi yon kay, yon rezidans kote pou Bondye abite pou toujou (1 Wa 8 :13).

B) Se te yon senbòl chwa. Bondye te chwazi abite nan tanp lan avèk vil la. Tanp lan se te yon senbòl vivib ke Bondye te chwazi.

C) Se te yon kote ke padon Bondye te rete.

Plas kote lalwa Bondye a te ye. Plas kote glwa Bondye te ye. Plas kote ke Bondye menm te abite. Li te reprezante ke te genyen Bondye nan peyi Izrayèl, yon Bondye ki vivan, ki te abite nan mitan yo.

Nou pa dwe sezi pou gwo enterè ke Joas te genyen pou l' te restore tanp lan. Prensipalman, andedan tout koze sa yo, Joas te fè fas ak yon gwo gwoup lidè relijye ki pat vle obeyi avèk lòd li t'ap bay yo epi yo te pare pou pratike kòripsyon.

Joas te genyen anpil anvi pou l' repare tanp Bondye a, konsa li te mande prèt yo pou yo te ranmase lajan ak ofrann pou objektif sa. Plizyè ane te pase, men travay reparasyon tanp lan pat reyalize. Konsa, Joas te bay prèt yo lòd pou yo te kòmanse travay la tou swit.

Li enteresan pou nou kijan yo te fonksyone ak lajan nan epòk wa yo (1 Timote 6 :10). Lajan ki mal jere kapab lakoz doulè ak soufrans pou anpil moun.

Bib la idantifye epi bay plizyè konsèy pou jere resous ke Bondye konfye nou yo. Seri konsèy sa yo byen klè nan pasaj 2 Wa 12 :1-21 ki sèvi kòm yon pwen enpòtan pou leson nou an kote ke n'ap obsève sa yo:

1. Yo te etabli yon kalite kès espesyal pou ranmase ofrann yo.

2. Prèt yo te bay antre a sekirite.

3. Yo te fin konte lajan, retounen nan tanp lan avèk li epi mete li nan sak.

4. Yo te mande moun k'ap travay yo yon kantite lajan espesifik.

5. Yo te remèt sipèvizè yo lajan yo te ranmase yo pou peye salè ak tout konsèp ki gen pou wè avèk reparasyon tanp lan.

6. Yo te detèmine jan pou lajan te jere, epi sa pat kapab sibi chanjman.

Tout mezi sa yo te dwe pran avèk anpil atansyon pou gen sètitid ke resous ekonomik yo t'ap jere kòm sa dwa. Sepandan, pati enteresan an twouve li nan 2

Wa 12 :15. Li ta kapab bay opinyon ke sipèvizè sa yo te vle twonpe travayè yo; sepandan, daprè vèsè 15, an reyalite yo te moun ki onèt; epi se sa ki fè, yo te sèvi ak travayè yo avèk onètete e entegrite.

Mwayen administrasyon san tach sa yo te enpòtan pou ke tanp lan te kapab repare ak restore, epi nan fason sa, Joas ta akonpli misyon l' lan. La a nou idantifye yon bon egzanp jesyon ak administrasyon trezò lakay Bondye a ki dwe sèvi egzanp pou tout lòt moun ki se responsab pou administre finans ak resous legliz la nan kontèks patikilye yo, menm si se lokal, distrital oubyen global.

III. Abandone konsèy Seyè a kondwi nou nan apostazi

Aprè lanmò Jeojada, lavi Joas te sibi yon chanjman rapid. Daprè redaktè a, move akonpayman yo te efliyanse li pran move chemen (2 Kwonik 24 :17-18).

Wa ki te imilye li devan Bondye nan tan pase a, kounye a t'ap resevwa louwanj nan men moun ki te gen krentif pou li. Nan kèk fason, li pwobab pou sa te kontribye pou fè Joas te sispann atende ak bay konsèy moun ki te vle byen pou li yo enpòtans an reyalite. Nan san sa a, wa sa te kòmanse koute konsèy mechan yo (Sòm 1 :1).

Nan prete atansyon, swiv ak fè konsèy sa yo konfyans, Joas te vire do bay Bondye, pandan li t'ap bliye lalwa ke yo te anseye li lè li te jèn yo. Li te kòmanse pratike mechanste jiskaske li te rive enfliyanse tout peyi Jida pou ke yo te swiv move pratik li yo. Bon wa ki te rive fè repare tanp lan epi nan fason sa ankouraje adorasyon pèp la pou Bondye nan tanp lan, li te vin tounen yon wa manfouben pou jan li te lage tèt li nan sèvi zidòl (2 Wa 12 :18).

Lavi Joas te yon egzanp apostazi. Moun sa yo ki abandone Seyè a epi fè lòt moun devye, kòm abitid se moun sa yo ki te epi ki byen bonè nan lavi yo te konn sèvi Seyè a fidèlman. Pi fò lidè sa yo te leve nan men paran ki te kretyen oubyen yo te resevwa benefis enfliyans lidè legliz yo, ajan pastoral ak predikatè yo.

Enfliyans sa ki te soti nan lidè yo manifeste pandan yon tan epi li kapab bay ankourajman, pasyon ak angajman an favè Travay Bondye a pandan yon tan. Sepandan, lè moman pwoblèm ak kriz yo rive, yo abandone epi chanje chemen verite a pou chemen erè ak manti.

Anpil fwa, tonbe lidè sa yo rive pwodwi lè lògèy antre nan lavi yo (Pwovèb 16 :18, 29 :23). Lè moun nan kite moun ki bezwen enfliyans l' ap flate li, genyen anpil chans pou rezilta negatif. Yon ti kout je tou piti sou istwa pase yo ak kontèks ki tou nèf

yo montre atitid ak konsekans ki sanble. Konbyen fwa predikatè ak lidè ki pi popilè ak rekonèt yo devye epi devye chemen verite ak jistis la, anmezi ke y'ap koute flatri moun sa yo ki te sanble adoratè yo? Konbyen fwa ke moun sa yo ki te genyen yon kòmansman senp te kòmanse angaje yo avèk verite a lè yo koute konsèy kontrè ak pawòl Bondye a?

Kòm lidè kretyen, lè nou resevwa kèk konsèy, nou dwe fè anpil atansyon pou nou pa pran sa ki pa fè valè Wayòm nan; déjà ke anpil fwa konsèy sa yo fè plis dega pase sa ke nou ta kapab imajine nou. Yon bon konsèy se tankou yon wòch solid ki edifye, pandan ke yon move konsèy se tankou yon dinamit ki detwi.

Pou nou konprann si yon konsèy bon oubyen kòrèk, nou dwe analize ki kote li soti ak entegrite moun ki bay konsèy la. Nan jenès, wa Joas te mete konfyans li nan Joejada ki te konseye li pran chemen Seyè a, epi li te rive reyalize restorasyon tanp lan malgre move konpòtman lidè kòwonpi yo.

Kesyon Opsyonèl:

I. Koute konsèy Seyè a ede nou reyelize travay Bondye a

- Kòman Joas te enstwi daprè 2 Wa 12 :1-2?
- Ki rezilta konsèy moun sa yo te pote nan lavi ak gouvènman li a (2 Wa 12 :2-6)?

II. Swiv konsèy Seyè a pèmèt nou kolabore nan travay Bondye a

- Kisa ki te pèmèt li genyen yon bon konsèy ak konsèyri, epi aksepte yo (2 Wa 12 :4-14)?

III. Abandone konsèy Seyè a kondwi nou nan apostazi

- Kisa ki kapab konsekans yo, lè yon moun pran konsèy nan men moun ki pa enterese pou valè Wayòm nan ak Pawòl la?
- Èske w' sonje ke nan kèk okazyon gen moun ki pat resevwa bon konsèy, yo te pran move desizyon? Pataje

Konklizyon

Ala diferan sa ta diferan si Joas te mande Bondye konsèy, epi se pat move konseye yo! Pa vre?

Ala enpòtan sa enpòtan pou yon moun konfye li epi koute konsèy Bondye! L'ap toujou tande rèl ak demann sekou nou yo lè nou nan sitiyasyon difisil san konnen kisa pou nou fè. Pa bliye ke Bondye ap tande w' epi li vle dirije w' kote ki gen solisyon an. Ou mèt toujou konte sou li! Koute epi swiv konsèy Bondye a fè nou beni epi pèmèt nou akonpli misyon ke li mande nou an.

Twa kwayan yo

Rita Barco (Pewou)

Vèsè pou aprann: "Gayis monchè, mwen swete tout bagay ap mache byen pou ou. Mwen swete ou an sante nan kò ou tankou ou an sante nan lespri ou" (3 jan 2).

Objektif leson an: Se pou elèv la kapab fè diferans epi evalye li fas ak twa kalite kwayan sa yo.

Entwodiksyon

Twazyèm lèt Jan an ofri nou yon vizyon total sou lavi legliz primitiv la. Konsa menm, pasaj sa akonpanye dezyèm lèt la nan yon fason ekstraòdinè, li menm ki te ekri pou yon fanm kretyen; yon fason pou li te konnen kòman pou l' te fè fas ak fo doktè yo ki te egziste nan epòk li a.

Twazyèm lèt Jan te ekri pou yon nonm kretyen osijè de kòman li te dwe pran swen vrè doktè ki te konn ap vwayaje soti yon kote pou ale nan yon lòt, pandan yo t'ap pwoklame pawòl Bondye a. Se poutèt sa, nou jwenn yon diferans kòm bon resanblans ant de lèt a men yo ak lekriti Jan, apot la.

Twazyèm lèt sa tou montre nou yon bagay osijè de pwoblèm ke plizyè kalite pèsonalite te lakoz nan legliz la; se sa ki fè genyen twa moun ki genyen non yo site nan lèt la. Twa moun sa yo se te: Yon nonm ki rele Gayis, moun ki dwe resevwa lèt sa; yo dezyèm ki rele Diyotrèf; ak yon twazyèm ki rele Demetriyis.

Twa mesye sa yo reprezante twa kalite kretyen diferan ki nan legliz, pandan nenpòt epòk. Menm jan sa pase ak tout lèt ki nan Nouvo Testaman yo, 3 Jan se yon lèt ki adapte li byen ak tan n'ap viv la epi li vrèman enpòtan.

I. Kretyen emab la

Pou nou kòmanse, nou genyen yon nonm ki rele Gayis.

Li pwobab pou Gayis sa se youn nan twa Gayis ki mansyone nan lòt twa pati Nouvo Testaman yo (menm si ke Gayis te yon non ki te komen anpil nan tan lontan, menm jan ak pa Jan an). Nenpòt jan sa te ye a, se klè ke Jan te rekonèt li epi voye lèt sa ba li avèk yon ton ki montre afeksyon ak amitye. Lè nou analize sa nou li, nou rive gen konklizyon ke Gayis te yon nonm ki te toujou kontan, kòdyal ak jenere. Li enpòtan pou nou gade twa bagay ke Jan di de li, epi se yo menm nou pral wè pi devan.

A. Estab ni espirityèlman tankou fizikman

Premyeman, Gayis te yon nonm ki te genyen nanm li solid, epi se sa ki te fè Jan santi gwo afeksyon sa pou li. Se sa ke nou li nan kòmansman lèt sa : "Gayis monchè, mwen swete tout bagay ap mache byen pou ou. Mwen swete ou an sante nan kò ou tankou ou an sante nan lespri ou" (3 Jan 2 RVA).

Menm si nan lòt vèsyon yo fason li eksprime l' la yon tikras diferan, sa yo se pawòl ke nou jwenn nan Rèn Valera ki fèn revize a, ki se yon entèpretasyon ki plis egzat.

Mwen kwè ke sa yo se bèl pawòl ke nou kapab di yon lòt moun. Èske se pa vre? An nou li: "Mwen swete ou an sante nan kò ou tankou ou an sante nan lespri ou". Li ta enteresan pou nou ta fè yon egzamen pou wè kòman moun nan tan n'ap viv yo t'ap reyaji lè nou di yo pawòl sa.

Poze kesyon: Si aspè fizik ou ta yon reflè kondisyon espirityèl ou, ki aspè ou t'ap genyen? Èske w' t'ap yon moun ki gwo, fò ak enèjik? Oubyen ou t'ap mèg epi mens, ke ou apèn kapab fè ti mouvman? Gayis se kalite moun sa ke apot Jan te kapab di osijè de li menm: "Mwen swete ou an sante nan kò ou tankou ou an sante nan lespri ou".

B. Li te pèseveran nan aksyon li yo

Vèsè 3 Jan 3 di konsa: "Mwen pa t' manke kontan lè kèk frè rive bò isit la, yo di m' jan ou rete fèm nan verite a, jan ou toujou ap viv dakò ak verite a".

Lavi Gayis te yon temwayaj pou verite a.

Men sa ki te enpresyonan pou jan se pat paske li konnen verite a; men pito se paske li te swiv ak viv li.

Sa vle di ke nonm sa te genyen yon lavi ki solid; paske li pat konn preche yon bagay, epi aprè sa, fè yon lòt. Men pito li te konn mache nan verite a epi, finalman, li te renmen bay nan fason li t'ap viv.

Nou wè sa nou sot di a nan vèsè sa yo: "Zanmi mwen, tou sa w'ap fè pou frè yo, menm pou frè etranje yo tou, ou fè l' byen. Yo di devan tout legliz la jan ou gen renmen tout bon nan kè ou. Tanpri, toujou ede frè yo pou yo ka pousib vwayaj yo, jan Bondye vle l' la" (vv.5-6).

Youn nan siyal ki demontre ke yon moun fè eksperyans ak Bondye se lè li montre jenewozite avèk lajan li. Li bay avèk kè kontan, bon atitid, ak lajwa, menm jan li renmen Bondye a. Epi nonm sa a, Gayis, te fidèl (onèt) lè li dwe bay, sa ki vle di ke li te konn bay souvan ak sistematik. Li pat konn bay sèlman pa emosyon; men pito li te konn akonpli Travay Bondye a avèk fidelite.

Li klè tou ke sèvitè Bondye sa te konn bay ak kè kontan; paske Jan di konsa: "Yo di devan tout legliz la jan ou gen renmen tout bon nan kè ou. Tanpri, toujou ede frè yo pou yo ka pousib vwayaj yo, jan Bondye vle l' la" (v.6), oubyen kòm benefis Travay la.

Apati de la nou kapab konprann ke Bondye pa vle pou nou bay akoz de obligasyon, oubyen paske genyen yon moun k'ap ranmase yon ofrann espesyal. Nonplis, paske nou konnen ke si nou pa fè li, genyen lòt kretyen k'ap mal gade nou. Men pito, volonte Bondye se pou nou bay ofrann nou avèk yon konpòtman kòm pa Gayis la, li menm ki te bay epi pran plezi lè l'ap fè li.

II. Pa swiv move egzanp

3 Jan vèsè 11 di konsa: "Zanmi mwen, pa fè tankou moun k'ap fè sa ki mal. Fè tankou moun k'ap fè sa ki byen. Moun k'ap fè sa ki byen, se moun Bondye yo ye. Moun k'ap fè sa ki mal pa t' janm wè Bondye". Nan lòt mo, enstriksyon ke Jan se pou li pat swiv moun sa yo ki pat nan volonte Bondye. Sa avèti ke si yo jwenn ou ansanm avèk yon moun ki toujou ap fè konplo, yon fason pou li okipe yon plas nan relasyon kretyèn yo, k'ap bat pou moun toujou wè li; konsa, pa swiv li, paske l'ap swiv pwòp chemen li epi se pa chemen pa Bondye a.

A. Kilès nonm ki rele Diyotrèf la te ye?

Nan 3 Jan 9-11, nou li: "Mwen te ekri yon lèt tou kout voye bay legliz la. Men, Diyotrèf ki renmen pran pòz chèf li nan mitan yo a, refize koute sa m' di a. Se poutèt sa, lè m'a rive, m'ap devwale tou sa li fè ki mal, tout move pawòl ak manti l'ap bay sou mwen yo. Li pa kontante l' fè sa sèlman. Li refize resevwa frè yo ki depasaj. Si gen moun ki ta vle resevwa yo, li enpoze yo fè l', li menm chache mete yo deyò nan legliz la. Zanmi mwen, pa fè tankou moun k'ap fè sa ki mal. Fè tankou moun k'ap fè sa ki byen. Moun k'ap fè sa ki byen, se moun Bondye yo ye. Moun k'ap fè sa ki mal pa t' janm wè Bondye".

Premye egzanp sa, nan legliz primitiv la, de yon chèf, yon moun ki tante dirije legliz la. Li kapab se yon pèsonaj oubyen yon dyak, oubyen petèt yon pastè. Li difisil pou nou konn sa; men san dout li te konsidere ke travay li se te responsablite pou di tout moun, epi nan legliz la sa ke yo chak te dwe fè.

Sanble ke nan legliz primitiv la te genyen kèk lis ki te gen non manm legliz yo, epi si ladan li te genyen yon moun ki pat fè Diyotrèf plezi; ebyen li te efase non li nan lis la epi mete li deyò nan legliz la. Jan te totalman kont sa, pandan li t'ap demontre byen klè kòman Diyotrèf te koupab de kat atitid avèk plizyè move aksyon ke nou gen pou nou abòde pi devan.

B. Yon malveyan

Pou kòmanse, Jan di ke Diyotrèf te koupab paske li te denigre li menm Jan, nonm sa te pale move koze kont li, epi nye otorite ke li te genyen kòm apot.

Lè nou baze sou sa ke lòt lèt yo di, nou konnen ke apot yo te jwe yon wòl ki san parèy nan istwa legliz la. Paske se yo menm ki te dwe plante fondman legliz la, epi tou yo te resevwa otorite pou yo te rezoud pwoblèm ki gen pou wè avèk li. Se pawòl apostolik sa reyèlman ki transmèt nou Nouvo Testaman an, epi se poutèt sa, li genyen otorite sa pou kretyen yo. Konsa, nan Diyotrèf nou jwenn ka yon nonm ki non sèlman te nye otorite apot Jan; men tou li te konn pale kont li, ap di bagay sal ak denigran kont sèvitè Bondye sa.

C. San konpasyon

Se plis pase sa, nan lèt sa nou jwenn kote ki di ke Diyotrèf te refize resevwa minis kretyen yo ki te rive nan legliz la; yo te konn vwayaje toupatou, ap mache preche verite Bondye a. Konsa, yo te rive nan kongregasyon an; men Diyotrèf pat menm okipe yo; li te mete yo deyò nan legliz la epi pat kite yo menm pran lapawòl nan legliz la.

D. Ajan divizyon

Yon twazyèm koze se paske Diyotrèf te mete manm legliz ki te resevwa minis vizitè yo lakay yo deyò nan kongregasyon an. San dout, nonm sa te pran plezi li nan sa ke nou ta kapab rele kounye a "separasyon segondè". Non sèlman li te kont moun ki te vini yo; men tou, kont moun sa yo ki te pare pou resevwa yo a. Akoz de tandans pou nye amitye kretyen yon moun ke w' pa renmen fason; men lòt moun wi, se paske genyen anpil kontraryete nan legliz la, ap ofanse epi fè deranjman ki san reparasyon.

Men nan twa ofans sa yo, pa genyen youn nan yo ki te tèlman grav tankou sa Jan konsidere kòm premye a. Pwoblèm ki pi grav ke Diyotrèf te genyen, se paske li te mete tèt li an premye.

E. Egoyis

Diyotrèf renmen nan premye plas. Sa montre byen klè ke li t'ap aji selon lachè, mwen an premye. Lè li aji nan fason sa, li t'ap prive Seyè a nan dwa li kòm premye. Se Li menm ki dwe okipe premye plas la; sepandan, nan ka sa, nonm sa te mete tèt li nan premye plas, epi sa se yon bagay ki vrèman grav.

Aktyèlman, pou lawont, genyen twòp moun tankou Diyotrèf nan legliz yo ki karakterize yo avèk konpòtman sa. Sa vle di ke yo toujou vle jwe wòl premye, epi yo vle yon pati glwa pou yo sèl. Yo menm ki anpeche Bondye jwi sa ki pou Li sèlman, pandan y'ap vòlò sa ki pou Bondye ki gen Tout pouvwa a.

Dr. H.E. Robertson nan yon okazyon li te ekri yon magazin sou Diyotrèf pou denominasyon l' lan. Kèk tan aprè, editè a rapòte ke genyen 25 dyak ki te voye yon lèt ba li pou di l' ke yo anile kontra yo a paske yo santi yo atake pèsonèlman.

III. Lòt bon egzanp

Finalman, genyen yon twazyèm nonm ki site la:

Demetriyis. Tout sa ke nou konnen de li se sa Jan di nou an: "Tout frè yo pale byen pou Demetriyis. Menm laverite a pale byen pou misye. Nou menm tou, n'ap pale byen pou li, epitou ou konnen sa nou di se verite" (v.12).

Nan ka sa, Jan pale kòm yon apot ki posede don disènman. Nan pawòl li yo, li eksprime ke li te vle abòde sa ke tout moun te di osijè de Demetriyis. Sa se yon nonm ke moun te kapab fè konfyans; yon nonm ki mache daprè verite a epi ki te bay temwayaj nan tout sa ke li ye, pandan li te kite byen klè ke moun te kapab fè li konfyans. Li klè ke se Demetriyis ki te pote lèt sa bay Gayis; epi li pwobab pou li te youn nan misyonè sa yo ki te konn vwayaje al nan lòt zòn yo.

Mwen rezève vèsè 7 ak 8 la pou pati sa; yon fason pou m ka fè kòmantè osijè de Demetriyis, pliske li dekri nonm sa ke nou kapab pran pou yon egzanp.

Lè nou rive nan pwen sa, Jan mete fen ak twazyèm

lèt avèk kèk mo pèsonèl : "Mwen gen anpil bagay pou m' ta di ou. Men, mwen pa vle ekri yo ak plim ak lank. Mwen swete m'a ka vin wè ou talè konsa, pou nou ka koze fasafas. Mwen mande pou Bondye ba ou kè poze. Tout zanmi ou yo voye bonjou pou ou. Di chak zanmi m' yo yon bonjou apa pou mwen" (vv.13-15).

Ala yon lèt ki tèlman entim! Li sanble ke li pa soti nan men Jan sèlman, men tou nan men Seyè a. Mwen renmen li lèt sa kòm si se ta yon reflè Seyè a Jezi k'ap ekri pwòp legliz li a. Sa vle di, yon bagay konsa: "Genyen anpil bagay ke mwen anvi ekri nou. Mwen ekri yon liv antye, epi mwen genyen anpil bagay pou m ekri nou; konsa mwen pa vle fè li atravè lank avèk plim. Mwen plis vle wè nou byento epi nou pral pale fasafas".

Kesyon Opsyonèl:

I. Kretyen emab la

- Aprè w' fin li 3 Jan 1-8, ki karakteristik nou kapab pran nan men Gayis?

- Koman w' entèprete ekspresyon sa: "Gayis monchè, mwen swete tout bagay ap mache byen pou ou. Mwen swete ou an sante nan kò ou tankou ou an sante nan lespri ou" (3 Jan 2)?

- Èske w' panse ke karakteristik Gayis yo ap aplike nan lavi w'? si w' pa genyen yo, Kisa w' ta dwe fè pou w' genyen yo?

II. Pa swiv move egzanp

- Kisa 3 Jan 9-10 di osijè de Diyotrèf?

III. Lòt bon egzanp

- Kisa 3 Jan 11-12 fè nou obsève osijè de Demetriyis?

Konklizyon

Li lèt la te pou legliz ou a, ki pèsonaj ou t'ap ye? Se pou nou envesti nan lavi nou pou ke lavi espirityèl nou kapab vin miyò chak jou epi pou temwayaj nou reflete devan yon mond k'ap plonje nan fènwa.

Nòt :

Kalèb : Lòt lespri

Litzy Vidaurre (Espay)

Vèsè pou aprann: "Men, paske Kalèb, sèvitè m' lan, pa aji tankou yo, li swiv mwen san gad dèyè, m'ap fè l' antre nan peyi li te al rekonèt la. Pitit pitit li yo va pran peyi a pou yo" Nonb 14:24.

Objektif leson an: Se pou elèv la aprann atravè egzanp Kalèb la, gwo modèl fidelite ak angajman avèk Seyè a, pou genyen menm lespri ke li te genyen an.

Entwodiksyon

Pafwa, Bondye revele nou plan ak objektif li pou lavi nou; epi tout sa ke nou dwe fè, se kwè, epi aprè sa, aji. Konpòtman sa kapab mete nou nan gwoup ki gen mwens moun yo, epi menm fè nou gen pwoblèm avèk lòt moun. Sepandan, mete konfyans nan Pawòl Bondye ak kwè nan pwomès li yo pral fè nou rete fidèl pou toujou.

Kalèb te genyen yon lespri ki diferan de lòt moun yo, epi sa te ede li antre nan tè pwomès la.

I. Yon ti kout je dèyè a

Si nou li Detewonòm 1:19-46, n'ap jwenn yon enfòmasyon ki byen enteresan: Ranvwa espyon yon al vizite tè pwomès la ki pat dezi ni plan Bondye; men pito se te plan ak dezi pèp la.

Moyiz eklèsi sa nan Detewonòm 1:22 kote li mansyone: "Lè sa a nou tout, nou vin jwenn mwen, nou di m' konsa: Ann voye kèk nèg pami nou devan pou y' al wè ki jan peyi a ye. Y'a tounen vin esplike nou ki wout pou nou swiv ak nan ki lavil nou ka antre". An reyalite, sa pa sanble yon move plan. Li menm parèt tankou yon lide inosan ak estratejik; men lide sa revele nou vrè plas ke Bondye te okipe nan lavi izrayelit yo.

Se pèp la menm ki te vle "wè avan pou l' te kwè". Ki nesesite ki te genyen pou al vizite tè a? èske Bondye pat déjà di yo kòman li ta ye? Poukisa ke Bondye te pèmèt yo doute de Pawòl li? Bondye te pèmèt yo rive reyalize plan sa pou revele pèp la kòman kondisyon kè yo te ye an reyalite.

Nòmalman, pat genyen okenn nesesite pou yo t'al vizite tè a; déjà Bondye te di yo kòman Kanaran ye nan plizyè okazyon ak kòman abitan k'ap viv la yo ye. Li te di yo kòman yo ta genyen pou detwi yo tou, epi sa ki plis enpòtan: Li te pwomèt yo tè sa kòm eritaj pou yo ak jenerasyon yo. Pawòl Bondye ta dwe ase pou yo; men malerezman se pat konsa.

II. Lespri dis espyon yo

Aprè yo te fin pase 40 jou ap vizite tè a, espyon yo te pote rapò ak echantiyon tè a (Nonb 13:23-33, 14:21-23). Yo te pote yon grap rezen ki te tèlman gwo, se de gason ki te oblije pote li ansanm; anplis de sa, yo te pote anpil fwi. Se klè ke tè yo t'al vizite a te jan Bondye te di yo a. Pi devan, nou pral wè sa rapò sa revele yo..

A. Yon lespri negatif

Nonb 13:27-28 di nou konsa: "Yo di Moyiz konsa: -Nou vizite toupatou nan peyi ou te voye nou al chache konnen an. Se yon peyi ki rich anpil, kote lèt ak siwo myèl koule tankou dlo. Se vre wi. Gade fwi nou jwenn ladan l'. Men, moun ki rete nan peyi a gwonèg anpil. Lavil yo gran, yo byen pwoteje. Sa ki pi rèd nou wè yon kalite ras moun gwonèg bèl wotè".

Jiskela se te yon rapò ki te byen pozitif.

Tè a te menm jan Bondye te di yo a, epi deskripsyon vil ak abitan yo tou avèk sa ke Bondye te di a. Jiskela se te yon rapò nòmal, ki te revele ak konfime ke Bondye te ba yo tèritwa sa.

Malerezman, dis espyon yo pat fin dakò ak tout sa ke yo te wè yo; men pito yo te vle bay pwòp opinyon yo, pandan yo t'ap revele sa yo te gen nan kè yo avèk kalite lespri yo te genyen nan yo. Nan Nonb 13:31, nou wè nan ki fen mesye sa yo te rive : "Men mesye ki te moute ansanm ak Kalèb yo di konsa: -Non. Nou pa ka al atake moun sa yo. Yo pi fò pase nou".

Nan rapò sa, nou wè ke dis espyon yo itilize konjonksyon "men" nan plizyè okazyon. Mo sa ki soti nan lang grèk (´efes) siyifi "sèlman, poutan, sepandan", epi tou li kapab endike "fen" yon bagay oubyen "anyen" nan sans enpòtans oubyen san itilite (Miltileksik avèk definisyon Strong, Chávez, Tuggy, Vine ak Swanson; Ref. H657, ´epes).

Yon kote, dis espyon yo te konfime verite Pawòl Seyè a; men yon lòt kote, yo te anile pwomès tè pwomès la konplètman. Aprè yo te fin wè vil ki te byen barikade ak fòterès abitan li yo, yo te doute de pouvwa sinatirèl Bondye a pou akonpli pwomès li, epi yo te prefere mete konfyans yo nan pwòp fòs yo.

B. Yo lakoz lespri pèp la afebli

Sa mesye sa yo eksprime a pa sèlman revele yon lespri negatif ki te doute de pouvwa Bondye; men tou li revele rapò egzajerasyon, manti ak lapèrèz, déjà ke yo te pale mal de tè yo te vizite a pandan yo t'ap di : "Se konsa yo pran pale mal sou peyi yo te al vizite a devan pèp Izrayèl la. Yo t'ap di: -Peyi nou ta l' vizite a, peyi nou ta l' chache konnen an, se yon peyi ki pa menm bay kont manje pou moun k'ap viv sou li yo. Epi, tout moun nou wè la se moun ki wo anpil. Sa ki pi rèd, nou wè yon kalite gwonèg bèl wotè, moun ras Anak yo. Devan moun sa yo se krebete nou ye, tèlman nou piti. Se konsa nou te santi nou devan yo" (Nonb 13:32 ak 33).

Avèk deklarasyon yo te fè yo, sa yo te rayalize se te simen lapèrèz nan kè tout pèp la, ap fè yo doute de benediksyon pwomès Bondye yo. Enkredilite fè nou toujou ap doute de Pawòl Bondye epi li fè nou wè difikilte ak obstak yo; pandan ke lafwa fè nou wè difikilte sa yo kòm opòtinite.

C. Lespri sa pa fè Bondye plezi

Pèp la te doute de akonplisman pwomès Bondye a. Sa te fè li bese tèt devan difikilte yo. Yo te kriye epi bougonnen kont Moyiz ak Arawon, epi yo menm te vle mouri nan dezè a oubyen nan peyi Lejip. Se klè ke nou obsève ke izrayelit yo te doute de pouvwa Bondye, epi yo te menm rive akize Bondye paske li te mennen yo jous nan zòn sa pou yo te vin mouri anba kout nepe (Nonb 14 :1-3). Kòm rezilta, yo te pèdi opòtinite pou yo te jwi benediksyon ke Bondye te genyen prepare pou yo a nan tè pwomès la. Nan Nonb 14 :21-23, nou wè repons Bondye fas ak enkredilite pèp la. Li klè ke enkredilite pèp la ak mankman lafwa li a te trè dezagreyab nan je Bondye. Enkredilite pèp la te vrèman nwizan ak dezagreyab pou Bondye; se poutèt sa, li te pini yo sevèman san patipri.

III. Kalèb te genyen lòt lespri

Tout moun sa yo ki te genyen yon lespri negatif, destriksyon ak dout, pandan yo t'ap konsidere tèt yo kòm moun ki déjà pèdi batay la depi avan yo te kòmanse, ak sa ki te bougonnen yo, yo pat resevwa tè pwomès la.

Okontrè, ann wè sa ke Bondye te di Kalèb, nan Nonb 14:24 kote nou li : "Men, paske Kalèb, sèvitè m' lan, pa aji tankou yo, li swiv mwen san gad dèyè, m'ap fè l' antre nan peyi li te al rekonèt la. Pitit pitit li yo va pran peyi a pou yo".

Lespri sa ke Bondye te mansyone se pa Sentespri a; paske mo sa ekri an miniskil. Nan lòt vèsyon biblik, li kite li pi klè kote li fè referans ak fraz "lòt lespri" : "ki montre yon konpòtman diferan" (NVE).

Poze kesyon: Ki lespri oubyen atitid ke Kalèb te montre ki te fè Bondye tout plezi sa yo?

A. Kalèb te genyen yon lespri brav

Pawòl Bondye a siyale : "Kalèb fè moun yo sispann bougonnen sou do Moyiz, li di yo konsa: -Ann moute koulye a. Ann al pran peyi a pou nou. Pa gen anyen la a nou pa ka fè!" (Nonb 13 :30).

Dis espyon yo ansanm avèk tout pèp la te déjà pèdi batay la depi avan yo te kòmanse li. Se klè ke, yo te déjà bay lènmi an genyen. Yo t'ap kriye, yo t'al plenyen di ke Bondye te mennen yo jous la pou yo te vin mouri. Yo ta prefere menm mouri nan dezè a oubyen nan peyi Lejip olye pou yo posede tè ke Bondye te pwomèt yo a. Sepandan, Kalèb pat rete bouch fèmen nan yon kwen; men pito li te leve kanpe devan pèp la. Li te bouke ak rèl avèk repwòch konpatriyòt li yo. Poutèt sa, li leve kanpe epi li di konsa : "Ann moute koulye a. Ann al pran peyi a pou nou. Pa gen anyen la a nou pa ka fè!".

Ki kote fòs ak sekirite nonm sa te plante? Kalèb pat yon nonm ki te genyen gwo lafwa; men pito yon nonm ki genyen lafwa nan yon gwo Bondye. Fòs li te repoze sou konesans li te genyen de Bondye; se pa nan konfyans Izrayèl pou mache pran tè a. Asireman, Kalèb te wè tout mèvèy ak mirak ke Bondye te fè depi lè yo t'ap soti kite peyi Lejip la. Konesans sa de Bondye ak pouvwa li te fè ke Kalèb te genyen kouraj pou fè fas ak nenpòt sikonstans.

Lè nou konsyan de sa ke Bondye kapab fè nan lavi nou ak nan sitiyasyon ke n'ap fè fas yo, n'ap kapab vin tankou Kalèb epi fè fas ak gwo foul moun epi aji avèk sètitid ke n'ap kapab pote laviktwa; paske Bondye la ansanm avèk nou.

B. Kalèb te genyen yon lespri de fidelite

Nonb 14 :24 di konsa : "Men, paske Kalèb, sèvitè m' lan, pa aji tankou yo, li swiv mwen san gad dèyè, m'ap fè l' antre nan peyi li te al rekonèt la. Pitit pitit li yo va pran peyi a pou yo".

Kalèb te deside swiv Bondye; sa vle di, Kalèb te deside mete konfyans li nan Bondye olye pou l' te kwè nan opinyon gran foul la. Sa ki pi fasil la se te obeyi ak presyon an epi kwè nan sa lòt moun yo te di; men Kalèb pat kapab fè sa; li t'ap aji kont prensip li yo. Li te prefere mete konfyans li nan Bondye.

Konbyen nan nou ki prefere rete fidèl ak Bondye nan mitan advèsite? Èske se kont tout avèstisman? Èske se kont tout vwa ki di ke nou pap kapab? Konbyen nan nou ki vrèman mete konfyans nou nan Bondye menm lè tout bagay sanble ap mal mache?

Sa se fidelite. Fidelite a se rete fèm nan mitan pwoblèm ak difikilte yo. Pi bon egzanp ki vini nan lespri mwen se yon pyebwa ki byen plante epi ki byen rasinen nan bon tè, menm si gwo van ak tanpèt vini, pye bwa sa pap brannen. Sa se rete fidèl, fèm manm nan mitan gwo toumant ak opozisyon; paske nou tankou bon pyebwa yo ki byen plante nan pwomès Bondye yo.

C. Kalèb te genyen yon lespri de pèseverans

Kalèb te genyen yon atitid diferan, paske li te yon sèvitè fidèl pandan tout lavi li. Plizyè lane te pase, yo te déjà nan tè pwomès la. Bib la di nou ke sèlman Jozye avèk Kalèb ki te antre nan tè pwomès la. 45 an aprè, Kalèb te genyen 85 an lè li leve l'al kote Jozye avèk yon demann byen espesyal. Ann wè sa avèk anpil atansyon nan pasaj Jozye 14 :6-12 kote nou li bagay sa yo : "Moun branch fanmi Jida yo al jwenn Jozye nan kan Gilgal la. Kalèb pitit gason Jefoune, nan fanmi Kenaz la, di li:-Ou konnen sa Seyè a te di Moyiz, sèvitè Bondye a, sou ou ak sou mwen lè li te lavil Kadès-Banea. Mwen te gen karantan lè Moyiz, sèvitè Seyè a, rete lavil Kadès-Banea, li voye m' al vizite tout peyi sa a. Lè m' tounen, mwen fè l' yon bon rapò dapre sa m' te wè. Moun ki te moute avè m' yo pran dekouraje pèp la. Men mwen menm, mwen te fè tou sa Seyè a, Bondye mwen an, te vle m' fè. Lè sa a, Moyiz fè m' pwomès sa a, li di m': Ou wè ou menm, ou fè tou sa Seyè a te vle ou fè. Se poutèt sa y'a ba ou tout kote ou mete pye ou yo pou ou ak pou tout ras ou apre ou. Gade! Seyè a kenbe pwomès li, li pa kite m' gen tan mouri. Sa te fè deja karannsenkan depi Seyè a te di Moyiz sa. Lè sa a, pèp Izrayèl la t'ap moute desann nan dezè a. Koulye a mwen gen katrevensenkan. Men, mwen santi m' vanyan gason jòdi a tankou lè Moyiz te voye m' al vizite peyi a. Mwen santi mwen ka goumen, mwen ka regle tout zafè m' jan m' te konn fè l' lè sa a. Se poutèt sa, mwen mande ou pou ou ban mwen mòn Seyè a te pwomèt mwen jou sa a. Ou te rive konnen se yon bann gwonèg bèl wotè yo rele anakim ki t'ap viv la. Yo te gen anpil gwo lavil ki te byen pwoteje ak ranpa. Men, mwen kwè Seyè a pral kanpe avè m'. L'a ede m' pran peyi a nan men yo jan li te di l' la".

Kalèb pat bliye pwomès Bondye te fè li sa fè depi 45 an; men pito li te rete fidèl epi ap pèsevere jiskaske li te wè akonplisman pwomès la. Li t'ap rete tann moman sa. Non sèlman li pat bliye pwomès Bondye a; men tou li te pare pou l' te ale batay pou pran sa Bondye te pwomèt li a.

Avèk 85 an, li te genyen menm fòs ke nan kòmansman. Li te déjà yon granmoun, men li pat kite ni tan, ni laj te anpeche li wè akonplisman pwomès Bondye nan lavi li.

Poze kesyon: èske w' genten bliye pwomès ke Bondye te fè w' la? Oubyen w'ap kontinye batay epi pare pou al mache pran sa ke Bondye prepare pou ou a?

Kesyon Opsyonèl:

I. Yon ti kout je dèyè a

- Kimoun ki te bay lide pou al vizite tè a avan, daprè Detewonòm 1 :22?

- Ki nesesite ki te genyen pou al vizite tè a, si Bondye te déjà di kòman li ye?

- Ki entansyon Bondye te genyen lè li te pèmèt yo voye espyon yo al vizite tè pwomès la?

II. Lespri dis espyon yo

- Kisa lespri dis espyon yo te revele? (Nonb 13 :23-33, 14 :21-23)

- Kisa rapò sa te lakoz nan mitan pèp la? (Nonb 14 :1-3)

- Ki repons Bondye te bay fas ak lespri pèp la? (Nonb 14 :21-23).

III. Kalèb te genyen lòt lespri

- Sou kisa kouraj Kalèb te fonde? (Nonb 13 :30, 14-24)

- Kalèb te rete tann 45 ane pase pou li wè akonplisman pwomès ke Bondye te fè l' la. Kisa sa revele nou de li? (Jozye 14 :6-12).

Konklizyon

Bondye genyen anpil gwo pwomès ki prepare pou nou; men lespri ke nou montre a gen pou detèmine si n'ap rive wè akonplisman yo nan lavi nou oubyen non. Dis espyon yo ak pèp la te pèdi opòtinite antre nan tè pwomès la akoz de lespri negatif ak dout ke yo te genyen nan yo a. Sepandan, Kalèb, ki te genyen lòt lespri, li te jwi de tout benediksyon ke Bondye te pwomèt li yo. Ki lespri k'ap viv nan ou?

Yon nonm ke Kris tranfòme

Flavio Martínez (Meksik)

Vèsè pou aprann: "Koulye a pa gen diferans ant moun ki jwif ak moun ki pa jwif, pa gen diferans ant moun ki esklav ak moun ki pa esklav, ant fanm ak gason. Nou tout nou fè yonn nan Jezikri" Galat 3:28.

Objektif leson an: Se pou elèv la viv api pataje eksperyans transfòmasyon ak libète ke Jezi ki se Kris la pwodwi a atravè padon pou peche yo.

Entwodiksyon

Pwen fò lèt Filemon sa twouve li nan vèsè 16. Pòl te di Filemon ke l'ap voye Onezim tounen ba li ankò: "Paske, se pa tankou yon senp esklav ou jwenn li ankò. Koulye a, li plis pase yon esklav pou ou: se yon frè li ye pou nou nan Kris la, yon frè mwen renmen anpil. Men, ou menm ou dwe renmen li pi plis pase m' ankò. Pa sèlman tankou nenpòt ki moun, men tankou yon frè nan Seyè a".

Nenpòt moun k'ap chèche yon travay, li toujou bezwen pote yon lèt rekòmandasyon k'ap pèmèt yo aksepte li malgre yo pa rekonèt li oubyen pa genyen eksperyans ki rekòmande a. Anpil antrepriz k'ap chèche travayè mande youn oubyen plis lèt rekòmandasyon kòm kondisyon pou okipe yon plas vid.

Sa ki te pase avan nan istwa yo se bagay ki byen enteresan. Lèt sa te ekri lè apot Pòl te nan prizon nan lavil Wòm. Li sanble marasa ak lèt moun Kolòs yo (Kolosyen 4 :8-9). Filemon te ekri nan menm dat ak lèt kolosyen yo; sa te fèt nan ane 62 anviwon aprè Kris. Lèt sa se te pou Filemon, yon zanmi Pòl, ke li te jwenn pou Kris epi ki t'ap viv nan lavil Kolòs.

I. Onezim te fè Filemon mechante

Nou pa twò asire de sa Onezim te fè Filemon (Filemon 18). Yo fè konnen ke Onezim te kouri al mawon aprè li te fin vòlò zafè Filemon pou peye transpò a, kote li te panse ke sa t'ap rete konsa san devwale. Nan mond grekowomen an, kouri al mawon te lakoz gwo pwoblèm. Se pat sèlman pou mèt esklav yo; men tou pou administrasyon piblik women an. Yo di ke Wòm te genyen "popilarite paske li te yon kachkach" pou esklav yo.

Sa kapab rive ke Onezim te travay pou Filemon; yon fason pou l' te peye dèt li te genyen yo. Nan epòk sa, si yon moun te genyen dèt ki pa peye, li te kapab pran prizon. Pou evite sa, pafwa yo te konn siyen yon kontra avèk kèk moun ki rich pou travay pou yo gratis pou yon kantite tan pou peye dèt la. Oubyen petèt, Filemon te konfye Onezim richès li yo, epi li pat kapab kenbe tèt ak tantasyon pou vòlò yon bagay epi chape poul li.

II. Onezim te rive nan lavil Wòm

Nan epòk sa, Wòm te byen lwen ak Kolòs. Onezim te twouve li nan yon distans de 1, 400 kilomèt de kay li. Li te konnen ke li te mal aji epi li te eseye chape poul li kòm konsekans vòl li a (Filemon 10-12).

Petèt, li te itilize lajan li te vòlò lakay Filemon an pou l' te vwayaje. Lèzòm pa genyen okenn move entansyon nan kè li lè pa genyen lajan.

Li pwobab pou Onezim te panse kòmanse yon lavi tou nèf nan peyi sa, atravè opòtinite ke yon gwo vil te ofri espesyalman nan edikasyon ak kilti. Oubyen petèt li te panse :"Mwen pral aprann yon metye; mwen pral kichòy nan lavi a". Epi an reyalite, genyen anpil moun ki vwayaje al rete nan anpil gwo vil avèk objektif sa. Poutan, lavi nan lavil Wò nan te pi mal pase sa nan lavil Kolòs la.

Lavi a trè solitè pou yon etranje nan yon gran vil, epi Onezim pat fè ladiferans. Li te abandone paran ak zanmi l' yo nan Kolòs; epi chak kontak li avèk moun te enpèsonèl.

III. Konvèsyon Onezim nan

Lavi tounèf ke Onezim te jwenn nan lavil Wòm nan (Filemon 10-14)

A. Li te rive nan pòt Pablo a

Li posib ke Onezim te byen rekonèt Pòl, oubyen oumwens te konn tande pale de li atravè Filemon; menm si nou pa wè kote ki di ke Pòl te konn al vizite Kolòs nan vwayaj misyonè li yo, li te konn vwayaje pase nan zòn sa epi li te rekonèt Filemon.

Kòman Pòl te fè rankontre ak Onezim? Bib la pa ban nou enfòmasyon sa. Sepandan, lè libète a te sispann konsidere kòm yon bagay nouvo pou Onezim, li pwobab ke li te vin rann li kont ke li te tonbe nan yon sitiyasyon ki se yon gwo angajman. Nan lavil Wòm te genyen yon kò polisye espesyal ki te la sèlman pou pèsekite esklav ki nan mawon yo, pliske sa te konsidere kòm youn nan ofans ki te pi grav yo nan tan lontan. Esklav sa yo ki te genyen mak sou fontenn yo avèk fè cho. Byen souvan, yo konn fè yo pase anpil mizè, mare yo dèyè cheval pou trennen yo oubyen kloure yo sou kwa yon fason pou bay lòt esklav yo pa swiv egzanp yo. Sa ki plis pwobab la se lè lajan te fini nan men l' epi li pat kapab jwenn okenn kote pou l' te kache ni travay, Onezim te mande Pòl sekou, de moun sa li te konn tande y'ap pale de li lakay Filemon.

B. Li te mande Pòl sekou

Pòl te konnen ke pi bon sipò ke li te kapab bay Onezim se te mete li nan chemen Kris la.

Nonm sa ki te yon esklav nan kòmansman, apre sa ki te rann li kont li te yon esklav ki te an libète, epi te genyen yon libète nan esklavaj. Lè li te yon esklav, li pat enkyete li pou kote li te dwe al dòmi, oubyen kisa li ta pral manje; paske mèt li te bouche vid sa yo. Men yon fwa li te an libète epi nan lavil Wòm, li te genyen yon vrè pwoblèm. Nou kapab imajine nou Onezim k'ap mache nan yon vil nan Wòm yon jou, epi li t'ap gade yon gwoup moun k'ap koute pawòl yon nonm. Sa kapab rive ke Onezim te fofile kò l' nan gwoup la; li pase devan; epi li te wè ke nonm sa se te (Pòl) ki te nan chenn. Onezim te kouri anba chenn epi li te panse li te lib; men lè li te tande nonm sa ki rele Pòl la, asireman li di nan kè l' : "Nonm sa lib epi mwen se yon esklav apeti; mwen se yon esklav ekonomi ak tristès. Jiskaprezan mwen se yon esklav; men, nonm sa a, menm si li nan chenn, li lib".

Aprè moun yo te fin ale, Onezim te pwoche bò kote Pòl. Li te vle konnen plis bagay sou Pòl t'ap preche a, epi apot la te ede l' konnen Kris la. Li te prezante li levanjil la; li te esplike l' kòman Kris te mouri pou li; kòman yo te antere li, epi kòman sou twazyèm jou a li te leve soti vivan nan lanmò. Li te mande Onezim pou l' te depoze konfyans li nan Kris la, epi se konsa li te fè li. Depi nan moman sa, Onezim te rive vin yon nouvo kreyati nan Jezikris.

Pi bon bagay ke nou kapab fè pou moun yo se ede yo fè konesans avèk Kris. Pwoblèm sosyal yo gen rasin yo nan pwoblèm espirityèl yo. Lòm toujou vle genyen libète; men nan tan n'ap viv la, genyen plizyè milyon moun ki se esklav alkòl oubyen dwòg. Genyen plizyè lòt ki se esklav lajan. Yo pa lib, menm

si yo sanble sa. Nan tan n'ap viv la, anpil anfle ak lògèy pou di ke yo lib. Yo panse ke yo lib. Kris ofri libète ki pi gwo pase tout esklavaj nan mond lan. Se libète ke tout moun ta dwe jwi.

IV. Retou Onezim nan

A. Li retounen ak pwòp volonte li

Nou genyen yon pwen ki vrèman enteresan la: Yon esklav, yon vòlè ki retounen ak pwòp volonte li lakay patwon li yon kote li fin vòlò epi t'al nan mawon, san li pa konnen ki kalite akèy li ta gen pou li resevwa nan retou a (Filemon 15-17). Ann raple nou ke daprè lalwa nan epòk sa yo, li te entèdi pou Onezim te retounen lakay patwon li epi Filemon te kapab fè nenpòt sa ke li te vle avèk esklav li a. Li te genyen dwa pou li te pini li e menm touye li. Si lalwa te enèdi yon gwo sakrifis pou Pòl lè li te separe tèt li de yon pati nan li (v.13), sa mande yon kouraj ak ris ki pa piti bò kote Onezim. Sepandan, nouvo konsèp lavi a avèk nouvo konsèp relasyon entèpèsonèl yo te pèmèt li retounen lakay Filemon.

Imajine w' ak sèn nan nan fwaye Filemon lè lèt sa te rive. Nou kapab imajine nou ke yon jou maten konsa, pandan Filemon kanpe nan jaden l' lan, ap gade nan direksyon lari a, lè li wè genyen yon moun k'ap vini. Li di madanm li konsa: "Cheri, genyen yon moun k'ap vin wè nou, Pandan madanm nan wè moun nan k'ap kontinye avanse, li panse ke li te konnen kimoun li ye epi li di konsa: èske w' konnen yon bagay cheri? Mwen swete ke se twonpe mwen twonpe, men ta sanble ke moun sa k'ap vini an se Onezim wi, vòlè k'ap retounen isit la ankò. Anmezi li te kontinye ap avanse pi prè, Filemon wè ke se te Onezim.

Efektivman, se sa ki te kouri epi pèdi lonè a; sa ki t'ap kache pou lajistis la. Filemon te leve de men li anlè epi di konsa: Rete, men finalman ou retounen lakay! Pa vre? Kisa ki mennen w' la ankò? Nou kapab imajine nou ke apre sa Onezim pa reponn anyen, pliske li konnen sa pap itil li anyen pou l' tante defann tèt li; sinon sèlman remèt lèt Pòl la avèk limit. Filemon ouvè lèt la ki te ekri sou fòm woulo epi li kòmanse li.

B. Yo voye li kòm yon moun diferan

Filemon 10 di konsa : "m'ap mande ou yon favè pou.

Onezim, yon pitit mwen fè nan Kris la antan m' la nan prizon an". Nou wè la kote Pòl eseye kreye nan lespri Filemon yon enpresyon ki favorab pou moun sa, epi yon senpati pou moun li ekri a tou. Deskripsyon an sensè anpil: "m' pito mande ou rann mwen sèvis sa a nan non Kris la ki renmen nou: wi, mwen menm Pòl, tou vye granmoun jan m' ye a, atout mwen nan prizon poutèt Jezikri" (v.9).

Ekspresyon sa se yon metafò pou endike ke li te jwenn yon moun ki konvèti nan Kris la.

Avèk yon rekòmandasyon konsa, li pa difisil pou nou imajine nou ki kalite ak nouvo konsèp sèvis ke Onezim te aprann. San dout, li te pare pou bay Filemon menm swen ak atansyon nan sèvis ke li te bay Pòl yo volontèman.

Bondye te itilize apot Pòl pou chanje esklav la an yon frè byenneme; vòlè a an yon sèvitè. Lè Onezim te fin konvèti, li te vin tounen yon moun vrèman itil. Li tranfòme atravè gras Bondye a. Onètete, egoyis, dwèt long (vis ki komen nan esklav yo) tout te disparèt avèk pouvwa verite libète a.

Kounye a, kòm kretyen, li t'ap travay avèk yon nouvo konpòtman, pandan l'ap eseye fè moun plezi pou lanmou li genyen pou Kris la.

Onezim te vin yon moun ki konfyab. Nan tan pase, li pat itil, neglijan de responsablite li yo, yon vag epi mawonyè; epi sa ki pi mal la, totalman enfidèl. Men kounye a, li te vinitil, ni pou ou ni pou mwen (v.11). Li pwobab pou lè Filemon te sonje non Onezim nan, lespri li te fè li panse ak li kòm yon move demon. Pòl, nan ti blag li yo, li di ke Onezim itil li epi pou Filemon tou. Men pawòl jwèt yo: "Anvan sa, li pa t' vo anyen pou ou, men koulye a, li vo kichòy ni pou ou ni pou mwen. M'ap voye l' tounen ba ou koulye a tankou pitit pa mwen" (vv.11-12). Dènye ekspresyon sa siyifi voye tounen; nan menm fason ke yon prizonye retounen nan yon lòt tribinal.

Onezim te rive itil apot la pandan moman li te nan prizon an. Pliske se pat yon vyolasyon lalwa ak abi kont dwa Filemon, Pòl ta pèmèt li rete avèk li (vv.13-14). Nan lòt lèt la ki ekri plis oubyen mwens nan menm tan epi dirije ak kongregasyon ki te reyini lakay Filemon, Pòl te rele Onezim konsa: "Frè Onezim ki moun menm kote ak nou ap vin ansanm avè li. Se yon bon zanmi mwen renmen anpil. Yo tou de va di nou sa k'ap pase bò isit" (Kolosyen 4:9a). Pawòl sa yo demontre ke Onezim te gentan demontre ke li konfyab.

Poutan, li enpòtan pou nou konprann ke Pòl pat libere Onezim de mal ke li te fè a (Filemon 15-16); men pito li vle pou Filemon wè epi konsidere bèl pouvwa Bondye a. Kòm si li ta di : "Gade men Bondye nan evènman sa". Bondye te sèvi ak move aksyon Onezim nan pou fè soti yon bon bagay. Epi sa te bon ni pou mawonyè a ni pou Filemon. Dènye sa ki te pase a se sipò yon esklav pou yon kout tan. Apre sa, yo ta gen pou yo reyini pou toutan! Se paske lyen ki te mare ant mèt ak esklav la te kraze diran titan sa ki te genyen ladan li kouri ak retounen an. Yon tan après, linyon ant de mesye sa yo te vin tankou

linyon de frè nan Kris la; epi ki pap janm kraze ankò, ni la sou tè a, ni nan lavni. Sa se te plan Bondye, bèl objektif li a.

Nan tout ka, Onezim te retounen nan lavil Kolòs avèk yon nouvo pèsonalite, avèk panse li transfòme gras ak pouvwa levanjil la. San dout, nonm sa te rive vin yon kretyen fidèl nan kongregasyon vil sa. Bib la pa di nou si après yon tan Filemon te libere Onezim nan esklavaj la. Poutan, avèk yon vizyon espirityèl, esklav prizon an te vin lib (1 Korentyen 7 :22). Jounen jodi a, genyen anpil transfòmasyon konsa k'ap pwodwi. Lè moun yo mete prensip biblik yo an pratik, sitiyasyon li chanje.

Selon San Jerónimo, Onezim te rive vin predikatè levanjil; epi après sa, li te vin yon evèk nan lavil Efèz anba lòd apot Pòl. Après sa, Onezim te pran prizon epi depòte nan lavil, kote li te mouri anba kout wòch epi yo te koupe tèt li.

Kesyon Opsyonèl:

I.   Onezim te fè Filemon mechante

- Dekri sa w' konsidere ke Onezim te fè Filemon ki mal (Filemon 18).
- Ki mal nou kapab fè moun k'ap dirije nou yo nan tan ke n'ap viv la?

II.   Onezim rive nan lavil Wòm

- Kisa w' panse ki te lakoz Onezim te kouri al kache nan lavil Wòm? (Filemon 10-12)

III.   Konvèsyon Onezim nan

- Kisa ki montre chanjman nan Onezim après li te fin fè eksperyans konvèsyon li a? (Filemon 12-14)
- Kòman chanjman yo te manifeste byen klè après w' te fin konvèti nan Seyè a?

IV.   Retou Onezim nan

- Dekri ki difikilte ke w' konsidere ke Onezim ta fè fas lè li retounen lakay mèt li san lèt rekòmandasyon Pòl la? (Filemon 15-17)
- Nan ki fason ou eseye repare erè ke w' te komèt avan w' te konvèti yo?

Konklizyon

Lè yo pechè tounen vin jwenn Bondye, lavi li transfòme avèk pouvwa Bondye a. Après li te fin yon moun initil pou li menm epi pou lòt moun, li vin tounen yon benediksyon pou lòt yo. Sa se yon bèl ankadreman sou Kalvè a. Kris te jwenn nou kòm yon esklav mawonyè ki te vyole lalwa; sa vle di, rebèl. Men, li te padone epi identifye li avèk nou. Li monte kwa a epi peye dèt nou an. Epi jodi a li rele nou pou nou itil nan akonplisman misyon l' lan.

Itil pou ministè a

Marcos Cisneros (UU.EE.)

Vèsè pou aprann: "Se Lik sèlman ki la avèk mwen. Pran Mak avèk ou lè w'ap vini. La ban m' yon bon kout men nan travay la" 2 Timote 4:11.

Objektif leson an: Ankouraje elèv la kontinye avèk karyè kretyèn nan, epi menm si pafwa li pa wè rezilta sa li te vle yo, pa dekouraje; men pito, kontinye avanse jiskaske li rive ye tout sa ke Bondye te planifye pou lavi l' la.

Entwodiksyon

Panse avèk kontrè mo itil la fè nou mal alèz; déjà ke pa genyen okenn moun, ni pèsòn ki vle gen anyen pou wè ak sa ki relye mo "pa itil" la. Sepandan, anpil fwa n'ap genyen pou nou fè fas pwòp enkonpetans nou pou akonpli responsablite nou yo, oubyen travay ke lòt yo ap atann pou nou fè.

Nan leson jodi a, nou pral aprann epi nou pral leve defi pou nou toujou kontinye pou pi devan epi pa bay legen. Pa janm kite sikonstans yo, oubyen opinyon lòt moun defini sa nou ye vrèman, sa ke Bondye vle pou nou ye a. Objektif nou nan lavi byen klè : Rive ye tout sa ke Bondye atann de nou, epi rive ye tout sa ke Bondye vle pou nou ye…epi pa konfòme nou avèk anyen ki pi piti.

I. "Pou ti non jwèt Mak"

Èske genyen kèk diferans lè yo rele yon moun nan ti non jwèt li epi se pa nan non li dirèkteman? Èske w' genyen oubyen èske w' te genyen kèk ti non jwèt? Kòman w' te santi w'?

Jan te gen ti non jwèt li ki te Mak kote nou jwenn li atravè plizyè istwa biblik, li te yon jèn familye ki t'ap byen devlope nan matirite li. Li te vrèman enterese pou li te fè anpil dekouvèt nan mond lan; menm si jiskaprezan li pot ko pare vre.

Ti non jwèt li a Mak, pita nan lavi li, ta vin nouvo ak vrè idantite li andedan ministè Kris la.

Daprè Travay 12 :12, Jan, li menm ki te gen ti non jwèt li ki se Mak, se te pitit Mari, epi daprè Kolosyen 4 :10, Jan Mak se te nive Banabas tou. Pi devan, nan leson sa a, nou pral wè de vèsè sa yo avèk plis atansyon.

II. Jan Mak avèk Mari

Bib la di konsa :"Lè l' vin konprann sitiyasyon an, li ale dwat kay Mari, manman Jan, ki te gen yon ti non Mak. Te gen anpil moun sanble la, yo t'ap lapriyè" (Travay 12:12).

Jiska moman sa, li pat fasil pou Banabas avèk Pòl; paske yo t'ap fè fas ak tribilasyon ak soufrans nan premye vwayaj misyonè yo a. Lè Jan Mak te wè tout sitiyasyon ke mesye yo t'ap andire, li te pran desizyon retounen lakay manman li, Mari.

Nou wè sa byen klè nan vèsè sa :"Pòl ak kanmarad li yo pran batiman nan lavil Pafòs, y' al lavil Pèj nan peyi Panfili. Antan yo la, Jan Mak kite yo, li tounen Jerizalèm" (Travay 13:13).

Kilès Mari, manman Jan Mak te ye? Lè legliz la te kòmanse nan lavil Jerizalèm, disip yo te bay reyinyon yo anpil enpòtans, san gade kantite pwoblèm oubyen menm pèsekisyon. Nouvo kwayan yo, moun ki te sanntifye ak pouvwa Sentespri yo te konn toujou chèche rezon pou yo ansanm : "Toulejou, yo tout reyini ansanm nan tanp lan; yo te konn separe pen an bay tout moun nan kay yo, yo te manje ansanm avèk kè kontan san okenn pretansyon" (Travay 2 :46). Sa vle di, yo te konn reyini nan tanp lan ak nan kay selil yo tou.

Wi, Nan kay selil yo! Epi youn nan kay sa yo se te kay Mari, manman Jan Mak. Li te ouvè pòt kay li pou kretyen yo te rasanble. Yo te konn rasanble pou priye, selebre Repa Seyè a, etidye doktrin apot yo, adore Seyè a, ranfòse akonpayman, ak plizyè lòt bagay ankò (Travay 2 :41-47).

Padan peryòd pèsekisyon kont legliz la, yo te trennen Pyè ale nan prizon. Anpil nan yo te pè, epi anpil nan kay yo te fèmen pòt yo; sepandan, disip yo te konn toujou rasanble lakay Mari pou priye pou lòt kretyen yo an kachèt. Kay li te yon kote disip yo te konn rasanble pou yo priye (Travay 12 :12).

Anplis de sa, pandan pèsekisyon an, Mari te kontinye rele Seyè a; li fè kretyen yo vin rasanble lakay li. Sa demontre ke li te yon sèvant pridan ki te renmen Seyè a. Kay li te yon referans pou apot yo; paske lè Pyè te libere nan prizon an, li te ale lakay Mari dirèkteman (Travay 12:12-16).

Pou Mak ki te retounen lakay li akoz de sitiyasyon pèsekisyon ak soufrans lan se yon bagay ke nou kapab konprann; pliske se te yon jèn.

Sepandan, li pwobab ke manman li te konsole l' epi ankouraje l' sèvi Seyè a.

Si se ou menm ki te manman Jan, kisa w' t'ap fè fas ak sitiyasyon sa? Li te dwe di pitit li a pou l' pat abandone fas ak difikilte yo. Asireman, li te ankouraje li pou l' te retounen al vwayaje avèk apot yo epi li te ankouraje l' retounen ansanm ak tonton li Banabas. Mak te koute pawòl manman l' yo, li te obeyi epi retounen nan peyi Antyòch.

Malgre Pòl te refize li, li te kontinye vwayaj la avèk Banabas pou peyi Chip (Travay 15 :37-40).

III. Jan Mak avèk Banabas

Nan Kolosyen 4 :10, nou li :"Aristak ki nan prizon ansanm avè m' voye bonjou pou nou. Mak, kouzen Banabas la, voye bonjou tou. Mwen te deja di nou sa pou nou fè pou li: resevwa l' byen si l' vin lakay nou". Jan Mak se te nive Banabas. Relasyon ki te egziste ant Jan Mak avèk Banabas pat sèlman familyal; men tou Banabas te genyen dezi pou nive l' la te fè pati travay misyonè a nan epòk sa. Menm si sa te bay yon ti pwoblèm ak gwoup misyonè ke Pòl li menm te etabli a. Nan okazyon pita, Banabas te vle tounen ak Jan Mak; sepandan, nan okazyon sa, Pòl pat dakò. Sa te pèmèt ke non sèlman Jan Mak pat ale; men tou te vin genyen yon akò ant Pòl ak Banabas. Sa te lakoz ke yo chak te pran direksyon pa yo : Banabas ak Mak t'ale Chip; epi Pòl ak Silas t'al Lasiri ak Silisi.

Se enteresan, epi nou kapab mansyone ke aprè ensidan sa, non Banabas pa tounen site nan istwa biblik la ankò. Kisa w' kwè ki te pase? Èske sa se ta pri ke Banabas te oblije peye lè li te pèmèt nive l' la Jan Mak kontinye ministè a? Se sèten ke sa se sèlman kèk lide; pliske nou pa vrèman konnen reyalite a. Poutan, sa ke nou konnen vre, se ke Banabas te akonpli misyon ak ministè li.

IV. Jan Mak avèk Pòl

Petèt, relasyon antrenè-disip ant Pòl ak Jan Mak la pat menm jan ak Pòl avèk Timote, oubyen menm Tit. De dènye sa yo te de jèn kolaboratè ak sipòtè apot Pòl; sepandan, menm si atravè plizyè etap diferan ak

avni diferan, twa jèn yo (Timote, Tit ak Jan Mak) yo te rive vin sèvitè ki itil. Epi sa se pat sèlman pou Pòl; men tou pou ministè a.

Nou wè kote lavi Jan Mak soti ak relasyon li avèk apot Pòl. Aspè sa yo pral ede nou wè pwosesis ak pwogrè nan lavi Jan Mak; déjà jan nou pral siyale a, konfyans yo t'ap ogmante, angajman ak dedikasyon. Nan moman difisil nou yo, nou dwe toujou sonje ke Bondye pa mete fen ak misyon li nan lavi nou jiskaprezan. Yon echèk pa detèmine rès lavi nou. Ann sonje ke final la ta kapab yon nouvo kòmansman.

A. Pòl mande pou Jan Mak pa ale avèk yo, paske li te abandone yo nan peyi Panfili

Travay 15 :38 di konsa:"Men, Pòl pa t' kwè se te yon bon lide pou yo te mennen l', paske, dènye fwa a, li te pati kite yo nan Panfili, li pa t' rete nèt ak yo jouk vwayaj la te fini". Malgre tout efò Banabas, Pòl pat vle mennen Jan Mak avèk yo. Menm si yo tou de te pran direksyon diferan, an reyalite, se Jan Mak ki te lakoz separasyon an. Pòl te wè nesesite a, Banabas te wè posiblite a. Lavi a se yon risk toutan. Se sa ki fè ke nou dwe toujou mande Bondye direksyon ak sekou pou nou travèse risk yo "pi bon risk la".

B. Pòl mande pou yo resevwa Jan Mak

Pou sa ki te vin rakonte aprè a, Pòl te ekri bagay sa yo :"Aristak ki nan prizon ansanm avè m' voye bonjou pou nou. Mak, kouzen Banabas la, voye bonjou tou. Mwen te deja di nou sa pou nou fè pou li: resevwa l' byen si l' vin lakay nou" (Kolosyen 4:10).

Èske w' kapab wè chanjman ki vin genyen nan relasyon Pòl avèk Jan Mak la? Pou moman sa, li pat yon jèn ke Pòl t'ap refize mennen avèk li nan vwayaj la ankò; kounye a, se te mesaje ak pòtè kòmandman yo. Pòl di konsa:"Si li ale jwenn nou; resevwa li". San dout, li te rejwenn konfyans gran apot la. Pòl, nan sajès li, li te genyen yon lespri enb lè li aksepte epi rekonèt sa ke Bondye te fè nan lavi Jan Mak.

Petèt, se te presyon moman an ak ijans nesesite ki pat pèmèt gran apot la wè tout kapasite jèn disip la; espesyalman, sa ke Bondye te vle fè nan tou de a.

C. Li mande pou yo mennen l' ba li

Ann li vèsè sa :"Se Lik sèlman ki la avèk mwen. Pran Mak avèk ou lè w'ap vini. La ban m' yon bon kout men nan travay la" (2 Timote 4:11).

Nan moman sa, se Pòl menm ki te mande pou yo mennen Jan Mak ba li. Se yon gran diferans! Li menm ki te mande pou jèn sa te ale; apre sa, li te mande pou yo mennen l' ba li. Men li te di sa se pat sèlman pou mennen li; men se fa9son Pòl eksprime l' la :"…l'ap itil mwen pou ministè a…". Yon moun ki pat itil yon lè. Bondye te tèlman travay nan Jan Mak ki fè lavi li te vin itil.

Nan yon okazyon, youn nan pwofesè m' yo di konsa : "Nou tout enpòtan; pèsòn pa endispansab". Jan Mak pat janm endispansab pou Travay Ministè a; men an reyalite li te trè enpòtan.

D. Jan Mak rete kòm kolaboratè avèk Pòl

Apot Pòl te ekri Filemon : "Mak, Aristak, Demas ak Lik k'ap travay ansanm ak mwen, yo tout voye bonjou tou. Se pou benediksyon Jezikri, Seyè nou an, toujou la avèk nou" (Filemon 24).

Jèn sa ki te kouri kite vwayaj misyonè a san a mwatye a; kounye a li te rete bò kote apot la kòm yon kolaboratè. Ala gwo diferans ane eksperyans yo fè! Ala gwo diferans rete fèm ak fidèl la fè, pandan n'ap wè sa Bondye kapab fè nan lavi yon moun! Fè yon ti reflechi sou sa pou yon moman : Si Mari te dekouraje ak pitit li a; si Banabas te dekouraje avèk nive l' la epi pat vle ankouraje Jan Mak; si Pòl te dekouraje nèt epi pat janm tounen envite Jan Mak; Si Jan Mak te dekouraje epi pat janm reeseye ankò, kisa ki t'ap tèm leson sa? Èske w' dekouraje avèk yon moun, oubyen ou sou wout pou w' dekouraje? Èske w' sou pwen pou w' dekouraje ak pwòp tèt ou? Fè yon ti reflechi ak lavi Jan Mak yon lòt fwa ankò. Men jiskaprezan gen pi plis toujou…

V. Jan Mak avèk Pyè

Bib la di nou nan 1 Pyè 5 :13 : "Legliz Bondye chwazi nan lavil Babilòn lan voye bonjou pou nou, ansanm ak Mak, pitit mwen an" (1 Pyè 5 :13).

Pyè di konsa : "Mak pitit mwen!" Mwen konnen ke nou di : "Amèn!"; men nan moman sa, lè nou li ekspresyon sa, mwen vle di ke : "Wow! Ala gwo eksperyans, Ala gwo devlopman, Ala gwo kwasans!" Nou pa genyen tan pou nou devlope tout relasyon ak enfliyans ke Pyè te genyen sou disip li Jan Mak; sèlman koute Pyè ki di ak tou kè li : "Jan Mak pitit mwen!". Sa ranpli kè nou avèk esperans, kouraj ak enspirasyon.

Mak, li menm ki te rele Jan, pitit Mari, nive Banabas, disip Pòl epi pitit espirityèl Pyè, li te vin otè Levanjil selon Mak. Li menm ki pat itil nan kòmansman, pita, Bondye te itilize li pou ekri yon si bèl ak si bèl liv enpòtan nan Bib la. Wi, Bondye te fè l' pase atravè plizyè chapit nan lavi li; men se toujou avèk yon vizyon ki klè!

Kesyon Opsyonèl:

I. "Pou ti non jwèt Mak"

- Kilès moun Jan Mak te ye? Daprè Travay 12 :12, 13 :13 ak Kolosyen 4 :10.

II. Jan Mak ak Mari

- Etandone ke nou konnen Mari kòm yon sèvant ki fidèl (Travay 12 :12-16), ki wòl li te jwe nan retou Jan Mak la?

III. Jan Mak avèk Banabas

- Daprè Kolosyen 4 :10, ki relasyon ki te egziste ant Banabas avèk Mak?
- Kisa ki te pase nan Travay 15 :37-40?
- Panse epi ekri non twa moun ki te kontribye nan kwasans espirityèl ou?
- Ki twa pi gwo defi nou ki fas lè nou eseye sèvi yon moun gid?

IV. Jan Mak avèk Pòl

- Daprè Kolosyen 4 :10; 2 Timote 4 :11 ak Filemon 24, ki atitid Pòl te afiche?

V. Jan Mak avèk Pyè

- Kòman Pyè mansyone Jan Mak li nan 1 Pyè 5 :13? Kisa sa siyifi pou ou?
- Kimoun k'ap antrene w' kòm disip? E ou menm, ki moun w'ap antrene? Pataje.
- Baze nan leson ke nou aprann nan jou sa, osijè de Jan Mak, Pòl ak Banabas; ki avantaj ki genyen nan envesti tan, konfyans, efò ak dedikasyon nan lavi lòt moun?

Konklizyon

Èske w' kwè ke Bondye kapab fè gwo bagay nan lavi ou? Rete fidèl, fè efò, aprann de lidè ak dirijan ke Bondye mete bò kote w' yo. Ap toujou genyen yon 'Mari', yon Banabas, yon 'Pòl', ak yon 'Pyè'. Bondye ap toujou voye yon moun sou chemen w' ki pou ede w'; yon fason pou w' kapab vin itil pou ministè a. Petèt, ou déjà itil; sepandan, Bondye pral vle w' nan yon dimansyon ki pi wo, oubyen ede w' avanse yon pa anplis nan lavi w'. Petèt, Bondye genyen yon 'Jan Mak' prepare pou ou. Pa dekouraje! Pa konfòme avèk yon ti kras!

Mirak ak objektif

José Barrientos (Gwatemala)

Vèsè pou aprann: "Li di l' konsa: Al lave figi ou nan gwo basen Siloe a. (Mo Siloe sa a vle di: Moun yo te voye a.) Avèg la ale, li lave figi li. Lè l' tounen, li te ka wè nan tou de je l' yo" Jan 9:7.

Objektif leson an: Se pou elèv la konprann ke mirak Bondye yo fè pati plan delivrans li a epi y'ale pi lwen pase satisfè yon nesesite fizik. Sa yo transande espirityalite non sèlman moun ki resevwa l' la, men moun k'ap obsève yo tou.

Entwodiksyon

Youn nan kantik ki beni legliz la sa fè byen lontan li gen pou tit "Gras san parèy". Otè li, John Newton se te yon kapitèn bato esklav. Aprè li te fin aksepte Jezi, li te abandone pwofesyon l' lan epi mete lavi li apa pou sèvis legliz la. Menm si li te fini avèg, nan lèt kantik la, li te ekri yon fraz ki revele chanjman li: "Mwen te avèg, kounye a mwen wè". Jan 9 bay istwa osijè de yon avèg, li menm ke lè li te obeyi lòd Jezi te ba li a, li te wè. Aprè li te fin resevwa mirak sa, yo te mete li deyò nan sinagòg la; men, Jezi te oryante li osijè de moun sa yo ki kapab wè, yo avèg. Nou pral wè plizyè leson ki soti nan mirak Jezi te fè, yo menm ki pral ede nou afime lafwa nou epi anvi wè rega Jezi sou lavi nou.

I. Kimoun ki te peche, nonm sa oubyen paran l' yo?

Aprè Jezi te fin sibi tantasyon nan dezè a, li te kòmanse ministè li pandan li t'ap site pasaj ke li te li nan sinagòg la, sa ki dekri misyon li (Lik 4:18). Depi nan kòmansman ministè li, Jezi te fè anpil mirak gerizon. Nan okazyon sa, nou fas ak youn ladan yo, li menm ki rakonte avèk anpil detay. Sa rive ke nan chemen kote Mèt la t'ap pase a te genyen yon nonm avèg, epi fas ak yon moun ke vwayajè yo te konn afiche plizyè kalite konpòtman (Jan 9:1-12).

Jezi te detèmine pou li te akonpli misyon li. Pou rezon sa, Li te idantifye moun ki te pèmèt li egzekite plan delivrans li a. Pou Jezi, avèg sa se yon moun ki t'ap eksperimante yon nesesite; se poutèt sa ke nou wè ke "rega" li pat rete endiferan. Jezi te déjà fasafas ak avèg la, epi li te genyen yon objektif lè li te fikse rega l' sou li. Nou wè sa byen klè nan sa ke li te di disip li yo: "Toutotan l' fè klè toujou, se pou m' fè travay moun ki voye m' lan ban m' fè a. Talè konsa pral fè nwit, pesonn p'ap ka travay" (Jan 9:4).

Seyè a te atende nesesite nonm avèg la nan moman sa; men tou li te siyale move ansèyman ke disip yo te kwè nan li a. Nan tan sa, pèp jwif la t'ap viv yon moman kote ke dirijan li yo te santre yo nan bay privilèj ak tradisyon ki anfavè dirijan yo, pandan ke yo t'ap fè pèp la plis plonje nan inyorans.

Akoz de sa ki nou sot wè a, Jezi anplis de sa pale de yon koz avègman nonm sa ke kontrekare konpreyansyon nou sou sa k'ap pase sou tè a.

Akoz de ansèyman ke disip yo te konn resevwa yo, yo te kòmanse ap pale anpil ak fè entèvansyon. Yo te soti nan yon konsèp kote ansèyman yo te repoze sou do moun k'ap dirije koze relijye pèp la sèlman. Dominasyon womèn nan te pèmèt moun ki te anba dominasyon yo prezève kèk pratik kiltirèl ki pat yon menas pou gouvènman an. Poutan, gouvènman women an te chwazi yon kalite dirijan ki pou reponn ak enterè pa yo a, epi aprè sa se yo ki konn fè egzekite lòt gouvènman yo. Konsa, dirijan jwif yo te konfòme yo nan benefisye, e menm ale pi lwen pase sa women yo mande.

Se sa ki fè ke disip yo te kwè nan tradisyon ki te fè konnen ke fèt avèk yon domaj, tankou avègman, se te rezilta peche.

Petèt, ansèyman sa te baze nan tèks Pantatèk (Egzòd 20:5; Detewonòm 5:9), kote li di nou ke Bondye vizite mechanste paran yo pou plizyè jenerasyon. Sepandan, Ezekyèl eklèsi ke: "Lavi tout moun, papa, manman kou pitit, se pou mwen yo ye. Moun ki fè peche a, se li menm k'ap mouri" (Ezekyèl 18:4). Ann konsidere ke disip yo pat wè sa Jezi te wè a; men pito yo te wè opòtinite pou satisfè kiryozite yo: "Kimoun ki te peche?" Jezi te reponn sa byen senp; men byen pwofon: "Jezi reponn yo: Se pa ni peche pa l' ni peche manman l' ak papa l' ki lakòz sa. Li fèt avèg, se pou moun ka wè sa pouvwa Bondye a ka fè nan li" (Jan 9:3). Lè li di sa, li te aji sou lavi nonm avèg la.

Men, jwif yo te wè yon moun ke yo pa konnen (v.18). Nan chemen kote n'ap pase yo, nou toujou wè moun enfìm ki pran plas yo ki genyen anpil trafik ki fè moun gen kiryozite pou fè yon ti kanpe pou gade pafwa. Nou menm lèzòm nou itlize menm wout la anpil fwa. Poutèt sa, li pisib pou nou rekonèt moun enfìm sa yo; malerezman, pafwa se konn timoun (ke yo konn ap eksplwate nan anpil ka). Se konsa ka avèg sa te ye a tende nesesite li; sepandan, li pat yon objè atansyon pou farizyen yo, ki te kapab yon bagay ki akseptab, lè n'ap konsidere ke nan yon vil petèt kapab genyen anpil pòv. Men sa se pat yon lòt avèg; men se te avèg depi nesans lan, epi sa ki dwòl la, yo te idantifye avègman l' lan avèk peche. Se sa ki lakoz ke, yo te materyalize aplikasyon youn nan tradisyon yo ke klas dirijan te itilize kòm yon menas la : Sèvi kòm yon objè madichon.

Malgre tout sa ki pase yo, nou wè ke avèg la te obeyi Seyè a byen vit. Menm jan ak tout enfim, nonm sa te toujou nan menm plas la. Jezi te wè li, men li pat rete endiferan, li tèlman pwòch, disip yo pat doute ke Jezi pat wè li. Se sa ki ankouraje kesyon sou kimoun ki te peche a. Petèt, pou avèg la, konvèsasyon sa pat nouvo. Li pwobab ke, nan anpil okazyon yo konn rele l' pou yo di l' ke maladi l' la gen rapò avèk yon malediksyon. Epi se poutèt sa ke petèt men avèg sa te konsidere sitiyasyon l' lan enposib akoz ke li te fèt konsa.

Sepandan, menm kote a, konvèsasyon an te vin gen espwa ladan li. Yon vwa di yon bagay san esperans fas ak kesyon kimoun ki te peche a. Se te vwa Mèt la ki te di : "Se pa ni peche pa l' ni peche manman l' ak papa l' ki lakòz sa. Li fèt avèg, se pou moun ka wè sa pouvwa Bondye a ka fè nan li" (Jan 9:3). Kòman pawòl sa yo te sonnen nan zòrèy nonm sa? Petèt, li ta kapab santi l' lib de tò ke yo te ba li sa fè anpil tan.

Men, sitiyasyon an pat rete la. Vwa sa te di ke se pou bèl pouvwa Bondye a te kapab manifeste (v.3). Kounye a, avèg la pat menm moun nan ankò; konvèsasyon an te pote yon reyon lespwa. Kidonk, avèg la te pare, epi lè Jezi te mete ti labou a nan je l' epi voye li al nan basen Siloye a, li te déjà kwè.

Se pat avèk dout; men pito li te rezoud atravè mirak la. Malgre yo pat janm konn di l' ke li ra gen pou l' wè, petèt li te sèlman anvi sa; men malgre sa, li te obeyi byen vit. Li pat pran daso, ni altènativ; men pito li te obeyi byen vit; epi finalman li te retounen ak je l' ouvè.

Fas ak sa ki pase a, obsèvatè yo te gen tradisyon an kòm defi. Yo menm ki te wè li avèg avan, pliske kounye a li wè, li pat tèlman fè yo byen. Aprè tout sa, chay avèg sa te pote a se te pou li sèl, yo te vle konnen kimoun oubyen kòman li te fè. Asireman, yo te panse ak pwòp tèt yo avèk tradisyon an; poutèt sa, yo te poze li yon bann kesyon. Konsa, fas ak gwo foul moun yo li te reponn : "…Nonm yo rele Jezi a fè yon ti labou, li fwote je m' ak labou a, epi li di m' al lave figi m' nan basen Siloe a. m' ale. Lè m' fin lave figi m', mwen wè m' wè. Yo mande li: Kote nonm sa a? Li reponn yo: Mwen pa konnen non" (vv.11-12). Depi nan Jan 7, yo te di ke jwif yo te vle touye Jezi; konsa, lè foul moun yo te fin tande sa li te di, yo te deside voye l' bay farizyen yo. Petèt sa te yon malèz pou foul moun yo paske se te nan jou repo epi sa te kont tradisyon an.

II. Avèg (geri) a atake sistèm nan

Evènman ki dekri a te atake moun ki t'ap obsève yo, epi fas ak repons Jezi a li menm ki te geri epi nan jou repo a, yo te jwenn ke se yon ka ke farizyen yo te dwe konnen. Avèk sa, yo pat vle rete san denonse li (Jan 9:13-34). Menas pou mete yo deyò si yo rekonèt Jezi kòm Sovè a te déjà anonse. Sa ki fè ke rankont lan te pwodwi plizyè sitiyasyon diferan.

A. Li te siyifi yon menas pou bon pozisyon jwif yo

Kontèks sosyal kote Jezi te ye a se te jwif. Osijè de yo, Pawòl la di : "Li vin nan peyi l'; men tout moun nan peyi l' pa t' resevwa li" (Jan 1:11). Malgre pèp Izrayèl la te rive sispann anpil pratik idolatri, dirijan li yo (pami yo, farizyen yo) te adopte pratik ki baze sou tradisyon, li menm ke yo te rann plis enpòtan pase menm lalwa. Rezon an te trè klè : Tradisyon yo te pèmèt yo pran avantaj sou lòt yo.

Pou rezon sa, Jezi te poze yo kesyon; paske atravè move pratik yo, yo te konn fè vèv ak òfelen yo abi (Matye 23).

Yon lòt kote, farizyen yo nonplis pat bay mirak la valè; epi yo te chèche detwi Seyè a.

Gwo mirak Jezi a te fè tout farizyen yo fache, sa ki te fè yo mete nonm avèg la deyo nan sinagòg la (Jan 9:34). Sa pat senp pou afwonte; sa te siyifi yon gwo imilyasyon ak rejè. Sepandan, nonm avèg la te temwen mirak la. Epi li pat doute pou li te temwaye, malgre pri a se te mete li deyò. Egzanp sa dwe fòse nou fè fas ak sa ke anpil fwa nou pa vle afwonte.

B. Se te yon menas mete deyò pou paran li yo

Pliske yo se paran, epi konnen kimoun ki te geri pitit avèg yo a, yo wè menas mete deyò a. Se poutèt sa, paran sa yo te admèt ke nonm geri a se te pitit yo epi ki te avèg; men yo te di ke yo pat konnen kòman li te fè vin wè ankò. Yo te ajoute ke yo te dwe mande li pèsonèlman, men li t'ap reponn avèk lapèrèz (vv.22-23).

Bagay la te tèlman grav ke menm paran nonm ki te geri a pa gras Bondye yo te fè atansyon pou yo pat reponn, yo te kite pitit yo a pran responsablite pou reponn poukont li. Nou kapab imajine nou ke yo te rete sove anba menas mete deyò nan tanp lan; epi poutèt sa, yo pat vle angaje yo nan risk yo. Poze kesyon: èske w' te konn jwenn ou nan yon sitiyasyon konsa pafwa?

C. Sa ki te enpòtan pou (avèg) la se te rezilta a, men se pat sistèm nan

Farizyen yo t'ap atann pou menas la fonksyone nan nonm ki te geri a; men li te sèten ke Jezi te yon pwofèt (v.17). Se li menm ki te ba l' je ke li te genyen kounye a; konsa li pat doute, epi konviksyon sa te fè li eksprime ke li pat konnen si Jezi te yon pechè oubyen non. Men yon sèl bagay ke li te konnen, se li ki te geri l' (v.25). Lè Jezi travay epi nou sansib ak orijin Zèv li a, konviksyon nou pran fòs.

III. Mete deyò a te pèmèt Jezi eklèsi avègman fizik ak espirityèl la

Kèk tan de déjà pase lè Jezi te wè avèg la. Kounye a, li wè. Li te bay foul moun yo repons tou; li te ale ak farizyen yo; epi anplis de sa, yo te voye rele paran yo. Tout sa yo te lakoz yo mete li deyò nan sinagòg la. Men depi nan kòmansman evènman an, Jezi te déjà di ke avègman nonm sa se te pou manifestasyon bèl pouvwa Bondye a. Konsa, pa gen anyen ki te echape anba kontwòl Bondye; sinon fas ak rejè a, li te posib pou bay leson ki nouvo (Jan 9 :35-41).

A. Nonm geri a te resevwa je espirityèl

Jezi te pran nouvèl ke yo te mete nonm ki geri a deyò; konsa, li te rankontre avèk li epi li poze l' kesyon osijè de lafwa li lè l' di :"èske w mete konfyans ou nan Pitit Bondye a?" (v.35b). Nonm geri a te reponn li avèk yon kesyon ki di konsa:"Moun ki pa konnen se tankou moun ki pa wè". Jezi deklare nonm sa ke li te geri a ke Li se Pitit Bondye a. Nan fason sa, li ouvè je espirityèl yo, epi avèg la kwè. Li pat bezwen lòt prèv; li te konnen ke Jezi te geri li; epi san dout se te Pitit Bondye a. Poutèt sa, li te adore li. Kounye a, déjà li pat genyen lapèrèz ankò sou "kisa li pral di". Li pat sèlman resevwa je fizik; sinon je espirityèl tou. Gras Bondye te manifeste nan li. Apre sa, Jezi te lanse yon nouvo defi pou moun ki t'ap koute yo :"…Mwen vin sou tè a pou yon jijman: Moun ki avèg yo pral wè. Men moun ki wè yo pral tounen avèg" (v.39).

B. Farizyen yo kondane akoz de avègman delibere yo

Dyalòg ki te rakonte avan se te ant Jezi ak nonm ki te geri a; men farizyen ki t'ap koute yo te santi yo akize. Konsa, yo te reyaji paske yo te santi yo siyale ant "sa ki wè yo tounen avèg. Yo te reponn:"èske nou menm tou, nou avèg?" (v.40b). Jezi te reponn yo byen sevè : "Si nou te avèg, nou pa ta koupab. Men, n'ap plede di nou wè, nou wè. Se poutèt sa nou antò toujou" (v.41)

Nan fason sa, Seyè Jezi nou an defini kisa avègman espirityèl la ye; epi li menm ki repete nan Revelasyon 3 :17-18.

Anpil fwa, aprè li fin ouvè je nou yo, pou anpil tan ki pase ak koutim, je sa yo vin fèmen ankò epi yo pa pèmèt nou wè Bondye k'ap aji jodi a.

Nou kapab apran bagay sa yo de gerizon avèg la :

Premyeman: Sikonstans lavi ke n'ap eksperimante a, menm si li agreyab nan je nou oubyen non, li pa echape anba kontwòl Bondye. Jezi te wè nonm avèg la epi li te konnen sikonstans li; nonplis efè ke gerizon li a te gen pou fè. Sa yo te pozitif pou menm avèg la; men negatif pou lidè pèp yo, lè li te devwale move konpòtman yo.

Dezyèmman: Objektif mirak ke Bondye reyalize yo se pou beni lavi moun k'ap soufri ak yon nesesite; epi an menm tan, sa se yon temwayaj pou moun ki t'ap obsève yo, epi konviksyon pou moun ki kwè a. Nonm avèg la bay temwayaj de sa Jezi te fè a avèk konviksyon, malgre sikonstans ki te rive li yo. Sa ki te menm lakoz yo te mete li deyò nan sinagòg la.

Twazyèmman: Ekspreyans nonm avèg la montre ke nou dwe genyen yon dispozisyon ki enb, obeyisan epi senp pou rekonèt Bondye pi resevwa delivrans lan.

Okontrè, lògèy ap pwodwi avègman espirityèl epi pote kondannasyon.

Kesyon Opsyonèl:

I. Kimoun ki te peche, nonm sa oubyen paran l' yo?

- Ki entansyon Jezi te genyen lè li te fikse rega li sou anonm avèg la? (Jan 9 :4)
- Daprè Ezekyèl 18 :1-4, ki erè jwif yo te konn fè osijè de malediksyon nan jenerasyon yo?
- Kisa nou aprann sou konpòtman avèg la konfòm ak enstriksyon ke Jezi te ba li yo? (Jan 9 :7)

II. Avèg (geri) a atake sistèm nan

- Ki risk ki genyen nan bay plis enpòtans ak tradisyon ke Pawòl Bondye a?
- Ki ansèyman konpòtman nonm ki te geri a kite? Èske w' te twouve w' nan yon sitiyasyon konsa kèk fwa? Kòman w' te rezoud li? (Jan 9 :18-21)
- Ki pri avèg la te peye pou gerizon an? (Jan 9 :34)

III. Mete deyò a te pèmèt Jezi eklèsi avègman fizik ak espirityèl la

- Poukisa nou di ke Jezi te bay je fizik ak espirityèl?
- Ak kisa Jezi te fè referans lè li te di :"Mwen vin sou tè a pou yon jijman: Moun ki avèg yo pral wè. Men moun ki wè yo pral tounen avèg" (Jan 9:39)
- Kòman nou aplike Jan 9 :39 jodi a? Kisa sa fè nan antouraj nou?

Konklizyon:

Mirak Bondye yo twouve yo andedan plan delivras li a; men nou dwe sonje ke sa yo ale pi lwen pase atende yon nesesite fizik. Sa yo fèt pou ke moun ki resevwa mirak la ak moun ki nan antouraj li yo konprann epi rekonèt ke Bondye se sèl vrè Bondye, epi après Li menm pa genyen lòt ankò.

Yon disip ki sanble avèk Kris

Eudo Prado (Venezyela)

Vèsè pou aprann: "Men, yo pa t' kapab kenbe tèt avèk li: Etyèn t'ap pale avèk bon konprann Sentespri te ba li." Travay 6 :10.

Objektif leson an: Se pou elèv la idantifye prensipal eleman antrènman disip kretyen an atravè lavi Etyèn.

Entwodiksyon

Si w' ta genyen pou w' dekri karakteristik yon disip Jezi egzakteman, ki aspè ou t'ap mete ladan li? Èske w' panse ke ou menm ou ranpli kondisyon biblik yo kòm disip?

Etyèn te yon disip ekstraòdinè nan mitan kwayan yo. Karakteristik ki te distenge l' yo se te karaktè sen ke li te genyen ak dispozisyon li pou l' sèvi. Lè nou ap gade lavi sèvitè Bondye sa, depi plizyè ang diferan, nou kapab idantifye twa dispozisyon prensipal yon disip ki sanble ak Jezi : Sèvis, temwayaj ak sakrifis.

I. Yon disip k'ap sèvi avèk lanmou

Antrènman disip la fè nou pran nan yon bèl istwa. Se pa yon istwa ki pa vrè, sinon yon pasyon ki vrèman reyèl ak remisyon total pou Moun sa ki te bay lavi li pou nou an : Jezikris.

Kè yon disip se youn kote lanmou Kris la debòde; epi se sa ki fè ke, se yon kè ki pare pou sèvi. Ou ta kapab di ke san sèvis pa gen disip. Sa se premye eleman antrènman disip la ke nou kapab idantifye nan lavi enpresyonan Etyèn nan.

A. Imite Jezi nan sèvis la

Lè konfli ki te prezante nan Travay 6 la te anrejistre, legliz la te chwazi sèt mesye ki te genyen karaktè Kris la pou sèvi. Sa vle di, yo te disip ki sanble avèk Li. Premye pati leson sa rakonte nan Travay 6 :5 "Tout gwoup la te dakò avèk lide sa a. Yo chwazi Etyèn, yon nonm ki te gen anpil konfyans nan Bondye epi ki te anba pouvwa Sentespri, Filip, Pwokò, Nikanò, Timon, Pamenas ak Nikola, yon nonm lavil Antyòch ki te konvèti nan relijyon jwif yo".

Nou pa konnen anpil bagay sou Etyèn. Non grèk li "sthephanos", ki siyifi "kouwòn" epi li te trè komen nan mond elenik la. Tradisyon an afime ke Etyèn avèk Filip te fè pati 70 disip ke Jezi te voye nan misyon yo.

Si se te konsa, san dout eksperyans sa te make lavi li. Sis lòt moun li te chwazi yo te genyen non grèk tou, sa ki sanble endike se jwif ki nan dyaspora yo te ye. Gwoup sa te konsidere kòm sèt premye "dyak"; ki te déjà aple pou fè travay "sèvi moun yo" (sèvi moun ki nan nesesite yo ki anrejistre nan Travay 6 :1-2).

Fonksyon pou "sèvi sou tab la" (v.2), daprè pi fò nan kòmantaris yo, li pat dwe pran pa literalman; men okontrè, se te yon travay ki te dwe fèt ak pridans e jistis anvè pòv yo. Sèt mesye sa yo se te yon espès de majòdon ki te administre byen Seyè a avèk sajès.

Avan ke yo te chwazi Etyèn pou fonksyon sa, san dout, li te daje demontre kapasite li. Kidonk, chwa li se te sèlman yon konfimasyon apèl li pou tout foul kwayan yo.

Sèvis an favè lòt yo se yon ekspresyon lanmou Kris la nan nou (Galat 5 :13; epi se poutèt sa, se yon mak endispansab pou antrènman disip la. Nenpòt sèvis ke nou dwe reyalize, menm si se nan kontèks sosyete a oubyen andedan legliz la, li genyen yon paramèt fondamantal : "sèvi avèk bon volonte, tankou si se pou Seyè a epi se pa pou lèzòm" (Efezyen 6 :7).

B. Karaktè yon sèvitè se tout bagay la

Genyen kèk kondisyon ke apot yo te site byen klè pou chwazi moun sa yo ke legliz la ta bay travay enpòtan sa ki se sèvi moun ki nan nesesite yo. Li nesesè pou nou genyen kapasite ki rekòmande yo byen defini pou nenpòt fonksyon nan Travay Bondye a; men, sèvis la mande anpil lanmou.

Menm si tout gwoup ki chwazi a te akonpli avèk tout kondisyon yo mande yo, ta sanble ke Etyèn te remakab akoz de karaktè sen li a avèk konfyans ekstraòdinè li nan Seyè a. Lè n'ap gade lavi chak jou Etyèn, nou kapab jwenn rezon efikasite li. Li di la ke li te :"yon nonm ki te gen anpil konfyans nan Bondye epi ki te anba pouvwa Sentespri" (Travay 6 :5).

Ann obsève kòman lavi li te karakterize anba pouvwa Sentespri a. Tout moun te kapab rekonèt sentete li!

Pafwa, nou tèlman desann dimansyon an ba, sa fè nou vin byen lejè lè lè a rive pou nou chwazi kandida pou travay ministeryèl yo. Ka chwa Etyèn ak kanmarad li yo ban nou yon ansèyman ki diferan : Tout sèvis legliz enpòtan epi mande konsekrasyon pou devlope li. Prensipalman, paske n'ap sèvi Bondye ki anwo nan syèl la, twa fwa Sen; tout moun k'ap pwoche sou lotèl li a dwe fè sa nan yon kondisyon moral ki sen (Sòm 15).

II. Yon disip k'ap temwaye avèk otorite

Yon ti tan aprè legliz la te fin chwazi li pou distribye resous pami pòv yo, Etyèn te transande responsablite orijinal sa. Li te vin okipe yon wòl ki pi wo; men tou, youn ki ranpli avèk anpil risk : Temwayaj lafwa an piblik.

Nan Travay 6 :8-15, nou obsève temwayaj piblik li, diskisyon li avèk antrenè jwif yo, arestasyon li, epi finalman, jijman li. Chapit 7 la montre nou defans li devan Gran Konsèy la avèk lanmò li.

Etyèn te yon disip ki te temwaye ak kouraj ak otorite. Menm si temwayaj li te koute l' lanmò, li te rete fidèl ak Seyè epi Mèt li a jiskalafen, pandan li t'ap fè reflete lanmou kretyen li nan tout aspè nan lavi li. Temwayaj la se dezyèm eleman nan antrènman disip la ke n'ap identifye nan lavi Etyèn.

A. Temwaye avèk mirak e gran siy

Etyèn se te yon dyak, epi li pat youn nan douz apot yo; sepandan, Bondye te sèvi avèk li nan yon fason ekstraòdinè. Sa vle di ke manifestasyon Bondye a pa santre li nan yon gwoup lidè ki chwazi; sinon nan tout kwayan ki genyen karaktè sen epi ki pare pou kite Bondye itilize yo nenpòt jan Li vle a.

Bib la di kèk bagay osijè de nonm sa :

"Etyèn te yon nonm Bondye te beni anpil, li te gen anpil pouvwa. Li t'ap fè gwo bèl bagay ak mirak nan mitan pèp la" (Travay 6:8).

Imaj ke nou obsève nan pasaj sa a bèl anpil; men an menm tan tou, byen di. Premyeman, Etyèn parèt nan mitan yon foul moun ap priye pou anpil moun ki malad epi ki gen move lespri, ki te delivre ak pouvwa Seyè a. Se klè ke Etyèn te bay priyorite ak predikasyon levanjil la, ak mirak ki te pwodwi kòm manifestasyon bonte Bondye sou moun aflije sa yo.

Mirak yo pa oblije toujou fèt nan tout travay evanjelizasyon yo; sepandan, Bondye kontinye ap reponn lapriyè ke pèp li a fè ak lafwa yo. Menm jan ak nan lavi Etyèn, Sentespri a manifeste sinatirèlman

nan disip ki obeyisan ak kòmandman ki di "Ale…epi preche levanjil la" (Mak 16 :15).

B. Prezante yon defans lafwa ki saj

Aprè sa, nou pral wè lòt imaj ki enpresyonan. Etyèn reziste presyon jwif yo avèk tèt li byen wo (Travay 6 :9-15).

Se pa tout lè yo konn aksepte temwayaj kretyen an ak de bwa ouvè; sinon ke anpil fwa se avèk gwo opozisyon. Nan sikonstans sa yo nou konte sou sekou ki soti nan Bondye a (Mak 13 :11). Poutan, anpil fwa, sekou Bondye a pa enplike liberasyon anba soufrans ke temwayaj fidèl la kapab koze a. Bondye konn pèmèt ke lènmi li yo triyonfe avèk objektif pou li pote pi gwo glwa pou non li ki sen an.

Li pwobab pou ke Sòl te fè pati gwoup moun ki t'ap diskite ak Etyèn yo; lavil li te fèt la se (Tas) ki te pou pwovens Wòm nan Silisi ki mansyone nan Travay 6 :9.

Antouka, ni Sòl, disip gwo antrenè Gamalyèl, ni okenn nan kanmarad li yo, te kapab reziste fas ak sajès ke Etyèn t'ep devlope nan diskou l' la.

Defans Etyèn nan se te yon rezime istorik sou alyans Bondye avèk Izrayèl, pèp li a. Oubyen tou ou kapab di ke se te yon brèf rezime sou lavi Bondye viv avèk pèp Izrayèl la ak moun lòt nasyon yo atravè istwa pou rive jous nan moman sa. Tout diskou Etyèn yo te gen pou wè ak Bib la, men avèk yon vizyon kristolojik. Nonm sa te demontre ke kwa Kris la se te sant istwa delivrans lan ki rakonte nan Ansyen Testaman.

Siyale enpòtans ki genyen pou nou santre mesaj nou yo osijè de Kris la atravè yon bon konpreyansyon de manifestasyon li atravè revelasyon pwogresiv biblik la.

Finalman, aprè yo te fin lage yon bann fo akizasyon sou Etyèn, epi refize temwayaj li a, moun ki te jije l' yo te wè yon bagay ki te fè enpak sou yo: Vizaj Etyèn te klere "tankou vizaj yon zanj" (v.15). Epi menm konsa, malgre manifestasyon sinatirèl sa, moun ki t'ap diskite yo te kontinye jije li, pandan yo t'ap konpòte yo tankou chen anraje, anba dominasyon kè di ke yo te genyen (Travay 7 :54).

III. Yon disip ki pare pou sakrifis

Tètilyen te konpare san moun yo te touye yo avèk semans ki efikas pou miltiplikasyon nouvo kretyen yo. Nenpòt ki kote ke legliz la te anba pèsekisyon, te genyen yon revèy espirityèl ak elajisman Wayòm Bondye a la.

Dènye senaryo chapit 7 la (vv.55-60) se baz pou etid sesyon leson sa. Li pwobab pou asasina Etyèn nan se youn nan istwa ki plis dramatik nan Nouvo Testaman.

Menm si posiblite asasina pa fè pati de ka pa nou an, kòm disip Jezi nou dwe pare pou nou pran responsablite pou peye pri sakrifis la. Se pa yon kesyon pou nou sèlman pare pou nou pèdi lavi nou; sinon pare pou fè sakrifis chak jou pou Kris. Ann raple nou sa Seyè nou an te di nou: "Epi li di yo tout: Si yon moun vle mache dèyè m', se pou li bliye tèt li. Se pou li chaje kwa l' sou zèpòl li chak jou, epi swiv mwen" (Lik 9:23).

Sakrifis la se twazyèm eleman nan antrènman disip kretyen an ke nou kapab obsève byen klè nan Etyèn.

A. Yon vizyon bèl glwa Bondye

Etyèn te wè glwa Bondye nan mitan asasina li a, epi li te wè Jezi ki chita sou bò dwat Papa a. Rankont li avèk lanmò te transfòme an yon sous prezans ak manifestasyon Bondye nan lavi li. Lespri ak emosyon li yo te atrape ak vizyon grandè Bondye a.

Nan fason sa, Bondye te bay sèvitè l' la yon pi gwo lafwa ak fòs nan yon pasaj tèlman difisil.

La a, nou wè kòman bon konpreyansyon sentete ak otorite Bondye vin konvèti an eleman kle ki ban nou sekirite fas ak tribilasyon nan lavi yo. Yon disip ap pare pou bay lavi l' pou Mèt li, yon fwa ke li anba esperyans yon lavi ki ranpli ak Sentespri a.

Nan lòt mo, ti kras remisyon ke nou obsève jounen jodi a pou koz temwayaj kretyen an se, pou pi fò, reflè dekourajman espirityèl ak mankman kominyon entim avèk Bondye.

B. Yon lapriyè de padon pou lènmi yo

Asasina Etyèn nan te sanble ak lanmò Seyè nou an Jezikris; li te remèt Seyè a lespri li, epi li te priye mande padon pou asasen li yo (Travay 7:59, 60; Lik 23:34, 46).

Ann wè sa Travay 7:60 di : "Apre sa, li tonbe ajenou, li rele byen fò: Seyè, pa mete peche sa a sou kont yo. Lè l' fin di sa, li mouri". Etyèn te remèt lavi li bay Bondye literalman kòm yon ak de adorasyon. Sa fè nou sonje dispozisyon Pòl yo nan prizon li yo tou. Li te konsidere lanmò trajik li a kòm yon ofrann sou sakrifis kwayan yo (Filipyen 2:17).

Yon lòt kote, sa anlè a siyale prensip biblik ke nou pa dwe tire revanj avèk pwòp men nou; sinon kite jistis Bondye aji (Women 12:19).

Tandans lòm natirèl la se reponn vyolans avèk vyolans, men sa vyole lalwa lanmou kretyen an. Nan epòk legliz primitiv la, kretyen ki te anba pèsekisyon yo te panse fè tèt yo jistis; kote ke apot yo te ekri yo souvan pou di yo pa kite yo pran nan pyèj sa.

Egzòtasyon nan Ebre 10:26 la se osijè de pa peche volontèman aprè nou fin resevwa konesans verite a, li te fèt pou montre kwayan yo kòman yo te kapab tante peche lè yo bay yon repons ki menm jan (Ebre 10:26-39).

Yon disip Jezi dwe toujou reponn avèk pasyans ak lanmou fas ak ofans pechè egare yo, lè nou konprann ke konpòtman nou yo kapab sèvi kòm eleman kle pou akseptasyon oubyen refi mesaj levanjil la (2 Timote 2:24-26).

Li enpòtan pou nou poze tèt nou kesyon sou kòman n'ap reponn fas ak presyon ke n'ap resevwa yo nan mond lan akoz de lafwa kretyèn nou. Oubyen tou, avèk konbyen fasilite nou bay legen epi abandone remisyon ak abnegasyon pou Travay Bondye a. èske nou padone ofans epi priye pou delivrans moun ki kanpe kont levanjil yo.

Kesyon Opsyonèl:

I. Imite Jezi nan sèvis la

- Kisa fonksyon "sèvi sou tab yo" te genyen ladan li? (Travay 6:1).
- Ki sa ki te rezon efikasite Etyèn nan sèvis la? (Travay 6:2-8).

II. Yon disip k'ap temwaye ak otorite

- Kisa ki te pase ak Etyèn, daprè Travay 6:8-15?
- Èske w' te twouve w' nan yon sitiyasyon kote yo te atake w' paske w' t'ap defann prensip Bondye yo? Kòman w' te reyaji?
- Èske Bondye toujou libere nou de soufrans lan totalman, daprè Travay 7:51-60? Esplike.

III. Yon disip ki pare pou sakrifis

- Kisa ki bay yon disip kapasite pou li pare pou bay lavi li pou Kris la?
- Kòman yon disip dwe reponn ak ofans pechè egare yo? Poukisa? Èske w' genyen kèk egzanp? Pataje li.

Konklizyon

Reflete dispozisyon yon disip Kris nan karaktè nou se pa yon bagay ki fasil; men se sa ke Bondye ap atann de nou. Lavi Etyèn montre nou ke viv anba pouvwa Sentespri a pou yon vrè disip se yon bagay ki endispansab.

Se pou ede nou chak vin disip ki sanble ak Kris, epi klere avèk limyè levanjil la ak prezans Bondye nan yon mond chak fwa ranpli ak plis fènwa.

Demand ki kòrèk la

Scarlet Jimenez (Ekwatè)

Vèsè pou aprann: "Lè ou gen krentif pou Bondye, se lè sa a ou konmanse gen konesans. Moun fou pa konn valè sa yo rele gen konesans, yo refize aprann" Pwovèb 1:7.

Objektif leson an: Se pou elèv la konprann ke demand ki kòrèk devan Bondye a se sa ki kapab fè nou jwenn yon pi gwo benediksyon.

Entwodiksyon

Yon bagay ke nou dwe sonje, se ke Salomon te fè Bondye plezi depi lè li te tou piti. Lòt non li te genyen an se te, Jedidyas, ki siyifi "monn Seyè a renmen an" (2 samyèl 12:25). Malgre sa, istwa Salomon an ranpli ak monte desann epi tou ak bagay trajik; men nan leson sa, nou pral baze sou pi bon desizyon ke li te pran yo pandan pasaj lavi li.

Manman li te rele Batcheba, se te madanm Iri, li menm ke David te voye al mouri nan lagè yon fason pou l' te kouvri peche l' la. Salomon se te pitit David ak Batcheba; epi non sa siyifi "pasifik"; paske li te fèt nan yon peryòd lapè, epi pwononsyasyon li se menm avèk mo "Shalom".

Plizyè lòt kòmantaris tou afime ke non Batcheba te bay pitit li a soti nan rasin ebre ki siyifi "ranplase oubyen restore"; paske li te vin ranplase premye pitit li a, li menm ki te mouri aprè vizit pwofèt Natan. Aprè sa, nou pral wè istwa Salomon an nan 1 Wa 3:1-28.

I. Kòmansman gouvènman li

Bib la pa prezante okenn enfòmasyon pou konfime si Salomon te gentan marye oubyen selibatè lè li te monte sou twòn nan. Sèlman li pale nou de youn nan premye maryaj li yo avèk pitit Farawon an, avèk estrateji pou l' te chèche gen lapè ak yon peyi ki te genyen yon istwa di avèk pèp Izrayèl la (1 Wa 3:1). Men, koze marye a tou te fè pati koutim nan epòk sa pou konfime alyans politik ak kòmèsyal yo. Wa yon nasyon te konn marye ak pitit lòt wa pou afime nouvo relasyon an.

Nan kòmansman gouvènman l' lan, jan nou kapab wè l' la nan 1 Wa 3:1-5, Salomon te renmen Seyè a epi li te akonpli tout lalwa, pandan li t'ap swiv egzanp papa li David (v.6).

Ala enpòtan ansèyman n'ap bay pitit nou yo enpòtan, oubyen sa pitit yo ap obsève nan paran yo chak jou. Sa ap rete nan lavi yo pou toutan.

Salomon te deplase plas wo a pou ofri sakrifis bay Bondye (v.2). Plas wo a se te Gabawon, epi li te fè l' la; paske jiskaprezan konstriksyon tanp lan pot ko kòmanse. Yon plas wo te siyifi yon kolin oubyen yon kote ki genyen yon lotèl modifye pou fè sèvis pou Bondye. Akoz de kantite sakrifis ki t'ap ofri yo, wa te tou rete dòmi nan plas sa. Gran kantite sakrifis yo se paske Salomon pat rive la pou ofri sakrifis yo poukont li (2 Kwonik 1:2).

A. Pi bon rankont lan

Aprè sa, nou li apwòch ke Salomon te fè avèk Bondye nan yon rèv, oubyen pou byen di, aparisyon Bondye nan rèv Salomon an. Nan moman sa, yon dyalòg te kòmanse. Premye bagay ke nou kapab apresye se ke Salomon pat pè rèv sa; li pat reveye, asireman, paske li te konsève yon relasyon adorasyon ak soumisyon devan Bondye.

Dezyèm bagay ke nou kapab obsève se rekonesans David, lidè ki te vini avan Salomon an, li menm ki te toujou mache avèk Seyè a; epi akoz de sa, Bondye te kenbe pwomès li te fè l' ke li ta va fè yon wa soti nan fanmi li, sèlman si yo te mache oubyen akonpli kòmandman li yo. Salomon te rekonèt limitasyon li yo pandan dyalòg la, oubyen jan Maswell di a nan lalwa mòn nan: "Anmezi kapasite yon moun ba pou li dirije, anmezi ke nivo potansyèl li ba. Se anmezi ke nivo lidèchip li wo, se konsa efikasite li vin pi fò". Salomon konfese ke li pa konnen anyen devan Bondye epi, se pi mal toujou, jenès li pa ede li pou li dirije yon pèp tèlman anpil (1 Wa 3:7-8).

Sa parèt klè nan vèsè sa: "David t'ap di nan kè l': Salomon, pitit gason m' lan, se yon timoun ki poko gen esperyans…" (1 Kwonik 22:5a).

Sa bèl Sa yon moun jèn, men li gen gwo defi an menm tan. Granmoun yo pa toujou mete konfyans yo nan jenerasyon jèn yo. Sa fè nou reflechi sou youn nan bagay ki te prewokipe Salomon : Si granmoun yo pat mete konfyans yo nan li akoz de jenès li, sa ki te plis pwobab se ta genyen youn nan frè li yo ki ta vle retire gouvènman nan men li nan chèche sipò nan granmoun yo. Sa ta lakòz pwoblèm ki ta mete difikilte oubyen detwi konplètman plan ke papa te kite pou li a (devwa pou li bati tanp Seyè a), epi menm lavi li ta kapab fini.

Nou kapab obsève ak aprann de imilite jèn wa sa devan Bondye, epi ki fè nou panse ke nan pwen sa Salomon te entèlijan, epi kè li te konfye nan Bondye. Men sitou li te rekonèt ke li pat gen eksperyans ak ase konesans pou l' vin yon wa.

Poze kesyon : èske w' te twouve w' nan yon sitiyasyon kote kapasite w' yo te rive nan bout yo? Kisa ki te reyaksyon w'?

B. Dezi la

Sa ke Salomon te bezwen se yon kè sansib, ak entèlijans pou gouvène avèk jistis. Sa vle di, konnen distenge byen avèk mal, jistis ak enjistis, sa ki kòrèk ak sa ki pa kòrèk. Salomon te anvi dirije pèp la kòrèk avèk jistis. Se pat fasil panse dirije tout pèp Bondye a. Ann li vèsè sa ki pale nou osijè de sa:"Joab renmèt wa a rapò ki bay kantite moun ki te gen antou nan tout peyi a. Se konsa yo te jwenn yon milyon sanmil (1.100.000) gason ki konn sèvi ak nepe nan peyi Izrayèl la ak katsanswasanndimil (470.000) nan peyi Jida a. Men Joab pa t' konte moun ni nan branch fanmi Levi a, ni nan branch fanmi Benjamen an, paske lòd wa a te bay la pa t' antre nan santiman l' menm" (1 Kwonik 21:5-6).

Kòm yon jèn tankou Salomon, lide pou li te pran lidèchip yon pèp la te fè l' pè, lè nou konsidere ke nan sans sa yo te konte gason yo sèlman; yo pat konn konte ni timoun ni fanm yo.

Ann aprann de demann Salomon an ki pat mande Seyè a pou l' te viv anpil tan, ni pou l' te wete oubyen efase lènmi li yo (non sèlman sa yo ke li te eritye bò kot papa li; sinon sa yo ki t'ap ogmante nan gouvènman li yo tou). Li pat mande richès non plis, ki se yon bagay ki plis anvayi kè moun nan tan n'ap viv la; sinon, prensipal prewokipasyon li se te kapab gouvène kòrèkteman. Epi sa te fè Bondye plezi.

Dezi wa sa se pou Bondye te ba li "yon kè saj epi entèlijan", nan mwens mo, genyen sajès. Poutèt sa, nou li 2 Kwonik 1 :10 ki di konsa :"Se poutèt sa, ban mwen konesans ak bon konprann pou m' ka gouvènen pèp sa a. Si se pa sa, mwen pa wè ki jan

m'a fè pou m' gouvènen pèp ou a ak tout moun sa yo ladan l'?". Sepandan, li ta nesesè pou nou defini sajès ak limyè pwòp Pawòl la.

Diksyonè Espanyòl Akademi Wayal la (EAW) defini mo sajès nan fason sa :"Ki posede sajès"; epi li defini mo sajès la avèk pawòl sa yo :"Nivo konesans ki pi wo a. Kondwit pridan nan lavi ak biznis yo. Konesans pwofon nan syans, lèt avèk atizana".

Nan Diksyonè Teyolojik Beacon nan nou jwenn definisyon mo sa (sajès), kote yo siyale ke sajès la plis pase konesans oubyen entèlijans. Li defini li tankou "kapasite lespri a pou konprann, epi pa kè a pou rejwi avèk siyifikasyon entèn nan, koneksyon, bote ak prensip ki dirab yo ki genyen egzistans yo baze sou yo. Sajès la se kapasite ke Bondye bay pou nou abòde plizyè eksperyans lavi yo avèk entèlijans, k'ap bay benediksyon kòm rezilta.

Nou jwenn definisyon sa nan Bib la, (daprè konsepsyon ebre a) : "Apre sa, Bondye di moun konsa: -Gen krentif pou Bondye, se sa ki rele bon konprann. Vire do bay sa ki mal, men sa ki rele gen lespri" (Jòb 28:28).

Lè nou fè referans ak sajès depi yon pwendevi biblik, n'ap fè referans ak krentif anvè Bondye, ki pa menm avèk laperèz; sinon yon atitid soumisyon ak obeyisans anvè Li.

Jòb te yon nonm ki te gen krentif pou Bondye. Lòt egzanp moun ki te gen krentif pou Bondye se Abraram, li menm ke Bondye te di :"…Pa leve men ou sou ti gason an. Pa fè l' anyen. Koulye a mwen konnen ou gen krentif pou Bondye vre, paske ou pa t' derefize touye sèl pitit gason ou lan pou mwen" (Jenèz 22:12).

Sepandan, Bondye te klè lè li te afime ke, nan moun ki te gen sajès, pat genyen ni ta genyen lòt menm jan ak Salomon (1 Wa 3 :12, 4 :29-31).

Li enteresan lè nou wè ke jèn sa pat mande richès ni glwa; men bagay sa yo te rive, se yon kado ke Bondye te ajoute pou li (1 Wa 3 :13).

Yon lòt kote, lavi Salomon ta gen pou l' long sou latè tou, kòm rekonpans kòmandman Bondye yo ke li te sere nan kè li, ki te fè li rete fèm nan chemen Bondye a.

Repons final wa sa fè nou wè rekonesans wa lè li ofri sakrifis yo bay Bondye lè li te retounen nan lavil Jerizalèm (1 Wa 3 :15).

II. Reyalizasyon dezi a

Nan 1 Wa 3 :16-28, nou li ke genyen de fanm ki te rive devan wa a pou ke li te fè yo jistis. Menm si yo te de fanm jenès, sa te yon move pratik nan je moun, yo te vini devan li. Sa te fèt paske nan epòk sa, wa te aksesib pou pèp li a, espesyalman pòv yo.

Nan wòl jij li, Salomon te koute plent lan.

Manman timoun nan te esplike sa ki te rive a. sa rakonte ke, pandan nan nwit, yo tou de te tonbe dòmi.

Li di tou ke pitit li a te fèt depi twa jou avan lòt la; men lè li te leve douvan jou a pou bay pitit li a manje, li te jwenn li mouri. Menm kòm se te douvan jou, li te rete tann solèy leve pou l' te wè timoun nan; epi lè li te wè l', li te konnen ke se pat pitit pa l' la. Sa ki te pase a se paske lòt fanm nan te boukante timoun yo.

Aprè istwa fin rakonte, medam yo te kòmanse oubyen repran diskisyon an pou reklame pitit ki vivan pou yo. Aprè refleksyon, wa te bay santans li (solisyon an petèt se pat sa ke medam yo t'ap atann nan men wa).

Pou sa, li te mande pou yo te pote yon nepe ba li epi fann timoun nan fè de bò. Nan fason sa, li te kapab dekouvri kimoun vre ki te manman timoun nan. Desizyon li te pran pat ditou fasil; paske se te de yo menm lavi timoun inosan an te depann.

Men kè saj ak entèlijan li a te soti nan limyè. Kado Bondye a, depi kounye a pou ale pou pi devan, se ta klè.

Sa ki te pote sa, se paske tout Izrayèl (nou obsève) te rann yo kont de kòman wa yo a te rezoud konfli a. Kèk vèsyon biblik di ke pèp Izrayèl la te santi respè pou li; paske yo te wè ke Bondye te ba li sajès pou administre avèk jistis (v.28).

Avèk sa, gouvènman li a te kòmanse pwospere. Sajès li a non sèlman te ba li wòl jij pèp Izrayèl la; sinon tou pou biznis ke li te reyalize avèk plizyè lòt peyi, pou li te kapab jwenn materyèl pou konstriksyon tanp Bondye a ak palè kote pou wa te rete. Finalman, li te rive etabli yon atmosfè lapè ak establite pou pèp la tou.

Nou kapab aprann de Salomon ke krent pou Bondye a se pi bèl bagay, epi nou kapab rekonèt ak admèt ke kòm lòm nou dwe chèche premyèman Wayòm Bondye a avan nenpòt lòt byen (Matye 6:33).

Egzanp ke nou te resevwa de paran nou yo enpòtan; paske li make lavi nou. Men sa ap depann de nou chak de kòman nou deside viv lavi nou. Desizyon nou pran yo se yo k'ap make avni nou. Si nou mache ak Bondye nan tout sans, L'ap ban nou sa ke nou mande yo. Kòm lòm, nou tout genyen yon limit; men avèk èd Bondye, nou kapab wè epi fè objektif li yo fonksyone nan lavi nou.

Sa ki enpòtan se ke chak fwa ke nou mande Bondye yon bagay, se pou nou fè li avèk yon kè ki senp epi enb.

Salomon te rekonèt limitasyon li yo, epi li te mande sekou ke li te bezwen an ki te kapab soti sèlman nan Bondye. Se sèlman Li menm ki kapab mennen nou pi lwen pase sa nou ta renmen. Salomon te fè demann ki kòrèk la, epi li te resevwa plis benediksyon toujou.

Si w' se lidè nan legliz ou a, oubyen ou santi ke Bondye ap rele w' pou w' reyalize kèk ministè andedan legliz la, mande Bondye pou l' ba w' kapasite avan. Epi w'ap wè ke avèk sekou ki soti nan syèl la avèk obeyisans ou w'ap rive reyalize li. Li ta bon pou nou swiv egzanp jèn sa ki enb epi ki te gen kretif pou Bondye, li menm ki te rive reyalize misyon Bondye a.

Kòman nou kapab rekonèt sajès Bondye nan yon moun? Bib la, daprè Jak 3 :17, li di nou konsa: "Pou konmanse, moun ki gen bon konprann ki soti nan Bondye a ap fè volonte Bondye, l'ap viv byen ak tout moun, l'ap respekte tout moun, l'ap tande rezon, l'ap gen kè sansib, l'ap fè anpil anpil byen, li pa nan de fas ni nan ipokrit".

Kesyon Opsyonèl:

I. Kòmansman gouvènman li

- Kisa nou li sou Salomon nan 1 Wa 3 :1-5?

- Ki lòt moun ki te rekonèt akoz de sajès li, daprè Jenèz 22 :12?

- Ki diferans ki te genyen ant sajès Salomon an ak pa lòt yo, daprè 1 Wa 3 :12, 4 :29-31?

- Èske w' fè Bondye kèk demann? Kisa ki motivasyon w'? Si genyen kèk ki pa reyalize, kisa w' ta mande jodi a? Kisa ki t'ap motivasyon w'?

II. Reyalizasyon dezi a

- Ki ansèyman w' kapab pran nan istwa ki nan 1 Wa 3 :16-28?

- Ki karakteristik sajès Bondye a genyen nan yon moun, daprè Jak 3 :17? Bay kèk egzanp.

Konklizyon

Bondye pare pou li ban nou sa nou mande li; men avan nou mande, ann analize motivasyon nou a. Piga demann nou an se foli oubyen pou nou sèl; sinon pou beni lòt moun epi sèvi Seyè a pi byen.

Konnen Neyemi

Marco Rocha (Ajantin)

Vèsè pou aprann: "Aa! Seyè, panche zòrèy ou pou tande lapriyè mwen menm, sèvitè ou, m'ap fè nan pye ou, lapriyè tout sèvitè ou yo ki pran plezi nan gen krentif pou ou. Tanpri, Seyè, fè tout bagay mache byen pou mwen jòdi a. Fè wa a resevwa m' byen. Lè sa a, mwen te chèf kanbiz wa a" Neyemi 1:11.

Objektif leson an: Se pou elèv la dekouvri kèk tras diferan sou lavi Neyemi.

Entwodiksyon

Youn nan atitid ki reflete gran pati nan responsablite nou se kòman nou reyaji devan pwoblèm ak difikilte nan lavi yo. Mande elèv ou yo pou yo kolabore nan etablisman yon lis ki genyen plizyè fason diferan ke moun reyaji fas ak move nouvèl oubyen yon pwoblèm. Apre sa, mete fen avèk yon entwodiksyon pandan w'ap esplike ke, menm si li nòmal pou nou reyaji fas ak difikilte nan lavi yo avèk doulè avèk lapenn, Bib la anseye nou, atravè lavi Neyemi, nou kapab yon bagay anplis ke genyen santiman sa yo, nenpòt jan sitiyasyon n'ap travèse a ta ye.

I. Transfòme lapenn an aksyon

Non "Neyemi" siyifi "Seyè bay fòs".

Pwofèt sa te viv nan ane dominasyon Pès sou pèp jwif la. Asireman, li te manm yon fanmi jwif ki te ale nan Babilòn pandan egzil ki te pase nan kòmansman syèk VI. Se la li te travay kòm sekirite wa. Poze kesyon : Ki avantaj ak dezavantaj travay kòm sekirite wa te kapab pote pou Neyemi?

A. Resevwa move nouvèl

Move nouvèl yo fè nou mal, epi se sa ki te pase avèk Neyemi. Yon gwoup mesaje te prezante devan Neyemi yon rapò sou kòman jwif yo te ye avèk abitan Jerizalèm yo te ye; epi espesyalman, kondisyon kritik miray la, li menm ki te sèvi kòm pwoteksyon pou pèp la. Sepandan, kounye a " …miray lavil Jerizalèm yo, yo te fin kraze. Gwo pòtay yo menm te menm jan an toujou depi dife te fin boule yo a" (Neyemi 1:3).

Menm si Neyemi te nan yon distans de 1,200 kilomèt, deskripsyon di sa te fè li santi yon gwo lapenn ki te fè li kòmanse kriye, fè vèy de nwi, jèn ak lapriyè (v.4). Li enpòtan pou nou souliye ke nou jwenn nan Neyemi yon moun ki pa abandone santiman l' yo fas avèk mal ki te sou wout pou rive a; sinon li te fè li ale kote Bondye nan adorasyon. Se pa menm bagay la kriye ak fè vèy de nwi san lafwa ni esperans, ke apwoche lapenn nou devan Bondye nan jèn ak lapriyè.

B. Lapriyè Neyemi an

Neyemi anseye nou ke, fas ak difikilte lavi yo, li nesesè pou nou nye sa nou santi. Poutan, sa ki plis enpòtan se pote doulè nou yo devan Bondye. Epi fason pou w' fè l' la se nan lapriyè. Si nou kòmanse fè yon bagay pou nou chanje sitiyasyon an lapenn ke nou twouve nou an; ebyen nou dwe kòmanse nan lapriyè.

Lapriyè Neyemi an te kòmanse avèk mo adorasyon :"Mwen di: -Aa, Seyè, Bondye ki nan syèl la, ou se yon Bondye ki gen pouvwa, yon Bondye ki fè moun gen krentif pou ou. Ou kenbe pawòl ou te bay nan kontra ou la. Ou toujou gen pitye pou moun ki renmen ou, pou moun ki swiv lòd ou yo" (v.5).

Lè nou kòmanse lapriyè nou an pandan n'ap santre nou nan sa ke Bondye ye, epi se pa nan pwoblèm oubyen difikilte nou; konsa nou apiye nou sou moun ke nou kapab mande sekou a reyèlman nan yon moman konsa : Seyè a. Neyemi te konnen ke li pa t'ap ka jwenn repons nan okenn lòt moun ki se vrè ak orijinal konstriktè lavil ak miray ki ta pwoteje pèp chwazi a.

Nan vèsè 6 ak 7 premye chapit la, lapriyè Neyemi an anseye nou ke peche a genyen konsekans dezolasyon ak destriksyon :

"Tanpri, voye je ou sou mwen menm k'ap sèvi ou la. Panche zòrèy ou pou tande lapriyè m'ap fè nan pye ou koulye a, lajounen kou lannwit, pou sèvitè ou yo, moun pèp Izrayèl yo. Mwen rekonèt tou sa moun pèp Izrayèl yo fè ki mal devan je ou. Mwen rekonèt ni mwen menm ni zansèt mwen yo nou fè peche. Nou aji mal anpil avè ou. Nou pa swiv tout kòmandman, tout lòd ak tout regleman ou te bay Moyiz, sèvitè ou la, pou nou''. Nan ka sa, Neyemi prezante nou dezobeyisans Izrayèl, ke olye pou li te akonpli kòmandman Bondye yo atravè Moyiz, li te deside fè erè youn aprè lòt, pandan l'ap ofanse ak trayi lanmou ak fidelite Bondye. Sepandan, li enpòtan pou nou siyale ke Neyemi pat bay lòt moun tò nan lapriyè li, nonplis te rete ap siyale erè jenerasyon pase yo. Sinon ke li te idantifye li avèk pèp li a, fè li pase kòm responsab epi konfese li devan Bondye. Konpòtman Neyemi sa anseye nou ke pa genyen kòmansman restorasyon si pa genyen yon repantans sensè.

Nan vèsè 8 ak 9, lapriyè Neyemi an anseye nou sou enpòtans pwomès Bondye yo. Ann li sa vèsè sa yo di : ''Koulye a, chonje pawòl ou te bay Moyiz, sèvitè ou la, lòd ki di nou: Si nou menm, moun pèp Izrayèl yo, nou pa kenbe pawòl mwen yo, m'ap gaye nou sou latè nan mitan tout lòt nasyon yo. Men, si nou tounen vin jwenn mwen, si nou pran swiv kòmandman mwen yo pou nou fè sa m' di nou fè, yo te mèt depòte nou jouk byen lwen nan dènye bout latè a, m'ap sanble nou, m'ap fè nou tounen kote mwen chwazi pou m' rete a''.

Menm si deskripsyon Jerizalèm ak miral li yo te fè moun tris, epi doulè a te gwo nan kè Neyemi tou, li pat sèlman gade pwoblèm nan avèk lawont; sinon avèk lafwa nan pwomès ke Bondye te bay pèp li a tou, epi li te sèten ke li ta gen pou akonpli li finalman.

Poze kesyon: Poukisa w' kwè ke li nesesè pou nou konnen Pawòl la, epi espesyalman, pwomès Bondye yo?

Èske w' sonje kèk pwomès ki te vini nan lespri w' nan kèk moman difisil nan lavi w'?

II. Kouraj Neyemi an

A. Fè yon gwo misyon

Nan pati final lapriyè Neyemi an, nou li: ''Enben! Seyè, men yo, moun k'ap sèvi ou yo. Men pèp ou a, pèp ou te delivre ak gwo pouvwa ou ak fòs ponyèt ou a. Aa! Seyè, panche zòrèy ou pou tande lapriyè mwen menm, sèvitè ou, m'ap fè nan pye ou, lapriyè tout sèvitè ou yo ki pran plezi nan gen krentif pou ou. Tanpri, Seyè, fè tout bagay mache byen pou mwen jòdi a. Fè wa a resevwa m' byen. Lè sa a, mwen te chèf kanbiz wa a'' (vv.10-11). Kòm nou kapab obsève byen klè, nou rankontre yon demann espesyal. Move nouvèl ak lapenn nan kè Neyemi yo te mennen li pran yon angajman avèk yon objektif, kote ke enfliyans ke li te genyen kòm sekirite wa ta kapab ede l' avanse. Epi objektif sa se

te rekonstriksyon Jerizalèm. Nan sans sa a, premye pa ke Neyemi te dwe fè a se te pale ak wa peyi Pès la, epi mande l' favè li. Men li te konnen ke volonte wa a pa ta depann de jan li te santi l' nan jou sa; sinon de otorite Bondye. Se Bondye ki ta kapab fè li fè siksè epi se de Li menm sèlman jwenn gras nan je wa ta depann. Nan lavi nou, nou viv kèk sitiyasyon kote siksè nou sanble depann de desizyon kèk moun oubyen sitiyasyon; men Neyemi anseye nou pou nou rekonèt nan lapriyè nou ke Bondye souveren epi tout volonte oubyen sitiyasyon twouve yo anba volonte Bondye. Se de li menm avni nou depann epi, menm nan doulè ak difikilte, nou dwe repoze nan Li pandan nou konnen ke l'ap pran swen nou.

B. Neyemi devan wa a

Neyemi 2 :1-2 dekri prezantasyon Neyemi devan wa konsa :''Lè sa a, wa Atagzèsès te gen ventan depi li t'ap gouvènen, nou te nan mitan mwa Nisan. Jou sa a, se te tou pa m' pou m' te pote diven bay wa a. Mwen pran diven an, mwen pote l' ba li. Li pa t' janm konn wè m' parèt devan l' kagou. Epi li di m' konsa: -Ki jan figi ou fè rale konsa? Se pa malad ou malad? Kisa k'ap fè ou lapenn konsa? Lè sa a m'ap mande nan kè m' sa ki pral rive m''. Kat mwa te gentan pase lè Neyemi te resevwa move nouvèl yo sou Jerizalèm, epi lè a te rive pou l' te prezante demann li an devan wa Atagzèsès. Li te enpòtan pou nou siyale kòman se yon jwa pou tout sèvitè rive nan prezans wa. La menm, Neyemi te santi yon gran krent devan wa Atagzèsès. Sepandan, Neyemi anseye nou ke li posib pou nou transfòme krent lan an yon opòtinite, pandan li t'ap pwofite moman sa pou prezante demann li an devan wa, jan sa dekri nan Neyemi 2 :3-5 kote nou li :''Mwen reponn li: -Mwen swete pou monwa viv lontan! Men, ki jan pou m' fè pa kagou lè lavil kote zansèt mwen yo antere a ap fin kraze, lè dife fin boule tout pòtay li yo?

Wa a di m' konsa: -Kisa ou ta renmen m' fè pou ou? Mwen lapriyè Bondye ki nan syèl la nan kè m'. Epi mwen reponn li: -Si sa fè monwa plezi, si ou kontan jan m'ap sèvi ou la, tanpri, kite m' ale nan peyi Jida, nan lavil kote zansèt mwen yo antere a, pou m' ka rebati l''. Nan demann sa a, nou obsève ke Neyemi pat kache entansyon li yo devan wa; sinon, li te dekri sitiyasyon li menm ak pèp li a t'ap travèse a avèk fidelite, menm si konsekans senserite li yo ta kapab lakoz gwo pwoblèm pou nan yon dimansyon san mezi nan moman sa. Neyemi te soti nan zòn konfò li a, nan plas sekirite ke li te konn bay wa a epi jwi favè li, epi li te fè li pou eksprime sa ke li te pote nan kè li sa fè depi plizyè mwa ke li te sèten ke se nan Bondye sa te soti. Neyemi te konnen ke moman sa se pat yon aza; sinon, tan ke Bondye te prepare pou fè konnen misyon li epi pou Li te montre glwa li pandan l'ap bay favè li te mande nan lapriyè a.

Poze kesyon : Konbyen manke lafwa fè nou pèdi opòtinite pou nou avanse nan kwasans espirityèl nou? San lafwa, li enposib pou nou fè Bondye plezi; se poutèt sa, li nesesè ke, menm jan ak Neyemi, nou aprann depann de Seyè a, lè nou rekonèt ke tan nou yo nan men Li epi se Li menm ki prepare chemen kote pou nou mache a. Ann fè menm jan ak Neyemi, chèche li nan lapriyè epi mete volonte nou ansanm avèk pa l' la pou nou eksperimante glwa li nan lavi nou; déjà ke, Li menm sèlman kapab transfòme yon moman krent ak ensètitid pou youn viktwa ak esperans.

C. Neyemi ak men Bondye a

Neyemi 2 :6-8 dekri sèn final rankont Neyemi an avèk wa a : "Wa a te chita avèk larenn li bò kote l', li mande m': -Konbe tan vwayaj la pral pran ou? Kilè w'a tounen? Mwen di l' konbe tan sa ka pran m'. Epi li dakò pou l' kite m' ale. Lè sa a, mwen di wa a: -Si sa fè monwa plezi, li ta fè ekri kèk lèt pou mwen pou gouvènè ki nan pwovens lòt bò larivyè Lefrat yo, pou yo ka kite m' pase jouk mwen rive nan peyi Jida. Li ta ban m' yon lèt tou pou Azaf, chèf ki reskonsab rakbwa leta yo, pou l' ka ban mwen bwa pou gwo pòtay fò k'ap pwoteje tanp lan, bwa pou ranpa lavil la ak bwa pou kay kote pou m' rete a. Wa a ban mwen tou sa mwen te mande l' paske Bondye te avèk mwen". Repons final wa Atagzèsès te jwenn Neyemi ki rekonèt ke atitid sa pat kapab soti nan pwòp volonte li; sinon de Bondye menm. Se poutèt sa, li te siyale yon tan pou demann li an te akonpli epi li te elaji li avèk detay maraton ke gouvènè yo te dwe fè pou konstriksyon an.

Epi, Neyemi 5 :14 afime ke, anplis de ke yo te voye li avèk plizyè kapitèn lame yo avèk plizyè kavalye, wa te mete li gouvènè pwovens Jida. Li posib pou ke tout sa yo te pi plis pase sa Neyemi t'ap atann nan men wa; men se sa ke li te resevwa nan "men benefik Bondye a ki te sou li". Sa vle di, nan bon volonte Papanou ki nan syèl la. Neyemi anseye nou ke tout sa ki pase yo se gras ak favè Bondye, li menm ki te fè wa reyalize sa ke li te mande l' nan lapriyè.

Nan tan n'ap viv la tou, nou kapab rekonèt, menm jan ak Neyemi, ke lè Bondye aji, Li sekwe volonte yo; paske finalman, tout glwa se va pou Li sèlman.

Nan premye pasaj sa yo ki nan liv Neyemi an, nou rankontre ak yon nonm ki anseye nou fason ki kòrèk pou nou fè fas ak difikilte nan lavi yo. Nan lapriyè ak vizyon de sa ke Bondye t'ap fè pandan rankont li a avèk wa, ann aprann ale kote Bondye nan lapriyè; pou mande kòrèkteman epi rekonèt avèk kouraj ke volonte ak otorite li domine sou nenpòt moun oubyen sitiyasyon ke n'ap travèse.

Nan mitan konfli ak difikilte, èske w' pare pou w' chèche Bondye menm jan ak Neyemi?

Kesyon Opsyonèl:

I. Transfòme lapenn an aksyon

- Ki move nouvèl Neyemi te resevwa, (Neyemi 1 :3)?

- Ki reyaksyon Neyemi fas ak sitiyasyon difisil sa (Neyemi 1 :4)?

- Ki reyaksyon w' fas ak move nouvèl yo? Èske w' sonje kèk sitiyasyon difisil? Kijan w' te reyaji?

II. Kouraj Neyemi an

- Ki objektif Neyemi te anvi reyalize (Neyemi 1 :10-11)?

- Ki ansèyman ou aprann sou rankont Neyemi avèk wa (Neyemi 2 :1-2)?

- Nan ki fason pratik w'ap aplike, oubyen ou panse aplike sa w' te aprann nan pasaj sa yo sou lavi Neyemi?

Konklizyon

Nan Neyemi nou kapab wè enpòtans pou nou ale devan Bondye nan sitiyasyon difisil yo epi rete tann direksyon ak moman favorab la pou ke bagay yo reyalize.

Nou pa janm dwe aji daprè santiman nou yo; sinon rete tann sekou ak direksyon Bondye.

Nòt :

Yon koup ki t'ap sèvi Bondye

Leson 52

Ela González (Gwatemala)

Vèsè pou aprann: "Yon jou lannwit, Pòl fè yon vizyon. Li wè Seyè a ki di li: Ou pa bezwen pè, se pou ou kontinye pale. Pa fèmen bouch ou. Mwen la avèk ou. Pesonn p'ap ka mete men sou ou pou fè ou anyen. Gen anpil moun ki pou mwen nan lavil la" Travay 18:9-10.

Objektif leson an: Se pou elèv la konnen egzanp yon koup ki te sèvi Seyè a san pwoblèm pou l' te kite tout bagay, menm riske lavi yo.

Entwodiksyon

Depi lè premye lòm nan te deside dezobeyi nan Edèn, relasyon avèk Bondye a te kraze.

Kòm konsekans peche ki te komèt la, Adan avèk Èv te deyò nan jaden Edèn nan. Sèpan sediktè a te resevwa malediksyon, epi fanm avèk nonm nan te resevwa yon pinisyon ki ta pase sou tout limanite. Sepandan, Bondye te pèmèt apwòch limanite pechè a bò kote Li.

Nan Ansyen Testaman, padon an te posib avèk sakrifis san de mouton pa jou : Youn nan maten epi yon lòt nan aprè midi (Egzòd 29 :38-42). Lè Jezi te manifeste kòm Redanmtè, kòm ti mouton Bondye ki wete peche mond lan, li ofri pwòp tèt li kòm sakrifis pou peche tout moun. Nan fason sa, li te siyen yon nouvo kontra. San li ki te koule sou kwa a se te sèl ak dènye sakrifis yon èt vivan ki te bay lavi li pou limanite.

Jan Batis te rekonèt ke Jezi se te akonplisman pwofesi ki nan Ezayi 53 :6-7 kote nou li: "Nou te tankou mouton ki te pèdi bann, chak moun bò pa yo. Men, chatiman ki pou te tonbe sou nou an, Seyè a fè l' tonbe sou li. Yo te maltrete l', men li menm se bese li bese tèt li ase. Tankou yon ti mouton y'ap mennen labatwa, li pa t' janm louvri bouch li di krik. Wi, tankou yon manman mouton ki pa di krik pandan y'ap taye lenn sou do l', li pa t' janm louvri bouch li di anyen".

Se sèvitè Bondye sa ki te deklare daprè Levanjil selon Sen Jan 1 :29. Ann li sa vèsè sa di :"Nan denmen, Jan wè Jezi ki t'ap vin jwenn li, li di: Men ti mouton Bondye a k'ap wete peche moun sou tout latè".

Si nou poze kesyon sa nan yon kongregasyon : èske genyen yon moun ki prè pou bay lavi li pou levanjil la? ; li posib pou genyen yon moun ki pwomèt li, men li kapab pa akonpli li. Men, si kesyon an se ta: èske genyen yon moun ki vle bay lavi li pou yon sèvitè Bondye? ; li ta difisil pou pi piti yon moun ta reponn :"Wi, m'ap fè l'".

I. Brèf karaktè biyografik Prisil ak Akilas

Sakrifye lavi pou lòt, oubyen pou pwòp tèt nou, se pa yon bagay fè pati panse nou ni kilti nou.

Moun yo pa vle boukante anyen pou anyen.

Sepandan, nan ka islamik yo, nou wè diferans lan; malgre Koran entèdi touye tèt la, men, li pèmèt lanmò pou Alá. Pliske sa pase, doktrin nan ofri privilèj, plezi ak prim pou moun ki touye kretyen oubyen jwif yo. Avèk pwomès privilèj, plezi ak prim yo, yo motive pou yo fè li epi yo menm touye tèt yo pou yo kapab elimine lènmi relijyon yo a, pandan yo espere ke genyen yon bann fanm vyèj ki pral resevwa yo nan laglwa, ak anpil lòt pwomès ankò.

Nan Bib la, nou pa jwenn fòm ki klè sou kijan Prisil ak Akilas te riske lavi yo pou apot Pòl; men Women 16 :3-4 di konsa: "Di Priska ak Akilas bonjou pou mwen. Yo t'ap travay avè m' nan sèvis Jezikri a. Yo te riske tèt yo pou sove lavi mwen. Se pa mwen sèlman k'ap di yo mesi, se tout legliz ki nan moun lòt nasyon yo k'ap di yo mèsi tou".Seyè Jezi te di disip li yo ke, se sèlman pa amou yon moun kapab rive bay lavi li pou zanmi l' yo. Vèsè ki Jan 15 :12-15 yo montre sa: "Men kòmandman m'ap ban nou: Se pou nou yonn renmen lòt menm jan mwen renmen nou. Pa gen pi bon jan pou ou moutre jan ou renmen zanmi ou pase lè ou bay lavi ou pou yo. Nou tout, se zanmi m' nou ye depi nou fè sa m' mande nou fè. Mwen p'ap rele nou domestik, paske yon domestik pa konnen sa mèt li ap fè. M'ap rele nou zanmi paske mwen fè nou konnen tou sa Papa a te moutre mwen". Apot Pòl tou nan lèt li te ekri women yo, li fè referans ak kesyon mouri pou lòt la-An nou li Women 5 :7-8 ki di konsa:"Se pa fasil pou ou jwenn yon moun asepte

166

mouri pou yon nonm ki gen rezon. Ou ta ka jwenn yonn konsa ki ta gen kouraj mouri pou yon nonm debyen. Sou pwen sa a, Bondye moutre nou jan li renmen nou anpil; paske nou t'ap fè peche toujou lè Kris la mouri pou nou".

Prisil (ki rele Priska tou nan 2 Timote 4 :19) ak Akilas (ki gen non ki siyifi "malfini") se te yon koup marye ke nou pa konnen kòman yo te fè vin konvèti nan Kris la. Bib la sèlman mansyone ke se jwif yo te ye, epi yo toujou site yo ansanm.

A. Prisil oubyen Priska

Sa se te madanm Akilas. Yon detay ki enteresan se ke nan pi fò okazyon yo kote yo pale de koup sa, yo toujou site Prisil avan, lè nan kilti yo nan epòk ak rejyon sa, yo te konn site non gason an avan epi aprè sa, pa fanm nan. Li posib pou apot Pòl te rekonèt ke li te plis enfliyan nan ministè a ak angajman li nan legliz la pi plis pase mari li. Non "Prisil" te yon ti sounon "Priska". Nan tout pasaj yo, non li te toujou site ak mari li Akilas, sa ki bay lide ke li se yon fanm ki te konn sèvi Seyè a ak tout mari li. Li te yon bon sèvant, emab, kolaboratris ministè apot Pòl la, li menm ki te ajoute li lè li di : "Di Priska ak Akilas bonjou pou mwen. Yo t'ap travay avè m' nan sèvis Jezikri a" (Women 16:3). Nan okenn nan pasaj yo, nou pa jwenn kote ki di ke yo te genyen pitit, oubyen kote te gen kèk ki te esteril, sa ki fè ke nou pa kapab sèten si yo te genyen pitit oubyen non.

B. Akilas

Nonm ki te soti nan peyi Pon, Lazi (Nan Travay 18 :2, nou li literalman :"Rive la, li kontre yon jwif yo te rele Akilas, moun peyi Pon, ki te fèk rive soti Itali ansanm ak madanm li yo te rele Prisil, apre Seza Klòd te bay lòd pou tout jwif te kite lavil Wòm. Pòl al wè yo").

Li te mete tèt li ansanm avèk madanm li Prisil pou fè tant, pandan yo t'ap identifye yo ansanm avèk Pòl, li menm tou ki te konn fè aktivite sa. Nan kòmansman, koup marye sa te rete nan lavil Wòm; men, yon vèdik Klòd te pote yon twoub relijye nan ane 50 aprè Kris anviwon, te fè jwif k'ap viv nan peyi Itali yo kouri kite peyi a. Sitiyasyon sa te fè koup sa t'al pran refij yo nan lavil Korent, kote yo te rive rekonèt apot Pòl.

II. Levanjil la, yon doktrin ki byen aprann ak pataje

A. Pòl mande zanmi ak sèvitè li yo eskiz

Pa genyen okenn dout ke kòm Pòl t'ap travay ansanm ak moun marye sa yo, yo sanble t'ap viv tankou fanmi, li te anseye yo vrè doktrin levanjil la.

Se sèten ke Pòl te anseye yo anpil nan moman ke yo t'ap travay la (Travay 18 :1-3, 11). Peryòd sa te ase pou konnen ak viv chemen Kris la.

B. Repwodwi ansèyman an

Aprè sa, Prisil ak Akilas te vwayaje ansanm avèk Pòl pou peyi Lasiri, epi yo te rive Efèz, kote yo te plase rezidans yo. Pandan yo te nan vil sa, yon jwif yo te rele Apolòs rive lavil Efèz. Se te moun lavil Aleksandri. Nonm sa a te konn pale byen, li te konn tou sa ki te ekri nan Liv yo. Yo te moutre l' chemen Bondye a. Depi lè sa a, li te cho pou l' te anonse pawòl la. San dezanpare li t'ap moutre moun yo tou sa li te konnen sou Jezi yon jan ki konfòm ak verite a. Men, se batèm Jan an ase li te konnen. Li t'ap pale avèk fòs konviksyon nan sinagòg la. Lè Prisil ak Akilas tande l', yo pran l' avèk yo epi yo fin moutre li chemen Bondye a yon jan ki pi korèk (Travay 18:24-26). Yo te aprann de Pòl, epi yo repwodwi ansèyman ke yo te aprann nan men Pòl la avèk Apolòs, pèsonaj sa te menm rive diskite nan sinagòg la avèk jwif yo pou konvenk yo ke "Jezi se te Kris la", pandan li t'ap demontre yo li atravè sa ki ekri nan Liv la.

C. Travay misyonè a

Apot Pòl, yon gran misyonè, li te fè anpil vwayaj nan peyi grèk yo pou etann Wayòm Bondye a, pandan li t'ap fè konnen levanjil Jezikris la. Aprè li te fin pase yon ane edmi nan lavil Korent ap travay fè tant ansanm avèk Prisil ak Akilas, epi nan menm tan devlope ministè Seyè a, li te deside anbake pou peyi Lasiri.

Lè li rive nan lavil Efèz, li te separe avèk koup misyonè ak kolaboratè li yo nan Travay la pandan li te kite yo nan vil la pou kontinye vwayaj li a. Lè Pòl te rive kote l' ta prale a, li te fè sa li te konn abitye fè : Li te ale nan sinagòg la epi diskite avèk yo sou Wayòm Bondye a pandan l'ap asire yo ke Jezi se Kris la.

Pasaj Travay 18 :18-22 demontre nou sa nou sot li a:"Pòl rete kèk tan ankò lavil Korent. Apre sa, li kite frè yo, li anbake sou yon batiman pou peyi Siri ansanm ak Prisil ak Akilas. Anvan sa, li fè kale tèt li paske li te fè yon ve. Rive yo rive lavil Efèz, Pòl kite Prisil ak Akilas, li al nan sinagòg la, li pran diskite ak jwif yo. Yo mande l' pou l' rete pi lontan ak yo, men li pa t' vle. Anvan l' kite yo, li di yo: M'a tounen vin wè nou, si Bondye vle. Epi li moute yon batiman, li kite Efèz. Lè l' debake lavil Sezare, li moute Jerizalèm, li pase di legliz la bonjou. Apre sa, li al Antiòch".

III. Kay familyal la se lakay Bondye

Prisil ak Akilas te genyen anpil lanmou pou Travay Bondye a. Yo te kolaboratè apot Pòl, ni nan travay chak jou pou bezwen tankou nan ministè a. Malgre yo te konn vwayaje soti yon kote pou ale nan yon lòt, yo te toujou ouvè pòt yo pou resevwa legliz la lakay yo.

A. Nan Korent

Nan karaktè biyografik Prisil ak Akilas yo fè konnen ke Pòl te rekonèt koup sa nan lavil Korent (Travay 18 :1-2). Nan vil sa a, yo te viv anpil tan ansanm. Menm si Bib la pa mansyone li, posiblite pou yo te genyen yon legliz lakay yo a wo anpil; yo te fè yon legliz nan kay kote yo te rete a.

B. Nan Efèz

Lè apot Pòl te ekri moun korent yo premye lèt la, pandan li te nan lavil Efèz, li te voye bonjou pou sèvitè ki te nan lavil Korent yo, epi fè konprann ke li te ansanm ak Prisil ak Akilas. Li mansyone tou ke genyen yon legliz nan kay la. Li di sa literalman nan 1 Korentyen 16 :19, kote nou li :"Legliz ki nan peyi Lazi yo voye bonjou pou nou. Akilas ak Prisil ansanm ak legliz ki reyini lakay yo a voye yon pakèt bonjou pou nou nan Seyè a".

C. Nan lavil Wòm

Sanble ke Prisil ak Akilas te retounen nan lavil Wòm; paske lè apot Pòl ekri lèt li a pou women yo, nan salitasyon final yo, li mande pou salye yo. Nan Women 16 :3 di konsa :"Di Priska ak Akilas bonjou pou mwen. Yo t'ap travay avè m' nan sèvis Jezikri a". Li posib pou yo te genyen kèk kay nan vil la epi aprè yon chanjman gouvènman yo te retounen ladan li.

D. Nan Efèz ankò

Apot la prèske rive nan fen lavi li, li ekri Timote dezyèm lèt li a, epi yon lòt fwa ankò li voye bonjou pou sèvitè yo. Vèsè biblik la se 2 Timote 4 :19 ki di : "Di Priska ak Akilas bonjou pou mwen, ansanm ak tout moun ki lakay Onezifò yo".

Pwopasyon levanjil la, kwasans legliz Korent lan avèk yon doktrin ki estab epi vrè, te depann de anpil moun ki te bay lavi yo pou ke jodi a yon gran pati nan mond lan genyen bon konesans sou chemen Bondye a.

Pandan anpil syèk, se plizyè milye moun ki sibi soufrans, epi bay lavi yo epi mouri pou koz levanjil la.

Jounen jodi a, nan peyi mizilman yo, sèl verite a se Koran (li entèdi pou moun pale de levanjil la). Anpil moun pèdi lavi yo pou koze pataje Pawòl Bondye a.

Li nesesè pou moun sa yo k'ap vin kote ki gen libète sèvis, avèk aksè biblik lib ak posiblite pou preche levanjil la, se pou yo pran yon angajman pou etann Pawòl la. Li enpòtan pou nou akonpli ak Gran Komisyon ke Pitit Bondye a te bay pou ale tout kote, preche ak fè disip, pandan chak moun dwe kòmanse depi lakay yo. Tankou Prisil ak Akila, ki te toujou pare pou bay kay yo pou fòmasyon yon legliz, anseye bon doktrin nan e menm riske lavi yo pou koz levanjil la.

Kesyon Opsyonèl:

I. Brèf karaktè biyografik Prisil ak Akilas

- Kisa Pòl di nan Women 16 :3-4 osijè de Prisil ak Akilas?

- Nan tan sa, nan kontèks nou an, èske nou wè yon moun k'ap mouri pou Kris la oubyen pou lòt moun? Èske se sèlman fizikman yon moun kapab mouri pou Kris la?

- Kòman Pòl dekri koup sa nan Women 16 :3?

II. Levanjil la, yon dokrin ki byen aprann ak pataje

- Kisa w' di nou sou yo ak Pòl nan pasaj Travay 18 :1-3, 11?

- Kilès moun Apolòs te ye epi kòman Prisil ak Akilas te reyaji lè yo tande mesaj li a? (Travay 18 :24-26)

- Kòman w' reyaji lè w' tande yon moun ap di sa ki pa kòrèk? Kòman w' ta dwe reyaji?

III. Kay familyal la se lakay Bondye

- Kisa 1 Korentyen 16 :19 fè nou konprann?

- Prèske rive nan fen lavi li, Pòl te ekri Timote. Nan lèt li a, kimoun li salye? (2 Timote 4 :19)

- Si nou panse ak moun ki te sèvi Seyè a bò kote nou epi ki te anseye nou, ki non ki vini nan lespri nou? Nan ki fason yo te sèvi ak anseye nou? Pataje.

Konklizyon

Nou dwe aprann de yon koup ki te sèvi Seyè a san pwoblèm pou yo te kite tout bagay, riske pwòp lavi yo.

Prisil ak Akilas te leve defi pou imite remisyon, kouraj ak jenewozite ke yo te aprann de apot Pòl ke pou li tou yo te riske lavi yo.